林 达

作 品

系 列

近距离看美国之三

我也有一个梦想

林达 著

生活·讀書·新知 三联书店

Copyright ©2019 by SDX Joint Publishing Company.
All Rights Reserved.
本作品中文简体版权由生活·读书·新知三联书店所有。
未经许可,不得翻印。

图书在版编目 (CIP) 数据

我也有一个梦想:近距离看美国之三 / 林达著. --
4版. -- 北京:生活·读书·新知三联书店,2019.11 (2025.4 重印)
(林达作品系列)
ISBN 978-7-108-06639-8

Ⅰ. ①我… Ⅱ. ①林… Ⅲ. ①美国 - 概况 Ⅳ.
① K971.2

中国版本图书馆 CIP 数据核字 (2019) 第 132432 号

特邀编辑	吴　彬
责任编辑	王　竞
装帧设计	薛　宇
责任印制	董　欢
出版发行	生活·讀書·新知 三联书店
	(北京市东城区美术馆东街22号)
邮　编	100010
网　址	www.sdxjpc.com
经　销	新华书店
印　刷	三河市天润建兴印务有限公司
版　次	1999年3月北京第1版
	2006年6月北京第2版
	2013年7月北京第3版
	2019年11月北京第4版
	2025年4月北京第33次印刷
开　本	880毫米×1230毫米 1/32　印张14.625
字　数	305千字　图片71幅
印　数	330,001-335,000册
定　价	46.00元

(印装查询:01064002715;邮购查询:01084010542)

目 录

001　洛杉矶骚乱

027　亘古不变的疑问

054　躲不掉的妥协和"一国两制"

085　一条双桅船上的故事

110　海上漂来挑战司法的机会

136　向自由迈出第一步

165　站在黑人辩护席上

192　历史遗留的鲠喉之骨

218　战争,为了什么?

244　林肯总统找到了永恒的诉求

270　走出战争的非常态

299　用灵魂的力量抵御暴力

335　我也有一个梦想

368　两起谋杀案

389　多数的暴政和法庭上的较量

413　现代意义上的种族问题

439　大同世界之梦

洛杉矶骚乱

卢兄：你好！

谢谢你寄来的漂亮贺卡。你的贺卡上除了春节的新春祝贺，还附上了这么一句，让我在写完那些介绍去年美国大选的信之后，别忘了在新的一年里继续把介绍美国的信给你写下去。你说，等候和阅读这些信，成了你生活中的一个小小乐趣。我也希望能够不使你失望。

我想，在美国，相对于过去的1996年来说，1997年应该将是比较平静的一年。总统大选的结果一经确定，整个美国就像风暴过去之后的海洋，水手们各就各位。喧闹和紧张都一扫而光。这当然也是这个国家全民直选的特点之一。既然每一滴海水所聚成的浪花，都对"载舟覆舟"的选择起着如此关键的作用，那么，一场大选，竞选双方当然都要竭力去激起每一滴水花。这是十分自然的。

同样，此后的迅速归于风平浪静也是自然的。政治家们在大选中尽量去影响每一个选民的这种努力，产生的最直接副产品之一，就是增加了这个国家的政治透明度和公开化。老百姓们作出了他们的选择之后,政治家的任务就是好好就职干活了。不论选上选不上的,都会争取在此后的几年里,给选民们留下个好印象,以利下一次的竞选。暗中拉帮结派,扩张个人势力,给对手安套子、下绊子之类的小动作,在一个政治透明度很高的社会,就不再是政治家们的必修课。如果偶有哪一个政客想在这方面小试身手,以获取额外的利益,反而很难逃过如尼克松那样被罚出局的结果。

所以,美国自开国以来,两百多年几十次大选过来了,人们已经完全习惯于这样周期性的全民参与的政治运作。大选开幕就看戏,也品头论足,一起选出最佳明星。大幕一落,生活照常。虽然如我在去年的信中提到,克林顿总统在今年连任之后,还留下了在大选中是否非法募款,以及他本人面临性骚扰民事诉讼等一系列的未决悬案。但是,经历了尼克松"水门事件"的操练之后,一切有关的监督调查机构的运作已经完全成熟。美国的老百姓知道,整个调查将立即公开地在立法司法两个分支循序而进,自然会有结论出来。因此,这并不影响大选之后1997年的美国,像以往的历次总统就任一样,整个社会也会很快地回复宁静。

也许你会问:那么,在这个预计将是平静的一年里,我将以什么主题作为向你介绍美国的切入点呢?我想试试你已经多次问及的美国种族问题。

种族问题可以说是美国几个最大的问题之一。我当然也知道你非常关心这个问题。但是,尽管我在以前的信中谈到过一些,基本上却还是避免触及这个话题的。它的复杂性使它成为一个十分"艰难"的话题。促使我去正视它，重要原因之一显然是它的"不可回避性"。如果我要向你介绍美国，就不可能躲避这个话题。再者，虽然去年我给你的信着重于介绍美国的大选，但是同时，一场"是否应该取消平权法案"的讨论正在美国热烈进行，其核心就是种族问题。这场讨论的重要性可以说一点不比"总统大选"来得逊色。可是，使我对种族问题真正产生一种切入剥离的冲动，这还是必须从我们的塞凡那之行讲起。

去年的美国除了大选之外，其实还有一场"百年奥运"在那里凑热闹。可是，在去年给你写的那些信里，我几乎都没有提到它。因为除了奥运会的举办城市，美国人对奥运的兴趣并不太大，对美国人的生活也几乎没有什么影响。但是奥运会确实给佐治亚这个一向安静的南方州带来了许多外来游客。也给亚特兰大市打了一针强心剂。使得这个城市的许多人，也一度误以为它真的就像自己提出的口号一样，立马就可以因为这场奥运会而变得"国际化"了。

诚然，相对于世界上的许多其他国家，美国的大城市由于其大量的流动移民人口，都可以算得上足够的"国际化"。这使得一些短期出访美国的游客很难察觉出这些城市和地区之间的本质差异。然而，美国人自己知道，其间实际上还是有很大差别的。即使在交通如此发达、信息传递如此快捷的当今美国，如果你深入下去，还是会发现，北方是北方，南方是南方。

这场亚特兰大奥运会对于我们去年的生活却是有影响的。安静地在乡间蛰居多年的我们，第一次成为好几拨来访者的业余导游。尽管并不是每一个人都奔着"奥运"而来，但正是由于这个"百年奥运"，使得奥运会的举办地成了必游之处。以至于我们在短短的一年之内，第一次集中收拾起如此之多的闲情逸致，悠悠地游荡在美国南方的大城小镇。踩着已经被岁月磨得光滑的石块街路,听着年老的黑人街头音乐家信手吹奏的动人的爵士乐。

1996年的最后一天,我们又一次带着到访的朋友来到塞凡那。这是我们在这一年中,第五次来到这个南方的港口小城了。这次的来访者,是我们已经一别九年不见的老朋友,一对澳大利亚建筑师。

他们早早地就把塞凡那这个小城排入他们的行程,他们点名要来这里,是因为远在澳大利亚时,他们就听说了这个美国南方的历史小城。这个小城出名的原因之一,正在于它是美国南北战争中佐治亚州少有的"幸存者",没有被战火所焚毁。因此,在历史短暂的美国,它就显得非常宝贵。这里的建筑很有特色,你几乎可以一遍遍地在那些住宅、庭院、墓地和教堂里,读出美国南方的历史来。

在塞凡那的城郊还有一个普拉斯基城堡。在这一年里,是我们第三次造访这个城堡了。不知为什么,我还想再去看一眼那个土红色的战争建筑,还想再一次跨过它的护城河,在它的厚实的护城墙上站一站。尽管这里大大小小的城堡遗址很多,但是,普拉斯基城堡的规模较大。一般情况,游人很少绕到它的后面去,我们每次去,却都要到护城河外的外墙去走一圈,在美国以解放奴隶著称的南北战争中,无数炮弹轰塌了它的一个角落,至今墙上弹迹累累。

此后,我们又来到塞凡那河的河边,河边的这条小街是最有历史感的。不知哪年铺下的石块街面凹凸不平,窄窄的小街一面是一些传统小店,一面就是河堤了。最意外的是这条古旧的小街正中,还铺了两条铁轨,看上去像是旧码头已经废弃了的老火车道。可是,随着一声汽笛,居然真的缓缓地驶进来一辆火车,把整条街塞得满满的。原来这条联系着沧桑岁月的港口运输线多少年来一直没有停止使用。

河堤下，塞凡那河水在静静地流。这个如今我们常常可以看到中国集装箱船的南方大港，当年不仅是南方进口奴隶的一个重要港口，而且也是美国记载中的最后一批黑人奴隶上岸的地方。而此后塞凡那的沦陷，又意味着佐治亚这个南方最顽固的蓄奴州的被攻克。这在结束奴隶制的过程中，也有着它象征性的意义。

就在这1996年的最后一天，我们在夕阳西下的时候，又一次来到这里。水波是金色的，就连平日黝黑的街石，也被抹上了一层金红的光泽。这里的一切我们已经非常熟悉了。所以，不再像以前两次来这里，需要寻找拍照的最佳角度。我们让客人们自己随意参观，我们所需要的，只是站在两个公元年度的交接点，站在历史风云已经远去的南方静寂里，去感受一些什么。这时，我想，我真是应该给你写写美国历史上的南方和北方，写写它们围绕着种族问题所发生的冲突战乱，甚至至今未了的种族恩怨了。

然而，你也一定注意到，尽管我有了触动这个话题的冲动，但是，这个题目的复杂性和难度却丝毫也没有降低。种族问题，这是在北美大陆几百年来，无数政治家、社会活动家、社会学家、学者等各类仁人志士试图去解决的一个问题。但是，似乎谁也没有什么药到病除的良方。不仅如此，人们发现似乎随着现代社会的发展、移民的增加、现代各种观念的迅速变化，种族问题的头绪也变得越来越多，线头线尾好像都要摸不清了。这种一塘浑水的状态使得所有触及这个问题的人，都多少感到沮丧。有些人甚至因此而变得不再有信心。

可是，我想，给你写信谈这些问题，我可以比较放松，没有什么太大的心理负担，因为你对我们很了解。你知道我只是这里生活着的无数普通移民中的一个，至今为止，谋生问题始终还是我们必须关心的首要问题。所以，你并不会期待我们发出专家学者般鞭辟入里的分析，或者高瞻远瞩的宏论。你希望看到的，只是我们在美国作为一个少数民族一员，所感受到的一些体验，是作为一个新移民所可能持有的敏感目光，所观察到的不同的角度。如果问题是复杂的，那么我想，我只要使你了解它复杂在什么地方，就算达到目的了。

美国的种族问题确实是复杂的，也完全可能是表现激烈的。五年前的洛杉矶暴乱可以说就是一个缩影。我们来到这里不久，就和所有的美国人一起，受到了这场美国二十五年来最大的暴力事件的冲击。

这一场被比作是"地震"的美国大都市暴乱，起因却是一个看上去似乎是微不足道的酗酒超速驾车事件。

这样的交通事件，不要说是在美国，就是在洛杉矶这样的大都市，一年都不知要发生多少起。所以，1991年3月3日，当四名洛杉矶警察局的白人警察，在210号公路发现一辆超速车，随即按常规拉亮警灯尾随上去的时候，他们一定做梦也没有想到，他们自己，以及被追逐的超速驾车者，那个名叫罗德尼·金的黑人青年，都从此一脚踏进了一个历史的陷阱。不管愿意还是不愿意，他们的名字都将永远与一场震惊世界的都市大暴乱连在一起，写进美国历史的教科书。

那已经是午夜以后了，一辆车偶然经过这条210号公路。驾车人发现，在黑漆漆的公路边，强烈的车灯前，有四名白人警察正在殴打一名黑人。这名过路人并不是一个新闻记者，但鬼使神差一般，他想到操起车上恰好携带的摄像机，对准了他所看到的景象。

于是，这短短八十三秒钟的录像，此后不仅成为美国最轰动的新闻录像之一，而且多次出现在全世界的电视机屏幕上。直至六年以后

罗德尼·金被警察殴打的录像一遍遍地播放

的今天,我们仍然时不时地在电视里看到这段录像。我们相信,在今后的许许多多年里,这段录像还将经常出现在美国的各种电视专题节目里,比如说,讨论司法公正的,讨论警察权限的,等等。当然更多的,就是出现在讨论种族问题的电视节目上。

事实上,洛杉矶暴乱的发生,已经是上述事件发生的整整一年以后。在这一年里,美国人就是不断地在电视中重复看到这段录像,并且在等候。他们在等什么呢?殴打事件发生后,四名白人警察很快以攻击罪这样一个刑事罪被起诉,在地方法庭受到审判。人们在等待的,就是这场审判的结果。

接下来的事情,你在中国也立即从电视里看到了报道。1992年4月29日下午,以白人为主的陪审团宣布了他们所得出的四名警察被告"罪名不成立"的结论。就在当天晚上,洛杉矶发生暴乱,持续了几十个小时。同时,在美国南方的亚特兰大市,就是1996年奥运会的举办地,也随后发生了规模较小的类似骚乱,但是影响要小得多。

洛杉矶暴动的规模,相信你即使远在大洋彼岸,也一定留下了深刻印象。记得当时你和我们在中国的其他亲友,都曾来信对我们的安

洛杉矶骚乱　　007

全表示关切，可见在某种意义上，今天的世界各地已经大大地缩短了距离。在这里，我想再强调几个简单的数字，以证实你当时在中国的电视新闻里看到的一切，确实所见不虚。

在这场短短几十个小时的洛杉矶暴乱中，死亡人数超过五十名，受伤人数超过两千名，超过一千幢大小建筑物被焚毁，经济损失在十亿美元左右。

我想，你一定早已作出逻辑非常清楚的判断。那就是，白人警察出于种族歧视借机殴打黑人，以白人为主的陪审员又无视录像所反映的警察犯罪事实，蓄意偏袒白人警察，宣布他们罪名不成立。于是，忍无可忍的黑人群众奋起反抗。因此，洛杉矶暴动清楚地反映了以白人和黑人为主要矛盾的美国社会种族对抗的现状。我只能说，你的判断只在局部意义上是正确的。

你得到的信息是简要的，推论也就会显得格外清楚。但是，就像世界上发生的很多事情一样，当事实被简单化以后，看似清晰的结论，有时反而会模糊事件的真实面貌，甚至也会曲解事件所折射的意义和教训。在1995年，我第一次提笔给你写这些介绍美国的信时，曾经简略地提到过这次洛杉矶暴乱，也提到过它并不那么简单，不是人们远远扫一眼就能够轻易得出结论的。它牵涉到美国社会各个层面的各类问题，而种族问题又是无法剥离地和其他问题死死缠在一起。

让我们再回到这个事件的起点，回到1991年在洛杉矶210号公路上所发生的这个案件。看看在此后一年多的调查审理中，那个由十名白人、一名亚裔、一名拉丁裔组成的陪审团，究竟根据什么样的辩方证据，在看了几十遍作为检方证据的录像带之后，会依然得出"被告无罪"的一致结论？还是，根据推论，他们这十二个人只是简单的

"种族主义者"？

陪审员们看到的事实是这样的：在案发的午夜，当四名警察发现那辆超速车的时候，它的速度是每小时一百英里（相当于时速一百六十公里）。在1991年，全美国的最高公路限速是六十五英里。在美国，超速开车的情况应该说还是相当普遍的，同时警察对超速的管制也相当严格。但是，即使是经常怀着侥幸心理开快车的人，也会承认，每小时一百英里的速度是相当离谱了。

人们常常说，美国是一个危险的地方。在最近的一次民意测验中，绝大多数美国人表示，现在他们的生活远比过去显得不安全，这也正是我们在这里的感觉。而这个不安全感，大家基本上首先指的是公路行车的交通流量大和速度快所带来的危险。

有关行车我再给你举一个例子。我刚到美国的时候，比我早来几年的朋友在给我的第一个电话里，就有这样的忠告：第一，尽早学会开车；第二，当教你开车的人没有坐在一旁监督时，无论如何不要自己开出去练习驾驶。他还补了一句：否则，出了事你有可能被指控犯了谋杀罪。第一条很好理解，第二条是怎么回事呢？当时我很摸不着头脑。

后来我才知道：美国的法律规定，持有见习驾驶执照的人，尚处于学习阶段。为了行车安全，必须在持有一年以上正式驾驶执照者的同车监督下，才能出门练习开车。否则，万一出了车祸，造成人员伤亡的话，犯规者就必须面临谋杀罪的起诉。可是，为什么是谋杀罪呢？谋杀罪在这里是一个法律定义，和我们的通俗理解有一些差异。美国的法律认定，如果你明知自己的某一个动作有可能造成他人的生命危险，你仍然违法去做了，那么一旦意外发生，你所承担的后果就是在"谋杀罪"的法律范畴之内。根据同样的道理,酗酒开车造成伤亡的话,面临的也是谋杀罪。

之所以向你提到这些"题外话",主要是让你对这里的"酗酒后大幅度超速行车"的概念有一些了解。然而,罗德尼·金的案件还不止是这样一个危险的违章驾车事件。

当时,警察用测速器测到了一百英里的超速行车之后,当然还不知道他是酒后驾车,他们只是按常规打出警灯就尾随上去。在这里,任何人看到自己后面有警灯闪亮,都知道必须向慢车道方向换车道,给警车让路。如果发现警车随你一起换车道,继续在闪灯,那就说明他是冲着你来的,必须立即让到路边停车。这是美国生活中"行"这一部分的生活常识。停下来,也就是一个交通犯规处理的问题。不停甚至企图逃跑拒捕,被抓到之后罪名就大了。再说,警车都是好车,又有法律所赋予的抓逃犯的超速权利,事实上也很难逃得掉。所以,在正常情况下,一般人绝不会做出"逃"的选择。

那么是不是还有人逃呢? 还是有的。这种情况的绝大多数是一些不能与警察"照面"的人。比如,他是通缉犯,又比如,他是有案在身,吃不准警察是否已经掌握了他的情况。因为警车里都有电脑,警察截下违章车辆之后,首先是索取驾驶执照,把执照的号码输入电脑系统,查一查案底。然而,即使是一些害怕查案底的人,也不是都选择"逃"。因为脑子稍微清楚一些,就知道还有个"逃不掉"的问题。"逃"而"逃不掉",岂不是徒然罪加一等。所以真正下决心逃的,一般都是重罪在身的亡命之徒,或者是脑子不清楚的不顾后果的家伙。

更何况,在警察的追赶下飙车夺路而逃,不论逃的、追的,还是在同一路段的其他车辆,都有极大的生命危险。可想而知,这时已经不仅仅是车速快的问题，任何交通规则都会被弃之不顾。我们的朋友卡琳就曾经在通往机场的公路上，遇到过一次逆车流方向的警匪飞车追捕。此后一提起来总是后怕不已，总觉得是拣了一条命。

偏偏在那个午夜，不知是不是酒精在起作用，罗德尼·金选择了逃。他本来已经是一百英里的车速，再一逃，更是望尘莫及，时速一度达到一百一十五英里。就是这一逃，不仅改变了违规驾车的性质，也使得四名警察的神经被强烈刺激起来，完全处于一级战备状态。按照经验，他们知道自己可能遇到了非常危险的情况。这个危险，除了超速追赶可能遭遇的车祸之外，还包括前面很可能是一个持枪的亡命徒一类。然而，逃的人可以有"逃"和"不逃"的考虑，警察的工作职责却使他们没有"追"还是"不追"的选择。他们也就从毫无准备提升到一级战备，突然神经高度紧张地拉响警报高速追上去了。

看来刺耳的警报也没有起任何作用。这一追，整整追出去好几个英里。之后，罗德尼·金因为拼不过警车的速度才被迫停车。停车之后的最初阶段，是最紧张的。在美国，当警察与某个人处于对立状态的时候，法律要求平民首先必须服从警察的指令，使得双方之间非常危险的高度紧张的对峙状态尽快缓解。这种情况下的警察指令也都是规范化的。例如，要求背对警察，手放在车顶上或是后脑勺上，甚至要求趴下。

在这里，这一点是达成共识的，即，要求平民一方在这种情况下服从这些指令，是对双方都有利的。因为警察的行为是有规范的，是可以预测的，而另外一方的反应是很难预测的。如果，被追捕一方不立即听从警察的指示，相反采取一些抗拒的动作，警方就有可能在高度紧张的情况下，对自己可能遇到的危险做出过度的判断和反应。这样,即使是一些原本不应该发生危险的事件,也会出现伤害。

因为,警察在这样的情况下,有权利开枪。加州的类似追车案件还有过一个录像集,在电视台放过。整个过程都是从直升飞机上拍下来的。这些案子的最后结局如果是抗拒的,多数都导致枪击。抗拒者因此送命的也有,没有人提出异议。因为警察的行为都在法律允许的范围之内。

在罗德尼·金的案子里,在高速追车几英里被迫停车之后,他走出了汽车,但是并没有听从警察的任何指令,没有做任何警察要求的动作,并且还在嘲笑这几名持枪围着他的警察。从法律上来说,他属于拒捕的范围。于是,警察冲上去试图用警棍制服他。前面提到,拒捕的处境是极其危险的。拒捕表明了一种态度,警察防范的心理层次也就是不一样的。如果他反抗的动作大一些,如果他出现一些可能使警察误会的动作,处于备战状态的警察都有可能出于自卫的目的而开枪。而且有拒捕在先,法律很难追究警察的责任。所幸的是,这样的情况在罗德尼·金身上总算没有发生。

罗德尼·金

此后，就是大家在电视里都已经看到的那一场警棍殴打。上面发生的这些故事，罗德尼·金本人也没有否认。除了上述的事实之外，四名警察被告的律师还向陪审团指出，如果罗德尼·金下车以后不拒捕，这一切是不会发生的，他本人的意愿完全可以随时中止这些警察武力拘捕的行为。只要他按照法律遵从警察的指示，一切早就结束了。律师强调，发生的殴打只是拒捕造成的后果，警察遇到拒捕，他们也别无选择，他们只是在履行职责。为了证明四名警察被告并不是因为怀有种族恶意而对罗德尼·金进行攻击，被告的律师甚至向陪审团提出这样一个相当有力的证据，就是，当时这辆在黑夜里高速逃窜的汽车里，实际上一共载有三个人。另外两个人由于一出汽车就完全遵从警察的指令去做，结果他们毫发未损，没有受到任何打击，而这两名被捕者也是黑人。

那么，如果遇到拒捕，警察使用警棍是合法的吗？应该说是的。作为警察这样一个非常特殊的执法者，他是有许多其他人所没有的特权的。比如说，遇到危险的嫌疑人拒捕或者暴力拒捕时，警察可以动用警棍甚至于开枪。因为众所周知，警察的工作是高危险度的工作，他也有法律赋予的保护自己的权利。再者，没有人会否认，动用武力有时也是制服对方唯一有效的方法。可是，疑问并没有解决。在那段八十三秒钟的录像带上，我们可以清楚地看到，罗德尼·金在被殴打之后已经失去了反抗能力。这就有了一个使用武力是否过度的问题。

可是，你一定没有想到，这同一段录像带，也在法庭上成了四名被告的律师用于向陪审团证明他们无罪的辩方证据。这怎么可能呢？被告律师是这样做的：这段八十三秒钟的录像带被辩方律师一次次的停格切割开来放。就在一段殴打之后的停格处，辩方律师向陪审团指出,在停格的画面上,可以清楚地看到罗德尼·金正在挺身起来,或者是正在企图挺身起来。同时有辩方的证词证明,他在企图站起来的同时,甚至企图用脚还击。

在这段录像的中间,有一个画面停格处显示他已经完全躺在地上,但此时画面上的警察也不是在动手,一名警察的手伸向口袋,他在法庭上解释说,这时他们以为嫌疑人已被制服,他们于是停止了打击,他正在打算向口袋里掏手铐。这说明他们打击的目的仅仅是试图制服嫌人。但是,下一个时段录像带的停格,显示嫌疑人又在企图站起来,于是律师辩称,这是警察又开始殴打的起因。辩方证人还证明身高六英尺三英寸,体重为二百五十磅的罗德尼·金格外强壮,他在经受五千伏高压的电警棍两次电击之后,依然无法被制服。

然而,陪审员们毕竟都是普通的美国老百姓。在今天的美国,没有什么比对一个无辜者的血腥暴力镜头更能使正常平民感到恶心的了。更何况,施暴者是作为武装警察的政府工作人员,受害者是一个手无寸铁的平民。因此,有了这样一段录像带在先,辩方要使十二名陪审员一致认同,这样的血腥暴力只是一种"工作状态",是非常困难的。

因此,被告律师所做的大量工作,是向陪审团介绍警察,尤其是在洛杉矶这样一个大都市执勤的警察,其工作的危险性和特殊性。

说起美国的警察,这又是一个非常复杂的话题。美国警察的面貌是很不相同的。除去个人品质素质的因素,这种面貌的不同往往是有区域性的。我曾经告诉过你,美国绝大多数地方是安闲和宁静的。不要说乡村,那些中小城市的警察,常常都会给你一个"雷锋叔叔"的感觉。在这些地方,实际上警察分为两部分。正儿八经的正宗警察并不多,更多的是地方治安警察。他们也穿警服,在英语里用的是完全不同的词。这些地方治安警察都是当地的老百姓们投票选出来的，更是特别注重和社区居民搞好关系。

我曾经看到报纸上有人写了这样一段亲身经历。说是他刚到美国的时候，曾和一名美国朋友一起出游。可是由于疏忽没有及时加油，开到一个前不着村后不着店的地方，车子没油熄了火。这时，恰好有一个警察经过。他们上去求助，那个警察非常抱歉地说，他实在是另有公务在身，无法帮忙，让他们另想办法，态度也十分诚恳。他看看也无可指摘。谁知，他的美国朋友闻之勃然大怒。他对警察说，你怎么能拿着纳税人的钱，却不给老百姓解决困难。那个警察连忙道歉，扔下他的公务，设法去找了油壶，弄了一壶油来，并且向他们指点了方向，使他们能够维持开到最近的加油站。

在美国的大多数地方，这种主人和公仆的关系是相当清楚的。我们也在美国各个地方，由于各种原因，有过和警察打交道和接受警察帮助的经历，感觉都很好。有时甚至使我们颇为感动。在这些地方，只要是一个守法公民，看不出任何理由必须害怕警察，或者讨厌警察。尤其是许多外来的新移民，刚到这里的时候，更是对这里的良好警民关系印象深刻。

但是，我们很快知道，实际上，警察的面貌，是和地区的治安情况相对应的。第一次我们和一个美国朋友谈起我们对美国警察的好印象时，她立即告诉我们，在一些大都市是完全不一样的。她在大都市生活过，她感觉那里的警察相当"势利眼"。她本人是一个标准的白人，虽说是移民，但是英语非常流利，完全没有外国口音。所以，她对于警察"势利眼"的指责，还不包括"种族歧视"和"移民歧视"这样的范围，她指的是"穷人歧视"。她当时在大都市生活时，也算是在底层。所以她说,她当时总是感觉警察对他们充满警惕,一副担心他们是不是罪犯的样子,令她感觉很不舒服。

确实当我们在这里生活的时间长了,也接触了大城市的生活之后,对于这种截然不同的美国警察面貌也有了更深的了解。很多美国人对大都市警察都是摇头的,其中尤其是纽约市和洛杉矶市的警察,最为"恶名昭著"。同时大家也承认,这些大都市警察承担的是最粗粝的工作,非常危险而艰苦。

最近我们去了一个小城市,看到一个地方治安警察正在和一位女士很安闲地聊天。当这位女士离开以后,他试图从地上拣起他喝了一半的一个可乐罐。由于他挺着很大的一个啤酒肚,几乎是非常艰难地弯下身去,才勉强够着了那个罐子。我们看了,不由得笑道:可想而知这个地方的治安是多么的好。若是治安差的话,他这么不灵便,选民们怎么可能选他当警察啊!

在大都市就完全不同了,情况可以变得非常复杂。例如,我曾经对你说过,庞大的流动移民群,永远是美国故事的一个大背景。就在1996年,美国移民局遣返了十一万非法移民,其中包括五万多名罪犯。(记得两年前给你的信中介绍了1994年的统计数字,当时非法移民遣返的数字还只有四万四千名。)这里,还不包括有七万八千名非法移民在面临被遣返时,选择了自动离境。根据美国移民局的估计,1996年,虽然在边境成功地阻挡了一百三十万人入境,但是,还是有二十七万五千名非法移民进入美国。仍然滞留在美国的非法移民则约有五百万。

仅在这十一万被遣返的非法移民中,洛杉矶市所在的加利福尼亚州,就占了这个总数的百分之四十一,达到四万六千名。相信作为该州第一大都市的洛杉矶，肯定又在这个数字里占了一大块。洛杉矶警察局人手再充足，也敌不过这样高犯罪率的"流动大军"。更何况，这些数字只是被遣返的非法移民和其中的罪犯，那么，还有那些没有被遣返的呢？没有被抓住的呢？合法移民中的罪犯呢？土生土长的罪犯呢？

美国的大都市从地理概念上来说也非常大。同一个都市，面貌也很不同。人们所指的，都是几个出名的"问题区"。那些数字庞大并且往往处于流动状态的罪犯，他们的大多数都会集中在这些"问题区"里。在那里执勤的警察工作危险，精神状态紧张，因公伤亡的比例也很高。在时时处处都可能出现"敌情"的状态下工作，你指望他是什么样的面貌呢？在洛杉矶大暴乱之后，市警察局的局长发表了一篇文章，他说他相信洛杉矶警察是世界上最好的警察之一，但是他们"不是完美的"。在这样的工作环境下，不论是不是陪审员，都会承认，他们几乎不可能是完美的。

在这种情况下，要想说服陪审员理解洛杉矶警察工作的艰难危险，可以提供的实例证据真是太多了。被告律师向陪审团举了大量实例，说明不仅一般来讲，洛杉矶警察是一个高伤亡率的危险工作，而且在完全类似于罗德尼·金的事件里，警察的处境也是危险的，是有可能被伤害，甚至送命的。这一点也很好理解。不要说截下来的罪犯有的是拔枪拔刀的，就是飞车拦截造成连环车祸也是常有的事。在追截中，当一辆辆警车像好莱坞电影中那样翻滚出去，难道你指望警察还能一个个利利索索地再从里面爬出来吗？

被告律师进一步向陪审团指出，这种职业危险造成的结果是什么？首先，它造成了警察职业性的神经紧张。在这种紧张状态下，在常人看来已经完全解除了危险的一个嫌疑人，警察依据他们的经验，从他们眼中看出去，完全可能仍然还是危险的。因此对于拒捕者，不到彻底制服，他们就不会放心。被告律师认为，这种职业危险更重要的一个后果就是，政府为了减少警察的伤亡，也为了有效地制服罪犯，对于警察都有一套使用暴力的职业训练。例如，如何使用枪支，如果用警棍对付非常危险的对手，如果在仅仅导致疼痛的攻击不起作用的时候，如何造成骨折，以达到彻底制服的目的。所以，在这些来自平民的陪审员眼里显得无法接受的暴力场面，对于警察，只是他们执行公务的常规作业的一部分。

对于警察的职业性精神紧张和特殊训练所造成的后果，我们在生活中也有一些体会。我们的朋友达尼拉的汽车后面，有一条粘贴的标语。这在美国非常普遍，有的人是用一条标语表达一种看法，有的人只是开一个玩笑。她的标语内容非常少见，是支持警察工作的。后来我们才知道，这是当地警察家属协会印制的。达尼拉是这个协会的成员，她的丈夫杰米是一个警察。后来，我们和杰米也成了好朋友，他看上去和常人没什么两样。但是后来发生的一件事使我们意识到，他在心理上是和大家不一样的。

这里的人一般上门拜访之前都会打电话通知。但是，在传统安静的小城镇，也偶有非常熟悉的近邻直接上门借东西的，当然一般至少会敲门，直接开门闯入的很少。遇到这种情况，如果主人感觉被打搅了，至多是有些不高兴。但是，杰米在一次这样的邻居突然拜访时，门一开他差不多是条件反射般立即就拔枪对准了来访者。这几乎吓坏了所有的人。不仅是这位来访的邻居和达尼拉饱受惊吓，事后他自己也感到吓了一跳。要知道，杰米所生活和执勤的大学城，还是一个公认治安相当好的地方。但是，不论是在精神上，还是在现实生活里，他作为警察毕竟在面对一个与众不同的世界。他所受到的职业训练也已经成为他的本能的一部分。

还有一次,我们在夜半行车的时候被警察截下查问,当时需要打开车内的顶灯,可是开关坏了。我就自然地拉开一点车门,因为车门的开启可以带动顶灯的自动开关。这时,警察虽然对我们依然很礼貌,但他坚持要求我们把门关严。我们照办了他才敢接近。后来我们问了杰米才知道,在他们的训练指示中有这么一条,要防止攻击性的车门撞击。猛然打开的车门,是罪犯常用的"武器"。他还告诉我们,即使在公路上拦下一辆看上去很正常的车,警察实际上也是很紧张的,尤其是在夜间。从警察的眼里看出来,什么都可能发生。

我们再回到法庭上。我之所以给你介绍这些,是让你理解,在法庭上,陪审团所面对的证据不仅仅如那段八十三秒钟的录像带那么简单。同时,陪审团所经历的判断也比你所想象的要复杂难断得多。

陪审团在法庭上除了检方的证据之外,他们从辩方证据中得到的是什么事实和印象呢?第一,罗德尼·金在案发那天晚上的行为,使警察有充分的理由认为他可能是一个极其危险的犯罪分子。第二,他自始至终拒捕,因此警方有充分理由根据他们的专业训练,以武力制服他。所以,警察攻击行为中,至少前面的一部分是无可指摘的。第三,没有充分证据证明警察的攻击是蓄意出自种族歧视。唯一有争执的部分,是这场攻击的最后阶段是否必要,是否是滥用权力。

这最后一段是对辩方不利的。但是,你可以看到,这么一分析以后,一个原来看上去是铁证如山的大案件,已经面目全非。不仅案情的规模缩小,它的性质似乎也有所改变。至少,已经变得可以探讨,而且是技术性的细节探讨。

现在，摆在陪审团面前，最终剩下的问题就是，如何看待这段八十三秒录像的最后一段。根据检方的指控，这时罗德尼·金已经失去反抗能力，警察已经完全没有理由再度攻击。根据辩方律师的辩护，从录像最后一部分停格的画面看，罗德尼·金依然没有遵从警方指令去做就范的规定动作，仍在试图起来，所以警察有理由继续以武力将他"彻底制服"。

这个案子和我们以前介绍过的辛普森案一样，同样属于刑事诉讼。也就是说，它是由当地政府的检察官向四名被告起诉。我们在辛普森案中已经介绍过，在美国的刑事诉讼中，为了防止政府陷害平民，因此，依据美国的宪法修正案，必须充分保障被告的公民权利。要求陪审团对待检方证据的要求是非常严格的。这些证据必须是确凿的，完全超越合理的怀疑的。而辩方却不用提出铁证去证明被告肯定无罪，他们只需提供充分疑点，证明检方的证据是有疑问的。在刑事诉讼中，对于检辩双方的证据的要求是不一样的。

在刑事诉讼中对于证据这样的法律要求之下，只要是证据具有争议性，陪审团就已经有理由宣判被告"罪名不成立"了。

不知你是否注意到，这个案子是比较特别的。它的被告是四名执法的警察。法律倾向于保护被告权利的条文，这时看上去反而是帮了警察局这样的政府执法机构的忙。陪审员也一定感到十分困惑。于是，辩方律师还必须使陪审团走出这样的困惑。辩方律师尽量使得陪审员相信，这些警察并不是恶魔，他们也是平常人，只是他们找了一个危险的工作而已。他们冒着危险去做一些常人不愿意做的事情，最终是为了保护平民不受到犯罪分子的伤害，如果他们在高度紧张地制服罪犯的过程中，有了一些有争议的举动，就要因此被判有罪入狱失去自由的话，那么，他们的公正待遇又在哪里呢？

最终，陪审团就这样被辩护律师提供的证据证词所说服了。他们至少认为这段八十三秒钟录像带所反映的四名警察的行为，并不能铁定就确认为是违法攻击。我已经说过，在刑事诉讼中，这样的结论已经足以使陪审团判定被告"罪名不成立"了。

必须说明的是，这并不代表我的看法。我只是想通过这些介绍，让你了解事情的复杂性。

就像其他的案件审理一样，结束之后陪审员就回家了。他们中的大部分人不愿意出来谈论他们经历的审理，但是也会有一些人愿意接受记者的采访。我记得在这个案子之后，有一名陪审员回答了记者的这样一个问题：你在做出这个判定之后，你是否觉得自己可以在晚上良心安宁地睡着？他回答说：是的。我也相信，也许是全部，至少是绝大多数的陪审员，相信自己是依照证据，依照法律，同时也是凭着良心作出了这样的判断的。

但是，我想这些陪审员回家后的第一个晚上，就无法入睡了。宣判后只有几个小时，暴力行为就开始发生，而且迅速蔓延开来，到了夜晚已经是烽烟四起了。

暴乱主要发生在洛杉矶的中南区，这正是洛杉矶的一个"问题区"。大量的少数族裔在那里居住。没有人否认，这场暴乱的起因是这场审判的结果。但是，却几乎没有人简单地因此就推断，这是一场黑人反抗白人的暴动。甚至，事件至今已经整整五年过去了，人们觉得，还是很难给这场暴乱的性质下一个准确的结论。为什么呢？让我们再来看一看这场暴乱。

这场暴乱的激烈和混乱程度，使人们至今还觉得不堪回首。一开始，只是有一些黑人孩子向过路的汽车扔酒瓶。然后，就有人截下了两个白人的汽车，把他们拖出来殴打。然后，一架直升飞机的现场拍摄和电视直播，致使在全美国的众目睽睽之下，一个三十六岁名叫奥立弗·丹尼的司机，被拖出他所驾驶的集装箱卡车，五个人不仅围殴他，并且用灭火机砸他的头，企图置他于死地。最后，居然还不忘偷走了他的钱包。

泄愤的殴打，在不少地方发展成为由帮派少年参与的肆意谋杀。那天晚上，一名记者的车就被一群帮派的黑人少年拦下，他们不仅砸他的车，还试图把他拖下车去。当时他还系着安全带，一个少年拖了几把拖不下来，不耐烦了，掏出枪就给了他三枪。

而且，人们惊奇地看到，理应是愤怒的场景似乎很快变成了一场狂欢。有在大火前跳舞的，更普遍的却是人们发现了抢劫的乐趣。于是，记者所拍到的已经不再是愤怒的脸庞。镜头所拍摄到的那些提着大包小包从超级市场破损的大门里出来的人，一个个都是乐呵呵的。在整个暴乱造成的非正常死亡中，甚至还包括两男一女坐在一辆不知是偷来还是抢来的车里，然后当场享受超速飙车，造成翻车死亡。

说是"暴动"，但是没有任何组织，全是一些散民，里面还有大量的所谓帮派青少年。从愤怒地砸汽车、砸政府机构的玻璃开始，直至人身攻击、纵火，对各种商店全面抢劫，造成大规模的破坏和伤害。这场暴乱之后，有五千人被控各种刑事犯罪。此时，人们才发现，这被控罪的五千人中，有一半以上竟然是西班牙裔。当清理财产损失的时候，人们更是惊讶地发现，有近一半因烧掠而受到损失的，是与这场审判的种族纠葛毫不相干的朝鲜裔居民。然后，通过各方面的访问

洛杉矶暴动中的抢劫者

和调查,完全有理由相信,有相当一部分的黑人对亚裔的不满甚至敌意由来已久,这次受到攻击并不是偶然的"误伤"。

还有,这个中南区是黑人集聚的地区,当然有大量黑人住宅,也有相当数量黑人经营的企业店铺。大火一起,无法控制,也就有黑人住宅受到波及的情况。但是,在普遍的放火和抢掠中,尽管黑人经营的企业店铺纷纷挂出"黑人经营"的牌子,以期使自己可以区别于白人或亚裔,求得免于烧掠的下场。但是,根据调查,这样的标志,在大多数情况下,不起任何作用。他们肤色相同的同胞,并不因此"手下留情"。

面对这样的一团混乱,人们怎么能轻易就给这场暴乱贴一个"反抗"的标签,认定它就是"黑人争取种族平等的斗争"或者是"阶级斗争"呢?

从这场暴乱开始,直至暴乱之后很久,无数黑人都为此感到沮丧。他们和许多其他族裔的人都看到,有一点是很清楚的,黑人在这场暴乱中被事件本身导致进一步公开分裂。黑人当然并不都是暴力的参与和支持者。刚才我们提到的那名集装箱卡车司机,在生命处于极度危险的情况下,一名素不相识的宇航工程师在电视中看到后,冒着生命危险开着自己的车赶到现场。他是在三名黑人的帮助之下,才得以把重伤濒临死亡的司机救出,并且送往医院的。我们前面提到的那名被射了三枪的记者,也是在一个黑人家庭的电话求救和帮助下,才得以死里逃生。还有许多对审判结果不满的黑人,在审判之后聚集在他们的教堂里,举行和平的抗议集会,并且在暴力发生时祈祷和平。

这一案件比较特殊的地方还在于,四名警察虽然在地方检察官的控告中被判罪名不成立,但是,这次控告依据的是属于州法部分的刑责。与此同时,联邦政府的检察官,还认为有充分理由控告他们触犯了属于联邦法范围的《民权法》,就是他们作为政府执法人员,由于执法过度,侵犯了罗德尼·金的公民权利。所以,在联邦法庭立即又展开了另一场审理。

又经过将近整整一年的审理,联邦法庭的陪审团得出了四名警察中两名违反联邦《民权法》有罪,另外两名无罪的结论。这个结论似乎使大多数的人都感到满意。宣判之后,森严戒备的洛杉矶警察都松了一口气。历史的一页似乎就这样翻过去了。

然而,凡是支付了高昂代价的历史事件,都不应该只是一道一抬脚就能跨过去的历史门槛。如果人们至多是像被绊了一跤,掸掸尘土,头也不回地就奔向前去,连一点真正的教训都没有得到,那么人类所付出的生命、鲜血、尊严,不是太轻贱了吗?在这里,大家都认为,这么大的事件显然不应该简简单单地就被时间的河流冲刷干净。但是看来，迄今为止五年的不断反省，还不足以使人们完全找到答案。不论是亲历这场灾难的平民百姓，还是以这一事件为主题撰写论文的专家学者，都一次次地发现，各种因素纠葛太深。而当人们想去理出教训的时候，又很难完全脱开自身的局限性。我们看到，每一个人，都有自己所属的种族、阶层、经历等等，每一个人，都有自己的局限性。

今天的洛杉矶中南区，依旧可以看到许多焦黑的五年前的废墟。尽管事件之后，联邦政府投入了九亿美元的资金，可是依然不能使这一地区在这五年内完全复原。因为这里的店铺和中小企业都是私营的。经历了这样一场风暴之后，许多业主对这个地区不再有安全感而选择离去。一名店主对记者说，"我是黑人，我以此自豪。我也爱我的黑人同胞。可我也是一名业主，我还必须养家。我永远不会再回到这里"。黑人业主尚且如此，其他人的疑惧更可想而知了。看着那些废墟，宛如一座座黑色的纪念碑，它们在向人们诉说些什么呢？

好了，我似乎今天应该在这里打住了。在这封信里，我只希望你在开始了解美国种族问题的时候，对问题的复杂性和解决这个问题的艰巨性，有一个最初的概念。对于这个问题，最大的"杀手"莫过于"简单化"了。

对于我们来说，在看到美国这样一个种族纷杂的浓缩小世界的时候，也终于认识到，美国在长期的种族矛盾中所反映出来的问题，不仅是身置其中的我们无法彻底持一个袖手旁观的态度，就是对于你和所有美国之外的人们，也无法完全以隔岸观火的轻松好奇心情，对待这些看上去似乎是"毫不相干"的问题。因为，在这个世界上，各个族裔以及他们所携带的各种宗教文化习惯等等，甚至他们所寻求的自身利益，都在世界的每一个角落，在每一分钟发生着类似的矛盾和冲突。从波黑战争到非洲图西族胡图族之间空前野蛮的种族杀戮，几乎不胜枚举。从人类的许多战乱中，都有一颗种族矛盾和文化冲突的坚硬内核隐含其中。而这个世界的人们还在越走越近，叫人看着多少捏把汗。至今我们尚不知道，人类是否有足够的智慧，对付这样一个越来越小的地球和越来越近的距离。所以，美国民众现在先行一步所面对的种族问题，就无疑显得意味深长。

希望你喜欢这个话题。

有空来信。

祝好！

林 达

亘古不变的疑问

卢兄：你好！

很高兴能这么快就收到你的回信。你说对这个话题很感兴趣。还说在你的印象中，美国是一个种族问题很严重的国家，也知道美国是一个多族裔的移民国家。但是，只是对美国历史上的奴隶制印象深刻，接触到的有关美国种族问题的近况介绍并不多。所以，对这一问题的复杂性和可能产生的激烈程度也确实了解得有限。即使对奴隶制和解决这些问题的过程的了解，也有"简单化"之嫌。所以，希望能早日收到下面的信。那我再接着往下写。

如今美国的种族问题，确实是"眼花缭乱"的。最近，美国的一个韩裔社会学家在著文讨论洛杉矶暴乱的时候，就谈到，必须认清"美国已从黑白两族的社会转变成了多元族裔的社会。其他旁观的族裔也移到舞台中央，成为主角"。这一情况其实从表象上都可以看出来，因为站在美国的土地上，放眼出去，直观的感觉就是人种的五色缤纷。

然而，美国的种族问题之所以如此敏感，令人念念不忘，确实与你所提到的历史渊源有关。因为在美国的历史上，种族问题一度与奴隶制度相联系。这使得本来就放在哪里都不容易处理的种族问题，在这里就更添了一份历史宿怨。

你对美国最终结束奴隶制的南北战争一定很熟悉，但是实际上，南北战争并不是解决奴隶制的唯一举动。反对奴隶制的努力几乎与这个制度相始终，这些努力甚至在美国建立之前就已经开始。只是，由于历史的局限性，这只能是一个循序渐进的过程。这实际上也是人类逐步认识和清理自己的一个过程。今天，当我们用历史的眼光，去重新审视这样一个过程，依然感到收获不菲。

再说，就连你已经熟悉的南北战争，实际上还有一些叫你听了会吃一惊的教科书之外的故事。所以，尽管你已经熟悉了美国奴隶制时代的《汤姆叔叔的小屋》等等，我还是必须把这个话题从头讲起。

当年哥伦布发现美洲的时候，他到达的是美洲的南部。美洲的开发也是从南美开始的。一开始，这和美国人的祖先英国人没什么太大的关系。当时的世界是属于"海上霸王"的。所以，有着大量航海家和海盗的西班牙、葡萄牙，就成了南美的主人，最主要的还是西班牙人。"海上霸王"们也很熟悉非洲。因此，当他们的美洲新殖民地严重缺乏劳力的时候，他们很自然地就想到了非洲，在那里，有的是强壮的黑人。

那是四百多年以前。不幸的是，奴隶制确实是人类文明发展的一个重要组成部分。不论是白人的欧洲文明，还是黑人的非洲文明，都是如此。所以，在今天看起来显然应该是劳务输出的生意，在四百年前却成了奴隶买卖的勾当。在这里面，当然有一些被白人奴隶贩子劫道抓获的部落黑人，但这不可能是最经济方便的来源。所以，基于当时非洲社会发展的极不均衡，也基于他们事实存在的奴隶制，使得有一部分黑人也成为这一交易的重要一环，他们取得"货源"并且出售，成为卖方。

在今天的美国，如果你要买几车砂石铺路，你找的并不是砂石场，你应该找的是运输公司。四百年前的奴隶贩卖也是同样的道理。当时经营这一行当的是航海业，奴隶贩子都是一些航海冒险家。由于这是一个获利甚丰的行当，各个欧洲国家的船长都加入了这个行列。但是实力最强的，依然是西班牙和葡萄牙。以至于美国人长期使用的黑人一词，即"尼格罗"，居然不是源于英语而是源于西班牙语和葡萄牙语。

西班牙在一百多年里不断从南美向北美推进和开发，这种开发也伴随着购买黑人数量的增加，因为劳力奇缺。当时在南美，黑人已经非常普遍，以至于今天我们在南美甚至可以看到一些以黑人为主的岛屿和国家。他们并不是当地的土著，他们的祖先也是在贩卖黑奴的浪潮中给卷到这里来的。

于是，当美国人公认的先驱，第一批英国清教徒，乘着那艘著名的"五月花"号，在海上漂泊长达六十五天，终于到达北美大陆的东海岸，即新英格兰的时候，当他们面对一片莽莽荒原跪下祈祷的时候，这里真是他们所看到的那样，是一片巨大的尚未开垦的处女地吗？这个说法也对，也不对。

因为不管怎么说，在他们到达的时候，相对于整个北美大陆的广袤土地来说，确实可以说是人烟稀少。在他们的活动范围内，甚至远远

1620年,经过六十五天的海上航行后,"五月花"号来到新世界

超出他们的活动半径,还是浩浩渺渺的人迹罕见乃至于人迹未到之处。

但是从另一面来看,包括整个南美和北美的一部分,在他们到达的时候,已经有超过两百个西班牙城镇,有近二十万西班牙人及五百万当地的印第安原住民。还有相当数量的从非洲买来的黑人。从这个意义上来说,当时的"新大陆"已经有了以西班牙人为主的一定的社会格局和生活方式。这种生活方式,也包括了奴隶市场这样一个现实。

然而,我也一直没有想通,就连这么冷的加拿大都已经被法国人在1604年看中,建了居民点,为什么美洲东海岸的北部,也就是后来成为美国摇篮的好端端的一大片风景优美的地区,当时就是冷冷落落,无人问津。所以,在南美洲的黑奴贩卖都已经进行了近百年,却还没有一个黑人随着西班牙人被带到这个地方来。

可是,说起来真活像是命运安排的一样,恰在这些清教徒开拓者乘坐的"五月花"号抵达北美东海岸的一年之前,1619年的8月,在距离他们上岸地点以南五百英里开外的同一海岸,第一批二十名黑人已经先于他们来到了这里。是一艘荷兰船载来了这些黑人。至今没有人知道他们是奴隶还是半奴隶状态的家仆。

除了满满一船欧洲商品还捎带载来这二十名黑人的荷兰船长,就这样创下了一个令人难堪的历史纪录。虽然由于没有任何交通和通讯手段,所以"五月花"号上的移民先驱对此也一无所知。然而,这二十个黑人遥遥的存在以及他们存在的方式,从象征意义上看,就在"五月花"号靠上北美的同时,奴隶制和种族问题就已经在北美开始了。这一切确实发生在今天称为美国的这块土地上,虽然要再过大约一百五十年,世界上才会有美国这个国家。

由于这块土地的开发,是以开放移民式的方式进行的,因此,新英格兰地区第一批英国移民所面对的寂寞和荒凉,很快就被一批批闻讯而来的后继者所打破。北美,在西班牙人开发南美多年之后,终于也成了一个新的移民热点,以英国人为主的欧洲新移民蜂拥而至。英国也开始把这里看作是自己的殖民地。可是这个时候,在奴隶贩子们中间,也肯定在盛传着这样的好消息:在北美的东海岸,出现了一个巨大的新市场。

你还记得吧?我们以前在学人类发展史的时候,都遇到过这样的问题,那就是,如果假定"人"确实是类人猿"变"的,而不是上帝"造"的话,那么,从什么时候开始,他们有别于其他动物,可以称自己为"人",而不是动物了呢?

我们都从教科书上得到过这样的结论,是劳动创造了人,人与其他动物的分界线,是他们开始制造工具。这个结论使我心安理得踏实了几十年。直到有一天,终于亲眼看到一只大猩猩,为了获取食物,认认真真地为自己制造了工具,并且如愿以偿地用自制工具取得了食物。吃完之后,大家居然还是认为它只是一只大猩猩,而不是"人",真是令我大失所望。

后来,又听说"艺术创作"是上述问题的一个分水岭。我将信将疑。这意思是说,当一只类人猿终于操起一根烧焦的树枝,在岩石上画出一个树丫巴杈的时候,他就完成了向"人"迈进的关键一步。可是,美国偏偏有人养了一只大象,就是喜欢画画,看着它用鼻子搁下油画笔,居然还换支硬笔签名,"以防假冒",真叫我哭笑不得。看看画的色彩感觉,肯定比有的"人"还强一点。

最终,我决定把这个问题搁一搁。就在这个时候,我不知在哪里看到这么一种讲法。我不把它当作真理或是答案,可是我确实喜欢这个说法:皓月当空,万籁俱寂之时,一个坐着的人猿浑浑噩噩的脑瓜里,突然冒出这么一个百思不得其解的问题,"我和其他的动物究竟有什么区别呢?"这时候,他就是"人"了。

请你原谅我的这段题外话。我想说的是,作为整体的人类是有这样一种特性的。那就是,第一,他是在思考的;第二,他思考的一个最基本问题永远是与人性有关的。作为整体的人类,他不得不始终在对这个问题进行道德自省和良心拷问。这是人类有可能对"进步"二字持有信心的基本依据,你发现,我们有一点绕回来了吧?

因此,当我们再回到三百多年前的北美奴隶交易,甚至回到四百年前的南美奴隶交易。我们发现,那些参与了贩卖黑奴的非洲部落首领和来自欧洲的白人奴隶贩子,他们在同一个行为中道德上所要承担的责任,可能是并不相同的。为什么这样说呢?因为他们当时的发展程度是有本质不同的。这个程度不同，是指他们作为一个人类群体，对于人性和道德的思考深度和理解是不同的，也就是他们的进化程度根本是不同的。

就像在今天，我们仍然可能发现在某个热带密林深处，还存在一个"猎头族"。他们的部落每年都要偷猎一个异族的脑袋，借以得到整个部落平安吉祥的保障。这个时候，我们说，这种猎杀是一种原始宗教。假设这时候来了一个西方探险家，他在这个部落住了一阵得到启发，出于私怨也割下了某人的一个脑袋。他当然不会在部落里受到任何责难，但是，他的行为就很难被称为是"原始宗教"而不是"谋杀"。在这里你会看到，同时发生的同一行为，在道德上所要承担的责任是有可能不一样的。

奴隶问题在北美最初的产生，是有一定的历史原因的。你会看到，不仅今天的美国种族问题不是简单的，即使是当年的奴隶问题，也同样是非常复杂的。

首先是在南美已经有一大批"经营"了一个世纪左右的奴隶贩子。对他们来说，货源和经营方式都已是熟门熟路，只是随着北美移民的大量涌入，他们换个送货地点而已。所以，这里一开始就有大量源源不断、自动送上门来的"奴隶货源"。

同时，奴隶制确实也是欧洲文明发展的一部分，而且在那个时候还有一些类似奴隶制的残余，例如，在北美沦为奴隶的虽然主要是黑人，但在开发初期，有相当数量的一部分白人也同样成为奴隶。这是移民们承袭了欧洲当时盛行的以劳役抵债的传统。

当时来到北美的白人有大量处于赤贫状态，他们甚至买不起一张驶往他们的希望之乡的轮船船票。于是，普遍有以自己做抵押的。谁付的这张船票,谁就在几年之内拥有这个劳力。甚至还有一些人,根本就是从英国的负债监狱里直接被挑选来的。也就是说,奴役劳力,对当时的欧洲移民来讲,并不非常陌生。

尽管如此,可当时的英国本土已经风云激荡,平等自由的思想也已经不是什么萌芽状态了。所以我想,在这些英国人刚刚到达美洲大陆的时候,一定也被"奴隶市场"这样的"异国风光"吓了一跳。也就是说,对于南美已经盛行的这种方式:这样赤裸裸的,把人彻底当作牲口一样的奴隶买卖,他们要接受甚至参与这样一种行为,面前还是会出现一个令人犹豫的道德门槛的。

但是,当时的美洲移民是控制很弱,极其混乱的。在这些人里,什么样的背景都有,也什么样的状况都有。你可以想象,他们中间的绝大多数人,在三百多年前的人类整体发展水平上,在一个奴隶制已经成为事实的地区,显然不会面对陌生的蛮荒之地和严酷的生存条件,却坚持以道德为理由,断然拒绝以奴役的方式使用劳动力。

那么,当时这些新移民究竟面临着什么样的困境呢?

那艘著名的"五月花"号所载的移民先驱者的情况,就是十分典型的例子。他们一共是一百零二人,在十一月中旬到达北美。很不幸的是,他们靠岸的新英格兰恰是今天美国版图的北方。当时严寒已经开始。他们的眼前是刮着凛冽暴风雪的荒原,而背后的太平洋如同一把利刃,切断了他们和文明之间的纽带。更何况,他们是来自一个已经高度文明发展的国度,早已失去了始祖们在大自然中求生的本领。结局可想而知,仅仅一个冬天的寒风,就带走了五十八条生命,半年过后,他们只剩下来四十四个人。

就是这留下来的四十四人,也完全可以说是一个奇迹。我们曾在冬天去探访过"五月花"号靠岸的地点。据当地的朋友告诉我们,这已经是一个几十年不遇的"暖冬"。可是,当我们站在岸边,在大西洋上刮来的刺骨寒风面前,还是转眼就失去了几乎全部的游兴和耐心。尽管裹着厚厚的现代羽绒衣,还是迫不及待地奔向一家叫作"明朝"的中国饭店。在暖气中喝下整整一壶热茶,才突然明白过来,我们逃离的是什么。我们所逃离的,就是当年这一船移民在目送"五月花"号开走之后,面对的饥饿和寒冷。可是他们无处可逃。就是与死神眼看着就要面对面相撞,他们依然无路可逃。

后来的大批移民,其状况并不比他们好多少。英属殖民地的开发是从北方开始的,大多数移民落脚的地方,冬天都相当寒冷。后来者除了人多势众一些,所有的问题还是要每一个人自己去解决。他们的房子还是林中的树木。他们与奔跑的野兽之间,谁是谁的食物,还是一个悬而未决的问题。他们幻想中的农田,还是长满灌木和荆棘的处女地。他们的种子和工具却还在海上漂泊的商船里。冬季却不肯推迟脚步,坚持要如期而至。他们有妻子还有孩子,周围的人都在流行疾病,没医没药,隔三差五就有人到上帝那里报到。他们想在冬季之前至少给孩子一个栖身之地,可是就是人手不够,本来就是加上妇女孩子一起干活都不够,一生病就更不够。

在开发最初阶段的这种状况下,移民而来的各色人等,他们原来的背景都被无情地抹去了。有一些人带来了钱,可是,他们的钱也买不到可以容身的最简陋的房子,他们可以买到的,就是当时最缺乏,所以也最珍贵的奴隶劳力。因为一切都必须用双手和体力去创造出来。

因此,三百多年前,北美移民所考虑的,远不是今天的人们所想象的"发展"、"发财"这样的奢侈品。如果其中有人曾经在英国上船之前有过这样的念头,一下船也就被冷酷的现实一风吹了。他们绝望地不知如何才能在一片荒野里活下去。就在这个时候,运来了一船黑人劳力,说是连现钱都可以不要,以物易"物",用当地的木材换就行。可以想象,他们中的大多数根本没有太大犹豫就跨过了第一道横在面前的道德门槛。

奴役劳动就这样在北美开始了。

随着英王朝十三块英属殖民地在这里的建立和开发,这块土地在迅速地发展。虽然这个新大陆的状况与欧洲相比始终还是落后的,偶尔来一个欧洲旅行者,仍然会不屑一顾,回家后把这里描绘成穷乡僻壤。可是,这里的各个殖民地已经设立了总督政府。早期开拓者所遭遇的九死一生的险恶环境也已经被大大改变。换一个角度说,当年新移民借以越过道德门槛而使用奴隶劳动的一部分历史借口,已经不复存在。

可是,就像你已经知道的那样,奴隶制在北美不仅没有消退,反而越加兴旺发达起来。大量奴隶势不可挡地进入这些英属殖民地。奴隶制很快成为北美洲最触目的现实。原因其实很简单。

因为奴隶交易和奴隶劳动都产生人类最难以抗拒的诱惑,这就是利益。然而,这块土地的早期经历所形成的奴隶制现实,显然是一个不可忽略的"原始推动"。这也就是为什么北美英属殖民地黑人奴隶泛滥,而英国本土却从来没有卷进去的原因之一。英国本土就没有这样的历史条件形成的借口,所以即使同样被利益驱动想蓄奴的人,也被阻挡在道德门槛的这一头,难以当众迈出腿去。

北美的奴隶贸易居然会如此迅猛地展开,还有一个特殊的情况,就是被这份"利益"所吸引的不仅是一些商人和平民,它还吸引了一个王朝。这个王朝调动了一个大国的力量来向这块新开发的土地倾销奴隶。

早在"五月花"号抵达北美刚刚四十年的1662年,英王朝查理二世就特许"皇家非洲贸易公司"有计划地向西印度群岛和北美贩奴。到1713年,英王朝甚至与西班牙达成有关贩奴的重要协议,由英国皇家非洲公司垄断包括南美在内的整个美洲奴隶进口,由两国的王室各分得利润的四分之一。此后的二十年内,根据记录,英国至少每年向美洲输入了一万五千名奴隶,其中四分之一左右进入南美的西班牙殖民地,大多数都进入了北美英属殖民地。

你一定已经看出来了,英国国王在北美的这笔买卖特别好做。因为北美本来就是他说了算的。土地是他的殖民地,管理者是他派出去的总督,当然协助推销。事实上,曾经有一些殖民地对于汹涌而来的黑奴浪潮,出于种种原因,例如最普遍的安全理由,表示担忧和抵制。但是,都无法抵御英王朝和殖民地总督上下一致的奴隶推销政策。

就这样,一只强有力的手在北美推动奴隶制。就是这片土地当时的主人英国王朝,开始有组织地大量向这里输入黑奴。贩奴收入则一度成了一个王朝所刻意追求的"国家利益"。于是,贩卖奴隶不再是星散的船长们的海上冒险,而成了英国王朝垄断的皇家事业。换句现代的话来说,在贩奴行业,强盛的英国王朝成了一个最大的"有组织犯罪集团"。北美的奴隶交易就在英王朝强力的推波助澜中,达到了一个高潮。

那么,你也许会问,这片土地还有什么希望呢?真是这样,当一个巨大的利益突然出现的时候,一个王朝会被吸引,大多数普通人也都会被吸引。我们回顾历史上的北美,看到的就是一个巨大的利益所形成的旋涡。

前几年我们去纽约,在著名的哥伦比亚大学的校园里逛了一圈。校园里有一座罗丹的雕塑"思想者",是用原作的模子翻制的。记得以前我们只有机会看到这个雕塑的照片,虽然看不真切,但是依然很惊叹罗丹的构思:在地狱的门口,"人",坐下来"思想"。

现在,当我终于有机会真的站在这个雕塑之前,突然不可抑制地想到,"他"只不过是静静地坐在那里,为什么我们却会有一种受到震撼的感觉,"他"又在想些什么呢?

我确信,他所思索的,不可能是别的,一定还是当年他站在"猿"与"人"之间,第一次想到的那个亘古不变的"原始问题":"人和其他生物的区别是什么呢?"人类,不论他走到什么时候,他的面前总会出现一道新的道德门槛,在这道门槛面前,他不得不坐下来,思索。从他成为"人"开始,直至他来到火焰熊熊的地狱的门口。这个问题是永恒的,超越一切的。其原因却是出奇的简单:他是"人",当然就想知道,什么是"人性"而不是"兽性"。怎么做,才可以称自己是"人",而不是"兽"。

总有一些人,他们不会轻易跨过道德门槛,他们会坐下来思索,这就是人类的希望,也是北美这片土地的希望。

作为北美精神主导的北方,对于奴隶问题,一直可以看到比较清楚的这样一个"人"在思考的线索。那就是,在遇到黑奴这样一个不同寻常的问题的时候,这里有一些人本能地开始从人性的角度思考。提出质疑。在利益的潮流袭来时,他们只可能是极少数,但是只要他们站在符合人性的一方,他们的坚持就会奇迹般地渐渐显示出力量。探究这样一个很有历史逻辑的过程,这是非常有意思的。

这片土地发展的核心一直是在北方,这也是美国人一直把"五月花"号的那一船清教徒,认定是他们的精神先驱的原因。我以前也因此而误认为,他们是到达北美的第一船英国移民,后来我才知道,实际上,在"五月花"号抵达新英格兰地区十三年前的1607年,弗吉尼亚已经建立了第一个英属小镇。那么,为什么日后的美国人一定要认定"五月花"号的移民是他们的精神祖先呢?

美洲殖民地的移民组成确实是很不同一般。

北美当然也不乏大量被贫困逼来的"经济移民",可是,来到这里的"政治移民"的比例,高得异乎寻常。他们是在英国及欧洲的诸多次宗教迫害和政治动荡中离开故土,来寻找一片自由的土地的。他们中的许多人,在英国的处境远比跑到这里来当难民要好,对于这些

"五月花"号上的移民签下《五月花号协议》

人,寻找一块新大陆更多的是一种精神需求。他们需要一块"上帝承诺过的土地",在那里可以有他们自由信仰的权利。其中"五月花"号上的那一船移民,就非常典型,也是这些"政治移民"中最早的一批。

你已经知道,他们来到这里的第一个冬天,严酷的自然条件就带走了"五月花"号移民中一多半人的生命。但是,当第二年春天,"五月花"号又一次来到这里的时候,船长惊讶地发现,剩下的那四十四个营养不良、还挣扎在死亡线上的幸存者,居然没有一个人愿意随船回到文明的英国去,而坚持要留在这片实在乏善可陈的荒野之中。

正是这样一些人,往往会很自然地成为各地的宗教和精神核心。这个传统使得美国至今为止宗教气氛还非常浓厚。我们和去年来的那两个澳大利亚建筑师聊起来,他们谈到,同样作为新开发英属殖民地的澳大利亚,就没有这样强的宗教传统和气氛。他们听了这里各式各样、比比皆是的宗教广播台以后,感到非常新奇。

北方,正是大量这样的"政治移民"的集聚地。他们受教育的程度相对更高一些,他们流亡的原因往往是"宗教迫害"为主的政治性原因,所以,他们更习惯于在世俗诱惑的面前,做出理性的思考。他们甚至在尚未完全解决温饱问题的时候,就迫不及待地建立了哈佛大学,并且把哈佛大学所建立的地方叫做"剑桥"。当然,那个时候的哈佛只可能是陋舍几间,可是,他们却觉得,只有在哈佛大学这样的精神支柱的支撑下,他们才能够活得下去。真是难以相信,当他们满怀希望地挂上哈佛大学牌子的时候,距离"五月花"号抵达这里只有仅仅十六年。距离美国的成立,却还有一百多年。所以,一直有所谓"先有哈佛,后有美国"的说法。

因此,要追寻这块土地的历史足迹,北方的线索是比较清楚的。

奴隶制在北美的整个兴起、兴盛和衰落，都可以在这个拥有哈佛大学的新英格兰地区以及大部分的北方地区，看到一个比较清楚的逻辑过程。

我先以新英格兰的马萨诸塞为例。在奴隶刚刚进入这个地区时，反对这个制度的声音就符合逻辑地同时响起。

在那个时候，宗教在一开始就起了很大的作用。宗教思考本来就应该是非功利的思考。他们把自己与世俗世界拉开距离之后，探索人与神的深远的哲学问题。这样，任何可能找到的世俗利益的借口，都必须被拒留在宗教的门外。由于北美的生活环境，使得各种宗教的思考内容，也很早就包含了奴隶问题和不同种族如何相处这样的问题。当然，不同的宗教在这些问题上得出的结论也是不同的。

尽管，在新英格兰的北美早期清教徒，对于宗教正统问题曾经非常狭隘和固执。他们曾认为印第安人的宗教是魔鬼的宗教，也视教友派为邪教和异己，横加驱赶。但是，在奴隶的问题上，基于他们对于《圣经》的理解，却在道德的层面得出了自己毫不含糊的结论。

在三百年前，他们是这样理解的，即使用奴隶只有在下述情况下，是符合《圣经》，也是可以通得过他们的道德质疑的。那就是，沦为奴隶的人必须是战俘，以及同意出卖自己的人（如我们前面提到的债务奴隶）。除此之外，他们无法接受"买卖奴隶"和"蓄奴"这样的做法。

在这里，我们发现一个奇怪的现象，就是如此推论下来，那个时代的北美清教徒倒是并不反对当时并不罕见的白人奴隶，因为，这些白奴是自己同意以自由和劳务抵债，也就是同意出售自己的。但是，他们却反对买卖和使用黑奴，因为所有的黑奴都是被迫的、非自愿的。

于是，一方面你可以看到，这些清教徒对于奴隶问题的认识，还有欧洲奴隶文化遗留的局限性；另一方面你却又可以看到，他们的思维方式是很有逻辑性的。作为当时北美非常重要的宗教思想流派之一，他们在对一个重大课题进行思考的时候，他们重视的是道德层面的逻辑推理，种族归属却并没有成为他们的一个判断依据。在这个意义上，用现在的时髦话来说，他们的思想是非常"前卫"的。

三百年前，刚开发的北美还很混乱，约束力也很弱。由于劳力的大量需求，应运而生的北美奴隶市场正在发展。清教徒基于他们的道德诉求，曾经企图严格地抵制奴隶交易的浪潮。结果就导致了当时发生在新英格兰地区马萨诸塞的这样一个故事。

在当时的马萨诸塞，和其他地方一样，移民中的不少人深深地被奴隶交易带来的利益所吸引。其中有些人甚至不愿意再消极地等待别人给他们送来奴隶。

事情发生在1640年，也就是在"五月花"号抵达北美大陆二十年的时候。一个名叫斯密斯的船长驾了一艘货船，从马萨诸塞前往非洲送货。卸下货之后，他觉得自己有了一个新的想法，尽管运"活的货物"不如运一般商品那么方便，可是万一成了，不就是为自己开辟了一条新的"致富之路"吗？那么，为什么不顺手弄两个黑人回去，试试这一行呢？那些让人羡慕的发了财的奴隶贩子，又不是有什么望尘莫及的本事。他望着自己手中的枪，也许觉得自己只是试验一下，不是大批量的需求，不必去当地的奴隶市场花钱买，自己就可以碰碰运气。

于是，这位斯密斯船长居然就带领船员，在他的船的停留地附近，选定了一个黑人村庄作为突袭对象。这大概是一个小小的部落村庄,因为他们小试即胜,一举抓获了毫无防范的几个黑人家庭,然后如数押上船,带回了他所居住的马萨诸塞。一路回程,斯密斯船长一定在做他的"淘金梦"。按照当时北美奴隶交易的现状,他是完全有理由做成这个美梦的。可是谁会料到,这一次,他却偏偏押错了宝。

当时马萨诸塞还是在开拓的最初岁月,但已经开始有了一定的行政管理。当地人在竭力形成依据一定的宗教道德原则而执行的管理。那里当时是清教徒们的天下。他们的原则就是他们所理解的《圣经》所传达的上帝的原则。你已经知道,对于奴隶问题,他们认为,这个原则就是除了"战俘",必须是"自愿出售自己",才能成为奴隶。虽说他们宣称这是《圣经》的旨意,然而这显然反映了他们在那个历史时期对于人性和人道的认识程度。

于是,斯密斯船长在当地一些严守戒律的清教徒眼中,显然是违反了上帝的原则。在贩奴已在北美逐步盛行的时代,这些马萨诸塞的清教徒还是决定顽固地坚守他们这个地方的"道德清白"。外地来的奴隶贩子他们管不着,可是他们绝不允许本地居民的灵魂也被魔鬼勾走,不准备让这位利欲熏心的斯密斯船长打开一个缺口。因此,这位船长就这样成了北美奴隶交易史中的一个特例。他在回到马萨诸塞以后立即遭到逮捕。而那些被他劫来此地的黑人,也遇上了"史无前例"的好运气,当时还处于草创阶段的马萨诸塞司法机构,当即下令用当地的公款送他们回到非洲的家乡。

1641年的马萨诸塞因此有了一条针对从非洲劫持黑奴的法律:"任何人,凡劫持人类者,判不赦之死刑。"

尽管在以后的岁月里,他们最终并没有能够真的阻止此后的贩奴浪潮，马萨诸塞和其他殖民地一样，几十年后蓄奴成为普遍的情况。它的港口城市波士顿，也因为转运了大量来自非洲的黑奴而逐步发展起来。

可是，我之所以向你讲述这个北美贩奴时代十分罕见的实例，因为尽管当时很少有人认为这样螳臂当车的行为有什么意义。但是，当你看到，一百多年以后，摧毁奴隶制的烈焰就是起于这最初的一点一点火星，你就会感受到思想的力量，这也就是历史的迷人之处。

清教徒们始终没有放弃的这样一个出于宗教理念的道德诉求，也在一百多年来逐步引起越来越多人的思考。这种气氛最终导致了在独立战争前后，北方对于奴隶问题的彻底反省。

在马萨诸塞，这场思想清理，在美国独立战争之前就已经开始。马萨诸塞也是最早在奴隶问题上开始挑战立法的几个北方英属殖民地之一。

在独立战争开始前，一个抵制奴隶进口的运动已经在发展起来。1767年，即美国独立战争的八年之前，他们就在议会提出了"有关禁止本地区进口奴隶的法案"，但是，这个时候议会的上下两院本身还不能达成共识，因此法案无法通过。四年以后，他们再一次努力，终于在议会两院有了一致的意见，通过了一个类似的法案。但是，却遭到当时英王委派的殖民地总督的否决，法案被封杀了。

独立战争逐步迫近。挑战立法所引起的有关讨论，在马萨诸塞也越来越深入人心。他们不断地重复努力，希望使当时作为执法权威的总督，能够接受一个禁止进口奴隶的法案，但是始终没有成功。1774年，就是在独立战争打响的前一年，议会甚至两度通过这样的法案，最终，依然没能通过英皇的总督这一关。但是，你已经可以清楚地看到马萨诸塞这个地方对于奴隶问题的基本态度了。

这种趋势形成的气氛，即使从当地的黑奴身上，也可以看出一些端倪。就在马萨诸塞，曾经发生了这样一件在当时影响并不大的事情：

也同是在独立战争爆发前一年的1774年，北方暖春的五月，马萨诸塞英总督的办公桌上，出现了一份申诉书。在托玛斯·盖奇漫长的总督生涯中，他接受过不少申诉，可是这一份却大大地出乎他的意料之外。因为这是一份代表着一群黑奴向英国皇家总督提出的申诉书。他惊奇地发现，在这份申诉书中，这些黑人从人性的原则、基督教的道义出发，甚至从当时的法律中寻找依据，不仅动之以情而且逻辑清楚地推理，得出无可抗辩的要求：他们要求恢复他们和孩子被剥夺的"生而自由"的天赋权利。

当然，在当时的情况下，英总督并没有批准这样的申诉。那些交上申诉书之后，苦苦等待，却没有能等出一个结果的黑奴们，也没有在历史上留下他们的名字。可是，这就是历史的意义：今天，人类根据永恒的人道与非人道泾渭分明的准则，给曾经显赫的留下了姓名的英总督，和卑微的没有留下姓名的黑奴们，下了孰是孰非的判定。美国成立以后，这份黑奴的申诉书逐渐成为美国孩子们必受的教育，感动了一代又一代的美国人。

这是殖民时期非常罕见的一次黑奴的合法抗争。为什么是罕见的呢？

因为在当时，黑人作为个人和小的群体，有可能出现偶尔的反抗，但是作为整体，不论其人数如何迅速增长，他们在北美注定会在非常长的一个历史阶段里，是几乎没有自己声音的一个极弱势群体。

这不仅因为他们被胁迫，同时也因为，黑人还处于他们偶然进入的这个陌生文化系统的蒙昧状态。

黑人甚至失去了自己的语言。这不仅是说他们来到新大陆，必须学习主人的语言，还因为当时的非洲不同部落的语言非常复杂。直到二十世纪的六十年代，在美国南方的一个地方，仍有相当多的黑人讲一种起源于二十几种西非语言的叫"古拉赫"的语言。你可以因此想象，两三百年前的黑人语言状况是多么混乱和无奈。黑奴相互之间都常常无法交谈，他们只能通过逐步学一些英语，来进行黑人本身之间的简单交流。

他们更无法发展自己的文化，只是沦为一种陌生文化的工具。他们对于自由的渴望一开始都只是一种生命的本能。他们中的绝大多数还根本理不出一个头绪，更不要说提出一个共同目标。大多数黑人还搞不清楚自己所处的这个社会是怎么回事。甚至在他们许多人的原来文化中，奴隶状态也是生活的一部分，非洲的部落战争也经常使战俘成为奴隶。种种原因使得黑人在相当长的时期里，逃亡和反抗都只是个别现象，而逆来顺受却被迫成为主流。

因此，这份申诉书出现在马萨诸塞并不是偶然的。你可以想象，如果没有适当的土壤，根本不可能在两百多年前的黑奴中间，生长出这样一棵树苗，没有合适的气候，它也不可能如此健康、茁壮，并且理直气壮地展现自己虽然微薄、却是由苦难积累起来的力量。因为，你可以说，追求自由，这是每个人都与生俱来的本能，然而，这些黑人第一次清晰表达出来的天赋人权的理论、基督教的教义、法制的概念，却不是他们从自己的家乡带来的。

从这份申诉书中，你可以看到黑人为争取自由迈出的第一步，你也同时可以看到马萨诸塞的早期清教徒们的身影。他们逮捕一个斯密斯船长,送回了几家黑人,并没有阻挡住奴隶交易的浪潮。但是他们持续一百多年的努力,有了今天这样的结果:黑人的逐步觉醒和更多白人的反省。

1775年,独立战争终于打响了,新成立的马萨诸塞"革命政府"遇到的第一个案子,就是在海上抓到了待售的黑人。一项提案被送到了立法机构,立法机构不仅立即同意这项将黑人们立即释放的提案,而且附带了这样一个声明:"这种对人进行出售和奴役的行为,直接践踏了造物主赋予全人类的自然权利。我们以及各州都誓言要为自由而战斗到底,而这种行为与这样的誓言是完全背道而驰的。"

这个声明显然超出了以往通过的法案的诉求,它要求的已经不只是停止奴隶交易,它直接提出了解放奴隶。并且指出了黑人的自由和白人们正在从英国人那里寻求的自由,同属一个人类理想,是不可割裂的。虽然这个声明当时并没有完全通过,通过的只是禁止奴隶交易和虐待奴隶的部分,然而,所有的马萨诸塞人一定听到,奴隶制的丧钟已经开始敲响。

仅仅是八年独立战争的第二年,马萨诸塞就有了着手解决奴隶问题的专门委员会。这个委员会在战争之中就向议会递交了废奴的议案。

英国签字同意美国独立,是在1783年。在此三年之前的1780年,也就是那些黑人向英总督送出申诉书的仅仅六年之后,哈佛大学所在的马萨诸塞,在地方宪法中就有了这样的明确条款:"所有的人生而自由平等,并具有明确的、与生俱来的、基本的和不可剥夺的权利;依据这些权利他们得以保护自己的生命和自由。"

马萨诸塞终于在进行独立战争的同时,就完成了对奴隶制的清算。

同属北方的宾夕法尼亚,是教友派的大本营。你一定记得前面提到过的,新英格兰的早期清教徒曾经出于宗教偏见,强烈排斥过教友派。所以,他们之间不仅属于不同的殖民地,相互之间没有什么联系,而且在宗教观点上还有相当大的分歧。然而,在查看宾夕法尼亚的资料时,我奇怪地发现,在奴隶问题上他们所走过的历史路径,与马萨诸塞的情况却极为相似。

仔细想想,这两个地方的移民在本质上有一个共同点。他们都对于精神追求有一种近乎天真的执著。早期新英格兰的清教徒,已经以物质生活的清贫和对精神生活的孜孜以求闻名,而教友派更是把对于精神的追求,发展到了殉教的极致。这种状态的缺点是非常明显的,就是他们很容易走向偏执,不肯妥协。这两个教派在早期都踏入过这样的误区。但是他们共同的优点,就是不轻易在世俗利益面前放弃道义,即所谓的"见利忘义"。

教友派来到北美,显然也是为了寻求一片宗教自由的乐土。正因为早期饱受清教徒的排斥,他们在新大陆一度处于类似流浪的状态,没有一个集中的基地。于是他们的一个宗教领袖威廉·佩恩,就在1681年向英王查理二世要下了宾夕法尼亚这块殖民地。他之所以能成功的原因之一,居然是国王曾经欠过他们家族的钱!当时的宾夕法尼亚当然也是一片荒原,但是教友派的教徒们已经心满意足,他们好歹有了一个新的家园。

在教友派所理解的《圣经》精神中,最重要的一部分,就是平等和自由的精神。这使得教友派成为北美最早提出各种族平等相处理想的教派之一。以后我会再向你介绍,这一点认识在北美不仅是实属可贵，在当时也是非常不容易的。于是，教友派的一些牧师从很早开始，就向教徒灌输解除奴隶制的思想。

在宾夕法尼亚最早加入谴责奴隶制行列的，还有一批德国移民，他们属于教友派叫作公谊会的一个分支。他们在宾夕法尼亚这个新的家园建立了德国镇，保留他们自己的宗教和生活习惯。

1688年，也就是在威廉·佩恩在宾夕法尼亚建立这个教友派新家园只有七年的时候，在德国镇的公谊会每周宗教聚会中，他们已经留下了这样一份古英语和古德语混杂在一起的，有关奴隶问题的讨论记录：在讨论中他们明确反对蓄奴，所用的思想和语言都极为朴素。他们写道："我们反对这种针对人的肮脏交易，理由如下：……他们是黑人，但是我们不能想象，只是因为这个原因，我们就能有更大的权利令他们为奴，就像我们对其他白人，也没有这种特权。俗话说，己所不欲，勿施于人。我们对不同辈分、不同血统和不同肤色的人，都应该一视同仁。"

你看到，这里不仅有他们对于奴隶问题的态度，也有他们对于种

美国早期的教友派聚会

族问题的立场。

作为北美思想主导的北方出现的这些早期质疑，形式和深度都并不相同。但是，在人性的普遍原则下，拂去外表，我们发现它们有着一个共同的坚实内核，那就是，新移民纵有万般理由，他们难道就因此真的具有剥夺他人自由的权利吗？这发生在三百多年前的北美开拓初期，他们第一次试图离开自己的困境，离开自己相对优越的地位，站在那些他们还完全无法理解的黑人的立场上，质问这个人类行为的合理性。

当然，由英王朝所推动的北美贩奴浪潮，也随之冲击到了这里的平民和教徒。不论是宾夕法尼亚的居民，还是教友会的教徒，都有参与奴隶交易和蓄奴行为的。一时间，这些看上去近乎"迂腐"的"道德说教"，似乎根本无法与奴隶劳动带来的巨大"利益"抗衡。然而，也许正是他们的宗教热情，使他们没有放弃较量。1696年，公谊会就提出了反对进口奴隶的提议。此后的二十五年里，他们几乎没有停止过这样的呼吁，而且呼声越来越高。

宾夕法尼亚的教友派，长期以来在议会里占有重要地位。所以，宾夕法尼亚也是北美的英属殖民地中，最早在议会里通过一系列法案，对进口奴隶进行禁止性课税的。

1712年，就已经有人提出彻底禁奴，当时的议会还不可能接受。可是他们同意先走出禁奴的第一步，于是，就在这一年通过了第一个对进口奴隶的禁止性课税法案。

当时在北美，有不少殖民地都对拥有奴隶或是进口奴隶收税，可是目的却大不相同。有些地方课"奴隶税"的目的只是为了增加政府的财政收入。北卡罗来纳以税收限制奴隶进口的数量，则是因为担心黑奴过多而无法控制。宾夕法尼亚却是唯一以明确的反奴隶制这样的道德目标，而制定这个税收法案的。

然而，他们遇到了马萨诸塞的议会遇到过的同样问题。1712年的这个立法立即被英王朝下令不准执行。接下来就是反对奴隶制的宾夕法尼亚议会，在奴隶交易问题上一系列的挑战立法和一再被英王朝否决，这样的戏剧在此后的几十年里，重复上演。

1754年，教友派又迈出重大的一步。他们在挑战立法的同时，开始利用教会的约束力，禁止教徒购买奴隶。1758年的一次教友派宗教年会上，他们宣布禁止教徒参与和奴隶交易有关的任何行为。任何人只要加入教友派，就必须遵守这个禁令。任何违反者，地方教会都必须宣布此人脱离教会。

在这样的两头夹击下，在独立战争之前，宾夕法尼亚的奴隶交易几乎已经停止了。教会的禁令又使得这里的奴隶人数锐减。到独立战争打响时，这里只剩下了一万名左右的奴隶。

独立战争所提出的自由精神，也大大加速了宾夕法尼亚对于奴隶问题的清理。1780年，在独立战争结束的三年之前，宾夕法尼亚的议会终于通过立法，彻底禁奴。

在翻阅北美殖民地时期有关奴隶问题的文件时，我一开始也觉得很奇怪，因为在北方，不少殖民地的早期文件，对进口奴隶甚至对蓄奴，一开始就有了道德谴责和禁止条文，有的甚至措辞严厉。

可是以后的几十年，基本上就只有大量对奴隶交易课税的决议了。早期的对奴隶制的道德诉求几乎在所有殖民地的立法提案中销声匿迹。在了解了英王朝对于奴隶制的介入和推动之后，这种变化就能够理解了。

然后，在独立战争前后，也就是在美国诞生的前后，明确禁止进口和彻底禁奴的立法文件又大批出现。文件中也逐步出现清楚的道德诉求的文字："我们不仅要防止更多的黑人失去自由，还要让已经不幸失去自由的黑人恢复自由。"

独立战争期间和美国建立以后，奴隶制也在作为北美精神主导的北方陆续结束。

在了解了类似马萨诸塞和宾夕法尼亚这样的相关历史之后，才发现这些文件所表达的一波三折，实际上很典型地反映了北方一个有逻辑的历史进程。他们都有过一个最初的人性思考和结论，也都有过一个抵御不了包括"王朝利益"在内的欲望浪潮冲击的阶段。但是，最终对人道的坚持终于战胜了人类贪欲的一面，人类在对自身的反省中，走出坚实的一步。

因此，这里走过的最初一段路程，并不是你我原来所想象的，奴隶制从兴起到终结的历史，就完全是白人奴隶主和黑人奴隶之间压迫和反抗的对抗史。基于我前面提到过的原因，当时黑人还不可能成为这个舞台上的主角。实际上，从一开始，这就是人类良知和愚恶在自己内心的角逐。你已经看到，在这一段历史中，这场角逐主要发生在北美殖民地的白人内部。这时，我们发现，原来人类的思想和人性反省是进步的一个最重要的动力。

可是，这并不意味着在这一个历史阶段，黑人就没有力量，只是他们的力量是无声的。黑人的力量就是他们失去的自由，就是他们所承受的苦难。他们以深重苦难凝聚起一个巨大的质量，逼视这片土地上的人们，检验人类对于人性的自省能力。

一块土地，一群人，乃至整个人类，它的真正希望所在就是它的自省能力和良知醒悟，而这是建立在理性的基础上的。

在北方，奴隶问题的解决确实是一个自省和清理的过程。在那里，这场思想上的清理在美国独立战争过程中就已经基本上完成了。

你一定要发问了，独立战争不是并没有解决美国的奴隶问题，这个问题不是拖到独立战争八十几年以后的南北战争才解决的吗？

你的问题牵涉到殖民地的北美和新诞生的美国的一些特殊情况，这些情况也导致了解决奴隶问题的复杂性。这些问题都不是三言两语能说清的，我得在下一封信里再回答你了。别忘了来信。

祝好！

林　达

躲不掉的妥协和"一国两制"

卢兄：你好！

来信收到，谢谢！你的信中说确实对我提到的问题感到疑惑不解，正在等我的下一封信。我接着再往下写。

美国的诞生，实质上是这块土地被耕耘了一百五十年之后，逐步成熟，开始清理的一个结果。生活在这里的一些人，不再仅仅陷于谋生的劳顿，他们开始问自己，当初他们为什么千辛万苦来到这里？究竟要的是什么？

其实，这个问题不仅是他们的问题，也是今天一代代的新移民的问题。在今天的美国，你可以遇到生活状况还相对较差，却心境平和的移民；你也会遇到境遇相对更好，却怨声载道的移民。其原因就在于，他们当初来到这块土地，所寻求的东西就是不同的。

独立之前的那些殖民地移民，终于意识到，长期以来统治他们的英国王朝，忽略了他们的基本需求。这个需求清楚地写在他们要求独立的旗帜上，那就是"生命权，自由权和追求幸福的权利"。你一定已经发现,这个目标反省,实际上又是一次人类对自己的基本问题,即"人性"的思考。

关键的是,他们又按照逻辑推断出一个基本道理,那就是,他们所追求的人的基本权利,必须建立在一个基础上,即"人人生而平等"。这个时候,他们意识到,他们所要清理和清算的,好像并不仅仅是英国王朝。

他们的面前分明出现了我曾经向你提到过的,当今美国黑人女诗人玛雅·安吉鲁的问题:人是不是需要解放自己?人是不是需要解放别人?人能不能够不解放别人只解放自己?人能不能不解放自己只解放别人?

对于这些问题,当时的人们当然还不可能一致得出一个正确的结论。然而,这些问题已经无可回避。美国的"独立战争"是我们的习惯叫法。在美国的历史教科书中所用的英语名称,实际上是"美国革命"这样一个词。

换句话说,美国革命是"真革命"还是"假革命",就看怎么处理殖民时期留下来的奴隶问题了。平等自由的口号是糊弄英国人的表面文章,或是为了赶走英国人而制定的一个策略,还是一个即将诞生的新国家的真正理想,对于奴隶问题的态度,成了一块试金石。

即将成立的美国,如果允许"人人生而平等"的最高原则和北美殖民地奴隶制的现状共存,将会产生一个最大的荒诞。对于长久以来一直在思考和辩论奴隶问题的北方思想主流来说,这本来就是他们难以容忍的殖民地历史沉疴。现在,突破的时机终于来临,一百多年的争执现在该有个结果了。因此,在北方,解决奴隶制进展迅速。奴隶交易的行为在独立战争期间,就已经在北方基本停止。就连属于南方,地处南北交接点,一直充满矛盾的弗吉尼亚和马里兰,也在战争期间立法停止了奴隶交易。

于是,在美国的独立战争中,你可以看到一个奇怪的景象:一个新的国家,其本身的存亡,尚在生死一线间的战场上。可是,他们却在那里一面向英国人开战,另一面反而有悖常理地在向自己开刀。所以,轰轰烈烈的"独立战争"实在只是半场"美国革命",另外半场他们落实到了自己头上。

你已经知道,在独立战争期间,北方的马萨诸塞和宾夕法尼亚已经基本废除奴隶制。也许你也注意到了,在困难的战争局面下,并不是一个坐下来思考和清算自己的好时候。当时的主要矛盾无疑是独立。战争之前,已是山雨欲来风满楼,形势非常紧张。战争之中,更是有枪炮逼在眼前。所以,作为与独立战争本身并没有直接关系的奴隶制的道德问题,仅仅基于一个理想,能够这样被提出来,并且开始实质性的步骤,已经非常不容易。

战争结束后不久,北方各州纷纷先以立法禁止奴隶交易,之后又陆续着手结束殖民时期的奴隶制,随着战后的重建,这场清理也在大部分地区基本结束。

但是,这还是没有回答你的问题,为什么美国的奴隶制还是拖了几十年,甚至导致了一场南北战争呢?正是美国与其他国家很不一样的特殊情况,使得问题远比你想象的要复杂。

在美国建国的最初时期,在奴隶制的问题上,可以说是两颗老鼠屎,坏了一锅汤。这是怎么回事呢?

因为在刚刚诞生的美国十三个州里,实际上有两个州还远远落在美国思想主流和历史的后面,它们尽管无法在原则上反对废除奴隶制,但是,却始终企图尽可能延长奴隶制的寿命,以维护它们的利益。在"利"和"义"之间,它们选择了"利"。这两个州就是佐治亚和南卡罗来纳。

佐治亚和南卡罗来纳,那真是非常特殊的两个地方。就是在美国的交通通讯已经高度发达的今天,你仍然可以在那里发现非常保守的一个个小镇。他们欣赏自己的传统价值观,对新鲜事物几乎本能地持抗拒态度。不仅是难以接受其他国家的外来文化,也同样不喜欢时髦的北方人。前不久,我们就在一个南方小镇上,发现一辆汽车上贴着这样一句话:"既然北方那么好,你干吗不搬回去住!"令我们哑然失笑。

我在前面提到过,一个殖民地的移民构成,对于形成这个地方的风格起了几乎是决定性的作用,那么,这两个殖民地的移民来源究竟是些什么人呢?

南卡罗来纳的最初移民,主要来自西印度群岛一个叫巴巴多斯的岛国。西印度群岛当时也是英属殖民地。在贩奴高潮中,这个地区首当其冲,以至于北美的许多奴隶都是从西印度群岛买来的"二手货"。巴巴多斯从非洲贩奴已经到了这样的程度,就是在1980年,它的人口构成中,黑人占百分之九十一,白人仅占百分之四。

在巴巴多斯,当时黑人白人的比例虽然不像在1980年那么悬殊,但是那里的白人当时已经习惯于大规模无节制地进口黑人用于种植劳动,并且习惯于控制人数大大超过自己的大批黑人奴隶。在这种情况下,出现对奴隶起阻吓作用的严刑峻法,几乎是必然的。

南卡罗来纳开发的时间比较晚。它的气候和条件,非常适合类似巴巴多斯的农业种植。它的开发实际上是巴巴多斯一些野心勃勃的白人，向北美洲有计划扩展的一个结果。因此，他们"发展过来"的时候，也几乎原封不动地搬来了一套北美前所未有的"巴巴多斯模式"。于是，在这里出现了北美当时唯一的黑人比例远高于白人的殖民地。在1680年的开发初期，白人在南卡罗来纳的比例还占百分之八十三左右，然而六十年的大量奴隶进口之后，在独立战争前三十年，在那里的白人已经只占百分之三十三，黑人的数量已经是白人的一倍了。

还有这样一个事实是值得注意的，就是在北美的任何一个英属殖民地，在白人中间，奴隶主的人数一直只是少数。因此，南卡罗来纳的白人奴隶主和黑奴之间的比例，实际上比人口比例更为悬殊。于是，在担心难以控制的忧虑下，1696年，南卡罗来纳通过了几乎是1688年的巴巴多斯奴隶法的翻版，这个奴隶法的观点行文，在当时的北美也是闻所未闻的。这部法律认定，奴隶都是"野蛮、放肆、凶残"的，"天生就有骚乱、抢劫和行为残暴的倾向"。因此，这部法律中还有非常残酷的体罚条例。这样形成的管理奴隶的格局，不要说在北方的英属殖民地，就是在同属南方的弗吉尼亚听起来，也都是触目惊心的。

必须提到的是，即使同在奴隶时期，奴隶的状况也有很大差别。在美国建立之前，在新英格兰和纽约，黑人所受到的待遇已经无异于一般的仆人和农工，在宾夕法尼亚和新泽西，也已经相当于温和的农奴制，即使在处于南北交界的马里兰和弗吉尼亚，也类似一种家族等级制。南卡罗来纳的奴隶状况在北美无疑是十分突兀的。

南卡罗来纳是相对封闭的。它很少像其他殖民地那样，拥有承袭英国的较强的法律文化传统，基本上是领主统治。它除了靠进口奴隶发展起来的查尔斯顿之外，几乎没有什么像样的城市。在最初的近一百年里，整个殖民地的诉讼程序居然都是上交到一名"宪兵司令"手里，由他说了算。这对于其他沿用英国成熟法律的北美殖民地来说，是根本无法想象的。

最近，我们去了一次南卡罗来纳的查尔斯顿。它是北美最早的五个城市之一，坐落在大西洋边，有着非常美丽的海滨。就是在今天，它依然不是一个大城市。它遍布着各种历史遗迹，很有魅力。可是，不论当我们站在海边，还是漫步在它的街道，我们都无法忘记一个事实，在被卖到北美的所有黑奴中，有三分之一是在这里上岸的。它也是在美国诞生之后，还坚持进口奴隶的最后两个主要港口之一。另一个，就是我前面提到过的，我们今年在那里度过元旦的佐治亚州的港口城市：塞凡那。

因此，南北战争最终在查尔斯顿爆发，实在不是偶然的。

那么佐治亚又是怎么回事呢？它是紧挨着南卡罗来纳西面的并列近邻。佐治亚北部如屏障一般的阿巴拉契亚山脉，在当时的交通条件下，几乎完全割断了它和北方英属殖民地的联系，它和南卡罗来纳之间的分界线，就是绵绵流长的塞凡那河。

佐治亚的开发经历和移民来源与北方相比，更是一个天差地别的故事了。

佐治亚的开发，比乘坐"五月花"号来到新英格兰的新教徒移民先驱者，整整晚了一百一十年。它是英国经过周密安排的，一开始就像"军垦农场"那样规划起来的一个移民计划。这个计划的牵头人是一个名叫奥格拉索普的将军。在今天的佐治亚，你可以不时地遇到以他的

奥格拉索普将军

名字命名的路名,或是一不小心就撞上他的一个雕像。他本人看来大致是个无可挑剔的好人,放着在英国的好日子不过,一心一意要来这个已经开发了一百来年的新大陆,找一块"生荒地",干一番事业。

那么,什么是奥格拉索普将军寻求的"事业"呢?这简直就是一个慈善事业。他要在这里开辟一个"穷人的乐园"。这个事业如果成了的话,简直可以达到一箭双雕的效果。一面是有利于英国,你可以从当时的一句口号中看出来:"把穷人都送走,英国会更富",另一面当然是穷人来到"乐园",走上致富之路。到这儿,你准已经猜出来了,佐治亚的移民大军就是"英国的穷人"。

你还是只猜对了一半,当初挑选的条件不仅是穷人,而且是最"穷极潦倒",在英国没有任何谋生手段的负债人。同时,申请人的行为不能有任何越轨之处,思想不能想入非非,否则,就不符合进入这"模范农场"的条件。因此,他们的平均教育程度极低。

然而,这些佐治亚移民遇到了北美开拓史上罕见的好运气,一点没有经历像其他的移民开拓者们那样的饥寒交迫。在奥格拉索普将军的影响力下,他们一开始就是英国慈善事业的全力关照对象,生活处处得到照顾,看看他们得到的那些长长的配给品单子,就连今天的我好像都应该羡慕他们。就是什么也不收获,靠着这些配给品,也可以衣食无忧地过日子了。这个"模范农场"几乎为他们考虑和安排了一切。

可是，他们同时也失去了其他殖民地移民最根本的东西。他们的生活是被动的。一到那里，他们就必须接受许多"新生活"的道德规范。例如，禁酒、不准土地买卖等等。连地里种什么庄稼都不能自己完全做主。

佐治亚在处理奴隶制的问题上，也非常特别。移民在这个问题上同样毫无主动权。奥格拉索普将军主要出于管理方面的考虑，一开始就强行规定不准蓄奴。

可是，整个佐治亚是一片面积很大，莽莽苍苍的大森林。在夏季强烈的阳光下，不论树木灌木野草，长得都跟疯了一样。几乎每家人家都面对分配到的五十英亩长满野生植物的林地，不知如何是好。没有劳力，什么庄稼都不会有。所以，在当时的情况下，看着唯一的近邻南卡罗来纳满田遍地的黑奴，当地移民对不准蓄奴的规定一直愤愤不平。

所有这一切，加上生活的被动状态和移民本身在教育上的低水平，只要配给品一减少，很快就恶性循环导致贫穷和劣势。和南卡罗来纳非常相似的一点，就是管理的专制也导致司法的专制。结果，佐治亚成为一块最没有希望的殖民地，移民纷纷逃之夭夭。

为了坚持这个"模范"乌托邦的幻想，英国本土也几度向佐治亚"输血"，可是毫无成效。1750年，当地的管理机构开始在奴隶问题上退让，两年之后的1752年，他们终于放弃这个乌托邦，决定退出管理，任其放任自流。

这个时候，距离独立战争只有二十五年了。在这二十五年里，佐治亚在很薄的底子上缓慢地发展，在独立战争五年前，偌大的一片贫困的土地，总人口还不到一万，奴隶却从无到有迅速发展，已经占了人口的大致三分之一。

所以，基于佐治亚的移民的整体水平，根本不可能对奴隶问题做什么反省。他们是憋了几十年，好不容易说是允许蓄奴了，有了点翻身致富的希望，时间还不长，就爆发了独立战争。莫名其妙的北方人又要提出什么不准蓄奴，这说什么都不行！

这两个在地理位置上并列的极端南方州，长时期以来，都没有出现一个在北美的思想发展历史上有点意思的人物。这样，跟其他殖民地就更无从交流了。

在独立战争之前，十三个殖民地一向是自己过自己的日子，北方与这两个极端南方的殖民地之间，在地理上还隔着较温和的弗吉尼亚和北卡罗来纳，因此更没有什么往来。

一方面，他们本来就是一个个独立的殖民地，就像一个个独立的国家一样；另一方面，也没有任何现代的交通通讯手段。主要的交通用具就是马了，可是路也不行。长时期以来，这里甚至连邮政都没有。在美国独立战争开始的五年之前，邮政刚刚开始建立。然而邮递员也是骑马的，沿着蜿蜒的小路翻山越岭，蹚水过河。一封信从纽约送往同是北方的波士顿，都要在路上辛辛苦苦地走上两个星期，更不要说去遥远的南方了。

在那个时候，对于那些政治制度和思想都已经相当成熟的北方殖民地，他们印象中的南卡罗来纳和佐治亚，差不多就像现在美国人印象中的厄瓜多尔、危地马拉那样的南美国家。知道有那么回事，可是模模糊糊，不知何以名状。在这种情况下，南北双方哪怕有再大的差异也不可能相互冲突起来，因为它们压根儿就不照面。

所以，当对英独立这样一个事件，把北美十三个殖民地的代表聚到一起的时候,是北美英属殖民地的南北双方,第一次真正遭遇。当初,只是听说各个殖民地都有那么一拨子要独立的人,就想到大家可以联合起来一起干。可是真的一遭遇,才发现相互之间居然有如此之大的距离。

没错,他们都要独立。但是,目标却大不相同。

正如你已经知道的,作为后来美国的主体力量,"独立"是源于一个更高的人道目标,是一个"美国革命"。对于他们来说,如果"平等自由"不是每一个人都可以追求的理想,如果不能建立一套制度来保证它的实现,那么这个即将诞生的新国家,就没有任何意义。

而对于以两个极端南方州为代表的保守力量来说,他们无法在理论上与"天真的北方佬"抗衡,然而在心底里,他们的"独立"是实用的。就是以前是英国人做主,以后可以自己做主。当时,他们一方面还不想放弃他们由奴隶制所支撑的经济利益。对于他们来说,经济发展是首要任务。另一方面,当这些被奴役的对象是"黑人"的时候,他们对奴隶制的负罪感会大大减轻。为什么这样说呢?

我觉得在这里大概必须把纠缠在"美国奴隶制"中的"种族歧视问题",认真清理出来看一看了。

在三百多年前,北美刚刚出现黑人,种族歧视就是非常普遍的。在这里,我觉得有必要打破对于"种族歧视"的一些固定概念。"歧视"二字,在英语中的词义是"区别对待","种族歧视"就是在种族问题上的"区别对待"。它是由差异产生的。事实上,一开始,当人类发生种族相遇的时候,这是非常自然,非常容易发生的一种情况。人类只有在理性的思考下,经历长期的共存,才有可能真正克服这种心理障碍，对"种族差异"以平常心待之。到今天为止，这依然是世界各个民族都还必须认真对待的一个课题。

而白人和黑人又恰恰是反差最大的两个种群。三百年前，当他们在北美相遇的时候，不仅外观上会把相互都吓一跳，会产生强烈的心理上的不适应，再加上他们文化上的南辕北辙，在他们相处的初期，会产生"区别对待"的反应是很自然的。说是一碰上不假思索就能和睦相处、亲如兄弟，反而是不正常的。也许，你不太同意我的这种说法。恰巧，我最近看到这里的一个华人介绍康有为的《大同书》，有一段谈到《大同书》中康有为乍遇黑人的反应。也许可以作为一个"旁证"。

你也知道，康有为是清末的中国人中最能够接受新思想的开明人士之一了。在当时可以说是有书有论，敢作敢为的思想先驱级人物。他的《大同书》从1884年开始执笔，二十世纪初完稿，已是美国独立的一百多年之后，连"南北战争"都已经打完快二十年了。在《大同书》中，他大力宣扬一个"无邦国，无帝王"，人人平等，天下为公的"大同社会"。下笔胸有成竹，言之壮怀激烈。可是，当他第一次遇到黑人，毫无思想准备的康有为，显然一下子不知所措，他不能想象在他的"大同世界"中，竟然也能包括这样的"一种人"。

他对黑人这样描述道："然黑人之身，腥不可闻。……故大同之世，白人黄人，才能形状，相去不远，可以平等。其黑人之形状也，铁面银牙，斜颔若猪，直视如牛，满胸长毛，手足深黑，蠢若羊豕，望之生畏。"

其结果，主张"人人平等"的康有为，居然对于"大同世界"所无法容纳的黑人，想出了一个比奴役更为可怕的解决办法，"……其棕黑人有性情太恶，或有疾者，医者饮其断嗣之药，以绝其传种"。

根据这段话,我们完全可以按照我们今天的标准,把那个在黑人面前目瞪口呆、手足无措的康有为,定性成一个种族灭绝的法西斯分子,斥责他的"大同世界"的伪善。可是我想,实际上,倒霉的康有为只不过是在初见一个出乎意外的"奇异人种"的时候,在震惊之余被吓坏了。他心里很可能把黑人定位于人与猿之间的一种"怪兽",因而怎么也无法想象,如何与之"平等共处"。

北美事实上也经历了完全相同的道路。在这样的情况下,理性就起了非常重要的作用。而包括宗教教育在内的教育水平,又往往对人的理性深度起了重要的推动。

有关"种族歧视"的问题,以后我们还会有很多讨论。我们还是先回到美国独立之前,十三个殖民地第一次聚在一起,南北双方第一次遭遇……

你也许还有一个问题,就是我为什么说在美国的奴隶问题上,是两颗老鼠屎坏了一锅汤?为什么说当时十三块殖民地的最南端并列的两个州成为美国奴隶问题的"祸根"呢?"南方"不是还包括了其他几个殖民地吗?你问得很有道理,在美国独立前,南方还包括了马里兰、弗吉尼亚和北卡罗来纳三个殖民地。但是,这三个殖民地对于奴隶问题的态度,远不是那么极端。

例如,这三个南方殖民地在美国独立之后,它们都走出了解决奴隶问题的第一步,停止了奴隶交易,并且在试图逐步解决这个问题。它们中的一半,后来甚至加入了北方的阵营,如马里兰。

北卡罗来纳一直受弗吉尼亚的影响比较大。处于南北交接的弗吉尼亚,更是成为南北不同思想的撕裂点,常常为此痛苦不堪。在奴隶问题的最后解决上，自始至终有着激烈的矛盾和内部辩论，甚至导致了本身的分裂。一半的弗吉尼亚后来断然加入北方的阵营，成为今天的西弗吉尼亚州。

因此，如果没有两个极端的南方殖民地，相信独立后的美国是会比较快地就摆脱英国殖民时期遗留下来的奴隶制问题的。但是，由于一个极端南方的存在，历史就是给这个即将诞生的新国家，留了一个棘手的难题，甚至可以说是留了一个埋伏八十年的定时炸弹，直到八十年后的南北战争时，才轰然炸响。

从弗吉尼亚这个矛盾的焦点，最能够反映出美国诞生时有关奴隶问题的冲突了。

弗吉尼亚是一块十分特殊的土地。它的特殊，不仅在于它处于南北夹缝之中的特殊地理位置，还在于它的移民定居者的特质。

当然，在弗吉尼亚，和其他州一样，大量的还是极其贫困的普通移民。但是作为这块土地精神主导的一批移民，却是在英国政治动乱中出逃的一批贵族。不少是被砍了头的国王查理一世的属下。于是，贵族派头的英国绅士风格也影响了他们对于奴隶制的态度。一方面，他们对于主人和家奴所形成的严格等级制是十分习惯的，甚至是颇为欣赏的。而另一方面，他们良好的教育又迫使他们不可能躲避对于"人性"的思索。因此，有关奴隶制的讨论在这里从未间断。辩论最激烈，反复起伏也很大。

弗吉尼亚的真正开发，比北方晚几十年。在奴隶交易的初期，这里也发出过犹豫的声音。从今天看来，这几乎算不上是反对，甚至显得十分荒唐。因为，这个从弗吉尼亚发出的声音，质疑的并不是是否应该使用奴隶，而是从什么地方去买来奴隶。

当时北美的奴隶来自两个不同来源。简单说就是"一手货"和"二手货"的区别。直接从非洲来的，都是"一手"的，来自南美和西印度群岛的，就是"二手"的了。在弗吉尼亚的一些人，他们反对的就是从非洲直接进口奴隶，他们提出只进口"二手"的奴隶。为什么呢？"一手货"不是更便宜吗？

这是他们心中尚未被大漠风尘所刮走的残余良知在"作祟"。在心灵深处，他们被阻挡在"把一个自由人变为奴隶"的这道"道德的门槛"前。新大陆的现实，使这些弗吉尼亚的反对者知道自己无力改变进口奴隶这样一个潮流，所以，他们提出只间接地从其他地方进"二手奴隶"。这样，至少他们没有去直接参与把一个自由人变为奴隶的罪恶，而只是把一个已经成为奴隶的黑人，挪了一个服劳役的地方。

那么，为什么我们还是说这样一个仅仅是对奴隶购买地的奇怪质疑，也算是反奴隶制的先声之一呢？现在的人甚至完全有理由指责这种做法只是可笑的、虚伪的，只不过是鸵鸟式的自欺欺人。可是，在开拓初期的艰难日子中残存的这种"英国绅士荣誉感"并不是毫无意义的。因为在外部的洪流裹胁之下，终于也有人在道德门槛前站下犹豫了。他们在诱惑面前依然尚有一些荣誉感所依存的羞耻心。正是这点保留下来的羞耻心和理性，逐步发展，孕育了一批思想者。这使得弗吉尼亚不仅成为南方变革的前站，它的一批思想家，也成为北方思想精髓的表达者。

1776年，也就是在"独立战争"开始的第二年，《独立宣言》通过的前夕，为了宣誓公民自由的权利，为宣布独立做准备，在弗吉尼亚的首府威廉斯堡，弗吉尼亚议会授权乔治·梅森起草一个《权利宣言》。

你可不要小看这个《权利宣言》，它实际上就是我多次向你提到

乔治·梅森

过的《权利法案》，也就是后来美国宪法前十条修正案的前身。

威廉斯堡是一个非常有意思的历史小镇。它是殖民时期弗吉尼亚的总督府所在地。在北美的各个殖民地中，弗吉尼亚的英国总督政府统治能力特别强，在今天，你仍然可以在总督府内，看到满墙满墙用精美的枪械做出的奇特的室内装潢，仿佛在给强盛的殖民历史做一个小小的诠释。

然而，弗吉尼亚沿用的一套英国式的民主制度也相当健全。逛在威廉斯堡的小街上和议会大厦里，你有时候真会不由自主地生出这么一个念头：说不定正是英国人自己，手把手地教出了这样一个叛逆的"美国儿子"来。

梅森在这个文件一开篇的立论基础就是，"人人生而自由独立，都具有天赋人权"，结果立即在弗吉尼亚的议员们中间，引发了整整四天的激辩。反对派提出的一个理由极其简单，如果这个文件通过，确定了人人生而自由，都有天赋人权，那么我的奴隶怎么办？

这份文件是通过了。但是，争论并没有结束，而且扩大到了整个北美的范围。这次是由《独立宣言》所引发的。

受到当时的"大陆议会"委托，起草《独立宣言》的，又是一位来自弗吉尼亚的思想者。这就是著名的托玛斯·杰弗逊。他在会议附近租了两间小屋。小屋里只有最简单的生活用品。在暗淡的烛光之下，杰弗逊用鹅毛笔奋笔疾书,思如泉涌。

现在想来,托玛斯·杰弗逊固然是不愧他的盛名,然而,作为一个受委托的起草人,他所表达的基本思想,却是美国的建国者们所共同拥有的,也是这块土地所共同拥有的。他不仅在一开篇就重申了"人人生而平等"的原则,并且详尽地阐述了他们这一批美国的建国者,对于英王在北美殖民地推行奴隶制的愤怒。

杰弗逊在美国《独立宣言》的手稿中的这一段文字,由于两个极端的南方州的坚决反对,最后被删除了。所以,也许你还没有读到过这些文字,那可真该补上这个缺憾。

1776年,托玛斯·杰弗逊在《独立宣言》稿件中,谴责英王所推动的向北美的贩奴行为,是发动了一场"残酷地反对人性的战争"。他强暴了一个远方民族的生命和自由的权利,而他们从来就没有冒犯过他。这场战争拐骗和胁迫了他们,使他们不是在运送途中悲惨地死去,就是被送往地球的另一端充当奴隶。这场由邪恶力量无耻发动的海盗战争,恰恰就是身为基督徒的大不列颠的英王所发动的战争。他决定打开这样一个市场,在那里,人类可以被买卖。他滥用了他的立法否决权,并利用这个否决权压制了所有打算禁止和限制这种肮脏交易的立法尝试。

你也许会认为,这一段对于英王向北美推行奴隶政策的谴责文字,仅仅是杰弗逊自己在起草《独立宣言》时的"临场发挥",并不一定代表当时要求独立的美国人的基本潮流。然而,事实却不是这样的。

在杰弗逊起草《独立宣言》的一年多前,在1774年10月,这十三个殖民地的代表就有过一次相聚,并且经过三天的辩论之后,曾经通过了一个抵制与英国贸易的文件。在这个文件里,已经有了抵制奴隶交易的条文："在十二月以后，我们将不再进口和购买任何奴隶。此后，我们将停止全部奴隶交易。我们不仅自己不再卷入，也不再与那些卷入奴隶交易的船只进行贸易。"

在《独立宣言》之前，通过的类似的协议有过几次，而且，都曾经执行过。就连南卡罗来纳这样的极端南方州，都曾经试图努力去服从这样一个基本潮流，因此，南卡罗来纳还有过与佐治亚断绝贸易的情况，原因仅仅是因为佐治亚没有遵守停止奴隶交易的协议。

然而，一开始的协议只是表达对英王殖民地政策的不满，和独立并不相关。当1776年夏天，终于下决心宣布独立，杰弗逊起草的《独立宣言》也交付讨论。这时，南方极端的两个殖民地终于意识到，这份宣言的原则，将是这个即将诞生的新国家的根本原则，如果他们再一次服从这个基本潮流，他们所受到的损失，不再是得不到新的奴隶劳力的补充。就连他们现在经济所依靠的奴隶制，也会像在北方正在发生的那样，迅速崩溃。

于是，当各殖民地的代表，在费城那个高敞却并不宽大的议会厅里，讨论《独立宣言》的时候，南卡罗来纳和佐治亚，他们和美国主流思想格格不入的一部分，终于摊牌。南方和北方终于正面交锋。争论是困难的，因为这是一场"虚"与"实"的争论。

整个主流强调的是建国的理念，在这一点上，南卡罗来纳和佐治亚无法辩驳。于是，他们强调经济发展。对于他们来说，经济是命脉，如果为了一个理念就去冒一个割断命脉的危险，他们宁可退出这个还在寻求"独立"的，还只存在于一张纸上的"美国"。

原本应是寻求"独立"，大敌当前，可争执却落到了"奴隶问题"上。战事正在进行。那种紧张和危险的气氛，我们从《独立宣言》的第一次刊印中，就可以感受得到。因为在第一次印刷的《独立宣言》、就是现在存放于费城博物馆的最早版本上，你是找不到各殖民地代表的签名的。因为当时的战局还太不清楚，一旦失败，这些签名者作为"叛乱分子"，还必须躲避各殖民地当局的报复。直到战局开始明朗之后，公开发行的《独立宣言》才有了这些代表们的签名。

所以，在几天激烈的争论之后，通过的《独立宣言》是一个双方妥协的产物。他们必须以妥协达到维持这个联盟，仗才可能打胜，美国才可能诞生，历史才有可能向前走出一步。

妥协的结果是，他们删去了具体谴责奴隶制的条文，却保存了人人生而平等，并具有天赋人权的建国原则。

我记得有一天黄昏，我们在南卡罗来纳的港口城市查尔斯顿的街上，漫无目的地闲逛。在这样的老城里，你可以时时遇到一些钉着各种铭牌的历史遗迹。我们不断地停下来，读着一块又一块的牌子，读出一段又一段已经被湮没的历史来。后来，我们停在一幢楼房门边一块精美的铜牌前，牌子上刻着，就在这幢楼里曾经住着《独立宣言》的签署者。我几乎是本能的"哇"地叫了一声，心想这可是个历史大名人啊。

可是，我们马上意识到，曾经住在这幢楼里，就是当时南卡罗来纳的代表，主要就是在他的坚持下，删去了杰弗逊起草的《独立宣言》中有关直接谴责奴隶制的文字。为此，杰弗逊始终愤怒不已。

然而，当时大敌当前，妥协是必须的。妥协后的文本，对于极端的两个南方殖民地来说，至少解除了必须立即在他们的土地上彻底废奴的威胁；对于代表着美国主流思想的北方来说，"人人生而平等"原则的确立，就是向它的具体实现走出了关键的第一步。只要你同意了这个原则，奴隶制的结束，只是一个迟早的问题。

但是，此后建立的美国，为这一原则的实现需要经历怎样的艰难和付出多少代价，在1776年7月6日他们宣布独立的一刻，是妥协的双方谁都没有预料到的。

位于费城的那幢尖顶的殖民时期的议会大厦，今天在美国就是大名鼎鼎的旅游观光点——独立宫。那间签署《独立宣言》的议会厅，一个个小会议桌上都铺着灰绿色的桌布，桌上还散放着一些纸和鹅毛笔。当年签署宣言的代表们虽然都已经不在了，但是想象一下当年的激辩，你还是会感觉这个议会厅显得有些拥挤。

这个议会厅的布置是十分简朴的。但是，如果在你的想象中，那些"共商革命"，声讨奴隶制，正在与英王的军队对抗的人们，是一批衣衫洗得发白，甚至打着补丁，斗志昂扬的"革命家"，那可是大错特错了。他们都穿着最正规的礼服，按照英国的传统习惯，所有的人在这样的场合都还戴着假发。他们当时差不多都是各个殖民地的议会成员。

基于殖民地精英政治的传统，他们大多数都来自有产业、有影响的家族。在当时北美这样一个农业社会里，不论他们来自南方还是北方，在他们的家产中，最重要的组成部分之一，就是奴隶。因此，这是一个令人奇怪的、让从小熟读诸多革命理论的我们感到不可想象的一场"革命"。

在美国独立时的十三个州里，大部分州的奴隶制的废除，就是白人、富人，甚至是奴隶主们，经过理性反省，决心通过他们手中的立法权，从法律上解决黑人奴隶问题。也就是亲手通过立法程序，将自己的一份重要财产化为乌有。他们中间哪怕是最激烈地反对奴

费城独立宫

隶制的代表，都是如此。看到这段活生生的历史，我发现，原来人类的历史并不见得都是我们一向以为的，仅仅是"唯利"或者说"唯物"在那里驱使和推动。这个时候才觉得，人类历史还真是有那么点意思。

你已经知道，美国独立之后，大部分地区的奴隶制都陆续彻底废除，经历的程序和方式却就是这样的一种非暴力的"自我革命"。

这不是我们习惯的少数职业革命家和热血青年，抛家弃产投向革命的故事。这是作为代表整个社会利益集团的立法机构，用立法的手段，仅仅为一个人性反省和道德理由而放弃自身利益的一个行为。

不管这听上去是多么的不可思议，多么的不符合我们习惯了的"革命逻辑"和解释历史的方式，可是，看到底，说白了，"美国革命"解放奴隶的部分，就是这么回事。

每每想到这里，我一方面对人类理性可能产生的力量惊讶不已，另一方面，我也觉得，这样的"革命"，如果根本没有像南卡罗来纳和佐治亚这样的极端南方州跳出来反对，如果在这些"革命者"身上找不到矛盾和反复，而是一帆风顺地就"革命成功"，反倒是要令人生疑了。

我们站在费城"独立宫"的这个议会厅的时候，它的色调给我的印象是灰色和沉重的。一丝也没有轻松的感觉。这个议会厅在美国历史上曾经负担了双重的重大使命。因为十年之后，美国的唯一一部宪法，也是在这里制定的。从整体上来说，这个宪法的通过几乎是重复了《独立宣言》的过程。它确立了自由的目标，建立了一套完善的民主制度，对公民权利从制度上做出了保障，但是，对如何消除殖民时期所遗留的奴隶制问题的具体步骤上，依然是有妥协的。

由于美国宪法本文从不修改，它是以修正案的形式来适应时间的变化的。因此，它所有的历史痕迹都没有被抹去。这样，在今天的美国宪法中，任何人都可以很容易地找到这些妥协的内容，尽管这些条文现在已经不再有任何意义。你可以看到，在向南方妥协的下面三个宪法条文里，事实承认了南方蓄奴现状的继续存在。

例如，美国宪法规定，每个州的众议员人数是按照人口比例产生的。南方如果只计自由人的话，众议员人数将大大减少。最后，达成妥协，在美国宪法的第一条第二款里，同意了南方在计产生众议员人口数量时，一个非自由人等于五分之三个自由人。收税时也按此法计算。

又例如，在宪法第一条第九款中，有一个移民条款，就是规定在1808年之前，国会不得禁止任何一州认为应准其入境的人入境。实际上这也是对南方的一个妥协。极端南方的两个州，就是在这个条款之下，争取到最后二十年进口奴隶的机会。

再有，就是宪法第四条的第二款规定，凡根据一州之法应在该州服劳役者，如逃往另一州，另一州不得根据自己的法律，解除他的劳役，而必须将人交出。事实上，这就是指的南方逃往北方的逃奴。

制宪会议的历程是漫长的，时间长达整整三个多月。妥协条文的产生也是艰难的。但是，从今天来看，制宪会议的妥协仍旧是历史的必然。

我们参观独立宫的时候，讲解员是一个瘦高个的黑人。他把孩子们都安排在第一排，一边讲一边提出一些与二百多年前的历史有关的问题。每提出一个问题，那些七八岁到十来岁的孩子，一个个高举着手争着回答，没等我们反应过来，孩子们已毫不含糊地答了出来，得到提问者一个劲儿地赞扬。

这个黑人讲解员也谈到了当时殖民地遗留的奴隶问题，以及在这个问题上《独立宣言》和制宪过程中对南方的妥协。参观结束之后，我问了他这样一个问题：对于当时对南方奴隶制度的妥协，你作为一个黑人，你是怎么看的呢？你是否为此感到气愤呢？

他平和地回答说："当时的奴隶制不能立即在南方废除，经济问题是一个最大的原因。同时，我也知道这不是一个简单的问题。我想，如果我完全用一个二十世纪末期的黑人的眼睛，去看待十八世纪对奴隶制的一个妥协，那是肯定会出偏差的。"

在美国，至今为止，对于这次妥协大家还是给予正面的评价。因为，正如这名黑人所说的，当时的情况是无法简单处理的。

在一百五十年的殖民时期，奴隶制已经成为各殖民地经济的一个重大支撑，北方虽然出于一个道德理念的推动，纷纷自己立法逐步废除了奴隶制。但是，北方也只有马萨诸塞和宾夕法尼亚是在独立战争中就完成这一过程的。北方的其他各地，是在独立之后通过停止进口、停止交易，然后逐步达到彻底废奴的。这个过程，个别北方州也化了几十年的时间。正因为这是一个由道德反省和理念推动的"自我革命"，因此，它不可能是摧毁性的、暴风骤雨式的、瞬息完成的。相反，它是分步骤的、是充满了妥协和矛盾的。

这种矛盾甚至反映在参与这场美国革命的最优秀的人物的身上。

我在前面提到过，地处南北交接处的弗吉尼亚就是一个充满矛盾的地方。今天谈起美国革命，这里还流传着一句这样的话，就是"华盛顿打下了一场美国革命，而杰弗逊则是思考了一场美国革命"。可见他们两人在这一段历史中的重要地位，而华盛顿和杰弗逊都是弗吉尼亚人。

你已经知道，弗吉尼亚的精神主体，是由一批英国贵族移民形成的。他们在弗吉尼亚的上层形成了一种对于闲适高雅的庄园主生活的追求，常常，这种生活甚至都不是过分奢华的，但却是弗吉尼亚上层不可或缺的一种精神寄托。长期以来，家奴在这里成为一种传统。与极端的南方相比，这里逐渐温和的家奴制，其矛盾冲突远不是那么尖锐。因此，弗吉尼亚虽然很早就停止了奴隶交易，但是对于彻底废奴，不论在独立前还是独立后，一直有着激烈的争执。

杰弗逊、华盛顿等弗吉尼亚的革命者，都是激烈地主张废除奴隶制的。杰弗逊在弗吉尼亚的立法会议中，不止十次提出废奴的提议，但是都没有被通过。最终他失望地说，他只能把这个问题留给后代解决了。他的同名外孙托玛斯·杰弗逊·伦道夫，后来也成为弗吉尼亚最积极主张废奴的议员之一。

但是，即使在他们身上，你还是可以看到巨大的矛盾。我们去过华盛顿的家，平心而论，即使不提他在独立战争中的丰功伟绩，也不谈他的美国首任总统的地位，就从一般的情况去看，华盛顿的家虽然非常大，风景很美（这在美国乡村很普遍），却是十分简朴的。他的故居只是一幢较大的全木结构的农宅。这些地是家传的，在他继承的遗产中也有一些家奴。华盛顿去世的时候，弗吉尼亚还没有立法废奴。于是他在自己的遗嘱里，解放了自己的所有奴隶。但是，在他的生前，他还是保留了这些作为仆人的家奴。

华盛顿虽然为这个新国家奔波了一生，却并没有为自己在经济上取得额外利益。华盛顿的风格是非常乡土味儿的,对生活没有什么特别的要求。可是,如果他在生前失去他的家奴,他甚至可能再也无法维持一个简单宁静、却有着起码体面的晚年生活。因为,这个国家并不为他配置服务员,他是孤身一人回到家中。如果家奴们取得自由身份,他不一定再雇得起这么些仆人,为他照顾菜园和牛马。

杰弗逊从个人风格来说,与华盛顿有着很大的区别,似乎更多了一些贵族气质。他曾作为美国驻法国大使,长期住在巴黎。他还有很多业余爱好,生活品位也很高。例如,他从未学过建筑,却真刀真枪地画过五百多张建筑设计图。不仅设计了他所创建的弗吉尼亚大学的主要建筑群,还多年来一直梦想在自己的土地上,为自己设计一幢满意的住宅。他最终断断续续地真的这样做到了,他设计的屋子就坐落在今天称之为"蒙蒂塞洛"的杰弗逊故土上。

蒙蒂塞洛最迷人的部分,还是弗吉尼亚丘陵起伏的自然风景。那幢住宅的设计是相当成功的,与环境非常协调,也是舒适的,但是,并不是非常大。它的规模还是适度的。这样的住宅就是在今天的美国,也是有一定普遍性的。蒙蒂塞洛与华盛顿故居相似的地方,就是它的地方很大,就是在今天,没有十来个园林工人也是不可能照料得过来的。

杰弗逊对于建筑艺术的一份迷恋,对于建造一个蒙蒂塞洛的梦想,使他付出了巨大的代价。尽管这样建造一幢住宅,是今天许多人都可能实现的"美国梦"。但是杰弗逊却因此晚年负债。因为他也和华盛顿一样,一生的奔走和总统的职位,并没有为他换来额外的钱财。结果,杰弗逊不仅在生前保留了自己的家奴,去世时,他在遗嘱中也只解放了他的两名奴隶。他必须为自己的孩子多少留下一点生活的依

托马斯·杰弗逊建造的住宅

靠。在他死后,蒙蒂塞洛立即被他的孩子出售抵债了。

在今天的蒙蒂塞洛和华盛顿故居,都向来访的参观者介绍这一段真实的故事,介绍曾经与这两个庄园有关的奴隶的情况。在蒙蒂塞洛的小礼品店里,有当时在这里住过的奴隶的照片制成的明信片,还有好几本研究蒙蒂塞洛的奴隶们的专著。没有人打算隐瞒这一段历史细节而为伟人做粉饰。对于美国人来说,历史就是历史。

在今天的美国,没有人为此而怀疑这样一批革命者在反对奴隶制时的真诚。事实上,在美国革命中,正是有了他们的思考、呼吁和努力,奴隶制才在大片的土地上立法废除。可是,不仅在这个过程中不同的地区会有冲突,不同的人会有争论,即使是在参与了美国革命的同一个人身上,你也会发现一些痛苦的矛盾和无法超越的历史局限性。

华盛顿和杰弗逊在强烈呼吁废奴的时候,在一次次提出废奴议案的时候,他们当然知道这对于他们个人意味着什么。北方各州通过的一个个废奴法案,都会使那些立法的议员们失去曾经是自己重要的一份"财产",甚至都大大地改变了他们的生活。他们只是无数这样的"革命者"中的一个罢了。

站在弗吉尼亚的议会厅里,他们出于人性的反省,竭力离开自己的利益,站在宗教和人性的立场上,呼吁解放奴隶。当废奴法案最终没有通过,他们回到家,回到原来的生活,更多地面对了自己的具体问题时,又留下了自己的合法奴隶。诚然,他们一向有严谨的法制概念,在没有新的立法的情况下,他们知道,任何人维持原来的蓄奴状况都是无可非议的。

但是,他们比任何人更清楚,他们完全应该以更响亮的个人行为,为自己呼吁的理想做一个推动,他们不可能不为自己家里还存在家奴这个事实,感到痛苦和羞耻。这也是华盛顿在遗嘱中解放了自己所有奴隶的原因。可是,他们没有能做得更早更彻底,确实是弗吉尼亚历史中的另一面局限了他们。

在一个纪录片中,我曾看到一名南方的黑人谈到杰弗逊的矛盾。他说,他永远不会忘记在种族隔离的时代,第一次读到杰弗逊所写的"人人生而平等"、"具有天赋权利"这样的字句,自己所感受的震撼和力量。在他后来更多地了解了一个充满矛盾的杰弗逊之后,他曾经十分遗憾。可是,他也渐渐理解了什么是历史的局限性,他依然认为,托玛斯·杰弗逊的思想为黑人的解放起了根本性的作用。

由此你可以推断,当废奴牵涉到卷入奴隶经济很深的地区时,事情就更为复杂了。在上次访问南卡罗来纳的查尔斯顿时,我偶然读到了有关当地黑人自由民成为奴隶主的资料。

1825年9月,一个名叫南西·埃玛纽尔的查尔斯顿市的黑人自由民,租用了一个叫戴安娜的女奴,租金二点五美元一个月。1826年,一名叫海伦·英格丽的黑人混血妇女,租用一个叫莫斯利的男性奴隶,租金三点五美元一个月。同样在查尔斯顿,1841年,一个名叫贾克伯·维斯顿的自由黑人混血裁缝,在他开的裁缝铺里租用了一个叫亨利·戴梵的奴隶,第二年的一月份,就是1842年,他干脆买下了这个奴隶,花了七百美元。虽然这个购买资料在租用资料的十六年之后,但是,扣去十五年的价格上涨因素,你仍然可以发现,与租金相比,买一个奴隶的花费是相当大的。

这些资料里的主人都是自由之后的黑人。之所以我选用这样一类资料,是希望你在大致了解当时奴隶价格的同时,也能理解,在殖民地长期的奴隶制合法化之下,形成的对于奴隶的普遍概念。即使是一个普通劳动者,甚至是一个黑人,只要他是自由民,他也就有可能用毕生积蓄,去买一个奴隶。对于个人,奴隶已经是私人财产非同小可的一个部分。废奴,在当时的情况下,也就是通过法律,宣布所有这样的"财产"在顷刻之间化为乌有。在当时的社会经济状况下,在对奴隶经济依赖性越大的地区,例如在遍布着棉花稻米庄园的南方,牵扯的社会面也就更大。这就是那个黑人讲解员提到的,对南方废奴的妥协,"经济问题是一个最大的原因"的意思。

美国还有一个特殊的情况,是我们今天非常容易忽略的,也是要理解美国的历史,必须紧紧捏住一刻也不能丢掉的一个很重要的线索,那就是,这是一块分治的土地。为什么我要强调这样一个线索呢?因为这是我们非常容易中途失落的一个线索。它和我们所熟悉的国家模式太不相同了。

对于我们的文化来说,"一统天下"是每个皇上所寻求的丰功伟绩。认祖归宗则一直认到炎黄还不过瘾,非要寻根溯源到龙的头上方肯善罢甘休,这也几乎成了每个子民的祖传天性。而北美这块土地上那种离心状态,对于我们实在是匪夷所思。

在独立之前,这十三个殖民地完全相当于十三个独立的国家。在制宪会议召开时,他们所面对的建国初期的美国,其松散程度甚至更甚于今天的联合国。这种局面,也是源于这样一个"分治"的理想。

是的,对于美国人,分治不仅是一个现实,分治也是一个理想。实际上对于他们这是非常自然的。既然他们把寻求个人的自由作为一个理想,那么,分治只是这个自由理想的一个扩大版本而已。也就是说,一些自愿生活在某个州,某个城市,甚至某个社区的人们,他们当然应该有权决定自己以什么样的方式生活,这是他们的自由。因此,直至今日,美国人生活中的大量决策权仍在各州,甚至各个城市和村镇,甚至社区手中,联邦政府是无权干涉的。

但是今天的美国人,毕竟对于自己是"美国人"这一点已经相当明确了。这竟然还必须"归功于"第二次世界大战的发生。不仅是罗斯福总统在战前的新政加强了联邦政府的权力,更重要的是,珍珠港的炸弹使他们幡然醒悟,原来他们居然息息共存,属于一个共同的整体,它叫作美国。

也就是说,在此之前的漫长岁月里,大量的美国人更认为自己是"某州"这个"小国家"的公民。他们对于他们所生活的"州"这样一个邦国的认同,远远强于他们对于美国这个"联邦"的认同。这种情况在南方尤为普遍。第二次世界大战以后，尽管这个国家的凝聚力大大加强，但是，和我们习惯了的文化相比，还是有很大的不同。

因此，正是出于对个人自由和区域分治理想的共识和尊重，美国从一开始就是一个群龙无首的国家。不仅在独立的那一天，没有一个"开国功臣"试图出来"掌控全局"，而且长达六年，甚至连总统都没有一个。出于同样的原因，美国从一开始，也就是一个善于妥协的国家。没有一个人是"权高位重"，"一言定乾坤"的。因此，从一开始，各州之间就习惯于"只有说服，没有压服"，说不服的时候，就只能由某一方做暂时的妥协了。美国基本上是在一系列的妥协之下，维持一个稳定的和循序渐进的进步的。最近，看到台湾的柏杨老先生非常精辟地说，"让步是一种能力"。那么，你可以说，美国人是从一开始就非常重视这种能力的。

然而，在奴隶问题上，北方做出妥协还有另一个重要的原因，那就是南方，甚至两个极端的南方州，南卡罗来纳和佐治亚，也表示了它们的退让。首先，它们都承认美国的建国原则，也承认奴隶制不符合这样的原则，并且表示愿意向废奴的方向努力。它们所要求的只是更多的缓冲时间，以至于经济不要发生太大的动荡。

这样，代表着美国主流的北方，当时也很难拒绝给予南方这样的缓冲期；另一方面，他们也不认为，当时在各方面都相对落后的两个极端南方州，会成为一个很大的历史障碍。他们仍然相信人性和理性的力量，会在不久的将来在这个崇尚自由的国家全面取胜。

于是，由于这个妥协的达成，美国版的"一国两制"的局面，就事实上发生了。一波波无可避免的历史浪潮，也因此在这个刚刚诞生的新国家掀起。给今天的美国人，甚至其他国家的人们，留下了一个个值得反复咀嚼的历史案例。这里面容纳了如此之多的人的心灵挣扎和感情纠葛,以至于我们今天审视这些历史脚印,依然心潮难平。

今天写得太晚了。先在这里打住吧。

祝好!

林 达

一条双桅船上的故事

卢兄：你好！

收到你的来信真是很高兴。你在信中说，看到有关美国电影界的报道，说是世界著名的电影导演斯皮尔伯格，继《辛德勒的名单》之后，在今年又拍摄了一部历史巨片，恰好是与美国建立之后反奴隶制的一段历史有关。你说，你看过《辛德勒的名单》，领教过这位导演对于历史题材的艺术塑造能力，相信电影一定会很有魅力。由于最近我们通信聊的内容，正好是这一段美国历史，所以很想让我介绍一下，在这部艺术化了的新片后面，到底是一个怎样的历史背景和历史事实在支撑。这样，将来看这部电影的时候，也许就会有更大的收获。

你提到的这部电影叫作《阿姆斯达》。斯皮尔伯格确实是一个很有眼力的导演，他选中的这个题材，在美国历史上是一个非常重要的，照美国人的说法，是一个"里程碑案例"。你的问题也非常有道理，电影可以非常形象化地重现一段历史，使人们有身临其境的强烈感受，

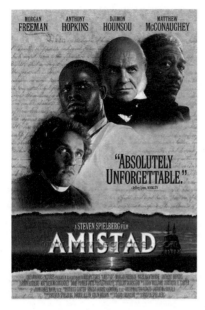

电影《阿姆斯达》海报

这是我的信和任何一本历史书都无法做到的。但是电影毕竟是艺术化的结果，它有时使你在非常确切地想了解历史事实的时候，有一种疑惑和不满足的感觉。它自有它的优势和局限性。回答你的问题，恰好可以弥补这样一个不足。

说斯皮尔伯格是一个非常有眼光的导演，不仅因为这部影片所依据的历史事实，非常典型地反映了美国建国之后，直至南北战争之间，这一阶段在反奴隶制问题上的状况，还因为事件本身就是如此地戏剧化，甚至情感化。你一定还记得，我在上一封信里提到，在美国的这一段历史演变里，充满了太多的心灵挣扎和感情波澜，这也是一个历史事件不仅吸引了一些纪录片的导演，居然也感动了一位故事片的大师级导演的原因。没有对真实历史的感动，斯皮尔伯格是不会产生这样的创作冲动的。

在讲述真实的"阿姆斯达"事件之前，我还必须把当时的历史背景，接着我上次的信再聊下去。

上次我写到在制定美国宪法中，南北双方有关奴隶的问题上，达成了三条妥协。这三条妥协归纳起来，实际上可以分成两个部分。一个部分是，在禁止进口奴隶的问题上，给了南方二十年的缓冲期。第二个部分是，在如何以及何时解决殖民时期遗留的奴隶制问题上，联邦承认无权对各州做出强制性裁定，而是由各州自己立法解决。

我在上封信也提到，这个妥协建立在一个基础上，就是南方对于废奴原则的承认。南方声称只是需要缓冲期去达到这个目标。另一方面，当时看上去态度顽固的只有两个极端的南方州，南卡罗来纳和佐治亚。在这种形势下，北方觉得，在这个以"平等自由"为原则建立起来的新国家里，既然大家公认这个原则，那么，即使在南方，对于人性必胜，甚至会很快取胜，都完全可以持有信心。

应该说，这样的信心反映了美国建国时的推崇自由平等精神的大势所趋。一个证明是，虽然不是所有的州都像马萨诸塞和宾夕法尼亚那样，在独立之前就废奴。但是至少，在美国宪法所限定的禁止进口奴隶的1808年限期之前，几乎所有的州，都已经纷纷立法禁止进口奴隶。而且大多数州的立法时间都远在限期之前，甚至有的立法就在联邦宪法生效的前后不久。不少州在立法之前，就早已经事实上停止了奴隶交易。而只有这两个极端南方州，在立法之后，仍然有违法的进口奴隶的事件发生。

另一个证明是，北方各州在立法禁止进口奴隶的同时，纷纷开始了下一步的步骤，即通过禁止内部的奴隶交易和彻底废奴的立法。

看上去，一个新生的美国似乎可以比较顺利地逐步解决这个殖民时期的遗留问题，开始书写属于自己的新一页历史了。可是，历史河流偏偏向着另一个方向淌去。

有一个原因，也许是对于两个极端蓄奴州，南卡罗来纳和佐治亚的能量，北方似乎是远远估计不足。

这里，还有一个小插曲，就是一个意外的技术发明，也进一步坚定了南方维护奴隶制的决心。这就是轧棉籽机的诞生。以前，生产棉花的南方受到手工轧棉速度的限制，种多了也没有意思，反正多了也来不及轧。劳力的需求也就是有限的。轧棉籽机的诞生，使得棉花成为美国南方的一个白色金矿。

当时南方庄园主们听到轧棉籽机发明的消息，就和一个人听到自己的土地上发现了一个富金矿的感觉，几乎相同。与真正的金矿开采唯一不同的地方，就是棉田里需要数量巨大的"挖金矿"的廉价劳力，因为土地与当时的人口相比，几乎是无穷尽的。尤其是对于佐治亚这样穷了几世的地方，说是要在这个关键的时刻让它废奴，在它看来，就跟下一纸通令不准它开自己家的金矿的意思是一样的。

另一个情况是在建国时没有想到的。那就是从1796年到1821年，在短短的二十五年里，建国时只不过拥有十三个州的美国，就有八个区域进入联邦，逐渐成为美国新的独立州。美国一下子扩大了一多半。

问题是加盟的这些新的独立州，也包括了由极端的南方蓄奴州居民向西逐步移民所形成的一些区域。它们的态度和状况，和两个极端的南方州非常相似。也就是极端蓄奴力量的扩大。这样一来，美国建国初期，在对待奴隶制态度上的力量对比，发生了本质的变化。逐步形成了双方可以抗衡的势均力敌的阵势。原来看上去比较有把握的发展趋势,一下子悬乎起来。

于是,北方终于发现,原来以为,在大家共同认可的自由立国精神之下,奴隶制是一个期望由各州自己逐步解决的殖民地遗留问题。然而,现在眼看着南方利用宪法所放给各州的自主权,不仅不打算经过一个时间缓冲,解决这个问题,反而充分利用这段时间,试图使这个制度巩固下来,长期合法化。

也就是说,由于极端南方州的坚持,和新的蓄奴州的加盟,奴隶制在这块土地上的性质,与美国独立时的状态相比,又发生了一个本质变化。它已经不再是期望中走向消亡的一个"殖民时期历史遗迹",它已经成为这个新国家本身的一个最大的现实问题。

这时,代表着美国精神主导的北方,终于意识到,美国已经无可避免地要在历史上留下这个污点,美国的自由精神也已经无法不因此而蒙上永久的羞辱。尽管北方大多数的州,在建国前后,就依靠自身的能力,自己清除了这个殖民地遗留的污迹。但是,他们不能否认,南方也是美国的一部分。虽然在分治的状态下,每个州拥有自己的基本主权,他们对自己的行为负责,不仅北方无权干涉,就连联邦政府,同样无权干涉。

整个形势清楚了以后,以北方为代表的美国精神主流,开始对南方不再抱有任何幻想,他们下决心重新开始一个新的反对奴隶制的漫漫征程。在此之前,北方反奴隶制的过程,基本上是一场"自我革命"。现在开始,却是在一个同叫美利坚合众国的名称之下,一个正义的力量和一个邪恶力量的较量。

但是,与殖民时期相比,反奴隶制力量的处境已经完全不同。因为这个国家已经有了明确的公认的"人人生而平等"的建国精神。宪法也已经提供了一个严格的民主体制，一个独立的司法体系和完善的立法体系，为他们一步步地达到目标提供了切实可以依据的章法。一切就看他们如何去运用这个制度了。

说实在的，观察他们如何利用整个制度进行操作，是我最感兴趣的部分，使得对于这样一场反对非人道制度的斗争，显得理性、有逻辑，也非常经琢磨。

"阿姆斯达"事件，就发生在这样一个历史背景之下。那是1839年，美国诞生五十六年的时候。

"阿姆斯达"是一艘双桅船的名字，后来成为由这艘船所引发的事件的名称。本来，这艘船上就没有一个美国人。这是一艘货船，它的船长是一个西班牙人，两名货主随船，也是西班牙人。它起航的港口是今天的古巴首都哈瓦那，目的地是古巴的另一个地方——普多·普林西，航程并不太远。一般来说，三四天的行程足够了。

之所以船长船员大多数都是西班牙人，这是因为当时的古巴还是西班牙殖民地。应该说，这是一艘与美国毫不相干的船，不论船上发生些什么，这也是一个和美国毫不相干的故事。可是，在它起航两个月之后，疲劳破败地在纽约的长岛附近抛锚，放下小船，寻求给养。闯入了美国海防队望远镜的视线，就这样，"阿姆斯达"也随之漂进了美国的历史。

是的，我没有写错，这艘应该几天就到达目的地的双桅船，确实在海上整整漂了两个月。这并不是一个通常发生的遭遇风暴的海难事故，而是在这艘小小的双桅船上，发生了一场惊心动魄的暴动。在斯皮尔伯格执导的《阿姆斯达》电影中，一开始就以浓烈的笔墨描绘了这场暴动。原来，这是一艘奴隶船。

那么，在当时的古巴，奴隶制的状况如何呢？你一定记得，最开始在整个美洲殖民地上推行奴隶买卖的，就是葡萄牙和西班牙。后来，才加入了英帝国。

但是，在"阿姆斯达"的年代，不仅美国，英国也同样出现了强有力的反对奴隶制的力量。他们第一个目标，就是立法禁止奴隶贸易，而且通过国际协议，整个切断从非洲出发的贩奴航线。这不单单因为这是整个奴隶制中最残酷的一个部分，同时，也必须先切断新的奴隶来源，使得原来的奴隶制被限制在历史遗留的范围之内，这样，才有可能早日解决。

在这样的历史潮流中，西班牙王朝也迫于国际压力，在1817年与英国签下了禁止从非洲购买奴隶的协议。并且在古巴有了一个"反奴隶交易法"。

但是，在立法问题上，迄今为止一直存在这样的状况。那就是，不论是国际间的协议，还是一个国家自己制定的法律，都大致不出乎两种状况。

一种法律来源，是这个国家、地区或者群体，对于一个命题的思考和反省的结果。他们因此制定一个规则，愿意共同遵守。对违规者按法规进行认真惩处。这样的法律逻辑性强，执行的过程也比较清楚。诚然，这样的法律仍然会带有历史的局限性，因为人类在某一个阶段的认识，总是有局限的。但是，它是认识一步走一步，也许前进的脚步缓慢，但却是扎实的。这种法律，我常常用大白话叫它是"真诚的法律"。

另一种法律来源,是对外部压力妥协的结果。一些地区,它自身并没有产生与这条法律相适应的认识基础,但是出于种种压力,不得不诞生这样一个法律。在这种情况下,整个系统从一开始就有着"违法"的强烈冲动。这样的法律,它的目标可以定得非常高,看上去可以比那些"真诚的法律"更"漂亮"。可是一触及现实就会完全面目全非。我把它叫作"虚假的法律"。

古巴当时的西班牙殖民当局执行的"反奴隶交易法"就是一个虚假的法律。"阿姆斯达"事件,就是这样一个虚假法律所结出的一个恶果。

也就是说,事实上,当时的古巴当局对于奴隶制还完全没有反省,这个迫于外部压力而签署的法律,也就形如虚设。当局对奴隶交易实际上是予以支持。官员也勾结奴隶贩子瓜分利益。在古巴,违法从非洲贩奴完全是公开的秘密。

在这样的大形势之下,1839年4月,一艘名为"泰格拉"号的葡萄牙奴隶船,在叫作"卢姆波拉"的一个西非最大的奴隶市场,装载了一船奴隶,运往古巴。在这艘船上,有着几个月后"阿姆斯达"号上暴动的主要成员,暴动的领袖辛盖,也在其中。于是,"泰格拉"号的这次非洲之航,为几个月后的"阿姆斯达"事件,拉开了序幕。

在电影里,你所看到的西非"卢姆波拉"的巨大城堡、石砌的奴隶市场建筑,都是真实的。因为,我曾经在一个纪录片里看到过它的遗迹。电影里奴隶市场的卖主都是西非当地的黑人首领,这也是真实的。

这样一个历史事实,至今还困扰着许多被卖到美洲来的黑奴的后代。他们能够理解白人奴隶主购买和奴役了他们的祖先这样一个事实，因为这可以归咎于种族歧视和贪欲。而且，接受另一个种族的罪恶，在心理上毕竟更容易一些。但是，他们从感情上不愿意接受"卢姆波拉"，不愿意接受这样一个事实：他们祖先的"黑人兄弟"，也是制造这个人类悲剧的一部分，其原因同样是贪欲。曾经有一些黑人学者经过研究之后，认为"卢姆波拉"现象的存在，是因为当时的黑人卖主，并不知道这些被他卖掉的奴隶，可能会遭遇多么悲惨的境遇。

我依然认为那些白人奴隶船的船长，比"卢姆波拉"的黑人首领在道义上应该承担更大的责任，其原因是他们的"进化"程度更高，实际上更"明白"。但是，我对黑人学者的上述研究结果，是持有疑问的。我怀疑这些黑人卖主不会仅仅因为他们是黑人，就会更少地被贪欲所控制。"卢姆波拉"的存在，实际上证明，善与恶的分裂，人性与兽性在内心的抗争，是存在于任何一个人类的种族之中的。

可以印证的，是电影中的另一个细节也是历史事实。就是"阿姆斯达"号暴动的领袖辛盖，是在前往自己家稻田的途中，被他的黑人

在"阿姆斯达"号上领头暴动的辛盖

邻居绑架，然后被胁迫步行三天，走到西非海岸，被卖到"卢姆波拉"抵债的。"卢姆波拉"的奴隶货源，基本上都是由类似的黑人绑架者，通过同样的方式捕捉和提供的。

一些白人和黑人，在同一个贪欲的引导下，携手葬送自己的同类。一场悲剧就是这样开始的。电影中有关奴隶船上的一幕，斯皮尔伯格是在逼迫人类了解自己，了解人的兽性可以发挥到如何淋漓尽致的地步。

电影中奴隶船一幕的历史基础是，当时从西非到美洲的航行接近两个月，在辛盖所在的"泰格拉"号的旅途中，就有超过三分之一的黑人，在恶劣的条件下死亡。而且这样的"损耗率"，在几百年来的非洲奴隶贩运过程中，并不是罕见的。

当"泰格拉"号抵达邻近古巴水域的时候，已经是六月份了。感觉中几乎是没有尽头的航行，终于接近终点。可是，"泰格拉"号却在船长的命令下抛了锚，静静地停在六月酷热的烈日之下。船长不敢贸然进去，他还是感到害怕。他究竟怕的是什么呢？

他害怕的并不是古巴的西班牙殖民当局，他怕的是英国人。这又是怎么回事呢？正因为古巴当局对于限制奴隶交易，只有一个"虚假法律"，根本不认真执法，所以奴隶船才依然猖獗。在这种情况下，英国的反奴隶制力量组织了一些船，尽最大的可能在接近古巴的水域，把古巴团团围住，摆出"你们不抓我们抓"的劲头，确实也有足够的威慑力量。

因为根据1817年的英国与西班牙的协议，任何违反从非洲贩奴的禁令的人，最高可以判处死刑。在这里，你一定发现，哪怕是一个在压力下产生的"虚假法律"，相对于根本"没有法律"来说，也是一个巨大的进步。因为,毕竟可能产生这样的机会,据法力争一个实质性的,哪怕是微小的胜利。

"泰格拉"号静待到夜幕降临。然后,悄悄地潜入了古巴海岸。辛盖和其他黑人被迅速卸下船,拖进灌木丛。经过一段夜行之后,在一个仓库里被关了十来天。在又一个六月的夜晚,他们最终被带到了哈瓦那的一个奴隶市场。到了这里,"泰格拉"号的船长终于可以彻底松一口气了。因为,在古巴,尽管进口奴隶在非法之列,但是,国内的奴隶交易却依然是合法的。而且,对于在国内的奴隶市场中,正在大量贩卖非法进口奴隶的这样一个事实,古巴官员的态度,一向是睁一只眼、闭一只眼。

就在六月下旬的一天,"阿姆斯达"事件的两个西班牙人主角,出现在哈瓦那的奴隶市场。他们是五十八岁的蒙岱和年仅二十五岁的路易兹。他们是古巴另一个叫作普多·普林西的地方的两个庄园主。他们结伴而行,远途赶到这里,是为了在哈瓦那采买。问题在于,他们的货物采购单上,还包括奴隶这样一种"货物"。

正如我在前面提到的,哈瓦那的奴隶市场上,天天在出售非法进口的非洲奴隶,在这个国家是一个公开的秘密。因此,蒙岱和路易兹熟门熟路地寻上门来,在刚刚运来这船"新鲜货"的"泰格拉"号葡萄牙船长的陪同下,走进了奴隶市场的其中一个院子。蒙岱挑选了辛盖和同船而来的另外几十个黑人,总共四十九名,全部是男性。而路易兹看来财力并不雄厚,他买不起需要四百五十美元一个的男性成年黑奴。于是,他去逛了属于另外几个船长的院子,最终带回了四个只有十来岁的黑人孩子,其中有三个还是女孩。

银货两讫之后,他们很快去哈瓦那的海关当局办理了通行证。在他们的通行证上，注明了他们携带旅行的货物里，包括五十三名"拉丁裔黑人"。这是什么意思呢？由于漫长的奴隶制，在古巴已经有了大量长期居住在这里的黑人，甚至有了在古巴出生的黑人，所以，当地政府就承认他们已经是归化后的本国人了。因为西班牙人是拉丁民族，所以就称这些黑人为"拉丁裔黑人"。

看上去，这似乎只是一个简单的海上通行证明。然而，对于这些黑人的身份，却是一个本质性的概念偷换。

如果他们是刚从非洲来的"移民"，那么，就有一个移民身份的问题。因为在当时，根本没有大量从非洲来的正常移民。所以，他们的身份定义，就应该是被奴隶贩子非法带进古巴的受害者。然而这两名西班牙货主有了这样一个携"货"证明之后，所有这些黑人，根据古巴合法的奴隶制，就成了长期在此居住的"拉丁裔黑人"，成为合法奴隶了。从人到"货"的过程，就是由这张证明完成的。

对于这些黑人状况的鉴别，实际上应该是极为简单的。然而，正是由于"禁止奴隶交易法"对于古巴只是一个虚假法律，因此，这些官员可以非常放心地在这个问题上，违法地协助奴隶交易中买卖双方。因为他们明白，自己并不会因此受到上一级官员的查处。这些官员，当然更知道这张通行证对于"货主"的利害关系，所以，他们也不失时机地从中牟利。为了法律形式上的无懈可击，在这张通行证上，所有的黑人，都像久居古巴的真正的拉丁裔黑人那样，有了一个西班牙语的姓名。

1839年6月28日，当蒙岱和路易兹，押着这五十三名黑人，走上这艘他们租来的"阿姆斯达"号双桅船的时候，这一事件的正剧，就正式拉开大幕了。

这是一艘典型的为近海运送奴隶而建造的小型运输船。所以，船上的雇员并不多。船长只带了两名水手，他们都是西班牙人，这就算是驾船的主力了。同时，船长还有一个十六岁的打杂的小黑奴，他倒是一个真正的拉丁裔黑人，有一个自己的西班牙名字，叫安东尼奥。另外，还有一名黑白混血的厨子。船上还装载了近四万美元的货和给养。

对于辛盖和黑人们来说，这是他们两个多月来漫长里程的最后一小段了。此后，他们就将像无数的同样经历的黑奴一样，投入热带的甘蔗园，渐渐变成一个"拉丁裔黑人"。他们的后代，也将永远不知道非洲是什么样的一块土地。

但是，正如斯皮尔伯格在"阿姆斯达"的电影里所成功表现的，这些黑人自从被捕获之后，就自始至终处于极度的惊恐和惶惑不安之中。

可以想象，在这几百年里，不论有多少黑人曾被卖往美洲，却始终没有人回去过。没有人知道那些登上奴隶船甲板的黑人，离岸之后

电影《阿姆斯达》剧照

的结局。当然明摆着不会有好的结果，但是没有人能确切了解，能够糟到什么地步。

因此，对于"阿姆斯达"号上的其他人来说，这只是一次普通的短途旅行。然而，对于辛盖和他的同伴来说，他们越是感觉即将接近他们的最终目的地，越是觉得大祸将临，几乎无法承受这最后的精神压力。

谁也没有想到，正是船上那个看上去最无关大局的厨子，绷断了黑人们精神忍受的最后一根弦。

那名厨子是一个黑白混血儿。在习惯上，人们都把黑白混血的人，依然看作是黑人。所以，按说这名厨子，应该对"阿姆斯达"号上的黑人具有更多的同情心，才比较符合常理。但是，事实偏偏不是这样的。

辛盖是一个比较有心的人。他一直在试图为自己忧心如焚的问题找出答案。在一个偶然可以上到甲板上的时候，他抓住机会用手势向那名厨师比画，询问到了目的地之后，他们将会被如何处置。一个恶作剧的念头突然冒了上来，这个厨子狞笑了一下，然后用手比画着回答：他们将被杀了，腌成咸肉风干，然后吃掉。看着辛盖突变的脸色，厨子以为，自己只是成功地开了一个恶毒的玩笑。他不知道，实际上他在比比画画之中，已经给自己开了一张通向地狱的路条。

1839年7月1日，这已经是航行第三天的夜晚。辛盖决定无论如何要在抵达之前，挣脱这个任人宰割的厄运。这就是电影《阿姆斯达》一开始的镜头，一个毫不虚构的历史上真正的风雨之夜。暴风雨中，辛盖设法打开了自己的锁链，带着黑人们打开了随船的货

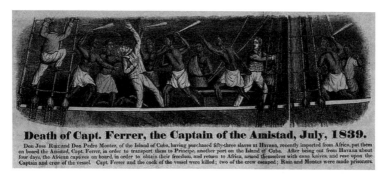

1839年"阿姆斯达"号上的暴动

物中装有甘蔗刀的几个箱子。他们静候到风暴过去之后的凌晨,在乌云遮月的黑暗中,经过一场短暂搏斗,甲板上到处流淌着猩红的鲜血。

电影对于这场奴隶暴动惊心动魄的刻画,并不是虚构的,双方都有伤亡。历史事实是,仅有的两名西班牙船员在搏斗之后,自知将不敌数量众多的黑人,吓得冒死跳海,从此失踪。船长和那名厨师在暴动中被黑人所杀。船长在抵抗的时候,打死了一名黑人。另有几名黑人在混乱中受伤。最后,当这艘失去驾驶的双桅船,像喝醉了酒一样,在乌云密布的漆黑大洋上晃荡的时候,船主一方只剩下了三个人:船长的小黑奴安东尼奥,以及几处受伤的西班牙货主蒙岱和路易兹。

蒙岱和路易兹的幸存,是"阿姆斯达"号的状况所决定的,因为黑人没有任何驾驶经验。于是,黑人们刀下留人,留下他们操纵这条船。辛盖就像在电影里所表现的一样,指着太阳,用自己的语言大叫:回非洲去!

他们只知道太阳的方向就是家乡,他们不顾一切地要回家。他们不知道,这艘船并不完全适合远洋,也根本没有在出发的时候做远行的装备。所幸的是,侥幸活下来的蒙岱,居然真的有过航海经验。

可是,他们怎么会来到美国呢?看上去是电影中的戏剧化情节,讲述的却完全是历史真实:这是两名西班牙人在驾船的时候,利用了黑人对于航海的无知。他们在接手驾船的那一刻,就用黑人们听不懂的西班牙语做了一个决定。去邻近的美国取得救援。

这个决定对于他们是很自然的。他们没有任何理由要去遥远的非洲,再说,如今他们活命的理由就是这点驾驶技术,一旦到了非洲,他们再凭什么相信自己不会被杀掉呢?可是,他们又无法顺从辛盖。于是,他们耍了一个小计谋。白天,他们向着太阳走,一到夜晚,就设法调转船头,向美国的方向靠近。就是这样一个走两步退三步的怪诞走法,曲曲拐拐地把这一段航程,整整走了两个月。

这两个月"阿姆斯达"号在海上的航行,可以称作是真正的冒险。所有的人只能利用船上有限的给养,这里面虽然包括了两个西班牙货主在哈瓦那采购的,打算带回庄园去的东西,但还是远远不够。因此,两个月的艰难航行,酷暑病饿之下,又有十名左右的黑人死于途中。

我想提醒你一个细节,就是这艘船上其实还有一个黑人,是知道这个航行把戏的,他就是原来船长的小黑奴安东尼奥。尽管他也是一个黑人,也是一个奴隶,但是,在整个过程中,不论是他自己还是那些黑人,在"阵营划分"的时候,都是把他的定位定在西班牙人这一边的。因此,在整个航行中,他对于西班牙人的计划,予以充分的配合。

你在电影中会看到,他们与其他的船只擦肩而过的紧张场面。在真实的事件里,"阿姆斯达"号在美国的水域里,确实数次遭遇其他船只,也确实是在黑人的严密防范下,两名西班牙人始终没有求救的机会。但是,已经有一些看见"阿姆斯达"号的人,对上面的异常景象感到疑惑,报告了当时纽约附近的海军基地。他们也已经派出了两艘船,在海上寻找这艘可疑的双桅船。只是,大海无涯,搜寻并没有什么结果。

最后,西班牙人的计划终于还是成功了。

已经是八月下旬了。一天,"阿姆斯达"号正如我前面已经讲到的那样,筋疲力尽地下锚在纽约长岛附近的水面。实际上,这已经不是黑人第一次这样放下小划子,向陆地寻求给养了。因为即使船上有足够的食物,也必须利用一切机会补充淡水。但是,以前他们不是利用晚上,就是在一些荒僻的地方。这一次,显然是情况不同。

划子上的黑人们一靠岸,就遇上了一个叫格林的美国水手和他的四个水手朋友。"阿姆斯达"的黑人开始和他们用手势交谈,愿意用整个"阿姆斯达"和船上的货物,交换送他们去非洲。而格林只一心考虑如何从这个奇怪的船上得到好处。双方讲好第二天再决定。就在第二天他们再次商讨时,他们进入了一个名叫米德的海防队员的瞭望视线。在米德的上级吉尼中尉的指挥下,他带人登上了"阿姆斯达"号。

船上的情景是令人惊怵的。破败的满地狼藉的甲板上,站着几十个衣衫褴褛甚至赤裸的黑人,有的还以蔗刀武装。他们看上去饥渴交迫,甚至还夹杂着四个黑人孩子,看上去不到十二岁。米德解除了黑人的武装,他们也并没有反抗。在长期日光暴晒之下斑驳的船身上,米德还能依稀读出船名——"阿姆斯达",米德感到有点荒诞,因为他懂一点西班牙语,知道这是"友谊"的意思。

在米德的手下人检查船舱的时候,才发现了那两个西班牙人。他们一到甲板上,就跪下大哭着用西班牙语求救。最终,还是由会说英语的路易兹大致讲述了"阿姆斯达"号的"黑奴暴动"故事。米德发现,所有的黑人都只会说一种陌生的土语。因此,他只可能听到涉及两个对立方面的其中一方的说法。可是,不管怎么说,米德至少可以判断,这无论如何不是一艘在正常运行之中的船。而且船上似乎真的发生过涉及命案的非常事件。

于是,在吉尼中尉带领增援人员抵达之后,他们把所有的"阿姆斯达"号乘客,连同后来从海滩返船,由辛盖带领的两个小划子的黑人,一起带到海防队的船上。在这个过程中,辛盖也确实像在电影里讲述的一样,几乎是本能地跳入海中企图逃离,但是,终于筋疲力尽,又被拉上了船。

这时,又有了一个小小的插曲。你一定还记得,事情发生在纽约的长岛。按理说,船一靠岸,就是纽约了。但是,这位海防队的吉尼中尉,却命令把船开往与纽约相邻的康涅狄格州。为什么他要舍近求远呢?

原来,所有当时吃"海洋饭"的人,都知道有这么一条"海上救难奖金"的公约。在那个时代,海上航行特别不安全。不仅是因为各种设备落后,抵御风浪的能力差,还因为海盗猖獗。因此,如果什么人能够在海上救下一条遇难的船,救助者就可以依法得到船上的一部分货物,作为奖励。奖励的比例一般相当大。应该说,这也是公平的。因为不仅救难者往往要冒很大的危险,而且对于货主来说,如果没有救难者,他就可能损失全部货物,甚至连自己的命都一起送掉。

所以，在事情基本平定的时候，吉尼中尉已经打开了小算盘。这艘船是否载有多少值钱的货物，他还不清楚。可是，这是一条奴隶船，船上有黑奴，这是明摆着的事实。在奴隶制中，奴隶是主人的一份财产，在船上也是作为"随船货物"论处的。因此，假设船上什么值钱的东西都没有，这几十名黑奴就是一笔巨大的财富。所以，吉尼中尉立即当机立断，把他好不容易撞上的这笔财富，迅速带离纽约。

为什么呢？这就是我前面提到过的当时的美国现状：在奴隶制问题上，南方完全是站在反面的，而北方有关彻底废奴立法的进展也不尽相同。此刻，纽约已是一个自由州，而同为北方的康涅狄格州，在北方是属于废奴过程比较缓慢的。它是在"阿姆斯达"事件发生的九年之后，才立法彻底废奴的。所以，如果吉尼中尉和他的海防队想要得到的货物奖励中也包括黑奴的话，他必须迅速带着他们的"战利品"，离开自由的纽约。

美国在这个时候，奴隶制问题所造成的分裂与矛盾，已经到了非常严重的关口。因为，正如我前面向你谈到的，以极端南方为代表的坚持奴隶制的一方，已经一改在美国独立前后所表达的愿意顺应立国精神，逐步废奴的主张，转而坚决主张蓄奴。

南方也知道，转这么大的弯子，彻底与大家当初讲好的联盟基础背道而驰，是必须对美国这个"联盟"有所交代的。于是，就出现了所谓"后奴隶主义"的理论。

"后奴隶主义"说穿了其实很简单。就是它不再承认奴隶制与"自由平等"的立国精神相违背，也就不再需要承诺废奴。那么，从道理上怎么"顺"过来呢？他们采用的方式，就是把奴隶制彻底地与种族属性相联系。记得我以前告诉过你，北美的蓄奴历史上，有过大量的白人奴隶。然而现在，后奴隶主义者一口咬定奴隶就必须是黑人。

他们的依据就是"种族差异"。他们把黑人定位在半人半兽的位置上。他们宣称，黑人的种族禀性就是与白人不同的。他们天生野蛮，倾向于暴力，无法教化。因此，把他们留在奴隶的社会层次上是合适的，他们不适合享有自由。否则将会产生灾难性的后果，就像把野兽从笼子里放出来的道理是一样的。因此，他们辩称，奴隶制与美国自由平等的立国精神并不违背，因为，只有真正的人才能够享有自由平等，黑人并不在此范围之内。

现在看来，这和法西斯的理论差不多，几乎不值一驳。然而，在一百五十年前，这样的"理论"可以"振振有词"地提出来，就是因为当时在整个世界范围内，大多数人对于种族差异的认知，都还有着极大的局限性。多元文化的概念还根本没有产生。"南蛮北夷"，"吃人生番"的讲法，在到处都很流行。你一定还记得我讲过的康有为遇到黑人的反应吧？对于种族差异的偏激反应，那个时候在多数地区都出现过，只是冲突的机会大小、程度的深浅不同而已。

问题是，美国南方提出这些论点的人，并不一定都是认知问题。相信有一些人仅仅是利用了当时大多数人程度不同的认知局限。而在那个时候，这种认知局限确实是普遍存在的。比如，当时在美国，即使是在强烈反对奴隶制的北方，依然有大量的人认为，应该解放奴隶，这是毫无疑问的。可是，解放以后的黑人，则必须另外为他们找一个居住的地方，让他们自己生活。因为，许多人依然无法想象，如何与一群尚未"开化"的"野蛮人"共同相处,更不要说去想象给他们以同样的政治权利了。

结果,当时的"后奴隶主义"者,倒是很简单,理论也很"清楚"。然而,反对奴隶制的人们,反而显得十分复杂,他们的思考出发点各不相同,也有着各种各样的认知差异。原因就在于,在多元文化的概念诞生之前,人们实在不知道如何处理种族差异所带来的巨大的文化鸿沟。但是,有一个最基本的东西,在冥冥之中维系着这些背景不同、构成复杂、宗教信仰各异的反对奴隶制的人们,那就是他们对于起码人性的理解。这些人成为当时自由北方的基础。

在他们中间,有一批人是在反奴隶制的运动中站在最前沿的。他们被称为是激进的反奴隶主义者。这就是你在电影里将会看到的,那个为黑人辩护的律师的形象。

你设想一下就会发现,"阿姆斯达"是一个与美国毫无关系的事件。不管它上面发生了什么事情,都是古巴和西班牙人的事情。它漂来美国,也只是一个误入境的情况。它可能在美国根本无声无息,根据惯例,连人带船让古巴领回去,一切让他们自己去处理。海防队"海难救助奖金"的判定,也只不过是一个小法庭的小小民事案件,简简单单就可以解决。确实是这样,如果没有北方这批激进的反奴隶主义者,"阿姆斯达"事件将会是完全另一种面貌。

然而,历史注定了"阿姆斯达"事件将成为美国的一个里程碑案件。因为当时的美国南北双方,在奴隶制问题的"战场"上,已经开始了"寸土必争"的公开较量。每一个相关事件都会成为导火索。所以,"阿姆斯达"号的闯入,根本不可能被北方死守前线的激进反奴隶主义者"忽略过去"。

"阿姆斯达"号上奴隶上岸的康涅狄克州海边小城新伦敦

海防队的吉尼中尉,把他的"阿姆斯达"号俘虏带到了康涅狄格州一个叫作新伦敦的港口小城。有趣的是,当时美国虽然只成立了五十年,还是一个非常落后的农业国。然而,由于它的建国方式,致使它的许多基本状态已经和今天十分相像。例如,这些黑人一到,首先引起了当地新闻界的强烈骚动。各种报纸,不仅发出新闻性的报道,还就相关的奴隶制的问题,发出了种种评论。

这些反应都是必然的。一方面奴隶制问题已经成了当时美国的头号问题,另一方面,我前面提到过,在此九年之后,康涅狄格州就自己立法彻底废奴了。因此,这个州本身,当时也处在两种力量抗争的最后紧张阶段。因此,当你在电影中所看到的,这一群外海漂来的黑人,被押着走在小城的街上,无疑像是一块天外巨石,轰然砸向一片平静的水面。

使我感到非常有意思的部分是，尽管是发生在一百五十年前，它的处理程序却基本就像美国今天会产生的反应一样。在美国宪法的基本设计下，相关的各个部门，有条不紊地自动进入固定的程序，几乎一步都不会错。

虽然吉尼中尉出于自己的考虑，把人带到了远离纽约的小城新伦敦。可是，他还是必须按照程序，立即向位于纽约州纽黑文市的联邦海防队的上司报告。

海防队的官员的逻辑是这样的：尽管"阿姆斯达"号的乘客已经被带往新伦敦，但是，这并不是发生在这个小城的地方案件，因此，应该把案子交到联邦地区法庭，而不是交给州或市的地方法庭。同时，又由于涉案人都已带到属于康涅狄格州的新伦敦，所以，在选择报案法庭的时候，选择的应该是管辖并且也位于康涅狄格州的联邦地区法庭。

所以，案子就这样到了康涅狄格州的联邦地区法官裘迪森那里。裘迪森法官在接到报案之后，当天就前往新伦敦调查。司法的程序就这样开始启动了。

你已经看到，"阿姆斯达"号的乘客分为两个部分，一边是黑人，可是谁也听不懂他们的语言。另一边就是两名西班牙货主和原来属于船长的小黑奴安东尼奥。法官一开始只可能向一方取证。他们的供词是一致的：他们是在西班牙法律下，合法运送奴隶。运送过程中，奴隶非法劫持该船（这一条可涉及海盗罪），并涉嫌谋杀。

法官在无法取得另一方证词的情况下，先检查船上的合法文件。

古巴当局发给蒙岱和路易兹的通行证,也从书面上支持了他们的基本供词。就是他们合法拥有这些奴隶,合法运送。

这样,法官初步判断,黑人的首犯辛盖就可能是一个谋杀案的高危险嫌疑人。在这时,裘迪森法官才命令将辛盖戴上镣铐,单独囚禁。历史记载上,在上镣的时候,辛盖显得很平静。他还笑了一笑,用手比画了一个被吊死的动作。你想想,对于辛盖,这不是太简单太明白了:这当然是最自然,甚至是唯一可能的结果。他杀了白人,抢了船,又落到了白人手里。不等着被吊死,还能等出什么别的结果来呢?

两名西班牙货主提出,要求法官立即将"阿姆斯达"号,船上的货物,以及黑人送往波士顿的西班牙使馆,因为所有这一切,都是他们的财产。可是,法官迄今为止听到的只是"一面之词",尽管听上去相当可信。然而,即使在一百五十年前,这样的单方面取证也是不能在美国作数。法官按照司法程序,不可能根据这样的"一面之词"就采取什么结论性的动作。

所以,裘迪森法官当时能够做出的决定只可能是:根据司法程序,法庭将会开庭,对两名西班牙人的财产申诉做出一个裁决。也将考虑是否应该对黑人提出海盗罪和谋杀罪的起诉。

然而,被告方的"不会说话",始终是个大问题。当时已是八月底,裘迪森法官决定至少暂时把这三十九名黑人留到九月联邦巡回法庭大陪审团会议。对于没有参与暴动嫌疑的安东尼奥和四名黑人孩子,也必须作为证人确保到时候出庭,但是鉴于无人出面为他们签据保书,所以也只能暂时拘押。

同时,另一个申诉进入了此案的司法程序。就是吉尼中尉,代表参与"阿姆斯达"号救难行动的全体人员，基于"海难救助"的有关法律，对船上的货物提出分成要求。在这种情况下，一笔财产已经有了两个"主权申诉"者。所以，司法程序也已经限定了"阿姆斯达"号必须经过法庭裁定，才有可能"开出去"了。

当时，"阿姆斯达"号的嫌疑人在新伦敦的关押地点，是海防队在码头的简陋的临时看守所，显然不可能这样关下去。所以，裘迪森法官决定，让海防队把他们送往队部所在的纽黑文市监狱。

就在执行这个转监命令的时候，正准备离开的裘迪森法官突然皱起了眉头，他注意到一个不正常的情况。当海防队员拿着哈瓦那当局签发的那份通行证，按照上面的西班牙姓名，大声地对黑人一一点名的时候，所有的黑人对"自己的名字"都一概毫无反应。

就在黑人们茫然地看着那些对他们大叫着什么的白人，感到莫名其妙和惊恐不已的时候，他们绝不会想到，远在纽约，也有一群他们素不相识的白人，已经开始酝酿一个艰巨的营救计划。营救的目标，就是他们这些来自远方，在这里无亲无故的陌生黑人。

这封信太长，很抱歉只能先写到这里了。下一次再接着给你介绍"阿姆斯达"事件在美国的"重头戏"。盼来信！

祝好！

林　达

海上漂来挑战司法的机会

卢兄：你好！

没想到那么快就收到了你的回信。你说，"阿姆斯达"事件确实吸引了你，为了早些看我聊下去，所以才赶快写了这封信，目的是"抛砖引玉"。这么一来，我非得紧着写不可了。

"阿姆斯达"号漂来的时候，美国在奴隶制问题上，确实已经双方都到了剑拔弩张的地步。那么，这个国家如何解决这个问题呢？

你现在对于美国当时松散的状态，也一定已经有了一些概念了。然而，不知你想过没有，这实际上反映了一个非常有意思的状态。那就是，如果它的各个部分的联系显得松散，那么它能够作为整体长期继续存在下去，维系它的东西有可能反而是相当有力量的。

这个维系就是美国作为国家最基本的一个共识，遵从契约。你可以这样想想，在如此松懈的一个国家结构中，如果没有对于契约的基本认同，还不是早就散了架了。

以宪法为基础的各种法律，就是这样的契约，也就是松松垮垮的各个州，集合在美国这样一个名称下的基本依据。既然这种集合是自愿的，那么遵从契约的行为也是自愿的。美国的这种组建经历，虽然使得它的中央政府常常显得软弱无力，可是，它有一个好处，就是更容易建立起"真诚的法律"。

因为法律的建立，是大家的契约。它不是一条皇上的圣旨，也不是一个上层集团的指令性文件。因此，它也就有一个天然保护层，就是民众认同。北方一个又一个废奴的自由州的诞生，就是这样来的：经过最广泛的民众辩论，达到一个基本认同，然后立法。这样法律相对来说，就更有"真诚"的基础。

如果一部分人的认识进了一步，那么，美国的方式就是，以一切机会，提出对现有法律的历史缺陷的质疑，引起新一轮的大众辩论。在争取多数民众认同的基础上，以求取得新的判例作为依据，甚至根本引起新的立法。

因此，除了通过新闻媒体，公众场合等利用"公共论坛"的长期宣传，以"挑战司法"引起公众注意和辩论，也是美国人从建国以来，就一直使用的推动历史进步的方式。这也是美国有所谓"里程碑案件"的原因。美国进步的脚印大多数都是由最高法院的一个个判例组成的。可是，如何"挑战司法"呢？

那就是坚信自己行为正确的人，以触犯某条法律的方式，走上法庭，去引起一场关于这条法律本身是否合理的辩论。输了以后再上诉，官司一级级打上去，直至最高法院。

以这种方式推动社会渐进，对契约双方的要求都很高。

对于契约的一头,要求司法独立和司法的公正与公开。否则,你一头撞上去,结果官法勾结,私下里关起门来三下五除二地就给判掉,关起来了。司法体系对这样的挑战,也根本没有按照法理去认真对待的诚意。当然,也就不会产生任何意义。这是对于司法制度本身的基本要求。

对于契约的另一头,则要求挑战者对大家已经制定的契约必须遵从。既然是"挑战",那么就可能是有输有赢的。赢了固然是皆大欢喜,但是输了就得准备接受原来法律的制裁,因为法律是大家的契约。大家还不能接受新的契约,你就必须接受原来的约束。往简单里说,就是"挑战"不成,那么该坐牢还是得坐牢去,不能因此就给法院扔炸弹。这是对"挑战"一方的基本要求。

所以,故意地挑战司法,是需要勇气的。一般来说,到了"挑战"的时候,也就是估计民意也已经到了"火候"的时候。假如还完全没有民意基础,只是一场盲目挑战的话,那几乎等同于自投法网,同样毫无意义。

最理想的情况,当然是在"火候"差不多的时候,正好出现一个案子。尽管不是故意制造的"挑战",但是,所有推动这个进步的人,都会全力以赴,把这个偶然出现的案件,变作一个"挑战司法"的机会。你一定猜到了,对于激进的反奴隶主义者,"阿姆斯达"事件,就是这样一个机会。

当时的美国北方,反奴隶制的民意基础已经完全具备。激进的反奴隶主义者更是宣称,现在已经到了在全国范围内彻底摆脱奴隶制的时候了。虽然,激进反奴隶主义者并不是多数,但也已经遍布各处。在宪法保护下,他们建立了各种如"反奴隶制协会"这样的民间团体,相互之间都有着广泛的联系。所以,"阿姆斯达"事件一开始,就注定了不会是默默无闻地就"走过场"的。黑人们刚刚到达新伦敦,立即有人向纽约的激进反奴隶主义者们通报情况了。

不到一个星期,他们已经决定,"利用"这一事件,向奴隶制挑战。当然,采用的方式依然是"司法挑战"。

"阿姆斯达"号的叛乱,一眼看上去,就是一个很明显的对法律的严重触犯。黑人奴隶,夺了船,还杀了人。如果把这个事件按"无罪"去辩护,不是辩称黑人"没有夺船杀人",而是辩称这样的"夺船杀人"不是犯罪。这显然是对于司法的挑战,尤其是在一百五十年前的状态下。

你已经知道,当时的美国还是一个局部奴隶制的国家,自由州的黑人也还没有公民权。正如我以前告诉过你的,种族偏见在当时是一个非常普遍的现象。这完全还是一个白人社会。在这种情况下,要把

电影《阿姆斯达》剧照

一个"黑人杀了白人"的案子辩成无罪,显然是一个相当严峻的挑战。

也许我必须向你讲得更清楚一些,这里的"利用"二字,没有任何的贬义。他们打算利用"阿姆斯达"事件,挑战奴隶制,但绝不是利用黑人作为工具的意思。他们挑战的目的之一,就是营救这些陌生的黑人。也许更简单的解释,是探究一下这些激进的反奴隶制主义者,究竟是怎样一些人。

在电影里,代表激进反奴隶主义者的两个形象,就是那个为黑人辩护的年轻白人律师,和一个参与营救活动的黑人。在历史上,参与这次"阿姆斯达"营救的,可以说是整整一个"团队"。有大量的人,以极大的热情投入了这场没有报酬、没有私人利益的"挑战"。而且,在长达三年的持久战中,所有的费用都是来自美国人的私人捐款。参加营救的基本上都是白人。原因很简单。就像美国历史上无数次这样的历史性推动一样,这是一场司法大战。真正在里

电影《阿姆斯达》剧照

面起作用的人,都是精通法律的律师。当时在北方的黑人虽然是自由的,也有着最强烈的反奴隶制的动因,但是,他们还没有成长到具有真正的实力。

那么,这些激进反奴隶主义者的白人,他们又是基于什么样的动因呢?答案是:宗教理想。你还记得我以前提到的,在北美殖民时期,最早在新英格兰的清教徒和宾夕法尼亚的教友派,他们持续两百年的反奴隶制的努力吗?那么,这是一脉相承的。

因此,他们的出发点,是对于人类不平等所造成的苦难,持有一种宗教性的深切同情和慈悲心怀。所以,才会产生这样无私而持久的抗争,才会激起如此巨大的热情。

我们再回到这个案子。

这个时候,我们看到,美国宪法所建立的制度在严格地起着作用。因为,从建国开始,"挑战司法"就是体制内寻求社会改革的一个正常程序。在这个制度下,要推动改革的人们,也就会立即进入这个制度所设定的程序。他们所要做的第一件事,就是集合起一批志同道合的高质量的律师,向法庭申请,自愿成为"阿姆斯达"号黑人一方的辩护律师。然后开始研究案情。因此这里没有什么非常举动。所要做的,就是律师的正常工作。

与电影所讲述的故事有所不同的是,历史上主动出来代表"阿姆斯达"号黑人进行法律辩护的,并不只是那个孤单的年轻律师,参加工作的几乎是一个律师团,有前面的法庭辩护,也有后面的大量资料和分析工作。在开庭前的最初准备工作中,他们就意识到:现有的奴隶制尚未被打破,因此,在原有的法律之下,在自由州,蓄奴是非法的。但是在蓄奴州，奴隶的武装暴动，杀死奴隶主，也是非法的。在美国分治的原则下，有关奴隶制的立法权在州一级，联邦法庭无权干涉。各州的法律当然也无法相互套用。

古巴虽然不是美国，但是，这是一个合法的蓄奴国。因此，如果仅仅用自由北方的法律去辩护，当然同样可以利用法庭辩护提供的论坛，大大宣扬一番废奴的理论。然而，胜诉的可能几乎微乎其微。这将不仅影响"挑战司法"这一举动的成功，而且，这些涉案黑人的生命，也将面临极大的危险。

这也是美国历史上所有挑战司法的案件中，律师们都必须认真对待的首要问题。这是极具技巧性的技术问题：在旧的法律仍然起作用的时候，怎样利用原来的法律，在法理上往前推，逐步建立新的立法依据。

这些律师决定的第一个辩护策略，就是宣称"阿姆斯达"号上的黑人，不是合法奴隶，而是自由人。尽管当时所有的证词证据，都证明这些黑人是合法奴隶。然而，他们从得到的有关这个案子的最基本情况中，已经凭着职业敏感，捕捉到了表象之下的蛛丝马迹。引起他们疑问的，首先是那四个十二岁以下的黑人孩子。

他们注意到，西班牙在1820年签署过一个禁止从非洲进口奴隶的协议。距离"阿姆斯达"事件，这个协议已经签署了整整十九年。如果这些不到十二岁的黑孩子是合法奴隶，他们必须是在古巴出生的所谓"拉丁裔黑人"。还有一个基本事实是，他们知道的案情都来自西班牙人的一方，原因是，黑人们都不会说古巴的通用语言——西班牙语。

这两个信息放在一起，就产生了这样一个问题：究竟是什么原因，使得这些"出生在古巴"的孩子，竟一点都不懂当地的语言呢？

但是，哪怕是再有道理的疑问，也只是一个疑问，而法庭是讲究证据的。再说，即使能够因此使法庭相信，这些孩子是在"1820年协议"之后，从非洲非法进口的。那么，那些成年黑人呢？尽管很难想象，他们在古巴生活了十九年还没有学会西班牙语，可是，你也不能说，这就是绝对不可能的事情。

然而，不管怎么说，他们找到了一个突破口。

他们的疑问，很快就从一个叫作杰尼的激进反奴隶主义者那里，得到了间接的证明。杰尼就住在黑人关押的新伦敦。事情一出来，他就设法与那两个西班牙人谈了一次。两个西班牙人根据自己在古巴的生活经验，觉得在一个"白人的国家"，如此清楚的"黑奴造反"、"杀人越货"的案情，美国白人的司法当然就是"帮"白人货主的。只不过是等待一个例行手续而已。因此，在与杰尼的交谈中，路易兹很轻松地透露了一个情况：这些黑人都是刚从非洲来的。

这个旁证给了律师们极大的鼓舞。尽管依然需要证据，但是，他们的辩护思路已经变得非常明确。

还有一个电影里没有提到的情节，也很有意思。就是"阿姆斯达"号黑人的主辩护律师班德文——耶鲁大学的优秀毕业生，也是美国《独立宣言》的签署者的外孙。他的外公罗杰·谢蒙不仅是《独立宣言》的签署者，在后来举行的制宪会议上，也是与会者中最主要的反对向蓄奴州妥协的一个。在整个"阿姆斯达"事件中，另外两个最积极的参与者：亚瑟·泰朋和鲁易斯·泰朋，是两兄弟。他们则是大名鼎鼎的本杰明·富兰克林的后代。鲁易斯·泰朋后来成为"阿姆斯达"委员会的三个负责人之一。

这一批人，除了他们的宗教精神之外，坚持开国者们起草《独立宣言》时的立国理想，也是他们思想中非常清楚的一条脉络。

不管怎么说，当务之急应该是和他们试图帮助的对象，"阿姆斯达"号的黑人设法交流。一开始，他们在纽约找了三个还能够说非洲语言的黑人，请他们一起去纽黑文的监狱探监。其中一个名叫凡瑞，他是在十二岁的时候，在非洲遭到绑架，被卖到美洲来的。

在电影里，斯皮尔伯格把这种交流的巨大困难，表现得非常真实。可我想，事实上他们的交流，可能比电影里更为困难。刚刚来自非洲部落，又有着几个月来与白人发生的最恶性交往经历的黑人，与来自纽约的白人律师，你说他们之间的距离，是不是要多大就有多大：极端的不信任，加上语言还不通。再说，对于黑人来说，他们怎么想得通，这两个白人要来干什么呢？

律师带去的三个纽约黑人并没有解决什么问题。非洲部落的语言种类太多太复杂。他们搞了很长时间，还是无法交流。到最后，只有凡瑞说，他唯一可以确定的是，那几个孩子肯定不是在古巴出生，而是从非洲被卖过去的。对了这点收获，他们已经很高兴了。

在纽约，九月初就成立了一个"阿姆斯达"委员会。开始在报纸杂志上写文章，介绍这个事件，寻求支持。最重要的任务是募集捐款，除了支持这场诉讼，还考虑提供"阿姆斯达"号的黑人们在狱中的生活必需品。

今天看来，泰朋参与负责的"阿姆斯达"委员会，真是做了大量的实际工作。例如，他们以"自由之友"的名义，在报纸上刊登广告征集捐款。他们在广告中宣称，这些非洲人追求自由反抗奴隶制的权利，来自于自然法、国际法和"自由与人道的呼声"。他们的广告一出来，立即就有捐款寄到。

又如，在他们的干预下，事实上黑人的居住条件很快就得到改善。除了辛盖和其他案子的重刑犯关在一起之外，所有的"阿姆斯达"号黑人分成四间。四个孩子一间，其余的黑人分成三间。他们还为黑人提供了衣物等其他生活用品。

"阿姆斯达"委员会用很大一部分精力，吸引民众关心这一船黑人的命运。尽管在很长一段时间里，由于语言问题，他们始终无法得到黑人自己讲述的故事。但是，他们还是不断地在各种新闻媒体上，尽量介绍黑人的情况。

他们一次次不厌其烦地介绍这些黑人的平和的外貌、温和的性情、一般的生活状况。其目的在于击破"后奴隶主义"关于黑人部落民都是"吃人生番"的讲法。他们要使读者产生这样的深刻印象，这些黑人都是和你我一样的人，他们也有追求自由的权利。

在北方原来反对奴隶制的民意基础下，他们的宣传和各种媒体的报道，使得"阿姆斯达"号的黑人，得到了最大限度的公众同情，辛盖更是成为一个传奇性的人物。

与此同时，律师和"阿姆斯达"委员会仍在紧张地设法跨越最艰难的一条障碍，就是与黑人取得交流和沟通。因为开庭的时间在逼近，在此之前，这个问题是无论如何必须解决的。否则绝不可能打胜这场官司。

律师班德文和泰朋又一次带着黑人凡瑞去探监。尽管凡瑞也几乎揣摩不出几句话来，但是，他也是黑人，他的存在本身，就使黑人们有可能对白人律师产生最初的信任。同时,他们取得狱方的同意,带进去了一个名叫吉伯的耶鲁大学的语言学教授。

在电影里,也许是为了表现律师与黑人的交流困难,导演安排了一个听不懂却还不肯承认自己无能的语言学家的形象。算是给语言学家来了一个小小的揶揄吧。事实上,美国语言学家的一般形象倒是相当专业,也很有敬业精神的。在"阿姆斯达案"中,律师与黑人之间的语言壁垒,最终正是由吉伯教授打破的。虽然他也不懂这些黑人的非洲方言,他却有一套语言学的途径。他用的办法,就是电影里你能够看到的。

吉伯教授先用手语交谈,以达到一个简单的目标,就是让这些黑人用自己的语言教他几个数字的读音。然后,这位教授走遍了纽约和纽黑文的码头港口,最后终于在一条英国军舰上,找到了两个能够以同样的读音读出这些数字的黑人。"阿姆斯达"委员会再想尽办法,把两名黑人从英国军舰上借出来。

九月九日,吉伯终于把这两名"翻译",带进了辛盖的囚室。一开始,辛盖依然拒绝与来访者交谈。在再三解释下,坚冰终于被打破。"阿姆斯达"号上的黑人终于讲述了属于他们的故事。而律师也终于有机会告诉辛盖,他们是朋友,他们要帮助他回到非洲的家乡。长久以来,辛盖第一次在脸上露出宽慰的神情,尽管他还不可能明白,什么是律师,什么是法庭,为什么在遥远的白人的土地上,会有这样的朋友,愿意帮助他们回家。

律师们更难以解释的是,回非洲去,还是他们和黑人必须共同争取的一个目标。距离这个目标还不仅是地理上的漫漫长途。这里需要黑人的配合,需要双方的共同努力。

在此后的整个交往过程中，律师们还是受到很大困扰。因为他们始终不可能真正向这些非洲黑人解释清楚，他们之间是一种什么样的关系。例如，在第一次交谈中，辛盖就没有全部说实话。辛盖出于自卫，当然有充分的理由在谈话中予以保留。但是，在美国的诉讼中，这种情况是非常危险的。律师们一直在尝试，让黑人明白，为什么必须对他们说实话，也必须对法庭说实话。你可以想象，语言问题是基本解决了，但是，建立起信任，以及尽量逐步建立文化上的理解，却要吃力得多。

我们当然都记得，"阿姆斯达"号是一艘来自古巴的船，这是一个"涉外事件"。因此，也给这场司法挑战带来了超乎寻常的难度。事情发生不久，来自当时古巴所属的西班牙王朝，就立即通过外交途径，找上门来。

这时候，西班牙女王的使者，根据对应的线索，找到的当然是美国总统。当时美国还是一个很新的国家，从1789年首任总统华盛顿上任，到那年还只有五十年的时间。可是，根据宪法规定的四年一度选举，尽管期间有人连选连任，总统也已经换到了第八个。而且这位第八任的马丁·范布伦总统，已经到了他的四年任期的最后阶段了。

西班牙一开始，就根据1795年的"平克尼协定"，要求美国政府立即将"阿姆斯达"号连人带船交还古巴。这个1795年的国际协定，有一些有关国际间的海难事故处理的条款，依据的道理非常简单。就是经常会有各国的船只，在航行中由于种种原因进入其他国家。这个协定依据的是对等的原则，要求各国政府把遇难船只及船上一切财产交回它原来所属的国家。以免有人看到漂来的外国船上装的都是值钱货，就把它给吞了。因此，西班牙的理由看上去相当充分。

那么，范布伦总统是从什么角度考虑这个事件的呢？

这个时候，"阿姆斯达"事件早已经是一个引起全美国震动的事件了。局势已经非常清楚：对于美国，这已经不是简单的该不该归还外国船上的黑人的问题了。这是南北双方长期以来，有关奴隶制引出的一串问题的触发点。例如，还要不要坚持美国平等自由的立国精神？代表人性和人道的自然法，是否高于一切国家和州的法律？等等。随着"阿姆斯达"案件的开展，南北双方的争论对立会日趋严重。前景难以预料。

这样的发展前景，显然是总统所不愿意看到的。首先，这已经是1839年的秋天，第二年就要举行总统大选。我曾经告诉过你，由于不少南方蓄奴地区加入美国，使得双方力量对比变得势均力敌。这也意味着，选票也分成了几乎是均等的两大块。

范布伦总统并不赞成奴隶制。但是，在处理奴隶制的问题上，他不会采取激进的做法。他如果表现得渐进与温和，显然对他更为有利。一方面，由于他反奴隶制的立场，能够得到北方人的拥护，另一方面，由于他不马上采取激进措施，又不太得罪南方人。采取这种方针的时候，最忌讳的就是跳出一个利刃般尖锐的议题，一面把民众清楚地一切两块，一面刀尖向上，逼着总统做非此即彼的表态，这是大选年最要命不过的事情了。

范布伦总统是个明眼人，当然一眼就看出"阿姆斯达"就是这样一个"来者不善"的议题。正如电影里所提到的，甚至还有比这更糟糕的可能，就是事件升温到一定的程度，矛盾不可调和，结果干脆就引发出一场内战来。根据当时美国的情况，这并不是杞人忧天。事实上，只不过二十年后，南北战争就是由同一根奴隶问题的导火索引发起来。因此，当时可以说几乎已是内战的前夜。

平心而论，对于一场内战的忧虑，倒不能说是出于范布伦总统的私心。内战是当时大多数反对奴隶制的人们，都希望能够避免的。这也是激进的反奴隶主义者始终还是少数的原因。因为激进者的一个口号是：干脆重新建立另外一个完全符合宗教理想的国家，同时也不惜任何代价，希望立即达到废奴的目标。这些口号都隐含着分裂和内战的危险。在这种"哧哧"冒着火花的口号面前，大多数美国人始终是持谨慎态度的。总统当然更不会例外。

另外，总统作为美国政府行政分支的负责人，被授权处理一般的外交事务。他确实也有他的难处。外交是对等的。古巴的船到了你这儿，你痛痛快快地给交出去，将来哪一天，你的船到了人家那里，不也就可以爽爽气气地要回来了吗？这次你要是不给的话，哪怕有天大的理由，古巴和西班牙总是没了面子，下次再打交道，不知会添出什么麻烦来。

更何况，总统也有他的苦衷。尽管在那个年代，联邦政府的权力极小，但是外交无疑是行政分支的工作。范布伦并不赞成蓄奴，但是南方是合法蓄奴的，有些事情撞到他的职权范围内，他想不管都不行。有几次美国南方合法运送奴隶的船，也遇到类似情况。例如，1830年，一艘名为"科曼特"号的船，从弗吉尼亚运一些奴隶去路易斯安那，那是一个刚加入美国的蓄奴州。结果，船被风暴卷到当时的英属殖民地巴哈马。巴哈马当时已经废奴，所以，英国人立即就把船上的奴隶给放了。

当时的范布伦就是外交部长。对于南方人来说，我们在南方运送奴隶是合法的。现在遇上海难，英国人不交回来，擅自把奴隶给放了。造成的经济损失，联邦政府必须得给我去要回来，因为这是联邦政府的责任。范布伦当时也因此去和英国人打过交道。

在这儿你也可以看出来，为什么美国这个联邦松松散散，却显得十分牢靠了。当时除了一些大原则，属于联邦制定的法律很少。所以，对于各州来说，法律我自己定，日子我们自己合计着过。可是一旦出了事儿，跟外头的国家有了什么麻烦，联邦政府你得给我顶着。这就是当时典型的美国联邦局面。令人难以想象的是，维持这样一个局面，居然仅仅就是为了坚持一个与个人自由同步的分治的理想。

美国人对于这个理想的认真，在当时它对待一些后进入美国的新州的态度上，也可以看得出来。经过一段时间的过渡，所有的这些州全部成为独立州，全部享有高度自治的权利。从当年建国的十三个州，扩展到今天的五十个州，不论先后，全部一视同仁。联邦政府能够管到的事情真是相当有限。

写到这里，你也可以猜出范布伦总统所领导的联邦行政分支的态度了。他们希望事件平息下去。可是，他们也非常清楚，就是在美国宪法所建立起来的制度之下，只要"阿姆斯达"号在那里，事情就不可能平息。因为，在这个制度下，没有人能够解散"阿姆斯达"委员会这样的民间团体；没有人能够阻挡律师们的一场司法挑战；没有人能够干涉新闻界对于这一事件的报道热情；也没有人能够让法庭的审理变成一个秘密的暗箱。

因此,唯一的出路,是让"阿姆斯达"号彻底消失。目标一消失,当然所有的人也就只好作鸟兽散了。可是如何让它消失呢?这就是在西班牙的要求下,尽可能顺水推舟,把"阿姆斯达"号连人带船送回去。好在双方都有一个极好的借口,就是那个1795年协定。送回去当然

美国第八任总统马丁·范布伦

是有代价的,代价就是那几十个陌生的黑人重新回到虎口。可是,与"阿姆斯达"将给总统带来的全部国内麻烦相比,这点代价闭一闭眼睛,也就送出去了。

也许,你也想到了,要推动一个大的社会变革,如果仅仅指望一个在位的政治人物,大概往往是要落空的。因为这样的人物常常有太多的政治利益需要顾及,常常受到各个方面的牵制。即使他曾经有过变革的激情与理想,也在前瞻后顾之间零零散散地失落了。

非常凑巧的是,当时范布伦总统手下的外交部长佛西斯,是从佐治亚这个极端的蓄奴州来的。他自己家里在那个时候,还保留了三个作为仆人的黑奴。因此,在配合操作上,应该没有政治倾向上的"思想问题"。

自从西班牙提出交还"阿姆斯达"之后,激进反奴隶主义者们就一直非常紧张。尤其是,他们无法信任外交部长佛西斯。他们甚至在监狱找了可靠的人,以防万一黑人们被秘密移动,就可以立即得到消

息。从这一安排可以看出,一百五十年前的美国,毕竟在制度的完善方面,还不能与今天相比。如果在今天,要么总统打算立马下台,否则民众根本不必担心行政系统敢做秘密交人这样的小动作。

这个案子确实很特殊。所以,即使是联邦检察官,也在一开始认为,从刑事案的角度,把这个案子带入司法程序是他的责任。可是查了几天相关法律之后,他又认为,"暴动"发生在外国公民的船上;事件发生的时候,船是在外海,"暴动"的对象也都是外国人。因此,他不认为美国法庭有权对此做出司法判决。

"阿姆斯达案"实际上应该分为两个部分,一个部分是已经发生的财产归属的申诉,这属于民事诉讼的范围,原告就是财产的申请人。这一部分已经进入司法程序。引起联邦检察官思考的,是该案的另一个部分,就是暴动引起的"海盗罪"和"谋杀罪"。这个部分作为刑事案,按照美国法律,起诉方应该是政府行政分支下司法系统的检察官。

然而,即使在一百五十年前,对于涉及行政分支行为合法性的问题上,外交部长佛西斯仍然非常谨慎。即使在联邦检察官做出这样的表态之后,佛西斯仍然再三要求他搞清楚,在这样一个涉外案件中,按照美国法律,在行政与司法两个分支之间,究竟是谁对"阿姆斯达"号的"人和货",具有优先的控制权。

最后,在外交部长佛西斯与联邦司法部长格伦迪认真研究之后,终于由格伦迪小心地拿出了一个代表行政分支的正式意见。格伦迪是司法部长,这个意见当然是有充分法律依据,看上去不会有什么破绽的。

这个正式意见是,坚持按照"平克尼协定",将"阿姆斯达"号及其货物和黑人,全部交还西班牙当局。司法部长格伦迪指出,美国必须在与其他国家交往的时候,维持它的诚信。船上的财产明确归在路易兹和蒙岱的名下,所以不应该是美国的司法裁定对象。至于律师对两名西班牙人所持有的"携带合法奴隶通行证"的质疑,格伦迪认为,"阿姆斯达"所携带的文件,是哈瓦那有效的正式官方文件,也没有任何法律原则指出美国应该对这些文件进行司法调查。

他又指出,按照国际法,无国籍的海盗船,是任何一个抓到它的国家都有权审理的。但是"阿姆斯达"号是一条明确的西班牙船,属于西班牙人,拥有西班牙官方文件和西班牙国旗。船上的暴动也与一般海盗行为有别。因此,不在最高法院界定的"海盗案"范围之内。

针对"阿姆斯达案"实质上最引起关注的黑人问题,司法部长格伦迪指出,许多美国人指责奴隶贸易的不人道,但是,不论是国际法,还是几乎所有的文明国家的法律中,都曾经确定这样的行为是合法的。现在,如美国这样一些个别的国家,宣布奴隶贸易为非法,但是,这些国家只能在自己的领土范围,对自己的公民进行法律制约。而无权对其他国家的公民采取司法行动。

在美国通过禁止进口奴隶的法律中,规定在抓到违法的奴隶船时,总统必须用联邦政府的经费,送这些奴隶回到非洲。因此,当时也有很多人呼吁总统下令,用联邦预算的开支,把"阿姆斯达"号的黑人送回非洲。针对这个建议,司法部长格伦迪宣称,总统并没有合法的权力送这些黑人回非洲。因为,这条法律给出的权限,只适合于发生在美国疆土范围内的非法奴隶交易。"阿姆斯达案"则不在此列。

格伦迪重申,既然奴隶制在古巴合法,这些黑人就是西班牙人的财产。美国无权对他们提出刑事诉讼。因此,对于行政分支,唯一的解决办法是遵从"平克尼协定",将船上的一切交还西班牙公使。他进一步的理由是,如果把黑人交还两名西班牙货主,黑人们将可能没有机会再为自己是否具有合法的奴隶身份辩护,所以,交给西班牙公使是最合理的。这样,黑人就可以得到一个机会,站在西班牙的法庭为自己的无辜辩护。因此,下令向西班牙公使交还"阿姆斯达"号,才是总统的责任。

范布伦总统对于"阿姆斯达"事件的决定,其出发点当然是政治上的考虑。可是,你也看到了,在这里,行政分支还是必须在法律上寻求出路。他不能仅仅依靠行政的权威,更谈不上运用总统的个人威望。因为从一开始,这一点在美国就是明确的,总统只是一个工作职位。他唯一能够借助用以摆脱困境的,就是为行政分支的行为找到足够的法律依据,证明采取这样一个动作是合法的。

司法部长的一番法律辩解,几乎是天衣无缝的。他非常巧妙地在根子上切断了"阿姆斯达"可能产生的争论。本来嘛,总统压根儿就没打算站在哪一边参与辩论,也没打算辩出什么正义和谬误。总统需要的是掐断这场争论。

因此,既然可能产生的争议都是在司法程序中产生的,那么要做的就是,从法律上确定美国根本无权让"阿姆斯达案"进入任何美国的司法程序。只要把这只船从司法分支那里"劫"出来,一到行政分支手里,一把推回给西班牙,就什么事儿都没有了。这样,美国总统就不至于被一条倒霉的西班牙船给逼到死角里。

所以,简单地说,就是别提这些黑人是不是来自非洲、是不是奴隶、是不是被非法贩运。更别提他们是不是杀人、是不是暴动、是不是有冤情。有天大的问题，也是人家的问题，我们管不了。人家有女王有总督有法庭。该怎么调查该怎么判决，只能由人家自己做主。更何况，有一个众所周知的"平克尼协定"摆在那里。从这里你可以看到，激进反奴隶主义者的司法挑战确实困难重重。因为，这是一场法律上的较量。而对方站在原有法律的立场上，基础稳固。挑战者又要承认原来的法律，又要从它的基础里找出一条缝，撬下一块来。显然就要困难得多。司法部长越有理，挑战者们就越悬乎。只有真正的当事人，那些"阿姆斯达"号的黑人们，如同置身于台风眼，他们还无从了解和理解这一切，所以倒反而显得平静。

然而，司法部长的辩解并不就是完全成功的。美国自从建国，一切就都是公开化的。所以，报刊上不仅公开讨论这个案子，也对行政分支的表态品头论足。这个表态出来以后，大量的反对意见一涌而出。可是，这些意见主要还是呼吁人道，很少有从法理上去破司法部长布下的"八卦阵"的。

当时间沉淀下来以后，人们慢慢发现，行政分支的这个表态，至少在美国人所要求的最基本的情理真诚上，是有问题的。因为，行政分支似乎在要求公平地对待这些黑人，只不过是出于国际案件的特殊情况，让黑人换一个法庭而已，即从美国法庭换到古巴法庭。但是，事实上却隐瞒了他们清楚的一个实质差别。在当时的古巴，在奴隶制问题上只存在"虚假法律"，对黑人不可能有司法公正。黑人回到古巴，只可能成为古巴当局阻吓其他奴隶造反的杀一儆百的牺牲品。对于这一点的认识，后来成为范布伦总统在民众中信誉下降的重要原因之一。

可是在一个法治国家,要和行政分支较量,还是要突破它在法律上布下的阵势。好在,仔细查看之后发现,司法部长并不是无懈可击的。他自己其实也很清楚薄弱点在哪里。那就是司法部长格伦迪,对于"阿姆斯达案"已经进入司法程序的那一部分发表的评论。

我前面已经提到过,这个案子实际上由两个性质完全不同的部分所组成的。一部分是刑事案件,按照美国法律,应该由行政分支的司法部下的检察官负责起诉。也就是说,这一部分是否起诉的权力,在司法部长的这个系统手里。当然,在新闻和民众监督下,应该起诉的案件,司法部也不敢不起诉。

然而在这个案子里,由于是个"涉外案件",就有些复杂。似乎起诉与不起诉,是在两可之间。那么,如果司法部朝这个方向靠一靠,说是决定不起诉,民众也没有什么可说的。因为正如格伦迪已经辩解的那样,这样做还是"有法可依"的。

看上去,司法部似乎是反对把"阿姆斯达"号黑人按照可能的"海盗罪"与"谋杀罪"起诉,好像有点同情这些黑人的意思。可是,实质上,却是在防止黑人被带入美国的司法程序。因为美国的司法制度已经相当成熟。尽管这些黑人身无分文,举目无亲,可是只要你一旦让他们进入这个程序,就必须有律师,必须允许公开的法庭辩论和旁听,必须允许新闻界的采访和自由报道,必须给他们一个接受公平审理的机会。那么,总统所期盼的平息社会大辩论的要求,就再也无法达到了。

所以,司法部长的第一步,当然是先"建议"对黑人的刑事罪不予起诉。理由就是美国司法无权对一个外国刑事案起诉。司法部长所能够做到的,也就是一个建议,下面的检察官还是可能根据他们的判断做决定。

但是，这个案子还有另一部分，就是它的民事诉讼的部分。按照美国法律，民事诉讼的原告，将不再是检察官，而是有民事争执的平民。提出民事起诉是公民的合法权利。也就是说，"阿姆斯达案"的民事诉讼部分，是司法部无法控制的。现在，不仅是两个西班牙人递上了财产要求，就连海防队的吉尼中尉也代表他的属下，基于"海难救助金"，对"阿姆斯达"的财产提出了分成的要求。所以，民事诉讼的司法程序的按钮已经按下。在美国的制度设计下，它会自动地、按部就班地向前走，只要原告不撤诉，谁也休想让它停下来。

因此，当司法部长格伦迪，不无心虚地借口让黑人有一个上古巴法庭为自己辩护的机会，建议法庭不要将黑人交回提出民事诉讼的西班牙原告，而是交给西班牙当局的时候，司法部长自己也知道，这是他的全部辩解里，最没有底气的一个部分。他甚至闭口不提海防队吉尼中尉对"阿姆斯达"的财产申请。是的，身为司法部长，出于对整个行政分支工作有利的考虑，他想中止这场刚刚起头的民事案件，彻底把"阿姆斯达"号从司法分支里拖出来。可是，正由于他是司法部长，他比谁都明白，这几乎已经不可能了。

现在看来，一百五十年前的美国老百姓，显然还没有像今天的美国人那样，被训练得"慧眼独具"。对总统和其行政分支的法律监督，远不如今天那样容易抓住要害。所以，尽管他们有权力在报刊上攻击司法部长的声明，可是，正如我前面提到的，大多数人只是从人道的角度进行侧面进攻。从一场"法律战"来说，还很不得要领。

只有极少数人，似乎领悟到了一些什么。他们在报纸上提出，

"阿姆斯达"已经属于司法分支。作为行政分支,已经不能无视司法分支的权利,独自采取行动。只有这两句话,实际上点出了问题的要害:在政府结构中,司法是独立的,行政分支无权干涉。所以,即使总统有理由按照"平克尼协定"交还"阿姆斯达",在司法程序结束之前,也不能有所动作。

对于黑人的律师们,形势是很清楚的。就是只能在司法程序中取胜,不能失败。因为后路已经被行政分支切断了。

我们再回到康涅狄格州。在那里,一切都在正常进行。对于刑事起诉的前期准备工作也还在进行。

这时,律师们决定先单独为三个女孩子向法庭要求一个"人身保护令"。法律规定,"人身保护令"是必须向接受该案的上一级法院提出申请。这样,接受这个"人身保护令"的要求和审查,就会把案子带到上一级法院,也就是联邦巡回法庭。

他们精心安排突出三个女孩的计划,是期望利用这几个最容易打动人心的黑人小女孩,使民众产生更大的同情心。

因为,在预期的"阿姆斯达案"正常审理中,总要出现双方在法庭上对簿公堂的局面。但是,到那时,法庭的一边是近四十名粗壮的,而且可能给人感觉是"野性"的男性黑人,而另一边却是一老一少两名文弱的西班牙白人。这样的局面会使人产生很大的错觉。公众同情的天平,会在顷刻之间倾斜。

然而,如果先让这三个黑人小女孩与两名西班牙人在法庭上遭遇,那么,奴隶制的残酷、非人性等等,就会变得不言而喻。三名女孩顿时可以为黑人赢到更多的公众支持。"人身保护令"的提出,又会重新激起有关"奴隶具有同样的人权",还是"奴隶制中主人对他们拥有产权"这样的辩论。

再者,如果通过这个"人身保护令"的取得,能够证明奴隶主没有拥有这三个孩子的法律依据,那么,他们就可能再进一步扩大战果,把这个结论推广到其余的黑人。

最关键的是,他们认为,如果能因此成功地在民众中唤起一个强烈的呼声,即"这些黑人也是人,而不是他人的财产",那么,这种压力也许可以迫使范布伦的行政当局,改变他们坚持送黑人回古巴的立场。

他们甚至还希望,如果取得这个"人身保护令",他们就可以据此进一步争取黑人在美国的宪法权利。也许更进一步,南方的奴隶,也将可以在今后,援引同样要求"人身保护令"的方式,宣布自己的自由。

这三个黑人女孩真是击败两个西班牙人的最佳突破口。她们都还不到十二岁,只会说非洲语言,显然是刚刚来自非洲。更何况,她们一直受到最普遍的同情。为了达到最好的效果,尽管一共有四名黑人孩子,律师考虑之后,第一次"出击"还是先从女孩子开始。

律师的这一策略显然是非常成功的。案子一开始就吸引了极大的公众注意力。人们远道从波士顿、纽约这样的城市赶来参加法庭听证。旅馆预订一空,法庭挤满了人,其中不乏一些知名人士,甚至名门望族,就连一些法官们的妻子,也好奇地挤在旁听的人群里面。

这一个发生在联邦巡回法庭的、为黑人女孩要求"人身保护令"的回合,并没有在电影里出现。也许限于篇幅,导演把这一个历史情节,连同那三个黑人女孩,一起从影片中"割爱"了。这确实很可惜,因为真实的场面不用修饰,都十分具有戏剧性。

整个法庭场面的气氛和效果，对于激进的反奴隶主义者来讲，实在是太理想了。当一名警官把三名黑人小女孩带进来的时候，她们惊恐万状地一边哭一边紧紧地拉着狱警的手。狱警手里还拿着几片水果，不停地哄着她们。然后，她们的律师为她们申请一个"人身保护令"。正在准备这个刑事案的检察官并不反对，只提出要求每人一百美元的保释金，以确保如果有刑事起诉的话，她们确实会出庭作证。

这时，两个西班牙人的律师跳起来，提出反对。不同意这三个小女孩以取得"人身保护令"的方式获释。理由也很简单，包括这三名小女孩的所有"阿姆斯达"号黑人，都是他们的"财产"。

当然，你从今天的角度去看，会发现这是多么荒诞不经。但是，我们只能提醒自己，这是在一百五十年前，在这两个西班牙人所属的这个制度中，这种说法是"正常"的。然而，黑人的律师们等的就是对方律师跳起来的这一刻。因为，这种把"荒诞不经"变为"正常"的制度，在一个公开的法庭上，要把三个可怜弱者形象的小女孩，当众变成他人的"财产"，正是激进的反奴隶主义者，真正要求公众和法庭正视的具有颠覆性的问题。这也是在进行着一场司法挑战的律师们，等待的真正机会。

因为，他们的着眼点，显然不仅是在这三个女孩和"阿姆斯达"的黑人身上，他们更希望通过这个挑战，整个颠覆在美国南方还存在的一个非人道制度的法律基础。在联邦巡回法庭的汤普生法官的同意下，他们就可以得到一个重要的法庭辩论机会，他们就可以在一个活生生的案例上，让法庭和所有的人注意到他们的论点：人类行为受到的最终的审判，是依据人性与非人性的界限来判断的。一切法律都在"自然法"

之下，如果一条法律是非人道的，那么，它终有一天将被废除。

只不过是第一天开庭，大量的报纸就明确指出，不论结果如何，这已经是激进反奴隶主义者们的一个重要胜利。

自建国以来，法庭就是美国人最重要一个公众论坛。律师班德文站在这个论坛上，不仅小心地避开原来法律对于黑人布下的雷阵，向人们宣布："阿姆斯达"的黑人从来就不是奴隶，他们是被人绑架的"自由的非洲原住民"。同时，他又进一步直指事情的本质，"所有的拥有自然形式的生命，都是自由的"。

挑战司法就这样开始了。

律师们走出的第一步有没有成功呢？我得在下一封信再告诉你了。

祝好！

林　达

向自由迈出第一步

卢兄：你好！

知道你在等着，我再接着上封信往下写。

有关对三个黑人小女孩要求"人身保护令"的法庭辩论持续了好几天。由于"阿姆斯达"号黑人的律师的推动，辩论的内容越来越接近一些根本性论点。例如，有关种族平等、有关尊重生命自由、有关奴隶主对于人的"物化"等等。

但是，最终他们并没有在联邦巡回法庭上，拿到他们期待的"人身保护令"。汤普生法官认为，这已经不是一般的签署一个"人身保护令"的简单情况。由于两名西班牙人对于"阿姆斯达"号黑人的"财产"要求，已经使得这场辩论成为一场抽象理论的争论。争论也已经涉及对案情的基本审理。

因此，法官认为，这样的争论不应该在这个法庭得出一个裁判性的结果。而应该使这个案子，正常地回到原来立案的下一级法院。即联邦法院的康涅狄格州地区法院。如果对地区法院作出的判断有异议,再到巡回法院来,甚至可以再上最高法院去。

由于这个案子已经引起公众的强烈反响,为了避免误解,汤普生法官特地声明,他本人和法庭在场的各位一样,对奴隶制充满憎恶,但是他必须遵从自己的誓言,禀法处理。抽象的有关自由的理论问题,不应该成为他裁决的法律依据。

事实上,这个结论是律师们早有预料的。但是作为挑战司法的第一步,他们并不认为自己是失败的。在为黑人要求"人身保护令"这样一个不寻常做法的推动下,这个案子已经被新闻界推向全国,并且已经推到反奴隶制运动的最前沿。他们通过这三个黑人小女孩,向尚有种族偏见的公众,展示了黑人在这个社会的软弱无助,他们也通过这个案子,使奴隶制与自然法的尖锐冲突,在公众面前暴露无遗。

在此期间,法庭还宣布由于"阿姆斯达"是在纽约被截获的,所以康涅狄格州决定不对黑人的"海盗罪"和"谋杀罪"做刑事起诉。

与此同时,在海防队发现"阿姆斯达"号之前,在海滩与黑人们交谈过的那几个水手,也向法庭正式提出对"阿姆斯达"号"海难救助金"的货物分成要求。他们声称,他们在海防队到来之前,就已经控制了"阿姆斯达"号的局面。于是,在联邦地区法庭未来的民事案审理中,已经有了三伙对"阿姆斯达"号分别提出财产要求的人。

第一个回合就这样结束了。案子又回到在康涅狄格州的联邦地区法庭。但是,通过这个回合,所有的人,不论是南方还是北方,不论是法官还是总统,都看到了那些激进的反奴隶主义者对这个案子的决心。至于那两个西班牙人,这时候才如梦方醒,发现原来美国并不是一个"大的古巴"。

你在电影里所看到的主要审理过程,表现的就是"阿姆斯达案"在联邦地区法院的情况。斯皮尔伯格在刻画法庭外的氛围时,是很认真的。可是,看电影的人还是会感到有些困惑。电影里频频出现一些默默的美国教徒,在法庭外面向黑人递上《圣经》,或是在监狱外面跪下祈祷。这些镜头你看了都可能感到奇怪,更不要说"阿姆斯达"号那些直接来自非洲的黑人了。所以,他们确实显得反差非常大,也极不协调。

然而,这确实是当时的情况。就像激进的反奴隶主义者大量是源于宗教的思考一样,在民众中,对这些黑人毫无保留的持有同情,并且伸出援手的,也是一批虔诚的信徒。我必须再强调的是,当时的美国,宗教气氛是非常浓厚的。其实,连今天都是如此。

泰朋兄弟之一

在电影里,有一个情节反映了对奴隶制问题的社会冲突,以及激进的反奴隶主义者受到的来自对立一方的威胁。就是在法庭门外,黑人的辩护律师突然被人一棍子击倒。这个情节虽然是虚构的,可是,在历史上,真正的情况比这个严重得多。

例如,我前面提到的积极参与这个案子的泰朋两兄弟。由于他们反奴隶制的立场,1834年,他们的家和公司数度被暴徒洗劫。第二年,有一个匿名人居然以十万美元悬赏他们的脑袋。此后,他们从不间断地收到各类恐吓信,他们的家已经不安全到了这种地步,就是找不到一家保险公司愿意为他们的家庭财产保险。

因此,说他们是以一种献身精神投入在"阿姆斯达案"的准备工作中,应该是不过分的。由于这是一个财产归属的申诉案,因此,他们研究下来,辩护的关键,还是必须证明"阿姆斯达"号的黑人不是奴隶,因此也不是他人的财产。而不是从"奴隶是否应该是他人财产"这个角度去辩。

因为,美国联邦政府承认:决定奴隶制是否合法,是州的权利。也就是说,联邦法庭可以依据的法律是:在一个奴隶制合法的地方出来的奴隶,你必须承认他就是别人的财产。因为在这一点上,联邦没有立法权,也就不能干涉地方法的执行。如此推论,古巴也是一个奴隶制合法的地方,如果"阿姆斯达"号的黑人是合法的古巴奴隶,那么,不管你的观点如何,按照法律,就必须承认他们就是蒙岱和路易兹的"财产"。这就是向司法挑战的人,必须遵从原有法律的意思,因为法律是民主制度下人民的契约。

至于根据平等自由的理论,奴隶根本就不应该是别人的财产,这完全可以在法庭上讨论和宣扬。但是正如汤普生法官所指出的,司法分支对具体的案情的裁决,依据的不是抽象的理论。抽象理论是立法分支的工作依据。

因此,黑人的律师们首先要做的,是聪明地运用原来的法律,把一个看上去没有希望的案子打赢,在这个过程中,把高一个层次的法理问题,在上诉时推向最高法院,利用最高法院的司法复审权,使得最高法院对一条错误的立法做出裁定。如果这一步也没有成功,那么,在这个过程中,至少动摇了原来错误的立法的民众基础。在美国,法律本来就是民众的契约,因此,改变大多数民众的观念,就是为重新立法做了一个有力的推动。

可是,在这个案子里,他们对于打赢这个官司,始终没有太大的信心。因为,正如你已经知道的,提出这个财产申请的西班牙人,有合法的古巴当局颁发的通行证,其中包含了对于这些黑人在古巴的合法奴隶身份的证明。这是最直接有效的法庭证据。而作为证人,船上只有那个站在西班牙人一边的、原来船长的小黑奴安东尼奥。如果需要,古巴当局都会愿意提供足够的证人,例如签发通行证的官员等等。也就是说,古巴完全可以轻易就提供一个由政府支持的伪证集团。

而在"阿姆斯达"的黑人这方,他们提供不出任何有效的身份证明。他们赤身裸体被卖到古巴,一无所有。他们在这个遥远的异国他乡举目无亲,也提不出任何证人。他们甚至连法庭是怎么回事,需要他们做什么样的配合,都毫无概念。连他们的律师都无法向他们解释清楚。

律师们唯一的"证据",是他们都不会说古巴的语言。但是,在法庭上,这不是直接证据。西班牙人一方完全可以辩称,他们的生活环境都是奴隶,就连那几个孩子,也都只不过是因为一直生活在黑奴中间,才没有学会西班牙语。后来在法庭上,也确实出现这样的辩解。

你知道,法庭是重证据的地方。在这一点上,黑人完全处于劣势。也就是说,黑人完全没有法庭上最重要的直接证据,而只有间接证据。在这种情况下，如果法官完全秉公审理的话，结果都可能在两可之间。而如果法官有意偏向西班牙人的话，你都很难指责他不公正。因为西班牙人有足够的直接证据，法官完全可以强调，他是在凭证据审理。

黑人的律师们对打赢官司之所以没有信心，还有一个重要原因，就是联邦地区法院的裘迪森法官，是一个众所周知的持有种族偏见的人。

在电影里，有过一个换法官的情节。一方面表现行政分支企图干预司法审理，另一方面就是想反映黑人的律师对裘迪森法官的不信任。实际上，范布伦总统的行政分支，确实有干预司法的行为，而且相当严重。但是"换法官"却是虚构的情节。尽管情节虚构，但是反映的问题，都是完全真实的。

在历史真实中，这个地区法庭一开始的主持法官就是裘迪森法官。但是，他的种族偏见立场，使得黑人的律师们一开始就千方百计地想要绕开他。所以，从这个意义上说，想要"换法官"的倒是那些律师。这和电影里的意思还是一样的，就是他们不希望案子落在裘迪森法官那里。

那么，怎么可能绕开一个已经接案的法官呢？他们为三个孩子要求"人身保护令"，先冲到上一级的联邦巡回法庭，也可以说是"绕"的第一个尝试。但是，你已经知道了，这并没有成功。于是，他们做了第二个尝试。

他们提出，"阿姆斯达"号在美国被截获的地点是在纽约的长岛，因此，海防队的吉尼中尉把"阿姆斯达"号的人员带往康涅狄格州是违法的。因为，这正是"阿姆斯达"案件进入康涅狄格州的联邦地区法庭的原因。如果能够证明吉尼中尉的行为是违法的，该案就和康涅狄格州毫无关系，而应该由纽约的联邦地区法庭审理。这样，不但可以绕开裘迪森法官，还可以在纽约这样一个自由州审理。就是从天时地利人和来讲，不也是更为有利吗？

不仅如此，黑人的律师进一步提出，这些黑人生而自由，在非洲是"自由的原住民"，虽然他们遭到绑架，但是，在"阿姆斯达"号暴动中，他们成功地使得自己重获自由。所以，他们是在自由的状态中，来到了自由的没有奴隶问题的纽约州，因此，他们本来就应该可以自由地"走掉"了。而正是海防队的吉尼中尉，非法把他们带到康涅狄格州关起来，这样一个重新剥夺了他们的自由的行为，才是非法的。

于是，还没有审"正案"，先开始了对于"阿姆斯达"号的确切位置的法庭调查。这本身就是一个非常冗长的过程。又要实地考察，又要对于所有各方的证人，进行法庭听证。你也许会问，"阿姆斯达"号在纽约长岛被查获，这不是很清楚的吗？可是，"阿姆斯达"号是一艘船，它是漂在水面上的。这就产生了它是停在属于纽约的水域，还是停在超出纽约水域范围的，法律意义上的所谓"远海"。

因为，这个问题一提出，吉尼中尉的律师就辩称，"阿姆斯达"号是在"远海"被发现的，因此根据法律，海防队有权把在"远海"发生问题的船，带往任何一个州。

问题就在于，所谓"远海"只是一个法律上的概念，与岸边的距离并不是像字面上看上去的那么"远"，确实是个"可争议"的问题。更何况，海洋不是陆地，船过无痕，"阿姆斯达"一旦离去，要回过头来确定它的位置,而且争议的距离只不过是一英里两英里这样的差距,实在是很困难。

总之,最终法庭并不能确定吉尼中尉将"阿姆斯达"号的黑人带往康涅狄格州就是违法行为。

不管怎么说,这个案子是必须在裘迪森法官主持之下,审到底了。在电影里,我们看到,当那名律师听到案子将由裘迪森法官审理的时候,一下控制不住自己的情绪,把桌上的东西全部都扫到了地上。那么,这位法官究竟为什么会使黑人的律师,感到这么大的失望,乃至愤怒呢?因为他们已经不是第一次交手了。

年轻的裘迪森在当上法官之前,就曾卷入康涅狄格州一个有名的与种族问题有关的案子里。这个案子后来也被记录在一个电影里,成为美国人反省种族问题的一个真实的历史故事。这个电影也常在电视台播放,我们就在看电视的时候撞上过好几次。

这个案子的主角是一个名叫克兰黛尔的白人女性,在电影里,她的形象是十分瘦弱纤小的。她来到康涅狄格州坎特布雷的一个乡村,开办了一所黑人学校,来的好像也都是些女孩子。这所学校吸引了不少来自外地的黑人孩子。坎特布雷是一个相当保守的地方。这样一所学校很快引起当地保守势力的不满,牵头的就是学校的一个邻居,也就是今天的法官,当时的小镇管理委员会成员的裘迪森先生。

1833年的5月,康涅狄格州的议会曾在保守势力巨大的压力下,通过了一项法案。在这个法案里规定,外来的私立学校只有在镇的管理机构的同意下,才能够开办。这就是美国分治的一个典型实例。一个地方的一群人,他们是保守的,就通过一个保守的法律,也就是大家有一个保守的契约。然后,就可以维持他们保守生活的平静,不被外来的影响所打破。

在教育的领域里更是如此。美国人至今无法忍受让别人来决定如何教育他们的孩子。所以,在今天,美国也没有统一的教材,教材都是一个由当地居民选举产生的"校管会"所选定的。每个学校的教材内容都可能不同,五花八门。这样,可能严重影响了有些地方的教学质量。但是,一个"分治的理想"对于美国人来讲,是实实在在的。对自己的孩子教些什么,是绝不让联邦政府插嘴的。

然而,在康涅狄格州的这条法律之下,克兰黛尔就是违法了。所以她因此而被送上法庭,黑人学校面临被解散的局面。当时,就是泰朋两兄弟和"阿姆斯达案"黑人的律师之一,一起为克兰黛尔提供的法律服务,甚至还为她筹措了打官司所需要的经费。在法庭上站在他们对方的律师有三个,其中一个就是今天的裘迪森法官。

没有什么可以比裘迪森法官在陪审团面前所做的结辩,更能够说明他的种族立场了。他在结辩中对陪审员们说,这个联邦是一个白人的国家,每一个美国人都应该引以为荣。这种观点曾被误指为偏见,甚至还这样告诉我们的孩子,这是错误的。他警告说,这个案子看上去是一个黑人的教育问题,实际上是有些人在为普遍的种族混合,争取某一程度的认可。也就是在试图将非洲人与美国人置于彻底平等的位置上。

克兰黛尔的律师辩解,按照宪法,一个公民到别的州去,也应享有自己在原来那个州的权利。所以康涅狄格州1833年的那条立法,违背了宪法精神。裘迪森立即宣称,黑人不是公民,因此并不应该享有宪法权利。

这个问题又提升到了一些当时尚未有明确界定的自由黑人的公民权问题。这是在此后随着南北战争之后的美国宪法第十四修正案，才得到真正解决的。激进的反奴隶主义者当时就"克兰黛尔案"，在法庭上对黑人公民权的辩护，还是一个"超前"的司法挑战。

然而，实际上美国甚至有着我们所难以想象的更为复杂的问题，就是在分治的前提下，还存在这样的情况，就是美国人都是两个国家的公民，他们既是美国公民，又是他们所在的那个州，即一个有相当主权的小国家的公民。在那个时候，应该说，还没有一条法律证明这两个公民身份是可以相互自动切换的。就是说，就算联邦政府已经明确了自由黑人的公民身份，在当时，作为一个州，仍然可以不承认他在这个州的公民权。这就是我以前告诉你的，美国当时的情况活像一个联合国。

正因为"克兰黛尔案"是一场"超前的司法挑战"，因此，激进的反奴隶主义者，虽然通过这场官司的辩论，在民众中进一步澄清了许多基本观念，可以说在历史进步过程中又推了一把。可是，就这个案子本身来说，在康涅狄格州的最高法院，还是输给了以裴迪森为首的保守势力。"克兰黛尔案"的律师们当然知道，案子本身的输赢，是司法挑战成功与否的一大衡量标准。可是，正如我前面提到过的，在挑战中，必须遵守原有的公众契约，必须遵守大家讲好的游戏规则。所以，输了官司，只好看着黑人学校关门，学生辍学回家。

他们的失败，就意味着裴迪森的胜利。普遍认为，裴迪森在这场官司里所表现出来的法律方面的才能，和他的保守立场，是使他在康涅狄格州，较快地取得今天这样地位的原因之一。

知道这个背景，你就可以理解，为什么裘迪森法官接案的消息，会使"阿姆斯达"号黑人的律师，产生如此冲动的反应了。在触及的问题非常相近的"克兰黛尔案"中，他们曾经与裘迪森棋逢对手地较量过，而且输了一场。如今再次相遇，对手却成了裁判！

由于美国传统的司法独立的神圣地位，使得作为一名宣过誓的法官，一般来说，还是对这一职位所要求的职业道德持相当严肃的态度。更何况，法官也在制度的监督之下，在美国，法官不公的话，立即会被告上上诉法庭，自己成为被告。但是，在维持审判公正的同时，他的一些基本立场，如倾向于保守派，还是倾向于自由派，仍然会在无形中影响他的裁决，虽然这样的影响是在法律许可的限度之内的。

现在再回过头来，细察裘迪森法官的整个审理过程，平心而论，他还是在竭力地调整天平，力求公正。并没有任何迹象显示，由于他的种族偏见，而在某一个细节侵犯了这些黑人受到公平审理的权利。其实从一开始，人们就有所感觉。

在开审的时候，"阿姆斯达案"的黑人一方，就遇到了一个意外的难题。语言学家花了好大的力气才找到，而且好不容易才从那条英国军舰上"借"下来的那名黑人翻译，在纽黑文身患重病。本来就缺少证据的黑人一方，他们自己的证言就成为证据的一个重要组成部分。如果没有这个翻译，黑人就根本无法为自己作证，胜诉的可能性就会大大减少。因此，律师要求让黑人延期作证。

使律师们感到非常意外的是，裘迪森法官不仅同意将黑人的出庭作证延期至1840年1月7日，并且宣布，届时会将开庭地点移至黑人翻译所在的纽黑文。这不但确保了黑人在法庭上有一个为自己申诉的机会,而且,纽黑文地处自由的纽约州,法庭内外,整个气氛会与康涅狄格州有很大的不同。不管怎么说,你都必须承认,这个决定是对黑人有利的。

在你看这个电影的时候,许多历史情节都只能被删除了。看到的往往是法庭上最精彩的一些片段。实际上,一个法庭辩论,包含了这些律师无数昼夜的,可以说是很枯燥的辛勤工作。同时,这甚至是一个系统工程。不知有多少人在为这个案子提供资料、筹募捐款、联系援助。

在激进的反奴隶主义者中,其实也有许多派别。这个道理很简单,他们的思考,大量是来源于宗教,所以就连宗教派别的不同,都会形成很大观点差异。至于一般的持反对奴隶制态度的人,观念观点的差别就更大了。例如,反对奴隶制的人们,对于采用何种方式,用多长的时间完成废奴,意见不尽相同。其中还有不少人,仍然持有各种程度的种族偏见。然而,在这个案子里,是反奴隶制阵营一个相当成功的联合行动。他们试图以最大的宽容度,联合所有反对奴隶制的力量。也就是所有的人集合在一个最基本的出发点,即对普遍人性的寻求和对黑人的人道关怀。

这样一个庞大的阵营,甚至联系到了美国之外。他们最终找到一个志同道合的英国人曼登,来为"阿姆斯达案"的黑人一方作证。曼登也是一个反奴隶主义者。他的特殊身份,使他的证词成为证明黑人自由身份的一个强有力支撑。

在西班牙人与英国签署了停止海外奴隶贸易的协定以后,英国按照与西班牙人的协议,指派一些官员参与相关工作。曼登就是这样一名官员。他是在 1835 年被派往哈瓦那,监督对一些获得自由的黑人的保护工作。曼登很适合这样的工作,他是一个非常有正义感的人。从"阿姆斯达案"一开始,他就一直在关心案情的进展。在作证前,曼登其实已经回到英国。在他离开哈瓦那的时候,他得知古巴当局已经在准备以"海盗罪"和"谋杀罪"起诉这些黑人。这使他感到极大的不安。当他确信这些黑人是非法进口的时候,他不惜千里迢迢从英国赶来美国作证。

曼登以前就来过美国,而且在这里还是一个有相当知名度的人。当时,英国刚刚在它的殖民地西印度群岛废奴。因此,在与当时的美国总统安德鲁·杰克逊会面的时候,他还试图劝说杰克逊总统立即着手在南方废奴。他想利用一下总统的功名心,所以,十分巧妙地对他说,解放奴隶这样一个行动,最终与您这样一个有着不凡经历的将军名字联系在一起,是最合适不过了。这些话倒也不能算是过分的恭维。

杰克逊将军是美国第一个来自贫苦移民家庭的总统。他全靠自己努力,以及在 1814 年开始的英美战争的战场上建立的赫赫军功,才进入白宫。他使得美国的政治风气有了很大的转变,也进一步推动了制度的建设。美国完全打破政治上的贫富差距,至少白人可以得到绝对的每人一票选举权,也是从这时开始的。这位平民总统深知美国南方奴隶问题的复杂性,也当然明白,这还远不是靠解放奴隶"出名"的时候。

所以,杰克逊总统不无自嘲地转身对他的秘书说,你用纸点上火,再弄上一桶炸药来。我往桶上一坐,你就把那火引子交给这位曼登博士。只要一眨眼的工夫,他就准能让我"出名"了。

美元上印着的杰克逊总统像

显然,上一次曼登的"上层游说"没有起到作用。这一次,他是来实实在在地为"阿姆斯达案"的黑人尽一份力。

1839年11月份的一个下午,裘迪森法官在他的办公室,为曼登博士举行了一个小型听证会。几经波折之后,最终法官还是批准,让这份证词在新闻媒体上全文公布。曼登的证词,成为"阿姆斯达案"最有力的证词之一。

曼登的证词主要是支撑了激进的反奴隶主义者一直所宣称的论点,就是这些黑人是刚刚从非洲进口的。曼登在古巴的工作中,协助过几百个被英国及西班牙巡逻艇截住的、私运进古巴的非洲黑人。在被法庭解放之后曼登帮助他们登记和确定年龄。他在作证之前,接触了"阿姆斯达"号的黑人,他以从事古巴黑人工作的专业眼光,判断他们是"新近进口"的。他指出古巴官员发出的通行证是虚假的,并指出这种经过受贿而发出假证件的做法,在当地非常普遍。

曼登还接受了双方律师的提问。在回答这些提问中,他强调,合法奴隶已经很少以这样的形式在哈瓦那的奴隶市场卖,这样的奴隶市

向自由迈出第一步 149

场提供的一般都是非法带来的非洲黑人。同时在回答有关古巴奴隶的语言问题时，他讲到，在古巴访问一些种植园的时候，他很惊讶地发现，那些非洲黑人能够这么快地开始学会西班牙语。

曼登谈到，"阿姆斯达"事件发生以后，他在古巴的奴隶市场作了一番调查，找到了一个知情者。这名知情者告诉他，说是他不仅看到过"阿姆斯达"号上的黑人，而且知道是谁把他们运到古巴来的。到末了，那人还不由自主地叹了一声"真可惜"。曼登问他为什么，他说，他觉得这些黑人肯定要在美国因为"谋杀"等罪名被处死，所以，真是可惜了这么"一大批值钱的非洲货"了。曼登证实，如果这些黑人被交还古巴的西班牙当局，他们只有死路一条。

在此之前，西班牙公使对美国外交部长的一番话，似乎是在验证曼登的说法。这位公使警告说，对"阿姆斯达"奴隶暴动的宽恕，无疑是鼓励其他的奴隶也起来暴动。

在这一段时间里，西班牙公使阿噶兹代表他的女王，频频催促美国总统交还"阿姆斯达"号和它的全部乘客。正如你已经知道的那样，不论是范布伦总统，还是他的外交部长，都有充足的动机希望这一事件早了早好。根本不希望为一个"阿姆斯达"号上的几十个黑人，搞得自己内外交困。他们也巴不得能够一船推过去，一送了之。可是，来自佐治亚州的外交部长佛西斯，只能无可奈何地对西班牙公使实话实说，之所以美国总统现在无法立即执行"平克尼协议"，送回"阿姆斯达"号，是因为这个案子现在的状态，已经"超越了行政分支"的权限。

可是，不论佛西斯如何解释，作为女王的公使，阿噶兹还是无法理解问题的症结何在。他无法明白，什么叫作"在美国的宪法制度下，司法分支是美国政府的一个独立的部分，总统也无法干扰司法进程"。于是，外交部长佛西斯只能安慰他说，反正这个意思就是，最后总是由联邦政府定局，希望他放心。

之所以佛西斯这样安抚西班牙公使，是因为行政分支一直对联邦地区法官裘迪森，抱有很大希望。因为，除了他的种族立场之外，谁都知道，他还是一个参与政党活动，在政治上相当野心勃勃的人。更何况，如果裘迪森法官愿意配合总统的话，除了黑人没有直接证据为自己辩护之外，"平克尼协定"可以是法官可以借助的一个有力的拐杖。所以，再三分析之后，佛西斯和行政分支都对于法庭的一审判决，相当有信心。

但是，即使一审判决不出问题，范布伦总统知道，这还不是一个可以高枕无忧的结果。为什么呢？就是美国宪法在设计这个制度的时候，非常讲究一个个细节构造的严丝合缝。其中非常重要的一点，就是对"既定程序"的严格设定。美国人是相当实际的，对于他们来说，与其在那里对理论概念高谈阔论，还不如技术性地规定可操作的制度细节，然后严格执行。

比如说，与其对法官进行职业道德的思想教育，倒还不如设定一个程序性的监督机制，使法官在判的时候对违规有所顾忌，如果真的发生不公正裁定，也有一个重新审核的机会。当然，这些监督机构也都必须是独立的。

所以，范布伦总统知道，假如裘迪森法官在一审中，判出了一个行政分支满意的结果，那么，按照司法程序，那些为"阿姆斯达"号的黑人辩护的律师，是一定会走上巡回法庭，甚至走上最高法院的。然而，掂量下来，他们只能对一审有信心，后面的形势就无法预料了。

再说，如果能够速战速决，结束此案，是最好的出路。

结果，范布伦总统领导下的行政分支，终于做出了一个非同寻常的干扰司法的举动。就是在"阿姆斯达案"一审判决之后，如果出现他们所估计的，判定将黑人交还西班牙当局的话，行政分支就立即将这些黑人星夜送往古巴。你也一定看出来了，在这种情况下，他们就是截断司法的"既定程序"，侵犯了这些黑人上诉的权利。

于是，总统通过他的外交部长，秘密下令从海军调过一艘船来，在一审判决之前必须到达。然后，静候在联邦地区法庭审判所在地纽黑文的港口。并命令他们在判决的当夜，在所有的人清醒过来之前，就将黑人装船运走。白宫把整个行动列为"最高秘密"。

"阿姆斯达案"的一审是在1840年的1月，是纽约州最寒冷的季节。纽黑文几乎是冰封港口。当时的海军也不过是些双桅船，船都很小，所以这个行动还相当危险。最终决定，改在让黑人在康涅狄格州的新伦敦上船。正是因为这些港口城镇当时都不大，来一艘船全城皆知。同时，在这样冰封季节又不宜航行。因此，当这艘船历尽艰辛完成第一步，来到新伦敦港口的时候，这一异乎寻常的调动立即引起了一些猜测。包括泰朋在内的极少数的人，当时就准确地猜到，这艘船的调动与"阿姆斯达案"的黑人有关，是范布伦总统打算送他们回古巴的。可是，猜测毕竟是猜测，这个秘密依然锁在重重海雾中的双桅船里。

因此，当你在电影里看到法庭辩论的时候，实际上，黑人面临的形势，比电影所表现的更为险恶，因为，一艘随时准备运送他们回古巴的双桅船，已经整装待发。

1840年1月7日，当法庭移至纽黑文开庭的时候，双方都已经做了最充分的准备。黑人一方有三个辩护律师上场。两名西班牙人带来了他们请的美国律师。海防队的吉尼中尉和最初与"阿姆斯达"号黑人相遇的几名水手,他们都分别对"阿姆斯达"号要求"海难救助金",也各自带来了自己的律师。

在开庭之前,有一项被确定的特殊动议,更增加了黑人一方律师的担心。就是,联邦的一名地区检察官霍拉博德,宣称西班牙公使将以当局名义,为这两名西班牙人:蒙岱和路易兹,提出财产归还要求,美国政府的行政分支也支持这项申诉。霍拉博德将一并代表这项共同申诉,要求将包括黑人在内的"阿姆斯达"号,归还西班牙。显然,范布伦总统一直苦于无法对司法分支插进手来,又不甘"坐以待判",所以,终于想出这最后一招。干脆也作为申诉人之一,合法闯入法庭,为自己要求执行"平克尼协定",找到一个法庭辩解的机会,给他们本来估计还是比较有信心的"一审判决",再加一道保险。这么一来,使得整个局势对于反奴隶主义者的一方,显得更为严峻了。

这里已经成为全美国关注的目标。不论是南方还是北方都知道,这与其说是一场"涉外官司",还不如说是美国自己在奴隶问题上的一场法庭上的南北战争。旁听席更是挤满了人,除了各个社区的重要人物,还有许多耶鲁大学的学生。大量神学院的学生也神情肃穆地坐在旁听席上,似乎在象征着,这块土地上对于奴隶问题贯穿始终的宗教关怀。

整个听证过程还是围绕这样一个主题,即这些黑人"究竟是合法的古巴奴隶,还是自由的非洲人"。黑人一方所提供的证人,包括了那几个与他们交谈过的人、那名黑人译员和语言学教授(他后来也学会了这种非洲方言,并且与二十几名黑人做过交谈)。

最终,人们期待已久的黑人辛盖,在所有这些律师和其他人的努力下,在那名大病初愈的黑人译员的陪同下,终于站上了作证席。面对声称"有权拥有他们"的西班牙人,也面对要求将他们送回古巴的美国和西班牙当局的法律代表,向法官和挤满了旁听民众的法庭,开始公开为自己的自由辩护了。

在导演斯皮尔伯格的大手笔下,已经充分渲染了这场法庭戏。将来,你自己去看吧。我要告诉你的是,法庭作证和辩论进行了差不多一个星期,判决的时刻才终于来临。这一刻,在电影中,是最具有爆炸性效果的一瞬。事实上,这个判词也是具有爆炸性的,只是不那么戏剧化而已。因为裘迪森法官的判词其实内容很多,也必须援引法律依据,因此,不会只是电影里听着痛快的几句掷地有声的"硬朗词儿"。

裘迪森法官首先认定,"阿姆斯达"号是在"远海"被截获的,因此,海防队的吉尼中尉,将船上的人员带往康涅狄格州,并没有违法。所以这个法庭确实具有此案的审理权。

其次,你可别忘了,这是一个"财产申诉案",所以法官先判定的是对于"海难救助金"的要求。对于最早在海滩与黑人接触的水手格林等人,法官首先否定了他们的要求。因为他们根本没有登上过"阿姆斯达",也谈不上有法律规定的"海难救助行动"。然后,对于海防队的吉尼中尉和他的下属,裘迪森法官认定,他们及时地救助了"阿姆斯达"号。因为,根据当时船上的状态,已经不可能安全地按照黑人的要求抵达非洲。因此,判定他们根据海难救助的有关法令,有权获得该船货物价值的三分之一。同时,两个西班牙人蒙岱和路易兹,也对该船的安全起了保护的作用,因此也将以同样的比例均分余下的三分之二。

那么,人们最为关心的黑人呢?他们是否包含在"阿姆斯达"号的"货物"之内呢?

这位大家都认为是一个种族主义者的裘迪森法官,强捺心中的激动,宣布,这些黑人生而自由,从未在古巴或是任何属于西班牙的领土上定居。他们被那些侵犯他们权利以及违反西班牙法律的人,数度绑架,并在古巴被非法买卖。他们是怀着自由的渴望、怀着重返自己的家庭的热望,才奋起反抗。裘迪森法官还指出,就是在古巴,这个案子发生的时候,法律也早已不准许这类奴隶贸易的行为。

至于"海盗罪"和"谋杀罪"的嫌疑,裘迪森法官宣布,案情发生在打着西班牙旗的西班牙船只上,对象是西班牙人,美国法庭对此不作裁定,这是西班牙法律才应该处理的案件。

接下来,对于联邦地区检察官为法律代表的、西班牙公使为两名西班牙人所提出的财产要求,裘迪森法官认为是无效的。因为他们没有一份财产证明,例如发票、财产转移证等等。他们唯一能够提供的是一张通行证,而这张通行证上的"货单"明显与事实不符。这些黑人明明是"非洲原住民",而不是通行证上所说的"拉丁裔黑人"。

裘迪森法官说,外国公民应该明确自己国家的法律,而不应该到美国来要求这个国家去侵犯他人的权利。美国和西班牙都认为禁止海上奴隶交易的法律是存在的。路易兹口口声声说他并不知道自己买下的奴隶是非洲来的,如果真是这样,那么他唯一的补救是去找那个骗他的卖主,要回他的两万美元。如果他和蒙岱有点警惕性的话,本法庭何至于要承受这四个月来的重大责任。

最终,裘迪森法官宣布了所有的人都在等待的结果。他说,1819年3月,美国联邦议会制定如下法律:"不论以任何形式,进口或者带入美国领土的任何黑人、混血者、有色人种,只要对他们有任何占为奴隶、使役和劳役的企图,都是非法的。"在同一个法律中,授权美国总统将所有这样被带进美国的人,送回非洲。

裘迪森法官最终根据这条法律,宣布"阿姆斯达"号上的黑人为自由人,要求总统根据法律,将他们送回非洲。这个判决如果被说成是一颗炸弹,也无论如何不算过分。

这个一审判决是谁也没有料到的。对于西班牙人,暂且不提。对范布伦总统的行政分支,这肯定是出乎意外的。否则,他们也不会冒险调来那艘准备将黑人送回古巴的双桅船了。甚至对于激进的反奴隶主义者,都完全是一个出乎意外的结局。他们准备好艰苦跋涉,准备好将要面临败诉和一级级的上诉。可是,说什么也没有想到,保守得出了名的裘迪森法官,竟会态度坚决地站在他一向讨厌的激进反奴隶主义者的一边!

说是法官站在哪一边,这句话你听了一定早皱起眉头来了。是的,这是一句有很大语病的话。因为法官的职责是秉公断案,不论最后他的判定对哪一方有利,都不能说他就是"站在某一方"。否则,这个"公平审判"的原则就要打问号了。

但是,记得我以前也和你讨论过这个问题,就是再严格的法制,也是人在参与。这里就有"人"对于法律的理解和执行的问题。尤其在历史发展的过程中,法律本身不可能已经尽善尽美。即使在某一个历史阶段已经比较成熟的法律,也会遇到新情况新案例的冲击。

在这种情况下,对于司法当然是一个挑战,对于法官同样也是一个挑战。

站在历史变革的当口,法官可以借用以支持裁决的,还是一些老的法律。甚至会出现一个像"阿姆斯达案"这样一个涉外的、复杂的、前所未有的案子。在审理中,不但同时可以援引可能导致不同审判结果的美国法律、国际协定等等,而且,这样的一些法律何者为先,都会导致不同后果。这样的情况发生,首先说明了法律本身还不完善,还有"漏洞"。这种漏洞一般通过一个案子暴露出来以后,就会被立即填补。而法官对一个挑战性案例的判定,往往就是填补漏洞的一个方式。因此在美国,规定在审判时,可以援引前面的案例作为法律依据。

可是在"补漏洞"的时候,作出怎样的判定,也就是如何去"补",就要看法官这个"人",对于整个案情的分析和对法律的理解了。首先在案情分析上,一个公正的法官必须坚持以事实为依据。那么,在"阿姆斯达案"中,一个最关键的对于黑人是"自由人"还是"合法奴隶"的认定上,裘迪森法官的认定,还是符合事实的。其次,就是对于法律的援引。裘迪森法官如今是站在一个牵涉历史大辩论的关键案例面前,援引不同法律,显然要导出不同的结果来。例如,假定他坚持强调"平克尼协定"为先来判定的话,对于"阿姆斯达"号的黑人来说,就是一只脚已经踏进地狱了。

那么,在这种时候,是不是法官就可以任意地听凭自己的好恶"站在哪一边"了呢?其实并不是这样的。事实上,依然有一个更高的评判标准在那里,那就是黑人的律师们一再强调的"自然法",也就是人类面临的永恒审判的标准,是否符合人性和是否人道。在人与兽之间,是否更向"人"的方向靠近。

我曾经对你讲起过,美国是一个在建国时没有给自己定出什么宏伟社会蓝图的国家,它有的只是一个看上去很朴素的个人愿望,就是"人生而平等,有生命权、自由权和追求幸福的权利"。在提出这个愿望的时候,有相当多的美国人,事实上还有很大的历史局限性。例如在种族问题上的认识局限,例如在"解放自己"和"解放别人"的问题上的认识局限。但是,这个朴素的建国理想却是最贴近"自然法"的。

当一个国家的建立,以最贴近长满野花和青草的土地,以最贴近寻求真善美的人性,来作为它的立国根本。那么,即使在这块土地上还有许多半兽半人,尚未完全进化的"人",可是,一旦遇到问题,在需要明辨"大是大非"的时候,人们的判断依据和历史进步的方向,在基本人性的标准下,是更容易搞清楚的。这也就是把复杂问题简单化。相反,假如人们热衷于建立非常宏伟的社会发展理论大厦。在无数的雕梁画栋、仙山琼阁之间,却迷失了最基本的人性的自我,这大概就是把简单问题复杂化的结果吧。

因此,面临一个历史前进关口的法官,在可以依据的法律尚有矛盾,这个矛盾有可能形成不同判决的时候,他的选择应该是判断人类进步的方向,站在历史进步的一边。判断的依据就是符合自然法的立国原则,也就是人性的原则。

在电影里,导演斯皮尔伯格是这样来解释裘迪森法官的选择的。他在影片中的判决之前,拍摄了一组交替的画面。一方面,是待审的黑人,在那里开始琢磨手里的《圣经》,而另一方面,则是裘迪森法官一个人去教堂,向上帝寻求精神上的支持。我想,导演对裘迪森法官的个人历史,当然做过深入的研究。因此在设计这一组镜头之前,斯皮尔伯格一定也托着下巴问自己,裘迪森这家伙怎么就会出现他个人思想轨迹上一个一百八十度大转弯呢?最终,斯皮尔伯格把它归结到了宗教。

斯皮尔伯格

于是产生了导演运用电影手法对于人物思想过程的诠释。这组镜头表现了当时的宗教气氛,表现了这种气氛通过美国教徒对"阿姆斯达"号黑人产生的影响,甚至对法官思考进程的影响。应该说,这样解释大致是不错的。因为,我们穿过宗教的形式,还是其中的人性内核,在影响美国民众对奴隶问题的思考。而对人性的思考也是裘迪森法官判决的主导原因。

但是,裘迪森法官的判决,其实还反映了一些其他问题。例如,人们以前对于这位法官的判断,主要依据是他过去所表现的种族主义者的立场。然而,实际上在种族主义和赞同奴隶制之间,并不是可以画等号的。也许,在判决的同时,裘迪森法官并没有改变他的反对种族杂居,反对完全的种族融合的观点。而且,他也完全可能依然不同意激进的反奴隶主义者,不赞成他们不惜一切、不惜内战以达到立即废奴目标的观点。可是,这并不说明他就是一个没有起码正义感的人,也不说明他肯定就不憎恶奴隶制和奴隶贸易。在他身上,可以最集中地看到那个时代美国人的矛盾,甚至是那个时代的矛盾。

还有，就是人们还是小看了裘迪森法官身上所表现出来的，在美国法官身上相当普遍的职业荣誉感。这种职业荣誉感是与司法独立的制度紧紧相连的。当司法和法官不再成为权势的工具，被社会确立在一个独立的、神圣的、被期待是公正的位置上，那么，法官的职业自尊心和职业荣誉感也就同时被确立了。在这个时候，法官还是可能有认识上的历史局限，但是，如果他认清了历史进步的一面，他会被职业道德所驱使，更坚决地站过去。

在电影中，裘迪森法官在宣布判决的时候，还宣布了逮捕那两名西班牙人。这是不是斯皮尔伯格为了营造效果给历史添枝加叶了呢？事情本身是有根据的，只是影片将故事浓缩在一起了。历史上，两名西班牙人确实为了这个案子还在美国被捕过，但是，不是在裘迪森法官的法庭上，而是在地区法庭一审之前。这是怎么回事呢？

这是在联邦地区法庭开庭的两个多月之前，"阿姆斯达"委员会的泰朋计划向两名西班牙人提出民事诉讼。尽管胜诉的机会很小，但是，这一定会在民众中引起强烈的反响。激进的反奴隶主义者们，希望通过这个起诉，向公众说明，只要是一个人，哪怕是一个黑人，他也有权向美国的司法体系寻求公正。

为了赢得公众的同情，他们先在纽约由泰朋兄弟所办的一份报纸上，刊登了一个名叫乔治·伊·岱的纽约大学教授，写给编辑的两封信。他是一名专门教聋哑学生的教授，所以对于手语有特别的研究。他曾经和"阿姆斯达"号的黑人进行过几次手语交谈。他在给编辑的信中，详细描述了暴动的带领人辛盖对他所做的回忆。谈到他们所受到的非人待遇，谈到在哈瓦那所有的黑人都忍不住哭泣，因为他们都来自同一个地方,可是再也无法返回家乡等等。

泰朋合法地得到了拘留证,治安警察在纽约市的一个旅馆里,以对黑人的"人身攻击罪"和"非法监禁罪"两项民事起诉,当场逮捕了蒙岱和路易兹。泰朋还将两个起诉分别在两个法院申请,一个在纽约市民事法庭,另一个在州的高级法院。律师代表黑人辛盖和弗里瓦要求总共三千美元的赔偿。

这一行动着实是捅到了南方蓄奴者的痛处。引起南方强烈的反应。南方的报刊甚至惊呼道,下一次我们就会听到南方的绅士来北方各州旅行时,被他们的仆人告上法庭,送进监狱了!

这一举动也立即引来西班牙公使的严重抗议。在他的抗议中,还有这样"义正词严"的责问:"在什么时候和什么地方,居然听到过奴隶还有'民权'?""纽约法庭绝不应该听那些黑人的抱怨。"这个时候,轮到西班牙公使阿噶兹,要为两名西班牙人要求"人身保护令"了。范布伦总统随之又一次落入十分尴尬的境地。外交部长佛西斯只得又一次吃力地向阿噶兹解释美国的司法制度,这场民事官司是非洲原住民以个人的名义,向这两名西班牙人寻求赔偿的简单诉讼。法庭是必须平等地、不对来者进行身份区别地接案的。美国总统是无权干预这样的司法事务的。

在背地里,外交部长佛西斯还是违法地给纽约的一名检察官布特拉递了条子,希望他在这个案子里帮一把那两个西班牙人。然而,并没有起任何作用。

在纽约市民事法庭,法官英格理在经过对双方律师的听证之后发现,案子还是要回到这些黑人是"奴隶还是非奴隶"的问题。因为在当时,美国法律规定,奴隶不能对其主人按"民事法"提出起诉。但是，有一个方法可以在这个案子里，绕开这个黑人的"奴隶身份"问题，就是按"人身伤害法"进行起诉。因为在美国法律中，即使是奴隶，也可以对其主人提出此类控告。

结果，英格理法官经过审前听证，发现根据"人身伤害法"，蒙岱不算涉案，而路易兹可以起诉。于是蒙岱当庭开释，路易兹被判二百五十美元的保释金。这一判定得到了纽约州上一级法院的认可。由于案子告上两个法庭，所以是分别审理。在纽约州的高级法院，得出的是相近的结果，也判了二百五十美元的保释金。此后，还有另一名叫作托尼的黑人也接着提出民事诉讼，告上巡回法庭，结果又判了路易兹八百美元的保释金。这个时候，路易兹实际上都已经由于辛盖的起诉坐在牢里了。路易兹的律师立即准备上诉，因为如果"阿姆斯达"号上的所有黑人，要是都群起而告之，那可怎么了得。

当时的报刊评论说，激进的反奴隶主义者的这一起挑战，如果是为了威慑南方的话，他们已经达到目的了。因为，他们终于让南方的奴隶主看到，黑人也可以有民事诉讼的权利。

范布伦总统的行政分支有着来自西班牙的压力，只要路易兹还在牢里待着，就是一个额外的麻烦。他当然很关心这个案子，可是依然无能为力。曾经接到外交部长来条子关照的纽约检察官布特拉，所能够做的就是借探望路易兹的机会，劝他交了保释金出来算了。可是，路易兹根据他在自己国家的经验，认为美国总统既然在西班牙的干涉下，希望他出来，那么，就一定能够放他出来。因此，尽管布特拉向他解释，美国总统无权干涉民事法庭，路易兹依然口气很硬地对布特拉说，放他出去是美国政府的责任，他可不想牺牲原则。结果，路易兹在牢里坐了四个月。大概终于相信了美国总统的"无能",还是自己付了保释金出来了。

这就是电影里有关法官宣布逮捕两个西班牙人的历史背景,也是联邦地区法庭开审之前一个不小的风波。

不管怎么说,在联邦地区法庭的第一个回合就这样结束了。但是,你也会想到,既然这不是一个法官别无选择的判定,那么,一方如果胜诉了,另一方显然是有理由不服输的。激进的反奴隶主义者们很快发现,上诉的过程仍然不可避免。区别只在于,原来他们是准备在一审之后自己上诉的,现在却是他们的对手去上诉,他们则是应诉了。可是,他们一样地忧心忡忡。因为,上一级的联邦巡回法院,乃至再上一级联邦最高法院,他们的态度如何,会做出什么样的判定,都是无法预料的。提出上诉的对手,还是前面提到过的代表西班牙和范布伦总统行政分支的联邦地区检察官霍拉博德。

在电影里,表现了律师沮丧地试图向那些狂欢中的黑人解释"上诉"的情景。这真是一件困难的事情。他必须使他们理解一件几乎无法理解的事情,法庭上面还有一个"大的法庭","大的法庭"如果意见不同的话,原来的法庭判决就不作数了。电影里删去了联邦巡回法庭的上诉,在真实的历史里,他们还必须对黑人说,"大的法庭"上面,还有一个"更大的法庭"。天晓得这些律师是怎么讲清楚,又是怎样才使黑人们不至于过于失望的。

律师的种种忧虑是无法告诉这些黑人的。比如,上诉的是两个国家最高当局的法律代表,他们到底算是多么"大"的对手。又比如,联邦巡回法庭的法官,就是驳回了他们对三个黑人女孩要求的"人身保护令"的同一个法官,这是否意味着一个不祥的兆头等等。

神秘地停在码头,等着裘迪森法官判决后,就连夜将黑人送走的那艘双桅船,在这个意外的判决出来之后,只能怏怏地开走了。然而,正在为"大法庭"的出现,感到茫然和恼怒的"阿姆斯达"号黑人,却一点都不知道,他们刚刚逃过了一个怎样的"大劫"。

你一定关心上诉的经过,只能听我"下回分解"了。

祝好!

林 达

站在黑人辩护席上

卢兄：你好！

来信收到，谢谢你给我寄了书。你在信中说，看了我的信很想去看看《阿姆斯达》这部电影。今天我大概可以把这个影片后面的真实故事给你讲完了。

在"阿姆斯达"案的上诉期间，美国的新闻界已经逐渐开始在报刊上披露了与此案有关的，行政分支企图干预司法的故事。可是，由于这些干预都没有成功，也就没有一个实质性的证据完全浮出水面。因此，除了本来就对范布伦的行政系统充满警惕，至今还在这个案子上挣扎的激进的反奴隶主义者之外，一般民众对这样的报道还是将信将疑。然而，从这些一百五十年前的报道中，我们已经可以看到当时美国媒体的新闻嗅觉了。

在《阿姆斯达》的影片中，导演安排了一个场面，表现黑人辛盖焦灼地坐在法庭，却听不懂那些决定他们命运的人在说些什么，也无

电影《阿姆斯达》剧照

法表达自己。终于,他意外地站起来,艰难地吐出一个英语单词,然后用越来越响、越来越坚定的声音重复着:自由!我要自由!

这是一个导演安排的戏剧情节,在这部电影里,我们可以看到,斯皮尔伯格所关切的焦点始终是在不幸的黑人身上。他非常注意去刻画这些来自非洲的黑人心理状态,刻画他们在遭遇一系列厄运,又落到一个天差地别的环境中,所可能产生的反应。

在这个电影情节中,还有一个真实的背景。就是这些黑人在等候上诉的日子里,在泰朋和许多义务工作的美国人的努力下,渐渐开始学会用英语表达一些意思,甚至有的黑人开始学会简单的英语写作。与外部世界交流的增加,也使他们心理上的紧张和惊恐不安,得到一定的舒缓。

在外面,新闻界似乎并不满意对总统干预司法的初步报道,自有一批新闻记者对已经到手的一些线索进行跟踪调查。终于一步步拖出了曾经属于白宫的"最高机密"。在1840年的10月,也就是一审判决之后的九个月后,《解放者》和《自由者》两个刊物,报道了完整详尽的有关白宫策划干预司法进程的故事。在这个报道之前,已有一些报纸指出,在一审判决中,法庭已经确认"阿姆斯达"号的黑人,是从非洲被绑架来的自由人。可是,代表美国人民的总统,居然要去帮助非法的古巴奴隶主。

这一年,范布伦总统终于竞选连任失败,有很多人认为,他的落选与"阿姆斯达"案确实有很大的关系。因为他对于奴隶制的温和态度,导致他失去了在四年前曾经支持他入主白宫的六个北方州的选票。这个结果也反映了这样的情况,就是当奴隶制问题成为一个如此敏感的社会议题,两极分野又是势均力敌的时候,作为一个政治人物,如果他没有一个强烈的历史责任感,考虑的只是寻求平衡的话,那么他的处境确实就像是一个吃力的走钢丝的杂技演员。

在这段时间里,接受了上诉的联邦巡回法庭的汤普生法官,支持了裘迪森法官的一审判决,驳回了上诉。但是,正如"阿姆斯达"的影片里所讲到的,代表西班牙公使和美国行政分支的法律代表不服判决,进一步向美国联邦政府司法分支的最高机构——联邦最高法院,提出了最后的上诉。范布伦总统领导的行政分支走出这一步,斯皮尔伯格在影片中的解释,除了他对于大选之年南方选票的考虑,最主要的原因还是担心矛盾的激化会引发一场内战。这个分析还是有一定道理的。

对于激进反奴隶主义者来说,他们经过无数的努力和曲折,这是他们久已盼望的时刻。因为走向最高法院,是美国历史上所有挑战司法的人们都期待的一刻。只有进入最高法院的案子,才可能对原有的法律有一个根本的否定,才可能在历史的进程中竖起一个"地标"。同时,也能把自己的观点的影响,最大限度地传播出去。

然而,听到案子已经被最高法院所接受的时候,也是他们心情最沉重的一刻。因为到了这里，根据全体人民的契约，判决是一锤定音的。如果失败，不但"阿姆斯达"号的黑人命运堪忧，而且，对于他们长期从事的、在美国南方彻底推翻奴隶制的事业，也将是一个打击。这个目标的实现将有可能因此推迟许多年。也许他们必须再经历长久的等候，才会等到下一个契机的出现。

他们经过再三考虑之后，认识到一点，就是在这个最后关头，十分重要的一件事，就是争取使最广泛的民众，都能够理解和支持他们在这场论战中的观点。使得这场由"阿姆斯达"案所引起的论战，对美国的废奴真正产生影响。由于他们自己一向激进的立场，使得一些民众对他们本身产生一些看法。例如，觉得这些人是"唯恐天下不乱"，不是真正愿意按照合法的程序推进一个制度的进步，而是巴不得挑起事端激化矛盾，甚至不惜引发一场战争。不仅是总统不愿意看到一场内战，就是在北方，大量希望废奴的美国人也不愿意看到一场内战，这是很普遍也很好理解的。这样一种情况，有可能导致人们对于这个日益扩大的"阿姆斯达"案的疑惑，也可能影响民众的支持率。因此，他们决定，寻找和推出一个有影响的但是又不持有激进立场的人，主导这个案子的最后一场战役。

他们先找了两个名律师，都是反对奴隶制的。其中一个曾经还有过多次出席最高法院法庭辩论的经验。但是，这两个律师由于不同的原因都婉拒了这个请求。这和他们的观点较为温和，对于激烈的挑战司法的行动并不怎么赞同，也有一定的关系。最终，激进的反奴隶主义者决定寻求约翰·昆西·亚当斯的帮助。

约翰·昆西·亚当斯，就像在《阿姆斯达》影片中描绘的那样，

电影《阿姆斯达》剧照

已经是一个步履维艰、在国会开会时会睡着、出门会辨错方向的老人了。可是在我写到约翰·昆西·亚当斯这个名字，还是不禁肃然起敬。

他是又一个加入这个反奴隶制阵营的美国《独立宣言》签署者的后代。他的父亲，约翰·亚当斯，是在费城的会议上的《独立宣言》主要辩护人，也是美国宪法的起草人之一。1789年，当华盛顿当选第一届美国总统的时候，约翰·亚当斯是华盛顿的副总统。之后，他成为华盛顿之后的美国第二届总统。在《独立宣言》发表五十周年纪念日的那天去世。

约翰·昆西·亚当斯是约翰·亚当斯的长子，就是你将在影片中看到的这个白发苍苍、一点也不起眼的老人。然而，年轻的时候，他曾是华盛顿总统眼中最有才华的美国外交官，不但足迹遍及世界各地，并且也在1825年当选为美国的第六届总统。你知道，美国是一个最不喜欢世袭传统的国家，所以这样父子两代都是总统的情况极为少见。

四年以后，他在竞选连任时，输给了竞选对手杰克逊，旋即回到家乡，重新开始他的平民生活。此后，他又被选为联邦众议员。在他当选的时候，有人劝他不要接受这个职位，因为作为前任总统，似乎有失身份。他却回答说，任何人都不会因为自己为民众服务而"失身份"，做个地方职员都是如此，更不要说是当国会议员了。因此，当"阿姆斯达"案发生的时候，他正是联邦国会的一名众议员。

他从来不是一个持激进态度的人。但是，他无疑是反对奴隶制的。正如电影里曾经提到的，从"阿姆斯达"案一开始，他就给"阿姆斯达"委员会以及黑人的律师出过主意，并且始终对这些黑人表示出关切和同情。这也是这些律师会不寻常地想到请他出来领衔，为"阿姆斯达"案的黑人辩护的原因。

他一开始也非常犹豫。从他一贯的思维方式来看，他的犹豫，当然不是因为他作为一个前总统，感到"有失身份"。他深深地感觉自己已经精力不足。正像他自己说的，我已经七十三岁了，耳聋眼花。我的助手们已经纷纷离我而去，我的牙齿也已经一个个离开了我的牙床。我怎么还能担当如此艰巨的一个任务呢？同时，他虽然在哈佛大学毕业后，就取得了律师的资格，但是他已经有三十多年，没有作为一个辩护律师站在法庭上了。更何况，他还有作为一个联邦众议员非常繁忙的工作。任何一个律师都知道，不要说打算上的是最高法院，就是接下一个普通的案子，作为一个辩护律师，也不知道有多少繁复的出庭前的准备工作要做。所以，他比任何人都更深知自己的局限性。

但是，他却无法拒绝。他无法淡忘延续父子两代的对于一个朴素

为黑人当辩护律师的美国第六任总统约翰·昆西·亚当斯

理想的追求。他是一个自由的坚定维护者,坚信父辈提出的基本原则"人人生而平等,都有生命权、自由权和追求幸福的权利",并且坚信不论白人黑人,都有同等权利。他对奴隶制极为憎恶。所以,人们终于惊讶地听到一个意外消息,这位已经七十三岁高龄的美国前总统,今天的联邦众议员,决定作为一个普通辩护律师,接下"阿姆斯达"案,走上最高法院,为这些来自非洲的黑人的自由,进行法庭辩护。

在开庭之前,他作为一名联邦众议员和前总统,尽了最大的努力,试图劝说范布伦总统撤销上诉。这个时候,范布伦总统已经败选,在美国,新旧总统的交接是在投票结果出来的第二年的年初,以便行政的一套工作有一个妥善的过渡。这个时候,范布伦总统正是处于过渡期中。但是他的行政分支还是拒绝了这个撤诉的建议。

于是,约翰·昆西·亚当斯开始大量的文件阅读和认真的准备工作,其中当然也包括与当事人的谈话。在影片中,描写了黑人辛盖被带到他的家里,进行例行的当事人与律师的对话。在真实的历史中,约翰·昆西·亚当斯是一路颠簸,远途从波士顿专程前往威士特维尔的监狱,约谈他的黑人当事人的。除了当时已经住到监狱管理员家中的三名黑人小女孩之外,他见到了所有的黑人,并且进行了谈话。出来的时候,他说,谈话十分愉快。只是当时在威士特维尔,黑人又住在大间里。他对于黑人的居住以及生活设施的简陋,感到很不高兴。

他显然是取得了黑人的信任。在电影里,有黑人辛盖通过黑人翻译,不断向他提出问题的描写。实际上,在约翰·昆西·亚当斯离开监狱以后,那些明白了律师的作用,也学会了写简单英语信的黑人,其中也包括辛盖,开始纷纷给他写信。他们陈述自己的情况,并且在信中要求,请他把这些情况转告给那个"大法庭"。

在最高法院开庭的日子逼近的时候,激进的反奴隶主义者们感到压力越来越大。最使他们感到不安的,就是如果败诉,"阿姆斯达"号的黑人就可能会有即刻的危险。他们曾经考虑在开审之前,是否必须再一次尝试,为这些黑人申请一个"人身保护令",先把黑人置于他们的保护之下。但是,按照法律规定,"人身保护令"必须由接案法庭的上一级法庭发出。现在,案子已经进入了最高法院,也就无处去找"上一级法院"了。

要知道,如果说在一审期间,行政系统有过的运送黑人计划,是一种严重违法行为的话,那么,假如他们现在再有这样的打算,就是一个合法行为了。因为,最高法院的判决将是一个终审判决。在这个判决中,如果判定是应该执行"平克尼协定"的话,那么,司法程序就到此结束了。黑人将合法地按照终审判定,移交到美国政府的行政分支,他们要是决定立即送走,也是完全合法的。所以,同样一个计划,提前执行,就是违法地侵犯了黑人的上诉权,干扰了司法程序,就是在宪法设计的"既定程序"中,插了一杠子。但是如果这个计划是在"既定程序"的合法位置上,在行政分支到最高法院上诉,并且胜诉之后执行，就毫无问题了。讲究"既定程序"，是美国的制度设计中非常重要的一环。

这样，你也就可以理解，为什么在开庭的最后阶段，激进的反奴隶主义者们为这些黑人安全的担心，已经到了忧心如焚的地步。以至于其中一些人，甚至自告奋勇地要求以身试法，以劫狱来换取黑人的安全。但是，最终理智还是占了上风。他们决定等待最高法院的判决。当然，经过了两级法院的胜诉，他们还是对最高法院存着一线希望。

另外，与以前所不同的是，这时他们和黑人已经建立起较为良好的沟通和信任。他们能够把危险的处境对黑人讲清楚，告诉他们，一旦判决败诉，很可能把他们立即就送回古巴。因此，要求他们天一黑就拒绝离开牢房，遇到异状就大声呼救等等。采取一些自我保护措施。同时，他们积极募款，一方面筹措送他们回非洲的路费，另一方面，他们想到，万一败诉，黑人的身份定位就变成了西班牙人的合法奴隶。既然如此，他们就应该可以用这笔钱，合法地再把黑人从西班牙人手中"买"出来。

1841年2月22日，"阿姆斯达"案正式在最高法院开庭了。

当时最高法院的九名大法官，有五名是来自南方，其中包括首席大法官。在这九名大法官中，汤普生法官由于也兼任巡回法庭的法官，所以他实际上已经早就涉入此案了。去年给你的信中，我曾经谈到过美国最高法院的地位，在历史上是逐步得到确认的。它的独立性越来越强，地位也越来越高。因此在今天，已经不可能再有最高法院的大法官在其他法庭兼职的情况。他们忙自己的案子，也已经一年到头忙不过来了。在"阿姆斯达"案中,最高法院最终只有七名大法官进入判决阶段,因为有一名病重未能出席,最意外的,是在审理过程中,一名大法官因心脏病发作,在睡眠中突然去世。

在电影中,你可以看到黑人辛盖也在最高法院的法庭现场旁听。事实上当时并没有黑人在场,出席的只有双方的律师。现在美国的最高法院审理,越来越有规范,大量的工作是在开庭之前的审查书面文件和开庭之后的"长考"。真正开庭时,律师陈述的时间都有限制,一般都很短。为了节省时间,大法官认为对陈述内容已经清楚时,随时可以提问打断律师的陈述,庭审阶段相当紧凑。然而"阿姆斯达"案发生在一百五十年之前,律师所得到的陈述时间长达几天,远比今天要多得多。

现在我回想起斯皮尔伯格对最高法院这场"重头戏"的处理,觉得十分贴切和适度。当时的最高法院的法庭远比我们现在看到的要小得多。然而,在这个影片里,你仍然可以清楚地辨别出,一般法庭和最高法院在情景气氛上的很大不同。斯皮尔伯格并没有让电影中的约翰·昆西·亚当斯作慷慨激昂状,毕竟他已经七十三岁,是一个什么都见过和经历过的老人了。

可是,一个德高望重的前著名外交官、一个前总统,如此点燃生命烛火的最后一段,以一个普通律师的身份,站上他已经久违的法庭。就是为了在一个当时还是白人的国家,为一些他素不相识甚至可以说是彼此难以了解的非洲黑人,争取"平等自由"这样一个基本的人的尊严。还有什么比这件事情本身更说明问题的呢?还有什么必要再添加一些多余的修饰呢?

斯皮尔伯格只作了一个十分平淡的安排。就是在约翰·昆西·亚

电影《阿姆斯达》剧照

当斯作法庭结辩,谈到《独立宣言》,谈到这个国家的建国理念时,曾经踱步走过几个美国建国者的雕像,并且停在一个雕像面前,轻轻用手抚摸了一下它的底座。在美国,所有的人都知道,这就是曾经为了建立一个"平等自由"的国家而奋斗了一生的美国第二届总统、他的父亲——约翰·亚当斯。导演的这个安排,使人们不仅感受到一个延续两代的总统家庭的共同目标,人们也会想到,这个目标的实现,并不是一件简单的事情。现在在法庭上,这位前总统站在这里,就是告诉人们,要实现这个目标,就是实实在在的,为一个一个的普通人,不论他的肤色和国籍,争得平等的地位、自由的生活和有尊严的生命。

我所要在这里补充的就是,黑人一方的律师,在最高法院的辩护词中,把更重的分量放在有关自然法、黑人的人权以及《独立宣言》的建国理念上。同时,也充分利用法庭在一审中,对于"阿姆斯达"号黑人的自由身份的确认。指出,他们来到美国的时候,已经从非法奴役中解放了自己。如果把他们送回去,就是美国政府的行政分支在奴化自由人,而他们是没有这个权力的。

约翰·昆西·亚当斯指着法庭墙上所悬挂的《独立宣言》说,我认为，在这个案子中，只有自然法是对我的当事人最为适用的。我们的建国之父们正是在这个原则上建立了我们的国家。法庭是公正的维护者，这意味着法庭必须永远保护每一个"个人"的权利。

也就是说，黑人一方的辩护律师，希望在最高法院，能够在根本上对于美国南方的奴隶制有所触动。还应该提到的，就是约翰·昆西·亚当斯在辩护中，以相当大的比重抨击了政府的行政分支干扰司法的违法行为。

最高法院的判词是在1841年的3月9日出来的。影片中所表现的短短的宣判场面也相当真实，那是安静的、平和的，也是肃穆的。判词是由斯多雷大法官综合全体大法官的意见之后，撰写并且宣布的。斯多雷大法官来自马萨诸塞州，他反对奴隶制，却绝不是一个对此持有激进态度的人，因为他非常重视建立一个严格的社会秩序。且不提那些来自南方的大法官，就是在来自北方的大法官里，斯多雷的态度也是相当典型的。因此，在判词出来之前，一般的估计，还是最高法院的判词会对政府的行政分支有利，而对黑人不利。而作为黑人的法律代表的亚当斯和那些激进的反奴隶主义者，也对获胜缺乏信心。

可是，最高法院的判词不仅确定了黑人得到胜诉，而且在投票的比例上，赞成和反对的比例相当悬殊。在能够参加判决的七名大法官中，只有一名大法官对下级法院的判决投了反对票，其余六名均投票支持了黑人一方的胜诉。

斯多雷大法官首先纠正了联邦地区法院在判决时所犯的一个错误。就是一审判决时的依据，是1819年美国禁止海上奴隶贸易的法律。这个法律认定,"不论以任何形式,进口或者带入美国领土的任何黑人、混血者、有色人种,只要对他们有任何占为奴隶、使役和劳役的企图,都是非法的"。可是,"阿姆斯达"号的黑人,在进入美国水域的时候,他们已经能够控制自己的状态,并且也宣称自己是自由人。因此,上述法律显然并不完全适用于作为判定"阿姆斯达"案的依据。

斯多雷大法官认为,这个案子的关键是,这些黑人到底是不是在1795年的"平克尼协定"范围内的,应该由行政分支交回西班牙的,属于蒙岱和路易兹的财产。斯多雷大法官认定检方并没有提出对于财产的足够证明,而这些黑人应该是自由的。他在仔细地分析了"平克尼协定"的有关条款之后,认定,既然这些黑人从来也不是合法奴隶,他们也就根本不在该协定所规范的,应该归还的"货物"的范围之内。

斯多雷大法官非常清楚地认定,这些黑人从来也不是蒙岱和路易兹的"合法奴隶"。他们是"非洲原住民",被"绑架和非法运入古巴"。有充分证据说明,蒙岱和路易兹对此"完全知情"。非洲人进入古巴领土时就应该是自由的,"阿姆斯达"号的乘客是自由黑人,1795年的"平克尼协定"对他们无效。

同时,斯多雷大法官肯定,一个人在被非法劫持的时候,具有自卫的权利。在一个人被非法逼为奴隶的时候,暴动是他的权利。为了得到自由,这些黑人也许是干下了一些"可怕的事情",但是,在法律的概念里,他们不能被定义为海盗或者强盗。

他进一步解释说,实际上,这个案子的关键是,在西班牙法律和"平克尼协定"都对此案无效的时候,那么,必须考虑的因素,就是进入此案各方的相互矛盾的权利,应该依据的法律,就是国际法公正的原则。尤其是当这个争议还牵涉到人的生命和人的自由的时候,就更是如此。"平克尼协定"从未否定外国人在美国法庭也有同等的要求公正审判的权利。同时,不管是否存在"平克尼协定",美国公民都有权在美国的法庭提出对"阿姆斯达"号的财产要求,而"阿姆斯达"号的黑人也拥有在美国的法庭要求同样公正的平等权利。斯多雷大法官的这番话,也就否定了行政分支和西班牙当局所说的,美国司法无权对此案进行裁判的说法。

联邦地区法庭对于西班牙人财产权的判决,最高法院予以支持。因为,斯多雷大法官指出,"平克尼协定"也要求财产所有人提供充分的财产所有权的证据。但是,当这张通行证所提到的拉丁裔黑人是根本对不上号,是虚假的话,那么,也就是说,西班牙人根本没有提供财产所有权的充分证据。至于"海难救助奖金",最高法院也支持了一审裁定。"阿姆斯达"号上的货物,吉尼中尉和他的部下可以获得总价值的三分之一,其余三分之二也以同样理由,由蒙岱和路易兹取得。在最高法院的裁定下,"阿姆斯达"号的黑人终于不再是别人的奴隶和"货物",而被正式宣布为自由人。

整整十八个月的争执,

裘瑟夫·斯多雷大法官

终于在斯多雷大法官平静的宣读声中有了一个结果。整个最高法院的法庭鸦雀无声，没有出现任何戏剧性的场面。回顾整个审理过程，大家都觉得如果细察这个案子的法律基础，这样的结果是必然的。因为证据是明确的；公众对这个案子的看法都是对黑人有利的；黑人的律师对于案子的辩护，是准备充分的；亚当斯一再提醒法庭，它对人权和美国公众是负有责任的；更何况，最高法院的审理强调了依据现有的法律。只要最高法院是坚持公正的，就几乎不可能判出别的结果来。

约翰·昆西·亚当斯参与了这个工作，他无疑为这个结果感到兴奋。但是，他清楚地把这样的结果，归于那些以极大的献身精神，付出了十八个月辛劳的激进反奴隶主义者们。他给"阿姆斯达"委员会的泰朋以及黑人的主要律师班德文写了一封信，表达了他的心情，"他们自由了！"约翰·昆西·亚当斯写道："感谢你们！我以人性和公正的名义，感谢你们。"几年以后，他在众议院发言时，突然昏倒在讲坛上，两天以后去世。

由于实际上黑人并没有旁听最高法院的审理和宣判，因此，是两个在纽黑文的激进反奴隶主义者，听到消息之后骑马赶到两英里以外的威士特维尔，去向黑人通报这个消息的。这个时候，黑人已经能够用简单的英语表达自己的感受："我高兴。谢谢。美国人。亲爱的朋友。上帝。我们高兴。"

黑人自由了，可是还有一个如何帮助他们回家的问题。你也许还记得，最高法院的判决修改了一审的部分法律依据，使得1819年的美国禁止海上奴隶贸易的立法，不再成为这个案子的基础。因此，与同一个法律相联系的，由美国总统送这些黑人回家的一审判决也就不能执行了。因为总统不再有动用行政开支以支付这一航程的权力。在当时的航运条件下，非洲可以说是路途遥遥。去一趟是需要一大笔开支的。于是，此后的八个月，这些激进的反奴隶主义者又使尽浑身解数，寻求各方的支援，想找到送黑人回非洲的途径。

最后，通过美国人的个人捐款，联合传教协会的资助，以及他们举办一些展览会筹集的钱，他们终于凑齐了这笔巨款。1841年的11月27日，一艘名叫"绅士"号的小三桅船，终于载着这些黑人，包括那三名黑人小女孩，在他们的美国白人朋友代表的护送下，离开纽约，驶往非洲。两年半以前，在西班牙人押送下在古巴登上"阿姆斯达"号的五十三名非洲黑人中，只有三十五名，也就是大约三分之二的黑人等到回家乡的这一天。余下的十八名黑人，除了两名在美国因病去世，其余都死在"阿姆斯达"号暴动和暴动之后飘荡在海上的两个月中。也许，他们自由的灵魂已经找到了回非洲的路。

"阿姆斯达"案到此应该落幕了。电影也在一笔带过的攻打西非奴隶市场和美国南北战争的炮声中结束。给了人们一个鼓舞人心的结局。后面的事情，显然已经超出了这个"阿姆斯达"电影的范围，可是，我要是就这样草草收场，你显然是不会满意的。那么，我的故事还必须继续讲下去。

对于"阿姆斯达"案，我最希望通过它能够使你了解的，首先是当时美国在分治状态之下，由于历史原因而形成的南北之间观念分裂的严重状况。虽然，在南方，也不是都那么极端。但是，如果以极端南方的观点作为代表的话，那么，按照美国的建国基本理念去衡量，可以说这种观念的分裂，已经严重到了一边"是美国"，而另一边"不是美国"的地步了。这也正是北方激进的反奴隶主义者,会忍无可忍地提出,要重新建立一个符合上帝原则的国家,或是口口声声不惜打一场内战以改变这种局面的原因。

另外,通过这个案子,我希望你能够了解这个很有意思的"司法挑战"的过程。我说过,这也是我最感兴趣的地方。因为,这是美国在历史关头最典型的,也是美国人最习惯使用的推动进步的一个方式。可以说,美国在建国两百多年来已经有了巨大的变化,那么它在历史进程中的脚印,几乎都是由一个又一个这样的"司法挑战"所组成的。所以,认真地细察这样的案例,就像是观察一个重要的历史转变如何合法地、有逻辑地完成。就像看着一个有趣的化学试验,如何从量变走向质变、产生一个新的物质一样,非常耐人寻味。

那么,在美国彻底结束奴隶制这样一个历史关头,这样一场由激进的反奴隶主义者组织的"司法挑战",对此后的历史进步究竟推动了多少,它的胜诉又是一个什么程度上的胜利呢?

简单地说,让我们在电影中感到如此振奋的审理结果,从"司法挑战"的角度去看,它的胜利是极为有限的。甚至可以说,这只是一个道义上的胜利。"挑战者"并没有在他们推动法律进步的根本目标上,得到什么实质性的收获。

如果我们再回过头来,冷静地审视这个案子的最终结果,你会发现,它对于美国建国初期南北双方妥协以后形成的南方的奴隶制,在法律上并没有实质性的改动。因为,这个案子的判定基础,是首先根据各种证据,对于"阿姆斯达"号的黑人做了一个身份确认。确定他们是"自由的非洲原住民"。在这个重要的前提之下,也就可以绕开一系列与奴隶相关的法律,以及由这些法律引发的问题了。在这种情况下,"阿姆斯达"案并没有去动摇这些法律。不知你是否还记得,我曾经告诉过你,在"阿姆斯达"号上,还有一个被电影删去的特殊人物,就是那个在暴动中被杀的船长,还留下了一个叫安东尼奥的十六岁小黑奴。实际上,他不仅以证人的身份在这个案子中出现,最终他自己也成了这个案子的一个组成部分。而且,他的存在,更容易说明我在前面谈到的问题。

安东尼奥是这个船上唯一一个真正的"拉丁裔黑人"。他出生和生长在古巴,从种种迹象看,他和主人的关系并不恶劣。这种情况在美国南方也相当普遍,就是作为家仆以及和主人相处密切的黑奴,一般和主人的家庭有较好的关系。尽管他是一个黑人,而且是一个奴隶,但是从一开始,他就是和西班牙人站在一起的。再说,对他来讲,古巴已经是他真正的家乡。就在案子发生后不久,船长的继承人就向法庭提出对奴隶安东尼奥的所有权。在法庭上,安东尼奥对此没有提出任何异议,他当庭表示,他愿意回哈瓦那去。最终,地区法庭对他的一审判决是,鉴于安东尼奥是一名有证据的合法奴隶,他必须回他的主人那里去。最高法院也支持了这个判决。由于当时安东尼奥本人的意愿与法庭的判决一致,因此使得他几乎没有引起人们太大的注意,也使得这一判决的意义被人们忽略了。

"阿姆斯达"委员会在案子了结的时候,仍然对这一部分的判决很不满意。他们不愿意看到年轻的安东尼奥回到奴隶状态,并且担心他被立即送走。由于案子已经了结并且离开了最高法院,他们便希望律师班德文去为他到地区法庭申请一个"人身保护令"。班德文立即回答说,安东尼奥当庭表示了他要回哈瓦那,他自己不要成为自由人。

因此他也无能为力,因为法庭不可能违背他本人的意愿为他发保护令。最终,安东尼奥终于醒悟,他向泰朋表示了自己不想再回去的愿望。他当时的处境还相当自由,因此,泰朋比较容易地帮助他,使他"失踪"了。还在"阿姆斯达"号的黑人们回非洲之前,当年四月,也就是在判决的两个月后,他已经在加拿大的蒙特利尔,开始一个自由人的生活和工作了。

从对于安东尼奥的判决上,你已经看到,在"阿姆斯达"案黑人的胜利后面,实际上还隐藏着一个挫折。那就是,反奴隶制的人们所希望看到的,挑战司法的重大成果并没有出现。沉淀下来之后,人们发现,按照这个判决,原来的法律并没有被很大地触动。黑人获得自由,是因为他们本来就是自由的。也就是退一步来看,如果这些黑人,像安东尼奥一样,是古巴的合法奴隶,那么,他们就还是应当归还给别人的财产;他们的状态就不是"被绑架的自由人",也就失去了暴动的权利。安东尼奥就是一个标志。如果所有的黑人都是在1820年英国和西班牙的禁止奴隶贸易协定之前被卖到古巴的,他们的身份就和安东尼奥一样了,那么,在同一个法庭,他们得到的判决当然就会完全不同。可以说,没有什么人比那些激进的反奴隶主义者更清楚这个局面,也更感到沮丧的了。

那么,当你走出电影院的时候,是否因此就是"上了导演斯皮尔伯格的一个当"呢?我想应该不是这样的。因为,即使"阿姆斯达"案的判决只是一个道义上的胜利,它的意义也是深刻的,它对美国废除奴隶制所产生的影响也是深远的。为什么这样说呢?

这就是司法挑战中首先必须"胜诉"的意义。不管怎么说,这些黑人自由了。在他们已经被卖到了古巴,又转卖给了庄园主之后，还杀了白人，抢下了船。在这种情况下，在一个白人的国家，能得到无数白人的支持，有长期免费的高质量的法律服务，甚至有前总统站出来为他们作法庭辩护。大法官全部是白人，甚至其中还有来自南方的奴隶主，在这样的高等法院，他们照样以高比例的赞成票，判定黑人暴动无罪，重获自由。还有什么比这个胜诉的结果，能使所有北方反奴隶制的人们，更感到激励和鼓舞呢？如果说，一百五十年之后，当走出电影院的时候，依然会有人对这样一个久远以前的故事感到激动的话，那么，可想而知，处于当时美国矛盾旋涡中心的民众，对这样一个胜诉结果，会产生什么样的轰动效应了。

同时，对于我们这些通过阅读来了解这段历史的人，还有什么比这个胜诉结果，更能说明一百五十年前代表着美国精神主流的北方的事实状态的呢？

是的，在黑人胜诉新闻的巨大冲击下，在当时几乎很少有人注意到这样一个事实，就是它并没有动摇南方奴隶制度的法律。可是，这个"道义胜利"的轰动效应，却事实动摇了原有法律的民意基础，使得人们对于南方现状的接受度大大降低。因为通过这样一个案子，充分讨论了法律与自然法的关系，再一次中扬了"平等自由"的建国原则，最终黑人又取得了胜诉。这样的一个逻辑线索，使人们产生一种强烈的错觉，似乎他们已经在解决"黑奴物化"和黑人争取自由等问题上，有了一个实质性的进展。于是，当他们在此后再遇到合法奴隶的同类案件的时候，在同样法律之下产生的不同审判结果，就会使人们产生倒退和无可容忍的感觉。这个时候，本来其意义就是一份契约的法律，就会由于失去民意基础而走向立法的变革。这个时候，司法挑战的目标，就算是真正达到了。历史也就在这样立法变革的基础上，向前走了一步。

可以说，美国的历史进步都是以这样的方式，一步一步走出来的。但是，唯有在解决奴隶制问题的过程中，迈出了"南北战争"这样一个对美国来讲是"非同寻常"的步子。更何况，南北战争本身，还有它更为错综复杂的原因。因此，对美国这场唯一的内战细细解剖，也是很有意思的。在拖出这场战争之前，也许我们还是应该再看看"阿姆斯达"案在最终审理时，最高法院所面临的困境。我觉得，这既是"阿姆斯达"案的终点，也是理解此后的"南北战争"的一个起点。

美国历史上的司法挑战，并不是一定都要依靠立法机构建立起一个新法律，才能取得实质成果的。大量的司法挑战，在最高法院的司法程序中，就已经可以得到一个满意的结果了。为什么呢？就是因为我在去年曾经和你谈到过的，美国的最高法院有一个"司法复审权"。这也是所有挑战司法的人，在走进最高法院的时候，总是满怀希望的原因，应该说，在"阿姆斯达"案中，激进的反奴隶主义者也曾经是有过同样的希望的。但是，他们的期待从法理上看，却是过分的，在历史的这一刻，是注定没有希望的。为什么呢？

在历史上，美国人在对一条"过时的"和"不合理"的法律进行质疑的时候，或者在遇到两条内容相互冲突的法律，需要一个甄别的时候，一般在最高法院都能找到一个结果。这是因为最高法院的"司法复审"有一个恒定的参照标准，那就是美国宪法。在美国，大家只有一个基本共同点，就是认宪法。美国人向来就是五花八门、来自世界各地的。但是如果你认同了这个宪法,你就等于加入这个契约,认同了这个国家。所以,最高法院用宪法作为"参照标准"去"复审法律",可以说百试不爽。

当然,最高法院的大法官判案时,也有两种基本态度。一种是比较被动的,就是强调对于现成具体法律条文的恪守;另一种则是较为主动的,就是在宪法精神之下,对于历史进步有一个基本判断,然后,以更接近宪法本意和更接近自然法的立场去判。前者比较简单,不容易引起争议,在美国建国早期,这样的情况也许更多一些。而后者需要更大的勇气和更高的水平,引发争议的可能性也就更大一些。当然美国人习惯于遵守最高法院的上诉裁决。只是,产生争议的裁决,会一再成为一轮又一轮的新的司法挑战的起因。如果这种挑战是符合历史进步方向的,那么,它终有一天会在最高法院产生新的判决,或者产生新的立法。

再看"阿姆斯达"案的最高法院判决,你就会发现,它似乎是属于前一种情况的,因为它恪守了原来的具体的法律。但是,你同时又会发现,最高法院在审理中,已经尽最大可能在对黑人维持一个公正,在以更接近自然法的立场去作判决,表现了一种相当积极的主动性。这种情况下,似乎又比较接近我们前面讨论的第二种判案的态度。至少没有必要怀疑最高法院在"阿姆斯达"这个案子上,对于公正的追求。你只要想象一下,如果"阿姆斯达"最终不是来到美国,而是漂回了古巴,在同样有着"禁止海上奴隶贸易"法律的古巴,又会判出什么结果来呢?

那么,既然在寻求公正和追求自然法的原则,为什么最高法院就不能在判决中再进一步,较根本地在法律上解决这个问题呢?为什么说激进的反奴隶主义者的目标，就命中注定地不可能在这一个案子里达到呢？

因为这是历史遗留的一个非常特殊的情况。就是你已经知道的，在美国建国初期制定宪法时，在奴隶制问题上对南方有过一个妥协。妥协的核心就是承认各州有权决定是否蓄奴。根据当时的局势，似乎有理由相信，在各州逐步自行废奴之后，这样的妥协条款也就会自行走进历史，不再成为问题了。但是，随着联邦的扩大，加入的那些新南方州，如亚拉巴马、密西西比等等，在坚持奴隶制的问题上，与原来的两个极端南方州相比，有过之而无不及。最令人不安的就是在州的数量上南北双方开始相近，在对待奴隶制的态度上，开始走向不可通融的两极。这个时候，由于历史原因进入宪法的这三个妥协条款，就形成了美国历史上一个最难以处理的局面。

美国宪法在制定的时候，就考虑到它的历史局限性。因此，在宪法中规定了可以以修正案的方式，修正其中的条款。修正案在通过后，也将成为宪法的一部分。但是，为了保证它能够成为多数人的契约，宪法又规定，修正案必须先由参众两院的三分之二议员通过，再交由各州，在至少四分之三以上的州议会通过后，才能够进入宪法。建立一个宪法修正案，对于美国人一直是一件非同小可的事情。在美国建国的二百多年里，除了与宪法几乎同时通过的十条"权利法案"之外，至今只通过了十六条修正案。于是，你一定也看到症结所在了，就是南北双方在州的数量上的均势，使得修正这些妥协条款，在当时几乎不可能。

于是，宪法中的这三个妥协条款，成为最高法院不可逾越的障碍。因为，最高法院不是立法机构，它只有依法进行司法判决的权力。

它的"司法复审权"的最高依据是宪法,如今争议的焦点,是宪法本身的妥协条款,最高法院就无能为力了。因此,在"阿姆斯达"案中,应该说,最高法院已经尽了最大的努力,既不违背现行法律,又坚持了贴近自然法和公正的立场。然而,在法律的根基上,它不可能有更大的作为了。但是,最高法院无疑是正确的,就是它首先必须坚持在权限范围之内行使权力。如果认为自己有理,就可以随意越权的话,整个运转正常的体系就彻底乱套了。

因此,现在回想起来,在"阿姆斯达"案的过程中,发生的最应该引起警惕的一件事,就是范布伦总统的行政分支干预司法的越权行为。然而,它的危险性和重要性,在当时只有一个人是充分注意到的,那就是前总统约翰·昆西·亚当斯。他不仅在最高法院一再强调这一行为的违法性,而且,在他去世前的几年中,始终没有停止呼吁对这个权力机构的越权行为予以追究。只是在一百五十年前,美国的学校还没有今天这样的宪法教育;民众对于政府运作的监督,也还远不像今天这样洞若观火。直到许多年以后,人们才渐渐理解当年约翰·昆西·亚当斯的洞察力。在今天,美国总统最怕的事情,大概就是被指控为干预司法和越权了,一旦证据确凿,几乎是不可能再继续留在总统的位置上的。这些都是后话了。

当人们再一次回到1841年11月27日的纽约码头,目送那只小三桅船,载着"阿姆斯达"号的黑人,缓缓离开码头的时候,心情就很难轻松了。因为在人们身后,南北两个庞大的不可调和的实体,正被这个案子又在背后推了一把,更逼近了一个僵持的交界线,可是,还是看不到一个打破僵局的希望。

这是一个松散的联邦,从它还是英属殖民地开始,就在北方形成了一个基本的发展核心。也就是说,从一开始,有一部分地区就是对外部敏感的、开放的、思索的、历史逻辑相对清楚的。它们主导了这片土地的思想发展和相应的社会发展脉络。而以两个极端南方州为代表的地区,它们是相对保守的、封闭的、思维迟缓的。甚至是被历史拖着向前的。这样一个格局,由于它的分治原则,一直保存到美国成立之后也没有被打破,只是在新的地区加盟以后变得放大了而已。

你也许会说,区域的发展不平衡,这在每一片土地上,在每一个国家都可以看到。但是在英属北美殖民地和其后发展出来的美国,由于它的分治,就形成了其他地方所少见的特殊情况。并且使它的历史进程也呈现不同的面貌。

如果在一个中央集权的国家,一个落后地区如果被遗忘,它就可能在很长时间被拖在历史的后面,但是,它基本上是完全被动的。如果中央政府想对它有所作为,它也就被动地被改造,这样的改造计划可以在较短时间内就基本完成。但是,在当时作为一个联邦的美国,就完全不一样,因为这是一块分治的土地。在这里,一个保守的地区,只要他们自己愿意,可以固若金汤一般,维持得相当久远。从整体的历史角度来看,它的基本观念始终是被动地被历史推着勉强向前;但是,从局部的区域来观察,它不仅对于掌控自己的地区具有相当大的主动性,还对于来自外部的力量具有顽强的对抗性,只要它自己不愿意变,任是谁也奈何它不得。这就是僵持的基础。

同样，平等的联邦和分治的原则也是当年制宪会议的基本背景。所以，在美国的制宪会议上，不存在领袖，所有的人都是以一个区域的代表出席的，目的是达成一个共存的契约。你也许会问，那么，按照"常理"在独立战争中应该产生的那些"重量级"人物呢？正如我告诉过你的，战争结束，他们就回家了。这里，非常重要的一个原因，就是在当时美国人的心目中，现在叫作"州"，原来是殖民地分区的那个地方，才是他们的家乡和国家。而所谓美国，只是一个远比联合国还要松散的联邦。他们寻求自由的文化，也没有产生一个雄心勃勃的"人物"，要建立和主宰一个美国的一统大业。

所以，当四年以后制宪会议开始的时候，那些"英雄们"早已在几年前"沉"了下去。自己给自己退去了头上的光环。再次汇到一起，他们每一个人都只是州的一个代表而已。在这个会议厅里，只有相互地位平等的代表，有会议主持人，但是没有一个领袖，甚至是类似领袖的人物。任何一个地区和它的代表，都没有决定性的主导权。没有人有权利强制别人，没有一个地区有权强制另一个地区。分治的基本共识就是：一个地区的生活方式，只有住在这个地区的人们，自己有权决定。

现在看来，能够维护这样一个州与州之间关系的制宪会议，建起了一个以平衡和制约为原则的联邦政府的构架，是有它内在的逻辑联系的。同时，对于它们之间的重大分歧，以达成妥协的方式去解决，也是必然的。

但是，不知你是否注意过，美国的版图，在南北战争之前已经基本完成。也就是说，它在南北战争之前，面积已经基本和今天差不多了。可是，在制宪会议时的美国，其版图只有南北战争时的五分之一左右。因此，在制宪的时候，在这个"小的美国"看上去还容易被时间逐步解决的历史妥协，在南北战争之前，却随着它的面积的迅速扩大而急剧膨胀和激化了。它不仅没有像建国时人们所预期的那样逐步走进历史，反而突兀出来，像一块骨头一样，卡住了这个新生国家的喉咙。

那么，美国人到底如何才能走下去，走出这个历史困境呢？

这封信太长了，下次再写吧。

祝好！

林　达

历史遗留的鲠喉之骨

卢兄：你好！

谢谢你的来信。你说，没想到一个"阿姆斯达案"，居然隐含了这么多内容，觉得很有意思。但是对于我上封信后面提到的，美国历史上这个僵持的困境，你说，这个难题倒是不难解，不就是打一场解放奴隶的南北战争吗？

这使我想起了我刚到美国时，第一次到一个七十多岁的南方老人布鲁诺家去做客。那天，我们坐了一会儿，一起去的朋友就高兴地对老人说，她给我起了一个英语名字。布鲁诺的夫人一听就说，啊，这个名字正好和我们这儿第一个进入公立大学的黑人学生的名字一样。于是，大家自然地谈起了南方的种族问题，甚至一路牵到了南北战争。我当时英语还跟不上趟，半懂不懂地勉强在后面拖着。布鲁诺见我很少说话，也许怕冷落了我，就问道，你在中国也听说过美国的内战吗？我的回答和你差不多，我说，听说过，不就是那个解放奴隶的南北战争吗？布鲁诺听了我的回答说，是啊，只是不那么简单。

布鲁诺的这句话给我留下了很深的印象。在这儿待的时间越长越觉得，不论现代社会的交通工具多么便捷，把两块大陆的距离拉得多近，可是，在试图相互了解的时候，它们往往是原本有多少距离，现在还是有多少距离。因为一件事情、一个现象，在长距离的相互传送中会被逐步简化。等传递到了彼岸，原来的一条恐龙，已经只剩下一副骨骼了。至于一个历史事件，它不但遭受长距离海浪的冲刷，还受到时间的淘洗，当它漂洋过海，已经不但是骨骼，而且是骨骼的化石了。似乎经过简化以后，它反而显得清楚和容易被掌握，但是，它留给人们有血有肉的历史教训，却往往在途中失落了。所以，我想，我所应该在信中和你聊的，就是尽可能补上一些失落的东西。只要你看了以后发现，原来不那么简单啊，我的目的就算是达到了。

我们还是必须回到南北战争之前，鲠在美国的那块"骨头"上。在制宪会议的时候，即使是强烈反对奴隶制的人，也很少有人认为必须有一个条款强令各州立即废奴。因为，在你看过我前几封信对历史状况的介绍之后，也一定同意，这在当时是做不到的。这是一个与整个殖民地几乎与生俱来的历史遗留问题，它的整个经济和生活方式都缠绕在上面，必须有一个梳理变化的过程。实际上，在独立战争期间就已经宣布废奴的少数殖民地，也同样经历了一个渐变的过程，所不同的是，它们的变革过程开始得更早更自觉而已。所以，在当时的情况下，要求一个缓冲期，应该是合理的。

问题在于，这个缓冲期应该由联邦立法强制，还是由各州自己根据实际情况自行掌握。这个时候，就有废奴的两个阶段的问题。第一个阶段是禁止奴隶进口，第二个阶段是彻底废奴。最终，达成的妥协是第一阶段的二十年缓冲期由联邦立法一刀切，这就是宪法中三条妥协条文的第一条。所以，在"阿姆斯达案"发生的时候，这条妥协条文已经走进历史了。接下来就是第二阶段，即对实行彻底废奴的缓冲期的规定。这一条达成的妥协，就是各州自己决定。所以，在宪法中，就没有一个对于整个联邦内实行废奴的强制执行期。

如果没有联邦领土急速扩大带来的新情况，彻底废奴的第二阶段，有可能会如预期的那样由各州逐步自行解决。因为在南北战争前夕，原来建国时的十三个州，还没有废奴的实际上只剩下四个半州，而逐步自行废奴成为自由州的，却有八个半州。这半个，就是从弗吉尼亚分裂出去的西弗吉尼亚州。

即使在四个半南方州里，至少有一半，还是有希望自行解决的。例如，在"阿姆斯达案"发生前，弗吉尼亚州议会就一直在激烈的争辩中。在一次议会投票中，赞成立即制定废奴方案的议员约六十名，反对的也大约是六十名。其余十几名议员，同意立即发表反奴隶制宣言，但是害怕矛盾激化，希望在矛盾冲突的时候，提案暂缓。

这时，蓄奴州所承受的道德压力要大得多。即使还不能使得余下的少数蓄奴州自行废奴。在这种情况下，由推动修正案等正常程序，达到联邦法律强制的可能性也非常大。但是，历史给了美国一个恶作剧，也可以说，历史给美国出了一道难题。正如我们已经知道的那样，翻着倍扩大的联邦使得整个局面变得面目全非。当时宪法中留下来解决废奴缓冲期的两个具体问题的条文,不仅没有如期隐入历史,反而凸显出来了。那么这两个条款到底是什么意思呢?

在制宪时,既然同意了给予废奴一个缓冲和过渡的时期,那么,自然就有在这个期间的一些具体问题要解决。首先是人口的计算方式。既然在缓冲期有些州还有奴隶,那么就有奴隶怎样计入人口的问题。因为这直接影响按人口比例计算的直接税税收和各州众议员的人数。所以,就出现了自由人数"加上五分之三其他人口"的条文。就是一个奴隶,在人口计算时,按照五分之三个自由人计算。这是对废奴缓冲期事实存在的具体问题作一个折中。在美国历史上被称为"五分之三妥协"。

第二个具体问题,是在确定宪法第四条,即州与州的关系时,由当时的极端南方州南卡罗来纳提出来的。

宪法第四条的第一条目,就是各州必须对其他州的公共法案、记录和司法程序,予以完全的信赖和尊重。这是你已经熟悉的分治原则。每一个州都如同"独立的小国家",一过州境,如同去了另一个国家,制度规矩就样样不同了。于是问题就来了。制宪时已有自由州,而且眼见着将越来越多。这样,自然会产生蓄奴州的黑人奴隶开始向自由州跑的问题。因为美国从来没有户籍制度,进入任何一个地方,住下来,就算是那个地方的人了。如果没有法律约束,黑奴一越过州界进入自由州,就立即按照自由州的法律成了自由人。那还不是一下就都跑没了。这样的话,蓄奴州还怎么保存自己的劳力呢?

于是,南卡罗来纳就提出要在第四条的第二条目,即有关缉获其他州的罪犯必须送回的条目中,加上一段,就是一个州不得解除其他州逃来的合法服劳役者的劳役,并且应该应当事人要求,将人交出。后来,这一条就被称之为"逃奴条款"。

这一段,在当时由南卡罗来纳提出以后,并没有很大的争执就加上去了。仔细地分析,你就会发现,既然大家承认废奴有一个过渡阶段,既然把这个立法权交到了州一级,既然各州必须尊重其他州的法律,那么,这个结果是完全在这个逻辑之内的。但是,为了解决"一国两制"过渡时期的具体问题,如此保留下来的两个妥协条款,却在执行中产生了完全不同的效应。这两个条款都隐含着承认"州"对于奴隶制的立法权,性质是一样的。但是,有关人口计算的前一条很少有人注意,而有关逃奴的一条,却成了所有美国人的真正梦魇。●

随着日益增多的蓄奴州加盟联邦,留给州的立法权成为南方维持奴隶制的借口。可以说,有关人口计数的妥协条款是"无形"的,而一个一个、一家一家活生生的逃奴却是不可能闭上眼睛说看不见的。于是逃奴条款,成为一块真正的"鲠喉之骨",逃奴问题,成为南北双方有关奴隶制、有关建国理念、有关种族与人性等等根本分歧的一个最具体最尖锐的冲突点。

"逃奴情节"也是"阿姆斯达案"会在美国引起这么大反响的原因。因为"阿姆斯达"号暴动的案情,是逃奴事件的一个最极端例子。因为船上的黑人不仅要逃,还不惜一切手段去达到目的,其中包括暴动和杀人。所以黑人最终胜诉的结果本身,就足以掩盖一切司法挑战的不足。北方自由州的民众几乎是拒绝看到这个案子并没有在法律上对"逃奴问题"有实质进展,而是情绪化地固执认为,这是逃奴问题上的一个重大胜利。

事实上,在建国初期,当这个"逃奴条款"设立的时候,没有人把它当作一个大问题。因为当时自由州刚刚开始,还没有几个越界逃奴,看不出会引起什么社会冲突,甚至也没有吸引任何社会关注,仅仅是一些个案而已。可是,随着北方废奴的自由州的迅速发展,也随着新加盟蓄奴州几乎同步的发展,随着北方反奴隶制运动的普及和兴起,也随着有关自由州的消息在南方奴隶中悄悄地传开,当年制宪时南卡罗来纳的代表担心的事情,终于大量发生。

南方的蓄奴州,尤其是称之为"南方上州",也就是与北方邻近的几个南方州,黑奴越来越多地越过州界进入北方自由州。于是,逃奴,抓逃奴,和主动帮助奴隶逃亡的角逐,以及建立更严格的逃奴法和北方各州反逃奴法的立法对抗,一发不可收拾。"胜利大逃亡"成为当时美国社会生活的一个组成部分。

你一定看出来了,这个"胜利大逃亡"的实质,就是产生大量的"违法活动"。不论一个法律是否过时,在新的契约产生之前,违背原来法律的活动,就是违法行为。这个局面的形成,在美国可以说是"非常态"的。关键就在于南北的僵持没有出路。美国人习惯的合法途径,经历司法挑战这样的手段的通路,被历史留下的"逃奴条款"一骨鲠住,而一时又达不到取得宪法修正案的合法票数。换句话说,就是美国历史上出现一个"奇观",对于一个法律条文的态度,不仅是差不多是数量上一半对一半,而且是两个极端。可是,按照大家原先的约定,要有一大半的人要求修改才能作数。可是,现实偏偏就是"势均力敌"。同时,对于北方大量的反奴隶主义者来说,这又不像其他的法律问题,可以慢慢等待。这不仅是自由关天,甚至是人命关天。所以,"违法行为"急剧增加。

其中最典型的,就是所谓的"地下铁道"了。这是牵涉到许许多多人的一个"犯法集团"。他们组成网络,有组织地将南方的奴隶一群一群、一站一站地接出来,送到安全的地方,甚至不惜送出国境,一直送到加拿大。"阿姆斯达"号上的那名小黑奴安东尼奥,实际上就是在泰朋的帮助下,利用这个"地下铁道",顺利跑到加拿大去的。你所熟悉的《汤姆叔叔的小屋》的作者,也是通过与"地下铁道"的接触,取得大量第一手资料,写成这本小说的。"地下铁道"最兴旺的年代,恰是从"阿姆斯达案"审理的那一年开始的,直至南北战争爆发。我一直相信,这二者绝不会是毫无关联的。

我之所以要在这里强调这些活动的"违法性",因为这不但在美国历史上很不寻常,对于任何一个社会来讲,也是它进入了一个危

美国北方民间帮助南方蓄奴州奴隶逃亡的"地下铁道"运动

《汤姆叔叔的小屋》作者斯托夫人

机的信号。那么,这样一个危机是否就一定要导致一场战争这样的"大爆发",以无数人的生命来换取一个社会变革呢?我想,并不是这样的。

我们还是回来看当时的美国。从漫长的殖民岁月里,美国从英国的制度中承袭了许多精彩的部分,在它建国的时候,不仅很好地保留了这些遗产,而且使它更彻底更完善了。从美国北方奴隶制问题的逐步解决,你可以看到,这个国家精神主导部分是有相当强的自我反省和自我修正的功能的,而且是一个比较完善的契约社会。

在这种情况下,它还是可以在原来已经走出来的路上,作进一步的努力。一方面以最基本的人性原则影响南方,使它逐步改变,从一些比较温和的南方州(如弗吉尼亚)开始,促使它们以州为基础,完成废奴的立法。这并不是一个幻想,因为美国南方最终的改变,还是从这个人性基本立场的醒悟和扭转开始的。

另一方面，就是在有新的州加盟美国的时候，争取它们为自由州，以扩大自由州的力量。这一点从"阿姆斯达案"以前，南北双方已经开始在国会较量，应该说，北方还是相当有成效的。从1821年的密苏里妥协开始，划定奴隶制不能越过北纬36°30″。此后，每一次有新的州加盟，就算它也在南方，原来也有奴隶制，北方吸取了以往教训，不再愿意轻易牺牲这样一个原则。因此，后来的每一次新州加盟，都会成为南北双方的一场角力，就像疟疾一样地周期性发作。在"阿姆斯达案"发生的时候，当时的对峙还是相当均衡，但是后来在北方的竭力争取下，南北战争前夜，论州的数目来说，自由州已经比蓄奴州多了很多。尽管有一些自由州的面积很小，但是，国会参议员是每州两名，这是立法的一个不可忽视的力量。而且，我前面已经提到，宪法修正案的建立，最后也是要以"州"为投票的计票单位的。

即使在逃奴问题上，在北方也在寻求从法律上走通的方法。逃奴问题其实分两个部分。一部分是奴隶从南方逃出来的这一段，这当然是违背当地法律的，然而，这是南方奴隶制本身造成的问题，也是必须随这个制度本身的解决，才能够解决的。而真正困扰北方的是逃奴问题的第二个部分，也就是奴隶逃到北方来之后的那一段。在这一个部分，北方的反奴隶主义者一直在寻求合法地对逃奴进行保护的方式。律师们在持续不断地尝试司法挑战。"阿姆斯达案"，只是其中比较突出的一个案子而已。同时，随着北方反奴隶制的民意基础的扩大，自由州开始有条件逐步制定法律，使北方人可以在自己的地盘上合法地帮助逃奴。当时，引起一大堆矛盾也引起了一场司法大战。联邦和各州出现了不少针锋相对的立法。例如，国会为了平衡矛盾，几次通过

"联邦逃奴法"。北方各自由州则纷纷在自己的州里建立"个人自由法"与之对抗。在这些立法中规定州的官员可以不帮助南方来的奴隶主抓逃奴。北方由于逃奴引起的挑战性案件，可谓是层出不穷。这些案子有不少进入最高法院。

例如，在1842年，就是"阿姆斯达案"结束的第二年，最高法院就又判了一个著名的逃奴案，"摩根案"。你看到这里也许忍不住要问了，美国既然没有户籍制度，流动性又这么大，这逃奴可怎么抓呀？这确实是一个大问题。这也是南方对于逃奴问题特别敏感，对联邦有关逃奴的立法也逼得特别紧的原因。就是因为本来就难抓，如果北方不予配合，甚至协助逃奴的话，那就更没门了。而奴隶的流失，对南方经济是一个打击，对奴隶主则是严重的"财产损失"。所以，在当时应运而生地，出现了一些如私家侦探一样的专业"抓逃奴人"。这个案子，就是由一个叫作普利格的"抓逃奴人"引起的。

1837年，普利格在宾夕法尼亚州，抓住了一名叫作玛格利特·摩根的女黑奴。她从南方逃到宾夕法尼亚，在那里已经住了相当长的一段日子。天晓得这个普利格是怎么找到她的。然后，普利格就按照1793年的一个联邦逃奴法，在宾夕法尼亚申请一个押送证明。这是怎么回事呢？

因为，在宪法中牵涉州与州关系的时候，只是确立这样一个原则，就是一个州必须尊重另一个州的法律。当一个州的奴隶跑到另一个州，后者不能随意就对其他州跑来的人解除劳役身份，对方要求时还必须把人交出。可是，这里有一大堆具体问题。例如，出来抓的往往都不是警察而只是平民。那么当一个平民押着另一个平民，在大街上走，这不是绑架吗？这种情况当然会引起沿途警察的干涉。所以，当逃奴案终于开始成为比较普遍的情况，抓的一方和北方自由州也为此有了不少冲突之后，就要求联邦出来定出一个抓逃奴的执行细则，这个1793年逃奴法，就是这样一个细则性的规定。比如，抓到逃奴之后，必须去当地有关部门，取得一个押送证明，供沿途警察检查，以证明是合法行为，而不是在绑架。所以，那个叫作普利格的"职业捕快"，向宾夕法尼亚的治安法官要求的，就是这么一个押送证明。

可是，你早就知道，宾夕法尼亚州是美国反奴隶制的历史最为悠久的一个地区，远在独立战争中就立法废奴了。那里的人是最见不得什么"抓逃奴"的了。所以，当地的治安法官一口回绝了普利格的要求。普利格是靠这个吃饭的，当然不肯轻言放弃。于是，他只好不管三七二十一，在没有任何证明文件的情况下，押了玛格利特·摩根和她的孩子们，一路南去，回到了马里兰州。在这些孩子中，有一个还是玛格利特·摩根到了宾夕法尼亚以后才怀上，并且生在这个自由州的。宾夕法尼亚发现以后，尽管人已经被带走了，他们还是决心设法救回这名黑人女奴和她的孩子。于是，根据宾夕法尼亚在1826年建立的"个人自由法"，宾夕法尼亚州到马里兰州的法庭提出诉讼，告普利格"绑架罪"。

经过协商之后，双方同意加快司法程序，使得案子尽早进入联邦最高法院，以确认州一级对于执行联邦逃奴法的细则规定时，究竟有多大的自主权。这是在1842年，"阿姆斯达"的黑人们刚刚离开美国，他们就是在这个法庭获得自由的。但是，我已经在聊"阿姆斯达案"时提到过，那些黑人之所以获得自由，是因为法庭确定他们本来就不是合法奴隶，然而，这一次的案子，是美国自己长久以来无法解决的逃奴问题的继续，玛格利特·摩根是一个违法逃跑的合法奴隶。这一次最高法院又将怎么判这个案子呢？当时，全国可以说都在那里"拭目以待"。

结果，最高法院的投票是以8∶1通过裁决，判定了普利格的胜诉。宣布这个裁决的，又是我们已经在"阿姆斯达案"中已经熟悉了的斯多雷大法官。裁决是这样的：首先，判定"联邦逃奴法"并不违宪。这就是指你已经知道的宪法中三个妥协条款之一的"逃奴条款"。同时他指出，宾夕法尼亚的"个人自由法"的内容，如果扩大到干扰逃奴的引渡程序的话，那么是违宪的。然后，斯多雷大法官判定：宪法的"逃奴条款"中已经隐含了主人对于重获逃奴的权利，因此，只要在不破坏治安的情况下，平静带回逃奴，即使没有押送证明，也是合法的。但是在最后，斯多雷大法官宣布，各州应该执行联邦法律，但是，如果他们不执行，联邦政府也无权强迫他们执行。理由是，联邦政府没有权利对州一级的官员提出"执行要求"。

在这里，所有人都应该从"阿姆斯达案"胜利的过分沉醉中醒来了。因为，显然这一次大家都清醒地看到了，历史遗留下来的那块"骨头"，依然鲠在那里。后来，斯多雷大法官的儿子曾经说过这样一句话。他说，这个判词的实质是反奴隶制的。而在美国历史上，这个案子的判决，也还是被作为一个对反奴隶制有利的判例来看的。这又是为什么呢？

我们谈起过，最高法院的权力是有限度的，大法官们在"司法复审"的时候，只能以"是否违宪"作为评判标准。因此，这个结果是必然的。但是，所有的人也注意到，最高法院判词的最后一部分很不寻常，它指出，联邦政府无权强迫州一级官员执行联邦法。这样，尽管这场官司没能救出一个玛格利特·摩根，但是，从司法挑战的意义上来说，还是有收获的。因为，这等于给了北方的自由州一个借口。此后，再有逃奴的话，北方州就有了理由，拒绝给南方以应有的配合。而你也知道，在美国，尤其是北方这样一个流动环境中，如果没有这样的配合，抓逃奴的成功率就将大大降低。很多的未来逃奴，就会从中受益，真正地逃之夭夭。

从这个案子的判决，我们实际上还可以看到更多的东西。你会发现，在那个时候，联邦与州的关系还远远没有理顺，双方都小心翼翼地在法律上做一些试探和探索。就像刚刚成立的联合国，它和它那些彼此之间差异那么大的各个成员国之间，究竟应该如何共处和约束，谁心里也没有个底。经常会冒出一些新问题，来考验这样一种复杂的关系。

还有一个案子也是很有意思的，虽然这并不是一个逃奴案。但是深入去看，从南方黑奴争取自由身份这一角度来说，它和逃奴案有着异曲同工之处。1854年，也就是距离上面这个故事以及"阿姆斯达案"十几年之后，有一名叫作德雷德·斯科特的黑人奴隶，在密苏里州的州法院递了一个状子，告他的主人，申诉自己应该是自由人。当时的密苏里还是一个蓄奴州，怎么会跑出这么一个案子来的呢？

斯科特出生在弗吉尼亚庄园里的一个奴隶家庭。在他三十七岁的时候，他被卖给了密苏里州的一名随军医生做仆人。两年后的1834

年，军队换防，他随着这名军医来到了自由州伊利诺伊。又过了两年，那是1836年，他和主人的一名女奴结婚，生了两个孩子。就在那一年，他们一家又随主人换防，来到了另一个自由州威斯康辛。1838年，主人又带着他们一家，搬回了密苏里这个蓄奴州。回到密苏里五年以后，1843年，他们的军医主人去世了。在此之前，主仆之间一直相安无事。伊利诺伊和威斯康辛这两个州，就是在我前面提到的密苏里妥协中，成为自由州的。

主人去世之后，他们一家被军医的妻子卖给了她的兄弟桑福德。斯科特一家在桑福德家又度过了十一年。看上去似乎没有什么故事了。可是就在1854年，斯科特突然向州法院递了诉状，状告桑福德持有他们作为奴隶是非法的，他要求全家的自由身份。其理由就是，他们一家在1834年至1838年间，曾经在自由州居住过。曾经是自由州的州民。

这个案子是由黑人奴隶告上一个蓄奴州的法庭的。你根据经验推断，也许会觉得这肯定不会有什么希望。可是，经过审理，由当地居民组成的陪审团，判决黑人斯科特胜诉。这个结果他的主人桑福德当然不肯接受。于是案子上诉到密苏里州的最高法院，结果州法院的判决被推翻了。这样，当然原告方又不干了，斯科特于是就又告到了联邦法庭。这个时候，桑福德干脆提出，这个案子根本就应该撤案，因为不管斯科特应该不应该是他的奴隶，美国黑人不是公民，根本就没有诉讼权。这似乎是棋高一着，因为这么一来，桑福德压根儿就跳过了这个诉讼，可谓"出奇制胜"。出现如此原则性的"理论"，这个案子理所当然地就被带到了美国联邦最高法院。

在最高法院，这个1854年的判决使得"斯科特案"成了美国历

德雷德·斯科特

史上最著名的案子之一。著名到什么地步呢？就是如果你在今天参观美国的最高法院，那里会向每一个参观者放一段短短的录像，介绍最高法院的历史。就在这短短的十来分钟的录像里，就会向你提到这个案子。这个录像会告诉你，美国的最高法院也曾经犯过非常严重的错误，就是，在1854年的这个"斯科特案"判决，判定黑人在美国不是公民，因此不能享有公民权。

今天，你听到这个结论，一定认为这不但荒唐，而且是超出了常识和理智。然而，深入分析的话，你会发现，这并不意味着当时的联邦最高法院是以偏见控制判断，完全失去理性，而是时代的局限使得大法官们左右为难，不得已而为之。顺便提一下，当时九位大法官投票的结果是7∶2。这个判断无疑是错的。可是，为什么今天的我们，可以不假思索铁定它就是错的呢？因为在今天，我们已经非常习惯于所谓"自然法"的判断方式。也就是说,人性和人道,是衡量任何法律以及人类行为的试金石。

你一定注意到了,由于美国的《独立宣言》就是建立在"平等自由"的理论上的,也就是说,美国这个国家从一开始就是建立在自然法的基础上的,因此,尽管它有过严重的历史遗留问题和自身的社会问题,可是,和许多其他地区相比,它在思考和解决自己问题的时候,更容易抓住问题的实质,更能够单刀直入,一下子切到问题的根子上。因为实际上这是一个简单的国家,没有什么高深的理论盘绕在前面。换了别的地方,出现社会问题以后,会进行复杂的知识界的理论探讨,如同剥笋一般,一层层数不尽的理论外壳,可能剥了半天绕了半天,还是没有寻到是哪一层的理论,出现了什么样的偏差。在这里,就很简单,因为它只有一个简单道理。遇到问题,只需对简单的自然法进行比照,尽管解决一个社会问题永远不可能是简单的。可是,在是非判断和寻找解决问题的方向上,却显然要清楚得多。

从"阿姆斯达案"和"摩根案"中,你可以看到,大法官们非常吃力地在尽自己的职责。因为这是一个历史变革期,原有的、一些甚至已经过时的法律仍然在起作用。可是,他们只是联邦政府的司法分支,与立法分支有着明确的界限,不能串了位。他们不能一边执法一边又在那里立法。这是美国宪法最根本的原则,分权和制衡。也就是说猴子分果子的时候,负责分堆儿的那只猴子不能先挑。立法和执法一串,就相当于允许负责分堆儿的那只猴子先分出了大堆儿小堆儿,然后自个儿先挑堆大的,那还谈什么公平司法。

然而,在这个变革期,南北双方在立法分支旗鼓相当的时候,就一时半会儿的立不出一个新法来。司法就显得超前了。可在分权的原则下,司法又不能太超前。这就是最高法院在判"阿姆斯达案"和"摩根案"时,十分明显的处境。在这两个案子里,可以看到司法分支在勉为其难。

首先,这个判决大法官们并没有法律上的严重问题。因为他们的责任是"依宪法判定",黑人的公民权问题是在此案判定十四年以后的美国宪法第十四修正案中,才有清楚的规定的。但是在前两个案子里,他们已经在竭力试图按照自然法,推动出一个更人性的结果来。那么在"斯科特案"中,相对于上面的两个案子,应该说是还有回旋余地的时候,为什么反而明显地偏离自然法,以致使人感到突然地出现了一个倒退呢?

当我们静下心来去观察,就会发现这不是意外的倒车。因为,与其他的逃奴案不同,这个案子不是简单地牵涉到一个或者一些奴隶,能否在一个案子和以后取得自由,甚至也不仅仅是牵涉一个对奴隶制的态度问题,"聪明的"桑福德歪打正着,触动了一个当时大多数的美国人还无法直面,因而也还在回避的问题,就是如何面对一个废奴之后黑白种族大融合的美国。可是桑福德把这个问题"提前"推到了最高法院和所有人的鼻尖下面。

他所提到的黑人公民权问题,引出的结果绝不是斯科特这个黑人是否有权利告他的主人桑福德的问题。我们只要倒过来推论一下就知道了。假如说是斯科特有告他的主人的权利,那么,他就得到了与其他白人一样的公民权。那么,所有的黑人也就有了公民权。接着,被拖出来的就是选举权和被选举权。到这个时候,就不单是什么种族共同生存的问题了,弄不好,有些州在废奴之后,还可能会被黑人所控制。尤其是南方，黑人比例相当高。有一两个南方州，还有黑人人口大于白人的情况。这在一百五十年前的美国，还是一件完全不可思议的事情。事实上，这个待决的问题，已经远远超出了呼吁黑人应该从奴隶状态被解放、获得平等的生存权利的要求。这个问题已经是一个进一步的黑人政治权利的要求。而在当时的历史认识局限下，就连白人妇女还远没有选举权和担任陪审员这样的政治权利。

是的，这些最高法院的大法官们，依然记得他们在判定有关奴隶案件的时候，一再被提醒的"自然法"和《独立宣言》中有关"人人生而平等"的原则。可是，他们觉得自己对这个联邦的前途身负重任，假如仅仅因为他们做了一个"错误判决"，就要导致一场种族融合的混乱，而且会乱到什么地步，是否会乱到不可收拾还无可预测。这可如何是好？

我在给你写这些历史故事的时候，常常有一个习惯。就是写到某一个年代的时候，我会先想象一下当时的基本历史场景，然后把这个历史事件放进这个场景中去，然后，那遥远年代的故事就更容易把握了。

那么，这些案子发生的时候，美国是什么样的面貌呢？我只想举一个简单的例子。你还记得我在前两封信中提到过范布伦总统的前任，那个平民总统安德鲁·杰克逊吧。他为了捍卫妻子的名誉，就与对手约好了决斗。结果，两人的枪法差不多，他身上一直留有无法取出的一颗子弹，而那个枪法略差一点的对手，就真的给打死了。在这里，几乎可以开出长长的一张名单，都是死于决斗的美国重要政治家，里面甚至包括《独立宣言》的一名签署者。这些参与决斗的政治家从国会议员到将军、州长，应有尽有。尽管，各地的法律在很早就宣布决斗为违法，但是，决斗几乎一直持续到南北战争。这就是美国一百五十年前的历史场景。生活在这种历史场景里的人，自然有他的历史局限性。

我还记得那年回国去，遇到一个初次见面的学者朋友，他不知怎么和我聊起了美国的选举权。他的想法是，一人一票的选举实际上是有问题的。他问我，那些流浪汉，他们根本就没有社会责任感，他们也一人一票，知识分子也一人一票，这种看上去的公平是不是隐含了事实的不公平。我知道有很多人对于政治权利的问题，有过这样类似的思考，这显然是一个有意思的思考角度。我没认真想过，答不出来。我只是觉得这是个难题，因为，若是不一人一票的话，显然也够为难的，甚至是够"危险"的。因为，这样的话，又让谁来决定哪个人不该有一票，或者说哪个人应该有"加权票"呢？

当我写到这个案子，看到大法官们"长考"前的愁眉苦脸，我突然想起了这位朋友关于政治权利问题的思考。于是发现，虽然相隔一百五十年，他们担心的事情其实在本质上是一样的。解放奴隶是一回事，可是，一想到那些承继着完全不同的文化、从里到外都和自己有着巨大差异，也不知道到底"野蛮"到什么程度的黑人，一想到要由自己给出判定、给予他们在这个国家完全平等的政治权利，也"一人一票"，甚至在黑人占多数的地方，可能出现黑人当选掌权管白人，大法官们就会觉得，这里肯定是有什么地方不对了。

在当时的黑人和白人之间，他们的差异远不限于皮肤的颜色，他们在文化上的差异，远大于今天的学者们所考虑的知识分子和流浪汉之间的差异。使我感到奇怪的，并不是在大法官的投票中，出现了认定黑人不应该有公民权的那七张赞成票，我奇怪的倒是，在当时的历史局限之下，居然还有两名大法官投了反对票。因为在那个年代，这在观念上确实是相当超前了。

可是，我在前面提到过一个自然法的衡量的问题。在美国，自始至今，就只有两个简单的文件在作为衡量标准。一是宪法，另一个是《独立宣言》。最高法院必须依据宪法，这是毋庸置疑的。因为宪法是最高大法。但是，宪法实际上只是一个联邦政府结构设计，以及在前十条宪法修正案中的对政府的制约规定。凡是与自然法有关的，也就是这个国家建国的根本理念，它的人性基础和人道原则，都在它的《独立宣言》里面。

然而，《独立宣言》只是当初对英国发出的一个"造反"宣言。痛陈英国的美洲殖民地政策之不是，而宣扬自己要建立一个新国家之理由和理念。尽管对我来讲，《独立宣言》更为"好看"，可是在最高法院，《独立宣言》并不成为一个判案的直接依据，因为这并不是一个"法"。但是，由于它是美国建国的一个关键性文件，又与美国人习惯的"自然法"一致，因此，你已经看到，在"阿姆斯达案"中，律师在辩护的时候，会常常提到《独立宣言》的原则，它也是大法官们在判案时一个重要的参照。在这个"斯科特案"中，由于问题直接涉及最基本的平等问题，也就是政治权利的种族平等问题，因此，大法官在做出判定时，他的判词大量涉及对于《独立宣言》理念的理解。这不仅是大法官在做出如此史无前例的一个判决的时候，他必须对美国人有个交代，这更反映了大法官们挣扎在人性与对于国家前途的忧心之间，必须能够有个使自己良心安宁的交代。

在这个判词中，提到了《独立宣言》的一段开场白。你我已经非常熟悉《独立宣言》中的这样一段话，"我们认为下面这些真理是不言而喻的：人人生而平等，造物者赋予他们若干不可剥夺的权利，其中包括生命权、自由权和追求幸福的权利"。然而，在这段话之前，还有这样一段开场白："在有关人类事务的发展过程中，当一个民族必须解除其和另一个民族之间的政治联系，并在世界各国之间依照自然法则和上帝的旨意，接受分离并且平等的地位时，出于对人类舆论的尊重，必须把他们不得不分离的原因予以宣布。"

我看到的《独立宣言》中文译本，在上述这段文字中，都把出现两次的"分离"这个词（separate，separation），也译成了"独立"。我记得以前跟你聊起过，美国的独立，与一般概念的殖民地独立的情况有所不同。尽管它和英国相距甚远，但是，它基本上是一个移民区，而且它当时的主要移民是来自英国，与英国有着千丝万缕的关系。所以，美国的建立，与其说是经过一场"独立战争"，还不如说是经历了一场"内战"。它要求的与其说是"殖民地独立"，还不如说是"地区独立自治"，或者干脆说是"地区分离"。这也就是在《独立宣言》的一开头，就两次提到"分离"的原因。

在中文译文中，几个译本都把"分离"译成"独立"，应该说也不是偶然的。因为在大家的印象中，这一段历史，就是一个"美国独立"。所以，也许这算不上是什么翻译上的错误。本来，翻译就可以是一种"意译"，在这个特定的历史事件中，定义为"独立"也没有什么不对。

可是，谁也没有想到，《独立宣言》开场白中的一个短语"分离并且平等"，不但是在两百多年前，被用于向世界解释"北美英属殖民地"为什么要变成"美国"的原因。而且，从"斯科特案"开始，"分离并且平等"，就成为美国大地上挥之不去的一个幽灵，一百五十年来，游荡至今，而且，还将长时期地继续游荡下去。它不仅成为南北战争后，南方种族隔离的依据，也成为今天黑白双方的种族分离主义者的理论根据。这个幽灵有着顽强生命力的原因之一，就在于它有《独立宣言》这样的重要"出典"。在任何讨论美国种族问题的书里，你都会无数次地与它"不期而遇"。这么一来，这个原本不成问题的"意译"，就阴差阳错地成了"错译"。因为这个意译切断了一个幽灵和它原来所附着的本体的关系，也使许多对美国种族问题感兴趣的中国人，由于这样一个意外的切割，在了解和理解这个问题的时候，失去了它的历史线索。

"分离并且平等"，是在"斯科特案"中，最高法院判词的解释中分量最重的部分之一。也就是说，当时的大法官找到这样一个说得通的道理，国家是一个民族或者说一群人的政治实体，不同民族的人，或者说目标和文化不一致的群体，就可以建立自己的一个政治实体，这些人就拥有这个实体内的公民权和政治权利，他们和其他民族或者说政治实体，可以是分离的、分隔的，可是，这并不影响所有的政治实体之间相互平等的关系。他们依然可以在各自分离的状态下，按照自己的意愿生活。这样一种关系依然是人道的、符合自然法和上帝的意旨的。也就是说，大同世界并不一定要种族融合。完全可以"分离并且平等"。自己活自己的。

所以，当时的最高法院判词的观点，就是这个国家要决定，它这个政治实体不要黑人的参与。这不是奴隶还是自由人的问题，而是这是一个白人文化的国家，必须做出一个选择。他们将来打算按照他们自己的文化和生活方式过下去，不愿意有黑人文化的加入，更不要说让黑人来投票决定白人该怎么过日子了。所以，他们的这个判案并不是和斯科特有什么过不去，而是他们不能让黑人在这个国家取得平等政治权利的问题上，出现一个突破口。因为如果这一点取得本质性的突破，他们无法预料这个国家将产生怎样的一个局面。

是的，这就是大法官们在一百多年前的历史局限，源自他们对种族融合以及对于自己的文化将会受到冲击的最初恐惧。这是整个时代的局限，那个时代的美国北方对种族问题的普遍认识，就是反奴隶制，要求给黑人自由，却事实上依然不能完全接受种族融合。就像他们认为妇女也天然地就不应该参政，不应该有选举权一样。许多积极地投入解放奴隶的人们，都认为这是理所当然的事情。他们不仅认为这是对这个国家的白人有好处，他们也真诚地认为，"分离并且平等"的实行，对于黑人也同样有利。他们坚信，在分开之后，双方在自己的文化中都会生活得更容易。

最典型的例子，就是美国殖民协会了。他们是由一些最积极废奴的人组成的一个民间组织。这个组织成立于1817年，他们的目标就是筹募经费，用这笔钱先是赎买黑奴，把他们从奴隶主手中救出来。然后帮助解放了的黑奴和自由的黑人回非洲。不仅支付他们的路费，而且在西非帮助他们在那里建立一个自己的国家。这就是在整个非洲，唯一的一个没有受过殖民统治的国家，也是最早的一个共和制的国家——利比里亚。尽管那里有成分非常复杂的原住民，但是，这个国家就是由这些"美洲黑人移民"建立起来的，官方语言为英语。这个美

利比里亚国旗

利比里亚国徽

国殖民协会的黑人安置工作做得最多的时期,就是在"斯科特案"的前后五十年间。这个协会直到二十世纪初才解散。

顺便提一句,这个传统其实延续至今,美国和欧洲国家提倡人权的人们,依然在做着同样的事情。前不久,就有欧洲的人权工作者拿着自己的钱,几百美元一个,从非洲苏丹当地的黑人奴隶主手中,买下上百个同样也是黑人的奴隶,就地释放。他们能够做的就是这个了,因为他们无权跑到别人的国家,去"废除奴隶制"。这种处境实际上和当时美国南北双方的状态十分相似。

有一点是肯定的,那就是当时的最高法院,对于如何真正做到"分离并且平等",心里并没有个谱,因为这将是个庞大的计划。他们只是觉得这是在"法和原则"的范围之内,处理这个问题的一个最合适的方向。它也清楚地反映了当时的人们,对于一个种族融合的前景,是感到多么恐惧。

必须承认,这种恐惧并不是杞人忧天。只有真正在美国生活过,我们才能体会到这种种族融合带来的许多实际困难和困惑。因此,至今为止,"分离并且平等"不仅是一些白人种族分离主义的口号,同样也是许多黑人种族分离主义的目标。这些待我以后再给你聊吧。

在前面有关斯科特的经历介绍中,你也一定会发现,他的这个告状举动是有些蹊跷的。因为,从他的整个奴隶生涯来说,这个时刻不像是一个"爆发点"。这个行动似乎更应该发生在他离开自由州的时候,或者说,发生在他的老主人去世,他被迫易主的时候。但是,斯科特告状的时候,距离他离开自由州已经十六年,他来到这个新主人的家也已经十一年了。而且看来,他和这个家族的关系,在奴隶和奴隶主的关系中,还不是一个负面的典型。那么,这个案子是怎么"爆发"出来的呢？

这又是一场由激进的反奴隶主义者鼓动的司法挑战。你知道，斯科特当时只是一个奴隶，他打了几年官司的法律费用，都是由一名叫作泰勒·布洛的激进反奴隶主义者支付的。相信他也一定拥有最好的律师。然而，这个超前的挑战并没有成功。判决出来以后几个月，支持斯科特这场官司的泰勒·布洛，就从他的主人桑福德那里，把斯科特赎买了下来，终于使他成为一个自由人。

从这个背景情况中，你也可以看到，当时激进的反奴隶主义者相当活跃，他们的活动早已超出了自由州的范围，而且无孔不入。

然而，这个案子中有一个不起眼的部分不知你是否注意到了。就是在密苏里州法院初审时，在这个奴隶州的州法庭上，由当地陪审团作出的判定是有利于原告斯科特的。在那个时候，还没有黑人做陪审员。所以这个陪审团显然是由清一色的白人组成的。这也就是一个南方奴隶州，同样有可能走通"合法手段废奴"的一个例证。这些陪审员是普通民众，这就是民众在开始进行时代转变的一个信号，因为民意是美国所有的州立法的唯一依据。

这是当时分歧矛盾如此之大的美国各州，它们之间的一个重要共同点。因为所有的州在 开始，就都建立在一个民主制度的基础上。它们的不同，就是各州的多数民众，对于人性这个基本问题的认知程度上，是有相当大的差异的。但是随着历史的前进，实际上南方也在逐步分裂和变化，真正采取极端态度的南方州并不很多。

遗憾的是，在美国两百多年历史的渐进变革中，它终于走了一次它自己的逻辑以外的道路，它打了一场为时四年的内战。尽管这只是唯一的一次，却给这里一代代的人们，留下了长久不能愈合的创伤。

这一场战争，是美国最大的历史研究课题，每年都要出版许多有关这场战争的书籍，一百多年下来，已经堆积如山。我不想在信里给你写一部"内战战役史"，对于这场战争，我想使你了解的，还是这封信一开始时所说的，我只希望你明白战争的原因并不是你想象的那么简单。可惜，这封信又写长了，我只能在下一封信中再给你聊美国的南北战争了，真是很抱歉。

盼来信。

祝好！

林　达

战争，为了什么？

卢兄：你好！

　　上封信谈到的"斯科特案"判定了黑人没有公民权。问题是，原来的那块"鲠喉之骨"，在这个时候又一次凸显了出来。因为在南方的奴隶制下，黑人是主人的"财产"。那么，南方的白人显然应该享有"财产保护权"。这么推断下来，如果有类似"密苏里妥协"这样的国会立法，看上去反倒可能是"违宪"的，因为宪法规定保护公民的"财产权"。在分治的原则下，废奴只有在一个情况下是可行的，就是这个地区的人民自己投票自决，或是由州议会立法，宣布自行放弃这样"财产权"。因为州议会是直选的，也就是说，州议会立法是一种"间接的公民自决"。可是，在"密苏里妥协"这样的国会立法中，规定了在北纬 36° 30″ 以北不得蓄奴。这实质上是一个凌驾在地区之上的一个外部的权力机构，宣布剥夺一个地区平民的"财产权"。这个死结就打在历史遗留的"黑奴是主人的财产"这样一个关节上。

这也就是激进的反奴隶主义者积极鼓动斯科特,去最高法院上诉,尝试这个司法挑战的原因。因为,如果要打开这个死结,那么,承认黑人的公民权,是一个最为有效的途径。但是,正如我们在上封信已经讨论过的那样,黑人的公民权是一个更深更广的课题,当时的最高法院还不可能做出一个跨时代的判决。许多人认为,这个判决的出现,是因为首席法官是一个来自南方的奴隶主的原因。我却并不倾向于这种看法。因为最高法院的大法官来自南方,或者本身是奴隶主,这在当时是很普遍的。可是,判决是由独立的投票方式决定的。在与奴隶问题有关的投票中,并不普遍存在这样的相关关系。这我们在"阿姆斯达案"的最高法院投票中,已经可以看到了。

也许还有一个旁证,可以证明这个历史的局限性在当时是普遍存在的。就在"斯科特案"判决的第二年,伊利诺伊州展开了一场历史上有名的大辩论,就是刚刚登上政治舞台的林肯和他的对手辩论奴隶问题。林肯表示了坚决反对奴隶制的态度,他的对手则相反。他们都典型地各自代表了当时社会南北两派对峙的观点。可是,在辩论中,他们有一个观点却是相同的,就是解放后的奴隶应该尽快送回非洲去。他们双方都没有把种族融合的社会,作为一个可以考虑的方案。

不管怎么说,这个死结还是没有打开。尽管这只是一个历史局限,可是,在今天的美国最高法院,还是对所有前来参观的世界各地的人们,用录像介绍告诉他们,这是最高法院在历史上犯下的一个"严重的历史错误"。并且告诉人们,这也是南北战争的起因之一。

对于类似的说法,你可以在各种情况下听到。比如说,在"斯科特案"的前后，每次在北方发生向南方"送回逃奴"的案例，总是会引起震动。在"阿姆斯达"案判决之后，北方人对于"送回逃奴"的心理承受能力大大降低。因此，也有人在提到这样的"送回逃奴"事件时，说到这是南北战争爆发的诱因之一。就是在看有关《汤姆叔叔的小屋》这本小说的评论时，你也一定看到过"一本引起一场南北战争的书"这样的评论。

更常见的讲法，是说林肯总统的当选，是这场战争的导火索。林肯来自贫寒家庭，出身于南方。他是因为在一个奴隶制问题成为主要矛盾的社会，表示坚决反对奴隶制，才成为一颗政治新星而冉冉升起的。从这里也可以看到，美国在"阿姆斯达案"之后，又向前迈进了一步。当年同样是持反对奴隶制观点的范布伦总统，在竞选时就竭力维持平衡。相比之下，林肯表现得旗帜鲜明。这和民意的进一步推进肯定是有关系的。可是林肯当选出任总统，无疑使得南方感到紧张。

以上所有这些与奴隶制问题有关的因素，显然都激化了当时的南北关系，使得南北战争前的美国更为乌云密布。可是聊到这里，我不知道你是否注意到这样一个问题。就是，这个国家所发生的事情和我们的想象，实际上还是有很大距离。那就是，在美国南北战争之前，一个与黑人有关的奴隶制，在这里导致的最大社会矛盾，并不是黑人和白人之间的冲突。

直到南北战争，黑人的力量依然没有成长起来，他们还是只有少数的偶发的小规模反抗，根本无法与当时南北两大实体的对峙同日而语。而这个对峙的双方，都是白人。北方当时在白人民众中日益强大的反奴隶制力量，对于民众的唯一感召就是人道主义和人性的原则。因此，你可以想象，这个国家从开始建立，它的民间就有一种与利益无关的近乎天真的人道追求。这种具有广泛民众基础的追求，形成了这个国家的思想主流。这使得它在今天的思维方式中都保存了这样的传统，以至于从外部看去，常常使许多成熟世故的民族，觉得它莫名其妙，无从理喻。

我们再回到南北战争的前夜。与"斯科特案"的发生几乎同时，位于南北之间，实行公民投票对奴隶制做出自决的堪萨斯州，意见相反的两方就有小型的暴力冲突。问题是，南北战争究竟是怎样引起的，它是类似堪萨斯州这样由于奴隶制问题所引发的区域性冲突，进而扩大形成的吗？或者说，是林肯总统上来以后，北方就强硬起来，冲到南方去解放奴隶了呢？还是林肯当上总统，南方一紧张就冲到北方打算以武力扩展蓄奴势力了呢？都不是。

那么，这到底是怎样一场战争呢？不管你信不信，这场以解放奴隶著称的战争，一开始，和这个目标并没有什么关系。

在林肯上台前后，所有有关奴隶制问题的冲突，确实都使得南北双方矛盾日益尖锐。然而，林肯总统的当选，实际上并不意味着整个南北僵持的局势，就会很快产生什么实质上的变化。就和今天的美国一样，总统所参加的党，往往并不在国会里面占多数。你也已经很熟悉这个制度的运作，如果真的要有什么实质突破，作为行政大主管的林肯总统，根本起不了什么大的作用，因为他没有立法权。而在当时的国会里，林肯总统的共和党只占了少数席位。可是，怎么就出来一场战争了呢？

实际上，是长期以来日益尖锐的矛盾，使得南方对自己所参加的美国这个联邦感到失望和厌倦了，他们打算单方面撤离，从这场矛盾中脱身出去。我们谈到过，从独立战争开始，当时的两个极端南方，南卡罗来纳和佐治亚，它们的想法和建国时期的美国主流思想，就是有很大差别的。它们在那个时候，虽然从来也没有说过，它们不赞成这个新国家的人道基础，也没有否认过奴隶制和这个人道目标不一致。但是，对于它们来说，独立更大的意义，就是赶走英国的总督统治，自己做主过日子。如今，尽管在美国分治的理想下，它们基本还是在按照自己的意思过，可是它们感觉自己始终生活在一个废奴口号的阴影下。现在，尽管北方扩展的速度更快一些，南方却也在联邦的扩展中找到了自己赞成奴隶制的同盟者。

终于到了这一天，就是南方不想在这场僵持中争取占上风了。既然僵持已久还是没有出路，而且按照建国几十年的趋势，只见自行废奴的州越来越多，废奴势力越来越大，林肯的当选，更是印证了美国的这个历史潮流。论理的话，又不占理。干脆，不就是说我们不符合美国的建国理念吗？那我们不做美国人了还不成吗？我们退！

这才是南北战争真正的起因，因为林肯总统除了是一个坚决反奴隶制的人之外，他还是一个极其重视维持联邦的人，而且，后者甚至强过前者。

所以，这不是一个日益尖锐持续了几十年的矛盾，由一个接触点引爆而起的战争，相反，这是一方想从这个对峙中撤离，而另一方却一把揪住了它的后领，一定要把它拖回来，这才打起来的。南方确实不想再当这个规矩那么多的美国人了。南方"志同道合"的那些州，完全可以自己联合，另外搞个联盟。他们不叫联邦，叫作邦联。从此可以自己立规矩，想蓄奴就蓄奴，想怎么过就怎么过，一了百了。北方佬再也没有理由举着美国的建国理念立国精神，来和他们"胡搅蛮缠"了。因为美国的道理再也管不着我们了，我们不是美国了！南方终于用他们的方式找到了一个突破口，解不开那个死结就一剪子剪断，岂不干脆。

其实，南方的这个念头也不是突然产生的，长期以来，在奴隶制问题上，北方在国会所做的妥协，有很大一部分原因是出于要维持这个联邦。因为南方一被逼急，就每每萌生去意。只是双方不断地协调和妥协之间，始终没有痛下决心而已。

那个年代还是个经济发展迟缓的年代，没有公路没有汽车，总统候选人要进行一场辩论，别说上电视了，连个扩音器都没有。只能扯着嗓子把自己的观点在嘈嘈杂杂的人群里喊出去，要保持个风度都难。南方更是一个古典式的大农庄，都是一个个农户和庄园。穷的竭力自给自足，富的通过经纪人出售自己庄园的农产品，并没有什么理由非要这个美国不可。更何况，假如说要一个联合起来的联邦，是为了感觉上更安全，或是力量更大一些的话，那么，由于美国成立以后，有不少蓄奴区加盟进来。使得南方蓄奴州的总和，尽管在当时的美国中还只是少数，但有些蓄奴州人口稀疏但面积很大，与美国建国时相比，当时南方的总面积，已经超过了建国时美国的总面积。所以，南方若是建立一个"邦联"的话，其规模丝毫都不比建国时的美国逊色。可见，南方在奴隶制的问题上，"被逼无奈"，出此下策，也是必然的。

关键是，当南方离开美国的决心一下，整个矛盾的内涵就完全变了。这个时候，摆在美国面前的问题，不再是南方奴隶制违背美国建国理念的问题。因为，既然南方将脱身而去，成为与美国毫不相干的另一个联邦，或者说另一个国家或者地区。原来的问题本身也就随着它的载体，飘然而去。看上去好像还是老样子，南方显然将会继续蓄奴。可是，这已经不是你美国的事儿了。那个年头，蓄奴的国家和地区多了去了，美国都管得着吗？"不人道"是非蓄奴国家的觉悟，你只能从道义上谴责，至多就是宣布不再和蓄奴国家做买卖。剩下的，只能是袖手旁观了。

事实上，在分治的原则之下，美国的联邦政府和北方州，长期以来对于南方的作为，并不比对古巴就有更大的干涉权。这也是只要南方这一个区域自己不觉悟，美国就长期无法彻底解决奴隶制问题的根本原因。可是，在同一个联邦里，理论上它们拥有同一个写着建国理念的独立宣言，就是有过一份南方也签了字的契约在这里。所以，北方当然有更充分的理由给南方以道德谴责。同时，也有权利在奴隶制相关的问题上，在司法领域步步逼近。最终，也许还能够争取到更多的同盟州，以及争取到更多的南方州的转变，在力量足够的时候，以宪法修正案的形式，在法律上确立整个联邦范围内的废奴。这有一个过程，但是却是一个历史趋势。

有一点是肯定的，如果这个现状维持下去，即使矛盾再大，在美国整个体系里，不论是理念还是体制和运作方式，联邦政府和北方，都永远没有权利仅仅因为南方坚持奴隶制，就去发动一场攻打南方、解放奴隶的战争。正因为出于对这个国家的了解，南方也并没有担心过北方会"武力解放奴隶"，并不因此感到过受"武力威胁"。南方只是想摆脱在废奴问题上的被动地位，离开美国。这样，它不但可以继续蓄奴，也同时一劳永逸地摆脱了司法挑战等诸多麻烦，而且还能活得理直气壮。

萨姆特堡

一般打起一场战争，人们都会有这个问题，就是，究竟是谁打的第一枪呢？是南方打的第一枪。但是，这并不意味着南方打算挑起一场战争，更不意味着南方就要打到北方去。这一枪就是在南卡罗来纳州的港口城市查尔斯顿打响的。严格地说，这是南北战争的第一炮，而不是第一枪。因为，当时攻打的是一个联邦军队建在河口中心的边防城堡：萨姆特堡。它不仅城墙厚固，而且四周环水，打枪是根本不管用的。

我以前跟你说过，这"第一炮"在查尔斯顿打响，是一点也不奇怪的。从建国的时候开始，南卡罗来纳就是当时仅有的两个极端南方州的头儿，佐治亚起步很晚，与它相比还土得掉渣，当初只是跟在它的后头起哄而已。那时的查尔斯顿就是一个相当成熟的小城市了，它甚至是美国最早的五个城市之一。你已经知道，从殖民时代开始，进入北美的三分之一的黑奴是在这里上岸的。也可想而知这个地方从奴隶制中获取了多少利益。所以，南卡罗来纳州是南方州中第一个在1860年底宣布脱离美国这个联盟的。第一炮也就在这里打响。

当时的美国根本就没有多少军队,主要就是一些边防军,分散在各个州类似萨姆特堡的边防城堡里。目的只是防外,根本就不是对内的。这些几乎是象征性的边防军人数很少,和州的关系也并不错。攻打萨姆特堡的南方指挥官,就是堡内指挥官的老朋友和炮兵学生,所以,这个战争可以说从第一炮开始,就是一个兄弟相残的悲剧。

那么查尔斯顿究竟为什么要开炮呢?其实南方几个州宣布脱离美国之后,已有多个南方州发生一些类似事件,就是占领联邦军队安置在南方的一些边防城堡和弹药库之类,但是,都是平和地占领。南方的州只是觉得,我们宣布脱离联邦了,这些位于南方据点的联邦军也就该离开了。正因为原来这些驻军和当地平民都没有什么仇恨,从来也不是"敌人"。所以,当基本都是一些平民的南方人,一哄而上去占领这些军事设施的时候,联邦军队都没有抵抗。萨姆特堡旁边的几个联邦城堡都是这样被当地平民占据的。军队没有认为必须以武力坚守,他们本来就是一些国防设施,没有对内动武的任何思想准备。

然而,尽管南方并没有担心过北方会以战争方式解决奴隶问题,可是,在南方州宣布脱离联邦以后,他们也感觉自己是给另一个故事开了头。他们真正地开始感到紧张。因为他们吃不准联邦究竟是什么反应。随着越来越多的南方州宣布脱离联邦,随着占领联邦在南方军事设施的情况越演越烈,尽管北方并没有什么动作,南方的紧张却在加剧。尤其是,脱离出来的南方州真的组成了一个"邦联",在1861

年2月18日,选出了他们自己的总统杰弗逊·戴维斯。这个时候,一个新的僵持开始了。一国两制变成了真正的两个国家。这时候南方的寂静,有一点叫人不敢大喘气的感觉。

萨姆特堡的地理位置很特殊,孤零零地悬在海口,不可能被轻易取得。所以查尔斯顿港口附近的其他几个城堡都已失守,萨姆特堡依然好端端地留在联邦手里。南方曾要求联邦交出,但被拒绝了。林肯总统上任之后,让联邦船只给萨姆特堡增加补给,一副要坚守的架势。这使得已经紧张过度的南方决心以武力攻下塞姆特堡。

接到开火命令的勃尔格确实心里很别扭。他通知了自己原来的教官和好朋友、萨姆特堡的指挥官安德生,让他交出城堡。安德生回答说,我不可能就这么交出来,可是实际上再过几天,我们也就得饿出来了。勃尔格说,你要是不出来,我就只能按命令攻打了。安德生说实在的,真不知如何处理为好。尽管已有许多联邦军事设施失守,可是情况和他遇到的都不太一样。所以,他谨慎地回答说,如果四天以后他还没有收到联邦的指示,也没有得到进一步的补给的话,他就离开城堡。南方拒绝再等四天。于是,在第二天,勃尔格再一次通知他的老朋友,如果他们不投降出来,还有一个小时进攻。一小时十分钟之后,勃尔格下令向他的朋友驻守的萨姆特堡开了第一炮。这一天,是1861年4月12日。

三十四个小时的交战之后,安德生下令放弃城堡,因为城堡的弹药库被击中,有五名士兵受伤。但是双方都没有人阵亡。联邦守军在交出萨姆特堡之后,平静地登船回到纽约。南方只要他们离开,并没有要为难这些军人的意思。我相信,这位开出第一炮的勃尔格,看着他的好朋友以及那五名被抬着的伤兵上船,面对萨姆特堡这个"战果",心里也并不是充满胜利喜悦的。这就是那个"第一炮"的故事,你可以看到,直到那个时候,他们还是没有能真正接受相互之间是"敌人"这样一个概念。

可是,是不是打响了第一炮,就必定引发一场战争呢?我想,并不是这样的。因为,你已经看到了,萨姆特城堡的陷落,只是当时联邦在南方陷落的一系列军事设施中的一个。这些设施主要是用于边防,因为在美国的联邦与州之间的关系中约定,守边防是联邦政府的责任。这也是这些高度自治的州当时还需要一个联邦的原因之一,因为它们可以少操好多心。我们发现,这种关系至今在美国都是如此。

在南方宣布脱离美国,成立了自己的一个"邦联"之后,这个新国家"邦联"也就有了自己的"邦联军队",当然就要来接管自己领土上的边防设施。因此萨姆特堡的陷落,与前面发生的一些情况又有些不同,它已经不是南方州民情绪性地自发占领。它是在南方已经有了自己的新联盟、新总统以及自己的军队之后,正式以新边防军的名义,接管自己疆土范围内的老边防军设施的一个行动。而且,在此之前,正式提出过和平交接,但是在林肯的前任,布肯南总统的回绝下,决心采取的一个军事行动。

可是,从实质上来说,包括萨姆特堡在内,所有这些联邦军事设施的陷落,都是一个南方"邦联"在自己土地上的接管行为。它不具有出击性。也就是说,假如美国决定认同这个分离的话,南方的"邦联"并不会要打到北方去。因为,他们的全部目的就是自己过自己的日子,所以他们更希望和平过渡。只是,萨姆特堡的位置确实特别,它死死地卡在查尔斯顿港口的咽喉处。假如联邦军坚决不撤的话,对于这一地区的对外贸易和联系，就是一个极大的威胁。再加上一个月以前，新上任的林肯总统在就职演说时，明确表达了不认可南方的分离行为。一紧张，第一炮就这么打出去了。但是，至今为止，并没有哪一个历史学家认为，这意味着南方打算"乘胜北上"。

现在，就是看美国联邦政府的了。当时的总统是刚上任一个月的林肯总统。今天，你在美国，不论走到哪一个林肯的塑像面前，你都可以看到一张皱着眉头、神情凝重的脸。林肯总统无疑是一个悲剧人物。这不仅因为他最后是以被暗杀而告终，更在于他的整个总统生涯就是处于一个痛苦的旋涡之中。

我们谈到过，林肯是因为他非常明确地反对奴隶制观点，才当选为总统的。可是，按照美国的总统交接程序，在他竞选获胜以后，还要等待三个月左右的过渡期，然后才宣誓就职。然而就在这三个月里，风云突变。

待到林肯总统真的上任，已经没有什么"一国两制"的"两制冲突"问题需要处理。因为，奴隶制已经随着南方离开美国，在他宣誓就任总统的半个月前，杰弗逊·戴维斯已经宣誓出任了南方"邦联"的总统。这位南方的总统，和林肯总统一样出身在肯塔基，他们两人甚至长得都很像。因此，当林肯总统上任的时候，严格地说，这里事实上已经是两个国家、两个总统、两套政府。在南方的土地上，除了还有极少数像萨姆特堡这样的联邦边防军，已经没有什么实质性的东西了。因为，这里本来就是高度自治，一切政府管理机构，都是南方各州自己的。从操作的角度去看，当时的南北脱钩，真是一件简便易行的事情。

邦联总统杰弗逊·戴维斯

联邦总统亚伯拉罕·林肯

尽管在林肯总统的就职演说中，还在呼吁南方迷途知返，但是他应该知道，两个国家已经形成，呼吁已经很难奏效。他所要做的选择，是承认这个事实，还是攻打南方，以武力把他们"押回"联邦。这个选择首先建立在对于美国这个联邦国家的认知上。为什么这样说呢？

因为美国的建立从一开始就是一个"特例"，它是完全反"常态"的。那个时候，一般来说，人们想到一个国家，总是一个自上而下的概念。一个中央政府控制了各个地方政府，地方政府一级级派下去，直至一个小官，管理着一群草民。具有很强的整体性。而美国从一开始，它的建国理念就是维护草民们的"个人自由"。它的出发点不是"上面"的管理方便，而是"下面"的自由保障。这样自下而上的一个观念的逆向行程，就造成了几乎是从个人开始的，一级级向上的"自治"和"联合"。这种国家概念在当时可以说是完全超越了那个时代的。它的出现，并不是源于一个高明的理论，而是出于一个向往平等自由的人性本能。

从百姓来说，一个人、一个家庭或几个人，做自己的独立经营。一个村镇、一个城市，大家订一个契约决定他们以什么方式联合与共存。一直推上去，直至州和联邦，都是这么个意思。这就是"分治"的来源。所以，越到上面，联系越松散。这种联系本来就是联系在一起的民众的选择，因为他们认为联合的存在更有利于他们的生存。现在的毛病是到了联邦这一级，大家在奴隶制问题上达不成一个绝对多数的一致意见。南方按照自己对于"分治"和联邦的理解，认为在美国的联邦建制原则下，自由和分治是绝对的，而联合的形式则是相对的。所以，能合则合，合不拢则分。

现在轮到了林肯总统对这个联邦下一个定义了。他感到很难,还没有一个总统遇到过他这样的处境。以前只有一个松散存在的联邦现实和分治的原则,没有一个总统必须定义它是绝对不可再分的整体,还是自愿则合,不自愿了则分的联合体。美国的存在形式和不断加盟的扩大,一向是非常自然的。新加盟的地区在一段过渡之后,都理所当然地得到自治权。可是,当他们不愿意留在联盟里了,怎么办?谁也没有去认真思考过这个局面。在美国历史上,这是第一次出现一个"分"的要求。正好就撞在林肯总统手上。

林肯在上任前的三个月里,他必须给出一个抉择。我相信林肯是明白一个自由联盟的意义的,可是,他感到自己又承担不起美国在自己手上分裂的历史责任。然而,只要南方不回头,这就是意味着一场内战,而且是由他掀起的一场内战。也没有一个美国总统会愿意承担这样一场内战的责任。他无疑是站在一个两难的历史位置上。

最终,林肯把美国定义成了一个和其他国家一样的不可分割的整体。在这样一个定义下,南方就必须被定义为分裂的叛乱,林肯在北方高扬的就是一面爱国主义的旗帜。林肯总统非常清楚这是极其危险的。他没有确切的法律依据去确认这个定义,在就职演说上,他对于这一点的法律解释极为勉强。于是,他抱着最后的希望呼吁南方相信他的善意,表明联邦绝不会违法地以武力迫使自治的南方废奴的态度。他希望南方放弃分离,使他能脱离这样一个痛苦不堪的地位。

可惜,他所承诺的,并不是南方分离的原因。我们说过,南方从未担心过北方会非法地以战争解放奴隶,这不是他们要求分离的原因。他们所要达到的状态,是在奴隶制问题上再也没有合法的司法逼近,再也没有道德上的压力,彻底地"我行我素"。南方很清楚,要达到这一点,除了分离,没有别的出路。他们的要求,是林肯总统不可能代表美国承诺给南方的,这是美国的建国理念所决定的。所以,他们其实比林肯更明白,他们只有一条路,就是离开美国。他们如果回去,原来的问题依然丝毫也不能解决。

也许,促使林肯总统最终下决心的,除了他无法承受的联邦分裂现实之外,就是他对于把南方"拖回来"的这场战争想象得过于简单了。显然,萨姆特堡的"第一炮"也是一个原因,至少他会想到,有了南方的这一炮,引发这场内战,他的责任上似乎可以轻一些。也许,你也会对我前面所说的是林肯"掀起一场内战"感到奇怪。不是明明是南方开的第一炮吗?

是的,南方开了第一炮,但是,这依然只是宣布一个分离的决心。如果林肯总统承认这个分离,就不会有这场内战了。战争的决定权还是在林肯总统手中。整个南北战争的过程几乎都发生在南方,整个南方差不多都成了烽火连天的战场。在楚河汉界清楚的地盘上,若是北方不冲过去揪住南方,根本不会有这场战争。

萨姆特堡陷落之后,林肯总统找出了一个还是华盛顿总统时代的不太明确的立法,就是在紧急的情况下,总统可以征用州的民兵。当时的美国不论是南北双方,都没有战争准备。南方不是什么"蓄谋已久"的武装谋反。北方也根本没有过要去"武装解放奴隶"的想法。所以,在战备方面,双方都几乎是零起点。为什么可以这样说呢?因为联邦虽然有原来的联邦军队,可是这只是一点边防军,你一定不会想到,当时疆域如此之大的美国,军队的总人数只有一万六千人。

从当时林肯总统的第一次征兵情况，就可以看出，他对于这场战争的前景是多么估计不足。他宣布征兵，人数是七万五千人，征兵期限是三个月。我一直在想，如果他当时预料到他做出这个决定的后果，是长达四年的血腥厮杀和整整六十万美国年轻人的丧生，以及整个南方几乎化为焦土，不知道林肯是不是会说，就让南方去吧。

我这样想并不是毫无来由的。因为，林肯总统从来也不是一个奋勇直前、不计代价的革命者的形象。他只是被历史逼到了非做这样一个决策的地步。他做出这个决策，看来也是必然的。尽管这个国家有着出于理性所建立的大大超前于历史的分治原则，可是，在一百四十年前，林肯作为一个总统，还是不可能轻易脱出历史局限的围巢，认可这样一个当时在世界上任何国家都不能容忍的分离。面对几乎没有什么军力的南方，他也不会预料到，这将是多么残酷的一场战争。

难怪林肯总统对这场战争会估计不足，整个北方都对这场出击持有乐观的态度。萨姆特堡几乎不是一场认真的战斗。首先，里面的守军根本没打算死守，它的后方也没有要增援的意思。当时还吃不准，是否就应该把它打成一场真正战争的第一仗。所以，北方对萨姆特堡的失守，大概只看做是主动放弃。虽然大家认为也没有必要死守，但是，北方或许有不少人认为，失守是因为没正经打，要是正经打的话，南方是经不起几下子的。这样的乐观态度也不是毫无道理，因为南方不仅实力不及北方，此后出来的"军队"，确实比临时招募的北军更不像样，服装五花八门，看上去纯粹一群乌合之众。

在正式地拉出一个要打的架势之后，原来尚在观望的四个位于南北之间的州，断然决定加入了南方"邦联"。弗吉尼亚因此分裂为两个州,其中西弗吉尼亚加入了北方。于是,南方"邦联"就将首都北迁,移往弗吉尼亚的里士满市。这样,南北双方的首都就只相隔一百英里左右,可以说是遥遥相对。北方当时普遍认为,只要集中兵力打过这一百英里,攻下南方的首都,给南方一个教训,一切也就可以结束了。南方失去首都,群龙无首,当然也就乖乖回到联邦。这就是林肯总统征兵三个月的打算,也是北方对这场战争的全部思想准备。

这样,第一次北方正式开战,出发前去攻打里士满,大量平民带着野餐用具跟在后面,气氛颇为轻松。可是,刚刚离开北方的首都华盛顿,进入弗吉尼亚才不到三十英里,就受到了南方坚决的阻击。死伤者猩红的鲜血,给这场双方都高扬着爱国主义旗帜的兄弟相残的战争,真正拉开了序幕。如果说,萨姆特堡的炮声停顿之后,人们还有可能通过理性阻止一场战争的话,那么,在这一仗之后,就一发不可收拾了。

战争是有它自己的发展规律的。当一场战争的火药被点燃,你要再想把它捂灭,就几乎是不可能的了。预定要响的炸药,一个个都会响起来,不管你是愿意还是不愿意。而且,对美国南北战争的号召,是最具有鼓动力的战争口号之一,这就是爱国主义。而同伴的鲜血所激起的仇恨,是战争中最典型的燃油。到这个时候,仗不打出个胜负来,是死活也不肯罢休了。

现在想来,这真是一件难以理解的事情。在战争的初期,南北双方的士兵都以极大的热情投入了这场战争,用的都是同一个爱国主义的口号,打的却是一场内战。这不论怎么说,我听上去总是有什么地方出了毛病,至少怀疑是不是有一方用错了口号。问题在于他们谁也没错,他们的确都是为爱国而战。只是南方的爱国,是指保卫他们的家乡和南方"邦联"不受侵犯,而北方所说的爱国,是指的保护美国联邦的整体不被分裂。真可谓此"爱国"非彼"爱国"也。

双方的爱国主义都是真诚的。开战之前他们除了对于"爱国"的理解不同之外,并没有什么深仇大恨。所以,一些事情回想起来,简直令人难以置信。例如,尽管当时的士兵都是临时招募的,可是双方的将领不少都出自西点军校。于是,当战争开始,同学们便握手告别,根据自己家乡的归属,分别去为自己的"国家"效劳,此后的同学相见,只能是战场上的生死较量了。

在这里,我必须提到南方的最高将领罗伯特·李了。李将军出生于弗吉尼亚,在战争开始前,他一直在联邦军队服务。至今为止,在美国他始终是受到人们敬重的一个历史人物。这不仅是由于他始终如一的人格尊严和绅士风度。更因为他在人道立场上的无可挑剔。他一贯反对奴隶制。在南方宣扬分离的时候,他反对南方脱离北方。但是,当北方因此而要对南方发动攻击的时候,他又坚决反对这样的战争。

但是,他无力阻挡战争的车轮,他所最不愿意看到的一场内战,最终还是发生了。林肯总统一度找不到一个好的联邦军队指挥官,曾请罗伯特·李担任北军高位指挥官,攻打他的家乡弗吉尼亚,但是被他谢绝了。作为军人,历史逼迫他在两方之间做一个选择。最终,罗伯特·李决定退出联邦军队,参加了南军,并且被南方"邦联"任命为总指挥。在当时,所有的人都认为,这个选择是非常自然的,他是一个弗吉尼亚人,他必须回去,保卫他的国家。结果,历史就对罗伯特·李开了这样一个恶毒的玩笑,一个反对联邦分裂也憎恶奴隶制的人,却作为维护奴隶制一方的"叛军"总司令,被记载在许多历史书中。然而，我想，他做出回南方的选择，并不那么单纯。北方决心攻打南方的态度，也是促使罗伯特·李下决心离开联邦军队的重要原因之一。因为，对当时许多弗吉尼亚精英来说，仅仅因为南方的分离行为，北方就要以武力相威胁，这对于美国建立联邦的精神来说，无论如何是既没有法律基础，也没有道德基础的。

作出同样反应的，还有美国的第四届总统，约翰·泰勒。他也是弗吉尼亚人。他和李将军一样，一直是反对南方离开美国的。并且在战争前夕在首都华盛顿主持了调解的和平会议。可是，和平会议的提案被国会参议院否决。联邦军队执意要进攻南方，他断然回到弗吉尼亚，参与南方"邦联"的议会工作。这绝不是仅仅因为他的故乡在南方，他是以参与抵抗的方式，表达自己的态度，就是他不能认可这场战争的合法性。

甚至整个弗吉尼亚的离去，战争刺激都是一个重要原因。弗吉尼亚你早已经熟悉，它虽然属于南方，可是位于南北交界之间。在南方蓄奴州中，它是州内主张废奴的力量最强的一个，甚至弗吉尼亚的一半，西弗吉尼亚，自行废奴而加入了北方的阵营。它是南方最智慧的一个州，也是一个具有悠久理性传统的地区。在独立战争时，弗吉尼亚是创建美国和建立它的原则的最主要力量之一。弗吉尼亚出了整整一批建国者。从打下江山的华盛顿将军到《独立宣言》起草人托马斯·杰弗逊，都是弗吉尼亚人。这是南方对美国感情最深，也最不愿意离开美国的一个地区。

当南方州纷纷宣布离开美国的时候，弗吉尼亚刚刚选出新的州议会，他们在讨论南方的这一行动时，不同意从美国分离的"联邦认同者"，占了绝大多数。可是，有一点几乎是一致的，就是议员们都同意,假若联邦军队用武力侵犯那些南方分离州的话,他们也将离开美国。因为,对于弗吉尼亚来说,他们不赞成南方以离开美国的方式解决矛盾,可是并不意味他们认为,一个州就没有离开联邦的合法权力。如果北方动武,就意味着北方偏离了美国的立国精神,他们将立即站到南方一边,以表明他们对此的抗议,因为他们确信,林肯并没有这样的合法权力。

不幸的是,弗吉尼亚最终无法避免这样一个悲剧性的结局。在北方决定进攻南方的时候,弗吉尼亚和另外三个位于南北之间的州,在最后时刻也离开了美国。由于弗吉尼亚特殊的地理位置和它重要的政治地位,使它成为最首当其冲的战争现场,厮杀惨烈。这真是一个惨痛的时刻,就是弗吉尼亚必须以不情愿地离开美国,来表示他们对于美国这个联邦立国原则的尊重。而促使他们这样做的,正是这个州一贯的坚持理性的传统。

就像罗伯特·李,当他离开联邦军队,回到南方的时候,他所面临的选择,不是要不要奴隶制的问题(他从来也没有赞同过奴隶制),也不是赞成不赞成联邦分裂的问题(他也从来都没有支持过联邦分裂)。他所面临的,是马上就要爆发一场战争,作为一名军官,他必须选择站在战争正义的一方。从这个角度来说,他和许多弗吉尼亚人一样,他们认为,不论一个州是不是应该离开联邦,但是,可以选择和作出决定,是一个州的民众的权利。同样,不论一个州是不是应该离开联邦,联邦都无权因此去对这个州动武。因此,就战争而言,李将军不认为正义在联邦军队一边。可是,当他一站到南方一边,又像是跳进了一口泥潭。从此,他就再也无法洗清与极端南方相连的奴隶制的污泥浊水了。这是罗伯特·李生命的悲剧,也是许多弗吉尼亚人的悲剧。

所以,在美国南北战争打起来的时候,在双方战士高昂的爱国主义热情之下,矛盾的焦点是一个分离的问题。北方在林肯总统定的原则下,认定这个自愿联合在一起的联邦,是神圣不可分割的。因此,他们把维护这个完整联盟,不容许南方离开联盟,上升到了爱国的高度。对于南方来说,最早一批宣布离开美国这个联盟的南方州,是自己要求离开,他们萌生去意的动因是要维护奴隶制。然而,在建立了南方"邦联"政府以及北方攻击之下,他们所面临的被讨伐问题也与奴隶制无关了。他们保卫的是自己要求分离的权力,对于一些加盟美国时间不长的南方州来说,"只准来不准走"更是一个难以接受的荒唐。南方已经建立了自己的国家,所以,他们把对于分离权利的要求,也上升到了爱国的高度,即爱南方"邦联"这个新国家。更何况,在当时的美国,人们从来就认为自己的州和家乡才是自己的"第一祖国"。

罗伯特·李将军

最容易被历史的烟尘所湮没的,就是以弗吉尼亚和南军总司令罗伯特·李为代表的温和南方。他们的本意绝不是要离开美国,也不赞同分离。但是,他们认为美国这个联邦的建立原则,就是保障人民的自由,一个地区的人民有权利决定自己的命运。他们认为,州与联邦的关系以及分治的原则,是美国建国原则最重要的组成部分之一。他们更反对联邦以武力胁迫的方式，强行维持联邦整体。他们实际上是一个第三力量。

可是，在战争逼近时，这个第三力量不可能在夹缝中保持平静。他们加入南方，是为了表示他们对于地方分离权力的支持，以及对于联邦入侵南方的反对。他们要求的是一个抽象的联邦自愿离合的原则，而不是自己的分离愿望。但是，一旦他们加入了南方"邦联"，也就被卷入了这场战争。在一片血与火之中，他们已经无法把他们的理性诉求与极端南方的诉求杂烩分割开了。

即使在战争过去之后，在一百多年以来的南北战争研究中，人们也很难把这样一个第三力量从南方剥离出来，认真地考察他们的悲剧和思维逻辑中的合理性。因为，战争创伤形成的血痂，已经把他们和南方死死结在一起。更因为，他们的理解和诉求是超前于历史的，甚至，美国这个联邦建立的原则本身就是超前于历史的。就连大多数美国人也要经过漫长的历史进程，才能逐步理解，他们的建国者们是一些多么不可思议的人。他们站在最贴近地面的朴素的人性基础上，却远远站在历史的前面。

也许，你还是要追问，那么，这场以解放奴隶出名的南北战争，打起来的原因就真的不是解放奴隶，而是一个能否"分离"的争论吗？我只能回答说，是的。这样回答的理由，只能是历史事实。就是说，假如南方不提出离开联邦的话，这场战争是绝对不会发生的。

实际上，林肯总统虽然鼓起了北方民众对于保卫联邦完整的高昂的爱国热情，但是，他自己心里始终是明白的。他只是痛苦地处于两难之间，是承担联邦在他的手里分裂成两个国家的责任，还是承担发动一场并不那么有理的战争的责任。当时南方"邦联"的首都离华盛顿太近,南方又没有传统军队,这些都使得林肯总统产生一种错觉,似乎快刀斩乱麻地小打几战,痛苦几个月,只要打下南方的"邦联"首都,一个两难困境就在"两害取其轻"之间解决了。

我们对于这场战争的起因与解放奴隶无关的说法,并不是无迹可寻。南北战争之前,林肯总统最重要的一篇讲话,就是他的就职演说,在这篇演说中,林肯总统竭力劝说南方放弃分离,并且提醒南方,在他以往所有的演说中,都强调了这样一个事实,就是南方没有任何理由担心,在林肯所在的共和党执政以后,"他们的财产、安定的生活和个人安全会遭到危险"。林肯总统还引用了他以前演讲中的一段话:"我无意直接或间接地在有奴隶制的州里,干预蓄奴制度。我相信我没有这样做的合法权力,而且,我也没有这样做的意愿……"

在1860年12月22日,正在等待宣誓就职的林肯总统,已经知道他上任以后最大的麻烦将是什么了。他已经开始努力劝说南方,给自己的南方朋友亚历山大·斯蒂芬写了一封短信。他在信中写道:"南方人真的就担心,一个共和党人领导的行政分支,会因为他们蓄奴就干涉他们和他们的奴隶吗?如果他们有这样的担心,我作为一个老朋友,我希望至今还是你的朋友而不是敌人,向你保证,这样的担心是根本没有必要的。在这个方面,今天的南方并不比当年在华盛顿的时代更受威胁,我想,这并不在点子上。你们认为奴隶制是正确的,应该扩大;而我们认为奴隶制是错误的,应该有所限制,我想这才是分歧所在。这才是我们之间实际存在的分歧。"

作为美国总统,林肯的思路很清楚,由于南方州尚未废除奴隶制，就发动一场内战去攻打南方，不论他有没有这个意愿，他都不具有这样的合法权力。林肯总统在上面的演说和这封他所不愿公开的私信中，都清楚表明，南北双方确实存在分歧，但是，假如南方不要求离开，他绝对不可能采取内战这样一个行动去解决南方的奴隶制问题。关键在于这类行动是违法的。

美国人并不认为林肯总统这样的表态是虚伪的。相反，他们认为这是符合逻辑的，因为，对于美国人来说，憎恶奴隶制，合法地尽一切努力去达到废奴是一回事，但是违法地去发动一场内战，这是另一回事。所以，从来没有人因此怀疑林肯总统对于奴隶制的憎恶，就如同当时没有人认为，他因为憎恶奴隶制就会去违法地攻打南方一样。

由于一个无法解决的"分离"问题，战争还是打响了。在战争发生以后，南方在心理上的负担，比林肯总统要轻得多。不仅他们认定他们具有分离的合法权利，在感觉上是站在战争被动的一方。还在于，南方的"爱国"是非常直观的。因为这场战争基本上都发生在南方的土地上。他们是站在自己家乡的土地上，在和入侵自己家园的军队打仗。在这里，你可不要以为南方人都是在为保住自己的奴隶而战，在南方，实际上奴隶主只是南方白人的极少数。战争开始的时候，南方的奴隶主实际上不到白人人口的百分之五，即使是在他们中间，大量的奴隶主也就是拥有几个黑奴仆人而已，真正拥有百名奴隶以上的奴隶主，不到南方白人人口的百分之一。

然而，对于林肯总统来说，从此，他的总统生涯成为一场真正的噩梦。他给这场内战开了头，可是，却再也无法按照自己的愿望使它"速战速决"。南北战争像是一辆无法控制的战车,隆隆地轰响着自己向前滚动。枪炮船舰都在"自觉地"改进,自动地创造了无数"奇迹"。在人类历史上,这是第一次使用装甲舰、平射炮、地雷、水雷和潜水艇。也是在人类历史上第一次广泛使用气球空中照相的侦察技术。在这场战争开始的时候,整个美国,连同海防队在内,一共只有九十艘战舰。开战的时候,当然全部都在联邦军队一方。南方根本没有海上力量。可是,在战争结束的时候,联邦军队已经有六百多艘战舰,南方更是从无到有建立了一支海军。

来复枪也在南北战争中由联邦一方开始使用,命中率大大提高。可是,当时的阵地战还完全是拿破仑时代的战术。当我们来到弗吉尼亚的一个个古战场,我们发现,双方战线的距离是那么近,人们密密地排列射击,可想而知,当枪械更新的时候,带来多大的杀伤力。尤为悲惨的是,当时的医学发明却远没有跟上。人们还不知道抗生素为何物,也没有更多的消毒的知识。所以,非常简单的外伤就会导致无可挽救的死亡。无数年轻的生命,就这样被碾进了这架战车的车轮之下。

这绝不是林肯总统所希望看到的战争,可是,我们已经说过,战争是有它自己的规律的,这个时候,林肯总统即使想要拖住这辆战车,也已经回天无力了。

下次再继续给你写南北战争吧。

祝好!

林 达

林肯总统找到了永恒的诉求

卢兄：你好！

很高兴终于收到了你的来信。你说我所讲的南北战争，和你以前读到的故事不太一样，因此很有兴趣听下去。你在信中还提了一个问题。你说，如果林肯接受了南方"邦联"的事实，结果会怎么样呢？他作为一个总统认可了这样一个分裂，是不是就会成为美国历史上的一个"千古罪人"了呢？分裂以后的美国又会是什么样的前景呢？这个问题是非常有意思的。

上一封信里，我是在把这场战争的起因先整理清楚。你如果想把纠缠在一起的复杂因素分开，你只要问自己两个简单的问题就可以了。第一个问题是：如果南方不要求离开美国，只是坚持要蓄奴，林肯总统会打这场南北战争吗？答案是：显然不会。第二个问题是：如果南方没有奴隶制，可是就是要求分离，林肯总统还是会打这场战争吗？答案无疑是肯定的。所以，在我们讨论林肯总统面临的战争选择时，应该先把奴隶制问题分割开来。否则，就纠缠在鸡生蛋还是蛋生鸡的怪圈里，咬住自己的尾巴团团转，就钻不出来了。当问题的本来面目清楚之后，回答你信中的问题也就简单得多了。

是的，林肯总统在当时看上去似乎是别无选择，这只是出于当时历史局限下的一个"正常选择"而已。确实，他是可以有另一个选择的，就是接受南方"邦联"这个事实。我曾经对你聊起过，美国的建成是非常特别的。它是由十三个独立的区域以"自由平等"为宗旨，自愿联合而组成的。尤其特别的是，它的一批建国者，并没有利用他们在美国独立战争和建国时期所建立的威望，去建立一个自己的帝国。通常这是非常容易发生的事情。

美国的建国者们以最大的可能，理性地营造了一块自由的土地。这样做的第一步，就是他们自己先退回去，退到底。回到他们在这个国家诞生之前的原来位置上去。自由对于他们来说，是非常简单的道理。就是人民按照自己的意愿生活，一个区域的人们按照他们之间的契约，相互协调一个共存的自由生活。如果愿意，各个区域可以自愿地通过协商和妥协，达成一个契约联合在一起。这种联合的原因，必须是联合在一起的区域可以得到联合的益处，例如，共同防卫带来的安全感、更便利的贸易等等。这样的联合不应该妨碍他们原来的自由。充分区域自治的原则，就是这样产生的。

但是，美国的建国者们提出了一个要求，就是联合在美国这个名字下的区域，必须承认这个自由国家的基本人道原则。然而，在建国的时候，这些原来的英属殖民地还存在非人道的奴隶制这个历史问题。建国者们在处理这个问题的时候认为，各个区域至少必须有愿望，也应该有能力自己逐步达到废奴。鉴于美国的建国原则，每一个地区的问题必须由它自己解决。如果一个区域坚持整个联盟认为非人道的行为，大家有权予以谴责，以共同契约的形式，即合法的形式敦促它的改变。可是，没有对它动武的权利。这就是林肯总统在南北战争之前，曾经再三表示自己无意武力废奴的原因。因为在这个契约国家，人们讲好，只以建立和执行共同契约，来解决可能发生的一切问题。武力从来不是一个大家认可的解决区域之间矛盾的方式。那么，对于废奴问题是这样，对于一个区域要求离开联邦的问题，是不是就不同呢？

我们看到，美国在南北战争时，已经几倍于它建国时的面积。即使在最初提出离开美国，建立南方"邦联"的七个州里，也只有南卡罗来纳州和佐治亚州是在最初的美国版图中的，其余有好几个州都是后来加盟进来的。虽然如何处理一个州要求离开美国的情况，在美国的宪法中没有明确规定，可是，根据美国建国者们的思路和作为，根据他们自治和自愿联盟的原则，说是"只让进不让出"，这样的"联邦永久性"，显然不像林肯总统在就职演说中所说的，是"不言而喻"的。林肯总统当然深知这样一个原则。所以，他理解他面临一个合法性的问题。

那么，如果林肯总统选择接受这个南方七州离开美国的事实，又会发生什么呢？首先，温和的南方州有可能不会全部加入南方"邦联"，例如，弗吉尼亚州就会依然留在美国。这样，美国的版图大概会比今天少去五分之一。之所以说"大概"，是因为南方"邦联"如果以蓄奴而走到一起，在历史潮流的推动下，并不一定会维持铁板一块。其中的一些州，甚至整个南方"邦联"，后来都可能由于他们又有了与美国共同的目标而重新回来。因为他们虽然与美国曾经有过在奴隶制问题上的分歧，却没有过任何仇恨。由于理念的变化，产生这样的

"分"与"合",都是自然的。

其实林肯总统自己,都预言了南方可能的进一步分离。他在就职演说中说:"正如目前联邦中的一些州宣布脱离联邦那样,一两年后南方'邦联'中的一部分难道就不会蛮横地再行脱离吗?"可是,林肯总统只是想以这样的"前景"去阻吓南方的离去,却没有想到,人们由于不同理念的不同组合是一个自然的过程,南方的进一步分离很可能意味着美国的重新统一甚至扩大。

关键在于,对美国这样一个联邦形式的国家,究竟是靠什么建立和维系的。在这一点上,林肯总统与美国的建国者们的理解是不一样的。

美国这样一个建国原则,对于联邦的各个区域似乎没有什么约束力。好像肯定是离心力很大的一盘散沙。看上去美国是非常容易变得四分五裂的。可是,一个应该是导致分离的原因却奇怪地成了一个具有极大吸引力的磁心,这个磁心就是自由和不干涉区域自由前提下的互利共存。如果说,今天有许多人离开自己难以割舍的传统、文化和母语,来到这里,是为了寻找一个富裕生活的话,当初的美国却曾是一个贫穷的地方。然而它却不但吸引了许多来自世界各地的移民,还吸引了一个个加盟的地区。因为自由是符合最基本人性的状态,不论作为个人还是一个地区,人们的本性在寻求一个自由的状态,以及在这个状态下的互利共存。联邦显然不是依靠爱国主义口号加上枪炮来维系的。这一点,林肯总统是逐步醒悟的,醒悟在触目惊心的战场上。

林肯总统在两难之间挣扎出一个战争决定之后,他自己就落入了一个痛苦的深渊。战线越拉开,战斗越深入,双方的死伤也越惨重,

葛底斯堡战役中阵亡的将士

他也越明白这个选择的代价是什么。林肯总统毕竟与一些只追求自己政治目标的政客是不同的,他无法漠视死亡。因此,在整个战争期间,无论是胜是败,他都心情沉重。他已经阻止不了战争的发展,他不知如何才能摆脱自己的心灵重负,也不知道如何才能帮助这个国家摆脱这场灾难。而他深知自己对今天这个局面是有责任的。

葛底斯堡战役是联邦军队转败为胜的关键一仗,可是,站在这个战场上,林肯却无法摆脱双方将近五万士兵伤亡给他带来的浓重阴影。战争还要继续,他作为总统必须说些什么,但是,他无法在死亡面前以夸耀胜利鼓舞士兵的斗志。一个无法排解的沉痛心情,这就是林肯总统在葛底斯堡战役之后,短短的演讲的基调。

最终,林肯为自己找到一个突破口,在南北战争进行到一半的时候,他为战争的目标作了一个主题切换,把联邦对这场战争的诉求从防止联邦的分裂转换为废除奴隶制度解放黑奴。这就是你印象中的南北战争是一场解放奴隶的战争的来由。之所以要做这个目标切换,就是因为林肯总统还是一个很有历史眼光的政治家。他看到,假如打一场三个月的仗，有个几百上千人的伤亡，迅速平定"叛军"，维护联邦统一，兴许，在历史上就成为一个成功的定论了。因为，南方分离诉求的本身，是有它的历史阶段性的。拖过这一段，分离的原因消失，联邦的完整也就保住了。美国的子孙后代也就可能接受曾经有过的一场短短的"维护统一"的战争，死亡的将士被奉为英雄，战争被冠于爱国，只需建立一个纪念碑和不断的鲜花，战争残酷的一面就被掩盖，它的意义就会得到升华。历史上的无数战争不都是这样过去的吗？

可是，林肯总统领悟到，不论维护联邦统一的政治目标对于一个总统来说，是多么的理由充足、义正词严，在美国这样一个国家，他都没有理由为此打一场历时四年，吞噬六十万生命的残酷战争。更何况，州与联邦的关系，自由分离的权利和联邦统一的永久性，这些引发战争的焦点还是一个可以争执没有定论的政治学命题。如果再坚守这个"统一"的政治目标，那么，也许这个政治诉求可以光彩地坚守到战争结束，甚至更长的时间，但是，在一个以人性和人道为原则建立起来的国家，无论林肯总统建立多么雄伟的一座纪念碑，都无法平息这六十万灵魂在地下的呻吟。他意识到，即使他打胜了这场基于政治诉求的战争，他仍将永无宁日。不论他活着，还是他死去，终有一天，他都无法逃脱历史的谴责。这是林肯总统真正高出其他一些政治首领的地方，他是一个有历史感的政治人物。他站到了历史的山顶上，看得很远，甚至超越了他自己的生命。因此，人们从来没有看到过林肯总统为战斗的胜利喜形于色、洋洋得意。他始终沉沉地揣着他的心灵重负。就像我前面提到的，他醒悟在战场上，然而，此刻的战场上已经血流成河。

假设林肯总统没有这样一个醒悟的话，这样一个战争目标的主题切换是没有必要的。他尽可以打着原来保卫联邦的爱国主义的旗帜，直到战争的最后一刻。而不必拾起他一开始就明确宣称是超越他的总统行政权力的武力废奴。但是，在这个时候，他已经明白，他不能把这样一面爱国旗帜继续打下去了，如果没有一个高扬的道德理由，他会真的成为一个以枪炮维系联邦，因而造成近百万人伤亡的一场内战的"千古罪人"。

这个战争主题的切换是非常及时的，而且很有道理。美国的立国精神就是平等自由。区域自治的理论源于区域自由，就是一个区域的人民有选择自己的生活方式的自由。但是，这样一种自由不能建立在奴役他人的基础上。也就是说，美国保障个人自由，可是，人是平等的，一个人没有侵犯他人自由的"自由"。

所以，假如南方"邦联"的诉求是建立在"区域自由"上的"分离"，而联邦的动武理由只是"不准分离"的话，在美国，这样的理由为一场如此惨烈的战争作辩解的话，是难以长期站住脚的。但是，如果动武的理由是"解放奴隶"，即"还奴隶以自由"的话，那么，"为被奴役人们的自由而战"这样一个道德诉求，是"区域自由"这样一个政治诉求所无法与之匹敌的。这两个诉求远不在一个层次上。在美国的立国精神之下，"解放奴隶"这样最贴近基本人性的道德诉求，是永远可以站得住的。甚至时间越久远，越能够得到更多人的认可。

这场战争最重要的事件之一，就是林肯总统的《解放奴隶宣言》。在今天看来，大量的历史学家还是觉得，这个宣言更多的是一种瓦解敌军后方的战略考虑，而不是纯粹的道德公告。因为在这份宣言里，林肯总统宣布解放的，只是南军占领区的奴隶，而已经被北军占领地区的奴隶,则并不在"被解放"之列。然而,这却是林肯总统开始转移战争主题的一个关键步骤。

到了四年以后林肯连任总统的第二次就职演说上,我们看到,与他的第一次就职演说相比,他早已经全部完成了联邦军队战争目标的切换。在这个接近战争胜利的演说中,奴隶问题已经明确地被林肯总统标明为战争的起因,而解放奴隶的道德诉求已经成为这个演说的主要构成部分。可以说,联邦军队在林肯总统完成这一主题切换的时刻,已经胜利了。而且,他们可以长久地拥有这个胜利成果了。

我必须向你强调的是,林肯总统的这个切换,并不是任意的。他能够这样做,其实是有着坚实的历史基础作为他的支撑的。上百年来,美国的精神主流为了寻求一个人人生而平等的人性的目标,进行了长期的艰苦努力。你在我以前的信中所讲到的故事中,已经可以看到了。在这样持续数代人的废除奴隶制的努力下,在北方对奴隶制深恶痛绝的普遍气氛中,战场上一个解放奴隶口号的提出,才可能是成功的。

就和当初的"独立战争"一样,这基本上是一场白人的战争。尤其是在南北战争的初期,当林肯总统还没有对战争目标作这样的切换的时候,联邦军队是不吸收黑人参军的。即使在战争后期,黑人虽然也参与了这场以自由为目标的战争,但是他们仍然是军队中的少数。黑人士兵自己组队,不和白人士兵混编,不过军官都是白人担任。然而,我们今天不能不肃然起敬的是,这个以白人为主的联邦军队,能够毫无障碍地接受这个战斗口号,为当时在南方全部是黑人的奴隶,为他们的自由去战、去流血、去牺牲。并且在此后,他们的后代依然以此为荣。在一百多年前,在人们还普遍存在种族偏见的年代,这是

南北战争中北军的黑人士兵

必须在一块有着深厚人道主义传统的土地上,才有可能发生的。

南方"邦联"对于林肯总统这个战争目标的切换,反应整整慢了一拍。其原因就在于战争开始以后,双方已经有过明确的战斗目标。在那个时候,南方不论战斗胜负,在战斗的目标上,一直感觉是理直气壮的。对于林肯总统的"解放奴隶公告",他们的理解也只是一个战略措施。等到他们醒悟过来,已经百口莫辩。虽然战争的胜负还未最后决出,可是,在战争正义性这个立论上,他们已经一败涂地。

关键就在于,南方是有奴隶制,那几个极端南方州要求离开美国的最初动因,也是希望能够不受干扰地太太平平地把奴隶制维持下去。他们知道,他们在奴隶制是否道德、是否符合人性的问题上,是无法和美国的精神主流"探讨"的。在这一点上,他们自知理亏,甚至因此不惜离开美国,以避免北方死死追在后面、时时要求对簿公堂的"道德辩论"。

可是，在他们提出离开美国的诉求之后，林肯总统以"保卫联邦统一"的名义，组织联邦军队一举进攻南方，发生了这场以"分离"和"不准分离"为争执焦点的战争。南方在这场战争面前，原来是丝毫没有理亏的感觉的，因为他们认为自己有离开美国的权利。更何况，战火燃烧在南方的土地上，他们是被入侵者，保家卫国更是天经地义的事情，他们把这场战争看做是独立战争以后的又一次争取独立自由的革命。可是，当他们终于发现对方的战争目标已经转换时，他们落入了一个挣不脱的罗网。因为，不论他们愿意还是不愿意，既然对方的战斗目标已经转换，他们的地位也就同时被转换了。也就是说，既然联邦军队是在"解放奴隶"，他们就必然被随之定位在"为维护奴隶制而战"的位置上，逃也逃不掉了。

这时的南方"邦联"真是狼狈之极。举着解放奴隶大旗的联邦军队高喊着自由的口号冲杀过来，正义凛然，死也死得其所。南方却突然之间发现自己拿不出一个相应的战斗口号与之抗衡。南方再一次理亏，可是又好像亏得莫名其妙。他们想指责林肯总统这种战争主题切换的不公道，可是又张口结舌，欲辩无言。因为，人家宣称打的就是奴隶制，而南方就是存在奴隶制，真可谓是"打个正着"。

在这种情况之下，南方"邦联"发现，唯一还有可能把双方拉回原来的争执焦点，"以正视听"的办法，就是使得林肯总统切换进去的新目标消失，这样，才可能回到原来战争争执的焦点。这才可能使得南方坚持认为联邦军事行动的非正义性和非法性，重新暴露出来。于是，南方"邦联"宣布，南方废除奴隶制。在这一瞬间，战争进入了一个荒诞的状态，联邦军队的战斗目标突然消失了。

可是，南方的这个反应已经实在太晚了。这个时候，已经是战争的后期,南方大势已去。林肯总统决定不管三七二十一,继续高举解放奴隶的旗帜,一路打到胜利。南方"邦联"一直处于劣势,疲于应战,再也没有真正得到机会,重新讨论他们是否有权利离开美国的问题。

1865年4月8日,就在联邦军队攻打南方的第一个战场弗吉尼亚,在距离当年南方"邦联"首都里士满六十英里的地方,一个安静村庄的两层红砖小楼里,南军总司令罗伯特·李将军,穿着一身笔挺的一尘不染的军装,代表南军向联邦军总司令格兰特将军投降。三天以后,南军的北弗吉尼亚军团的士兵们,低垂着军旗,走过联邦军队的面前,放下武器,开始返回家乡的旅程。历时四年的美国南北战争就这样结束了。

李将军代表南军投降的六天之后,1865年4月14日,也许你还记得,那是萨姆特堡陷落四周年的纪念日。这个边防城堡是在两个月以前刚刚从南军手中收复的。那一天,他们以一个特殊的方式庆祝这个联邦边防城堡的收复,他们邀请了当年驻守萨姆特堡的安德生将军回来参加一个仪式。安德生将军此时已经是一个白发苍苍的六十岁老人了。并且由于健康原因已经离开了他的军职。他在这个仪式上,重新升起了四年前他被迫降下的那面旗帜,不禁感慨万千。然而,就在同一天晚上,在华盛顿的一个剧院里,林肯总统被一名南方籍的演员暗杀。这似乎预言了迄今为止美国人对于南北战争的感觉,这场战争没有胜利者,它的悲剧性压倒了一切。

如果说,后人一定要对这场战争在是非上分出一个胜负的话,那么,自从林肯总统将一个"爱国的维护联邦统一"的政治诉求,切换成"解放奴隶,为自由而战"的道德诉求的这一刻起,南方就已经输定了。战争一结束,南北双方的学者就不断地对这场战争,发表各种观点的研究成果。因为,南北战争这样一个历史上的非常状态,并没有中断美国的言论自由和学术自由的传统,美国人依然可以看到各种对于南北战争的学术争论和不同观点。

没有人能够否认这样一个事实:曾经有无数联邦军队的士兵,把自己的鲜血抛洒在"解放奴隶"的自由旗帜之下;也没有人能够否认这样一个事实:就是在南北战争之前,南方依然存在非人道的奴隶制。结果,正如林肯总统所预见的,随着历史的进步,也随着人们对于超越种族属性的普遍人性的认识越来越清楚,当年"解放奴隶,为自由而战"的道德诉求的分量,也就越来越重。任何一个政治诉求,哪怕有天大的理由,也会在这样的人道诉求面前黯然失色。也正如林肯总统所预见的,在以"平等自由"的人道原则建立起来的美国,只有在"解放奴隶,为自由而战"的人道目标之下,人们才可能在长久的岁月里,认可如此众多的年轻生命的奉献。因此,在美国,人们也普遍接受了林肯总统在他的第二次就职演说中,对于南北战争的解释。而且,就连林肯自己都承认过的武力解放奴隶在这个国家的非法性,都被北方民众有意无意地忽略了。南方在战后的继续辩解,也显得十分苍白。

在美国,这场战争不可能有真正的胜利者。因为战争尚未结束,对于战争伤痛的人道关怀已经逐渐压倒了一切。在南北战争最大的一个战役,葛底斯堡的昔日战场上,保留着一个纪念馆。你在里面找不到对于胜利者英雄式的歌颂,也找不到对"敌人"、"叛乱者"的轻辱。你能够看到的只是对于战争悲剧性的平和与客观的陈述。

在这个纪念馆里,有战役进程的客观描述,但是没有对某一方特意采用高昂的褒扬用词,也没有对另一方采用轻蔑的贬抑用词。纪念馆里有一百多年来的葛底斯堡战役纪念活动的照片,人们在这些照片里,看到双方将士都已经渐渐地垂垂老矣,相互伸出手来,重新握在一起。

我在这里原样照录一些简单的陈列说明。因为我想你也许可以从这些平静叙述中,体会到美国人对于这场战争的感觉。

"威斯理和威廉·科尔普是在葛底斯堡长大的两兄弟,分别之后,都参加了军队。最后在战场上相遇——一个为'邦联',另一个为联邦。1863年6月,威廉·科尔普所在的属于弗吉尼亚州温切斯特联邦军的宾夕法尼亚民兵87团F连,与他的兄弟威斯理所在的属于'邦联'军的弗吉尼亚第二民兵步兵团B连,发生对战。几天后,威斯理的军团调到他的家乡参与战斗。6月3日他在进攻科尔普小丘时阵亡,那是他童年时玩耍的地方。威斯理的家人听到他的死讯后去战场寻找。他们发现了刻着他名字的枪托,可是,他的尸体始终没有被找到、没有被确认。"在这段说明下面,是威廉和威斯理·科尔普兄弟两人的照片,以及威斯理阵亡的科尔普小丘。

另一个陈列说明是这样的:"当地流传另一个有关威斯理·科尔普和杰妮·威德的故事。温切斯特战役后,威斯理遇到一个年轻的联邦军伤兵、下士约翰逊·(杰克)斯凯雷。威斯理认出那是他在葛底斯堡的童年好友。他上去交谈,杰克交给他一封信,请他在路过时交给他的恋人杰妮·威德。几天后,威斯理参加了葛底斯堡战役,在第一天战斗停火后,他去探望住在葛底斯堡的姐姐,并且提到他有一封杰克·斯凯雷的信要转交杰妮·威德。他姐姐说可以替他送信,可他还是想以后亲自把信送去。6月3日,威斯理阵亡时还揣着这封信。同一天,杰妮·威德误中流弹而死。6月12日,杰克·斯凯雷死于他的创伤。"

在这个纪念馆里,还有一张几个孩子的照片,旁边的陈列说明是这样的:"葛底斯堡战役结束后,发现在一个无名联邦军队战士的手里,捏着这张照片。几天以后,拿着这张照片的葛底斯堡居民,把这件事告诉了费城的杰·弗兰西斯·波恩博士。波恩博士要了这张照片,复制后在北方的各种报纸刊登启事,寻求协助确认孩子的父亲是谁。这个故事和照片一起出现在许多报纸杂志上,打动了很多北方人的心。求认的启事也有了回应。阵亡士兵身份被他的妻子确认,他是154纽约民兵团C连的阿莫斯·哈密斯登上士。波恩博士来到纽约的波特维尔,将照片原件送还了哈密斯登夫人。这一事件触发了为哈密斯登的孩子和其他联邦军人遗孤的募款运动。这一募款运动扩展到出售哈密斯登的孩子的复制照片,以及出售有关这个故事的诗歌和音乐作品。在这笔基金的支持下,1866年建立了葛底斯堡孤儿之家。哈密斯登夫人成为那里的工作人员,并且和她的孩子们一起搬进了这个孤儿之家。"

在这个纪念馆里,还有一些当年士兵站立的照片,照片被放大到真人那么大。一排排站立在幽暗的展厅里。灯光投射在战士们严峻的脸上,他们的眼睛凝视着你,使你无法忽略这些逝去的、和你一样的生命。他们就是葛底斯堡的灵魂,也是这场战争的灵魂,这个纪念馆使所有的参观者,一想起这场战争,首先想到的就是这些年轻的生命,以及与这些生命所相连的,被战争毁灭的一个个幸福和感情。它时时在提醒你,这些士兵也是父母心爱的孩子,孩子们依恋的父亲,女孩们梦中的恋人。他们被毁于一旦,不论他们是南军,还是北军。甚至他们就是被毁灭在自己兄弟的手里。世界上还有什么比这个更可称为是一个"悲剧"呢?在这样的悲剧面前,还有什么战功和胜利是值得夸耀的呢?

这就是南北战争从一结束起就形成的、对这场战争评论的基调。我们曾经和一位来自中国的朋友聊起美国人这种战争态度。他觉得很奇怪,总是问为什么会是这样的。我觉得,我能够回答的就是,这是自然形成的。因为这是符合他们一贯的逻辑的,既是源于他们的宗教传统,也基于这里的人们尊重个人,尊重生命的一贯态度。

美国的制度不容许政府限制人民思想感情的表达。因此,不论南方还是北方,人们可以自己筹款,建立各种对于南北战争的纪念碑和博物馆。这样的纪念碑和博物馆在美国遍地都是。没有人能够对纪念碑用词横加干涉,也没有人能对博物馆主题"定调子"。在北方,你在读纪念碑的时候,可以看到他们提到这场战争的时候,用的是"国内战争"这样的用词,有时也会提到联邦。然而在南方,纪念碑上称呼这场战争是"国与国之间的战争",因为当时已经有了独立的南方"邦联"了。

可是,不论是南方还是北方,它们的纪念碑和博物馆的基调,都不约而同地是对于逝去生命的感怀,在这块土地上,这是自然的。看到这些与我们一向习惯了的军事博物馆风格大相径庭的气氛,我们也只能这样想,在我们的出发点里,就有一些东西是不同的。而不同国家的孩子们也就在不同的气氛下,受到熏陶和渐渐长大。长大以后,他们相遇时,又会感到陌生和惊讶。

林肯总统的整个心态,也始终没有离开这样一种沉重的悲剧感。不管一百多年前的林肯总统有怎样的历史局限,在整个过程中做了些什么决策，然而，在一百多年前，也许只能是这样的结果。而在我看来，林肯总统的伟大之处，是在于他对于这场战争悲剧的历史性认识，以及他真诚地把自己在战争问题上的醒悟，融入了自己对战后问题的决策中。

虽然，基于美国的制度约束，林肯总统很难做到，像其他一些国家的领袖人物通常所做的，站在胜利者的优越地位上，在战后以压倒性优势，在排山倒海的舆论宣传配合下，把南方"叛乱者"们从上到下做一番彻底清算。比如说，镇压为首者，清理叛乱参与者，以战争罪、叛乱罪、刑事罪等等，处理一大批南方的"后患"。并且在舆论上颂扬北方的平叛的功绩，把南方定在一个罪恶滔天的位置上，永世不得翻身。林肯总统不能任意这样做，不过，林肯总统本人对于战后南方问题的态度，还是很重要的。

林肯总统几乎被暗杀在战争结束的同时。然而在战争形势明朗，胜负已经基本定局的时候，对于如何处理战后的南方问题，他是坚决的温和派。虽然由于他的被暗杀，联邦对于南方的处理，有过一些反复。可是林肯总统生前的这个态度，对战后的南方和战后的美国如何走向，还是有很大影响。

战后的南方，已是满目疮痍。我以前跟你说起过，战争是有它自己的规律的，战争机器一旦滚动起来，它的残酷性本身，就会导致许多无法控制的局面。即使是现代战争都是如此，更不要说是一百多年前的，双方基本上都是以临时招募的民兵，打出来的这么一场战争了。就像中国的说法，兵者，凶器也。美国人说，战争是肮脏的东西。前面说过，由于美国的制度，对于一场战争的回顾、发掘和表达，你不可能是由一个人或是一些人定下什么调子，然后照样本宣传。战争中曾经发生过的一切，都有可能被写下来，并且出版。在美国，有关南北战争的书，已经多到了如果你什么事情都不干，花一生的时间去读，都不可能读完的。而且，还在继续地出版。

南方的一片焦土，也在出版的历史、回忆录和老照片集子里，永久地保留下来了。例如在佐治亚，北方联邦军的指挥官谢尔曼将军，是无人不晓的著名历史人物。很不幸的是，他的名字一直和一场场的大火联系在一起。北军打到佐治亚的时候，南方已经大势已去了，尤其是在亚特兰大市被攻陷之后。1998年的亚特兰大奥运会，吸引了来自全球的旅游者。人们发现，这个城市相当于其他逐步发展的大城市来说，它的市中心除漂亮整洁之外，还有一种"崭新"的感觉。我第一次去亚特兰大，印象最深的就是"新"，新得叫人觉得疑疑惑惑。后来才知道，在南北战争中，那个旧的亚特兰大，在谢尔曼将军的命令下，一把火全部烧了个干净。

不仅如此，从亚特兰大开始，尽管谢尔曼将军领导的北军一直处于相当顺利的形势，但是为了彻底地吓住南方，他命令部队将遇到的

被谢尔曼将军烧毁的亚特兰大

民房一路烧下去，同时杀死所有遇到的牲畜。就这样，一路烽火南下。在接近佐治亚南方港口城市萨凡纳的时候，萨凡纳的人们发现根本无力抵挡北军的攻势。为了避免损失，商人们派出代表去见谢尔曼将军，表示不抵抗，希望他能够不烧萨凡纳，并且在他进城之后予以协助。谢尔曼答应了。此刻，正是圣诞节前夕，谢尔曼将军高兴地给林肯总统写了一封信，在信中提到，我将把完整的萨凡纳，作为送给你的圣诞礼物。该信的原件犹存，这成为今天在美国南方，人人都知道的一个"典故"。萨凡纳就这样保留下来，成为今天佐治亚最美丽的一个老城市。在美国逻辑中，那些萨凡纳商人也完全是正面的形象，南方人也绝不会把他们当叛徒对待。

离开萨凡纳，谢尔曼将军的部队又一路向北烧将上去，一直烧到南卡罗来纳的查尔斯顿。查尔斯顿进行了顽强的抵抗，待到谢尔曼将军攻下查尔斯顿，已经一片断壁残垣。我们在南方周游的时候，几乎到处可以听到谢尔曼将军的名字，一百多年来，南方民众的子孙对"谢尔曼的大火"耿耿于怀，一代传一代。在我们来到查尔斯顿的时候，就问过一位在市政府的花园里做义务导游的老人，谢尔曼将军烧过查尔斯顿吗？老人说，查尔斯顿在被北军攻陷的时候，已经大半毁于炮火，所以，"已经不必麻烦他再烧了"。一出城，我们就在查尔斯顿的郊外，遇到被北军焚烧后至今还留下一堆焦黑瓦砾的庄园。

在那次陪伴我们的澳大利亚朋友去萨凡纳的时候，参观了谢尔曼将军在萨凡纳期间居住的那幢房子。那是南北战争时期当地大富豪的私邸。在参观之后，我们的朋友也向讲解员了解有关谢尔曼将军烧佐治亚的情况，可见谢尔曼将军已经随着历史书在澳大利亚也出了名。那个讲解员平和地说，据他认为，这些情况也不能全部归咎于谢尔曼

谢尔曼将军

将军一个人,因为在战争期间,一切都在混乱之中,失控的情况常常会发生。两位澳大利亚人十分惊讶,说是没想到南方人还有这样的客观和冷静。

当然,这份平静也是一百多年时间淘洗的结果。可是,那位讲解员的说法还是有一定道理的。枪声一响,一开始杀戮和被杀,人就被改变了,战争的双方都一样。局势也就在一片混乱中变得难以控制。例如,在南北战争中,战场上的双方士兵常常补给不足,双方也就都有饿得骨瘦如柴的战俘。在主要战场的南方,平民遭遇北方军队抢劫的情况也很多。双方在后期甚至都出现过"督战队",即向自己一方的逃兵开枪等等。所有这些战争阴暗面和细节,都在战后,随着战争的书信集、日记集,逐渐变成一本本历史书,出版并且公诸于世。

不仅是纪念馆,这里的战争回忆录,和我们所熟悉的革命回忆录的风格也是有区别的。并不是这里所发生的内战,就比其他地方的内战流了更多的血;也并不是这里的内战,就更不人道。只是,这里的人放下武器的时候,比其他一些地方的人们更快地意识到,他们原来都是父子兄弟。他们生活在同一块土地上,有着同样的宗教,甚至来自同一个家庭。当他们已经杀死了自己的兄弟之后,他们从战争的魔力中醒来,自己被自己的行为震慑住了。接下来的一个最自然的问题就是,他们一定要以这样的方式,解决他们之间的问题吗?

在美国南北战争之后,这样一种自发的、出自人性本能的对于内战的反省,其结果就是,在这个国家,再也没有一个政治家胆敢试图用武力去解决国内问题,不论他是来自南方,还是北方。人们普遍理解,他们的先辈有他们的历史局限性,也许他们还没有足够的智慧去避免这样一场内战。可是,如果再来一次的话,不论是谁,都很难避免在历史上定位成为一个罪人的结局。因为今天的人类已经又"进化"了一步。

你一定还记得,在南方向萨姆特堡开出第一炮的时候,南方和北方,还没有什么深仇大恨。可是,战争最基本的一个功能就是制造仇恨。那么在战争制造了仇恨之后,这个国家怎么办?当时,林肯总统已经被暗杀,按照宪法,由他的副总统安德鲁·约翰逊接替他的位置。在这个时期,几乎是美国总统和国会的关系最为恶劣的一个时期。在美国历史上,大概再也没有出现过哪个时期,有如此之多的国会法案被总统否决,又有如此之多总统否决后的提案,重新又以绝对多数被国会强行通过。所以,当你听到,美国历史上唯一的一次,正式由国会对总统提出弹劾,也发生在这个时候,就不会感到奇怪了。现在回过头去看,这一切只是美国在南北战争之后充满矛盾的反映。

在战前，是南北对峙的矛盾，在南方"邦联"成立的时候，南方的国会议员们就都离开美国国会，回到南方自己的"邦联"议会去了。美国国会里只剩下了北方的议员，在这个时候，基本上都是北方议员的国会，和林肯的副总统之间，为什么会出现美国历史上国会与总统最尖锐的矛盾呢？

战争过去了，北方胜利了。在战争后期，这个胜利还没有完全出来之前，根据战场形势，林肯总统对于胜利前景，已经非常有把握了。可是，"战胜"究竟解决了什么问题，问题又解决到什么地步呢？尽管在战争后期，林肯总统做了一个战争的目标切换，可是，他应该明白，战争的实质并没有因此而发生变化。这场战争就是用武力把逃离美国的南方，押回了联邦。即使在解放奴隶的问题上也是一样，实质就是北方用枪逼着南方，在奴隶制问题上，统一到美国主流的制度和观念上。

在奴隶制这个历史遗留问题上，美国自从它的建国者们提出了"自由平等"的建国理想，到这个时候，北方和南方似乎都彻底解决这个问题了。可是，解决的方式不一样，它们的结局也是完全不同的。在北方，人们逐步通过辩论，唤起大多数人的人性觉醒，最后白人自己立法，放弃这样一个对他们应该说是"有利可图"的制度。在这个过程中，一部分人因此放弃或失去了一份对于他们来说是"传统的财产"。从立法通过起，所有的人遵从这个大多数人的决定。

这样一个过程，不仅是加强了民众对于契约社会正常运作方式的认同，更重要的是，这样循序渐进的一个立法过程，也是人们对于一个不人道的制度反省和认识的过程。当这个过程完成，瓜熟蒂落的时候,所得到的成果是有它坚实的社会基础的。因此,这样的矛盾是一个自然化解的过程,虽然在奴隶制被废除之后,人们对于种族的偏见依然存在,但这是另一个认识过程的开始。这个新的过程站在一个可靠的起点上。你可以因此而预期到,后面的这一个认识提升过程,也会是平稳的渐进的、相对顺利的。

那么,在这样一场林肯总统所领导的革命性的变革之后,南方又收获什么样的成果呢?这要从南方原来的社会状况谈起了。是的,在南北战争前的南方,只有百分之五的白人是拥有奴隶的,只有百分之一的白人是拥有百名奴隶以上的真正大奴隶主。可是,当时南方的白人是生活在一个自由民主的社会中,并不存在那些百分之一的大奴隶主专制的问题。奴隶主虽少,维持奴隶制却是当时大多数南方白人的意愿,尤其是在极端南方更是如此。这些白人,用我们习惯的阶级分析的观点来说,都是最底层的劳动人民。为什么会出现这样的情况呢?

一方面是由于历史局限和教育程度低下所造成极端的种族偏见,一方面也是这样的制度维持了一个有等级的、稳定安全的保守社会。你不要以为当时的美国南方只是不喜欢黑人,其实他们更不喜欢时髦的、流动状态的、一天一个"主义"的北方白人也不喜欢犹太人和来自欧洲的白人新移民。他们不要什么新奇的花样。就这么按照原来的样子过着挺好,主人像个主人的样子,仆人像个仆人的样子,奴隶也像个奴隶的样子。

当种族偏见和狭窄保守结合在一起,极端南方的大多数白人就是要反对废奴,尽管他们自己并没有什么奴隶。极端南方是一个很有自己主意的民主社会。所以,他们当初要提出离开美国并不是完全没有道理的,因为极端南方的几个州,和美国精神主流的风格和社会诉求确实相去甚远。所谓的民主社会,并不是一个完美社会的意思,它只是一个由大多数人在决定风格的一个社会。这些人的认识水平就决定了这个社会的面貌。不论奴隶制是多么不人道,在这里,这就是这个社会的绝大多数人的认识水平。

说到这里,你一定也意识到,这是一个枪炮一时难以解决的问题。可是,这正是林肯总统和北方在胜利在望的时候,所面临的最大问题。就是把南方押回来以后,怎么办?它是回来了,可是在实质上,它还是南方"邦联",不是美国。因此,在处理战后的南方问题上,北方产生了巨大分歧。国会以强硬派为多数,这意味着什么呢?这意味着当时北方的大多数人,对于这个问题都持强硬观点。国会议员都是民众选出来的,一般来说,在美国最能反映民意的就是国会了。当然,国会议员来自不同地区,所以他们代表了不同地区的民意,国会本身也就很难达成一致意见。现在,南方议员在战前就全部离开了。国会也就第一次有了相对一致的条件。可是,林肯总统在这个问题上,却坚定地站在温和的立场上。

林肯总统显然没有在战前预料到,南北战争将是这样一场持久残酷的战争。开战以前,他曾经尝试了一次强硬的态度,于是有了这场战争。所以在战后,也许对于林肯总统来说,更简单的做法还是强硬到底。可是看上去,林肯虽然已经无法改变南北战争这个现实,他却显然不想在战后继续用刺刀对付南方。战争结束之前,北方已经在这个问题上产生很大分歧。强硬派的出发点是复杂的,这里有对于积聚了战争仇恨的南方力量的忧虑,有对于"叛乱方"是否会卷土重来的担心，也有对于战后南方的黑人处境的关怀。而采取强硬立场的依据，就是战争本身造成的非常状态。美国是一个强调理性的国家，而战争本身是一个无理可讲的非常状态。既然已经打仗了，在战后再持续"非常"一段，似乎也应该可以接受了。

可是，林肯总统却坚持要善待战后的南方，以林肯为代表的温和派的基本观点就是，在南方表示愿意回到美国的前提下，让南方在立法上完成废奴，然后，对南方不做任何追究。逐渐把南方还给南方人，尽快回到战前美国的正常状态。

两派观点的对立非常严重，以至于今天美国的史学界还普遍有一种讲法，就是，在林肯总统被暗杀的消息传来之后，真正感到高兴的并不是南方，而是北方极端的强硬派。因为林肯总统显然在北方民众中，有他的个人魅力和威望。假如他要坚持一个温和做法的话，推行的可能性显然就要大得多。而现在，温和派等于是大旗被砍、群龙无首了。

然而，谁也没有想到，一点不起眼的副总统安德鲁·约翰逊，在顶上林肯的总统职位之后，不但坚持了林肯对南方的温和态度，而且在做法上出乎意外的当机立断。在他上台之后，趁着国会休会期间，断然推行温和的战后措施。例如，在效忠美国的誓言之下，对南方所有的叛乱参与者不予追究，而且依然具有公民权。这就意味着他们还是具有选举与被选举权。在这一时期，南方各州几乎都有了总统临时任命的州长，州议会也都废除了原来战前退出美国的宣言，并做出了废奴的决议。当年通过了废除奴隶制的美国宪法第十三修正案。温和的结果是，南北战争结束只有六个多月，在新一届的美国国会选举之后，当初南方"邦联"的副总统，就是我提到过的，战前林肯总统给他写信的那个亚历山大·斯蒂芬,已经作为南方国会议员团的代表,带了一群"昔日叛军"的新议员们,重返美国国会了。北方的国会议员们普遍不能咽下这口气去。尽管国会多数成员和总统一样,同属共和党,可是他们之间的尖锐矛盾就这样开始了。

此后以强硬派为主的国会与温和派的总统几乎是对着干的。国会开始一系列的立法,推行他们对南方的强硬做法,比如说,由联邦军队进驻,把整个南方划为几个大军区,每个军区有一名司令员,参与一定的政府管理,有一点半军管的味道,实行宵禁等措施。就在这一时期,国会还通过了美国历史上非常重要的宪法第十四修正案。一般来说,人们提到这个宪法修正案,首先注意到的是,就是这条法案历史性地确立黑人的公民权。自此以后,黑人的公民权问题在法律上彻底解决了。这确实非常重要。你从我以前的信里,已经非常熟悉了美国的常态运作方式,从此以后,在进一步解决种族问题的时候,美国的精神主流再要向前推进的话,就有了扎实的宪法基础。平等自由原则在各个不同种族的实行,有了本质性的进步。

然而,人们在提到美国宪法第十四修正案的时候,常常忽略它的后半部分。这也是很自然的,因为这后半部分的历史重要性远不能和它的前半部分相比。那只是一个战后的措施,时间性非常强。战后的重建时期一过,这条修正案的后半部分就随着它的历史时效的过去,自动走入历史,不再起作用了。可是在当时,这是强硬派的国会与总统对着干的一个重要法案。因为宪法修正案后半部分规定,凡是曾经宣誓拥护宪法,后来又从事反叛的,均不得再进入国会、竞选总统以及担任联邦或州的文职和军职官员。在当时,第十四修正案这半部分所引起的震撼并不比前半部分小。因为,这等于是剥夺了南方最主要一批精英的公职权和部分公民权利。

由于对于处理战后南方问题这样两种态度的存在，使得美国南北战争之后的南方重建，经历了一些摇摆。可是，我们看到，不论温和也罢、强硬也罢，如果相对于其他国家发生的各种内战，它的处理方式和结果，都是不可思议的。战争结束以后，没有出现对失败一方的任何惩罚行为。即使是所谓强硬派，也没有镇压和清算"叛军"和"叛国贼"，更不要说因此产生的大规模错杀了。

两种不同态度的争执，引起了不同的"南方重建"措施。普遍认为，强硬的国会一方更为关注黑人的利益，而温和派则有"代表南方奴隶主利益"之嫌。看到这样的评论，我有时会感到疑惑。我怀疑的并不是国会所代表的多数北方民众，对于南方黑人处境的深切关怀，因为事实上，这样的关怀完全符合北方一贯表现的对于黑人的同情，符合他们历来的人道诉求，他们的行为是符合逻辑的。说是林肯的后任安德鲁·约翰逊总统有类似奴隶主对黑人的种族歧视和偏见，我想也不能说就没有可能，因为对黑人有偏见在北方也同样存在。可是如果说，作为坚定温和派的林肯总统，坚持他善待的主张也是为了"代表南方奴隶主的利益"我是不大相信。我所疑惑的是，如果我们不去考虑这两个方面态度的主观意愿的话，到底什么样的处理方式，对于历史进步是事实上有效的呢？

这个问题我还得想一想再给你聊。今天就先写到这儿。

祝好！

林　达

走出战争的非常态

卢兄：你好！

　　谢谢你很快就来信。你说对美国南北战争以后的这一段历史不太熟悉，对于美国人如何处理内战后的局面，也确实很想了解，因为无论摊在哪儿，这都是个难题。

　　在给你发出上一封信以后，我又琢磨了很久，我不想对于这段历史做出什么评判，我只觉得，这段历史这样走过来也是必然的。在美国这个国家，它只能这样走。为什么呢？因为这符合美国的一贯逻辑。

　　战争的状态往往是由战争机器本身在操纵的，往往会失去人对它的控制。可是，战后的处理是人的理性应该足以能够控制的。如果处理失当，很难为自己真正地找到开脱借口。你已经知道，南方的奴隶制是从殖民时期这样一脉相承下来的。在南北战争之前，它没有如北方一样自行废奴，是南方的大多数白人，还没有达到这样一种人性的醒悟。而这场战争对于南方人又有保卫家园的意味，因此，更是一场全民投入的战争。在这种情况下，如果要搞一场清肃"叛乱者"运动的话，一失控，可以对南方造成的伤害不亚于另一场战争的灾难。

就像我在上封信对你讲到的，南北战争一结束，这里的人首先意识到的是内战带来的悲剧性。因此，要在战后对南方进行一场彻底镇压，且不谈能否做到，就是在北方民众中，都是根本通不过的。所以，当时战后北方以总统和国会所代表的温和与强硬态度，如果仔细看看，你会发现，相对于其他一些国家对于类似问题的处理，应该说都是相当温和的。他们的区别，只是程度有所不同罢了。

我们再回过头来看这一个时期。我们发现，南方被一场战争"押回"美国之后，并没有解决任何实质问题。真正造成一个地区历史进步的，是对于人性的醒悟，这不是由枪在面前逼着能够完成的。在人道理解上，这是两个完全不同层次的社会的整体冲突。在这一点上，南方当初的理解也许更接近事实，就是他们在某种意义上说，尚不属于同一个国家。而美国基于它的传统，在战后既不可能持续以武力或强权解决问题，例如北方彻底接管和统治南方；更不可能以恐怖威胁彻底吓服南方，例如，以镇压的方式，在战后再来一场和平时期的大规模杀戮和关押。因此，在战争刚刚结束的时候，不论采用什么态度去对待南方，有一点在美国几乎是肯定的，就是早早晚晚，最后你还是要把南方还给南方人。这里还将是一个自治的区域。

持有强硬态度的国会，也并不否认这一点。他们只是认为不能就"这样"把南方"还出去"。他们希望达到的目标，就是在战后对南方有一个临时的"统治时期"，在这个时期，试图扶植起一批与北方观点相同的州政府来。然后，把政权转移给这些扶植起来的州政府，接着就可以比较放心地离开"重建"以后的南方了。这就是那几大军区的"半军管时期"的来历。

可是，这种做法成功的唯一可能性，就是在南方彻底建立专制强权的政府。因为南方社会没有任何变化，这个社会的大部分人的观念没有变化，如果再加上战争积聚起来的仇恨，南方原有的一些理性也被迫后退了。那么，不论你扶植起一个什么样的政府，只要开放实行民主选举的第一天，选出来的就肯定还是南方人观点的州政府。因此，根本不在于出于什么样的良好愿望，而是愿望是否真的就能够实现。也许，这就是林肯总统在被暗杀之前，想过的问题。

在战后国会第一次复会的时候，就基本逐步推翻了温和派总统的做法。国会主持的南方重建时期，采取了半军管的强硬措施。并且在这些强硬措施的支持下，选出了黑人议员。最关键的是，强烈的不满在南方是存在于整个白人民众之中。而刚刚从奴隶状态出来的黑人，还处于被北方来的官员强行扶持的阶段。强硬派所推行的措施，不论其用心如何良苦，却不免有揠苗助长之嫌。

当时，战争刚刚结束，南方人不仅失去家园，三分之二的财富在战争中失去。原来由奴隶制支撑的庄园经济也不可能恢复，一半以上的庄园和设备基本上全毁。战争的创伤尚未平复，四分之一的白人青壮年死在战场上，活着的人又失去了他们原来所习惯了的自治。战争和战后的南方，不论其原因和合理性如何，事实表现出来的，都是在美国建国以来从未有过的非逻辑的、毁约性的、原来的制度之外的非常状态。

在国会强硬派主持的重建时期，在来自北方的半军管之下，非理性的状态无可避免。大量处理失当的状况在南方发生。最典型的就是

被北军占用的罗伯特·李将军的家

对南军总司令罗伯特·李将军的私产处理。

李将军的岳父是美国首任总统乔治·华盛顿领养的孙子，他在弗吉尼亚有一个庄园，距离华盛顿故居不远。他把庄园留给了女儿，并且指定由女婿罗伯特·李经营。那是一个经营有序、非常美丽的庄园。战争一开始，那里就成为最危险的战区。李将军立即让夫人离开家，向安全地带撤离。战争中，这个庄园一度成为北军指挥部。在战争即将结束的时候，联邦政府以该庄园主人几年未交税为由，要没收这份财产。李将军的夫人闻讯立即表示愿意立即补交由于战争中断的税款。可是，联邦政府坚持要求庄园主人亲自前来交税才能算数。当时战火尚未平息，李夫人根本不可能前往。于是，联邦政府就这样借口没收了这个庄园。这就是今天美国著名的阿灵顿国家公墓。

也许，在别的国家，根本不需要任何借口，就可以没收"敌产"。可是，在美国这样一个历来尊重个人、尊重私人产权的国家，即使在战争状态下，即使制造了借口，这样一个政府对于私产的没收，都根本无法被接受。因为这已经完全出了美国的逻辑。虽然这发生在一个非常态的时期，可是，联邦政府对于这份私产的蛮横处理，依然在所

走出战争的非常态　273

罗伯特·李将军的家就是今天的阿灵顿国家公墓

有的历史书中受到指责。直到1882年,作为继承人的李将军的儿子,状告联邦政府,未经合法程序侵吞私产。此时,战后的美国已经恢复正常的法律秩序,法院判定他胜诉,命令联邦政府交出阿灵顿。鉴于阿灵顿的事实状态,经协商,李将军的儿子同意以十五万美元,将阿灵顿卖给联邦政府。今天的阿灵顿国家公墓虽然是联邦政府的产业,可是在公墓中还是建立了一个李将军的博物馆,也向人们如实地讲述这段历史。

南方平民也在这段非常时期受到许多不公正的对待。例如,刺杀林肯的凶手在逃亡途中受伤,曾经向一名不知情的医生求治。后来这名医生受到无辜关押。这名医生直到一百年以后,才得以洗清冤情。今天,他的冤狱故事也在他当年被关押的监狱向游人讲述。

也许,在一场规模如此之大的内战之后,相对于其他一些地方,美国对于战后南方的处理已经显得非常温和。但是,美国是一个以契约为基础的国家。人民习惯于按照契约行事,对于契约逻辑之外的任何不公正都没有容忍度。所以南方的状态就显得格外危险。

原来的渠道,例如南方的民众呼声通过他们的议员在体制内的表达等等,被切断了。自治的传统被停止了。不论这些南方民众的观点是多么错误,他们按照自己的方式生活的希望也被拦截了。同时,在战争威力下的强行废奴刚刚实现，立即就推出黑人参政，也使南方人担心将要长久地被北方与黑人联合的政府所统治。更何况，战争所积聚的仇恨还没有化解。于是，这个时候的美国南方，开始出现了历史上从未有过的最无序、非理性，甚至大量民众暴力的局面。战争本身就是一种非常手段，内战使得人们习惯于采用非常手段。以采用非常手段来对付非常时期，又是一种心理突破。这也给南方"多数人的暴政"提供了心理上的"非法合理性"。著名的三Ｋ党，就是这一时期的产物。

我们所知道的三Ｋ党，是完全针对黑人的一个恐怖组织。实际上，三Ｋ党三起三落，组织上越来越分散，每一个历史阶段的三Ｋ党和各个地区的三Ｋ党情况都很不相同。例如，在犹他州，第二次复活的三Ｋ党，他们的主要目标，是攻击犹他州的主要教派摩门教。可是，在该州第三次复活的三Ｋ党，其多数成员就都是摩门教教徒了。越到后来，三Ｋ党越缺少组织性。有着各种目标的恐怖小团体，都会称自己是三Ｋ党。而现在的三Ｋ党，其暴力的成分已经减到最低，有的甚至根本不搞暴力活动，只是一些崇尚"白人至上主义"的小团体而已。但是，三Ｋ党的起源确实就在南北战争之后"重建时期"的南方。最初，KKK只是田纳西州一个小镇的六个青年人随便叫出来的。

这六个年轻人在战争中都参加过南军，当时是1865年底，战争结束不到一年。来自战争的仇恨还没有平复，南方又处于联邦军队的控制下，他们感到没有出路。当时夜晚实行宵禁，他们就偏在夜晚出来，骑在马上呼啸而过，以示不满。"三Ｋ党"是中文翻译成这样，他们实际上并没有成立一个政党的意思。KKK 是三个希腊字母。用几个希腊字母作为小团体的名称，这是美国大学里至今还盛行的兄弟会的典型做法。我们附近的一个大学有一条小路，路两边的建筑物上，都有几个大大的希腊字母，都是大学生兄弟会的所在。这六个年轻人天天玩在一起，根据以前在学校时的传统，就给自己也起了一个兄弟会的名字。前两个 K，是源于一个希腊字，意思是"小圈子"，而最后一个由 K 起头的希腊字完全是为了再凑个 K，叫起来顺口。那白色的尖顶斗篷也是他们弄出来的，用来在夜晚吓人。看上去，这只是一个年轻人发泄不满的胡闹。可是，在当时的南方气氛下，立即有人学样，迅速传开。

在南方，越来越多的人称自己是 KKK。但是迅速超越了年轻人胡闹的范围，他们开始涉及政治性的反抗，例如以恐怖活动恐吓进入联邦扶植的议会的南方人，不论他们是黑人还是白人。并且开始以暴力发泄他们无处发泄的愤懑。黑人也很快成为他们恐吓和攻击的目标。KKK 最终成为一个秘密的恐怖组织。并且有了一个以前南军名叫弗雷斯特的将军，成为他们的头头。

总之，我们今天所看到的，只能是各种历史选择中的一个结果。其他的道路既然没有被选中，我们也就不可能知道，如果是其他走法的话，将会走出什么样的结果来。就看到的这一段历史路径来说，我们只能说，国会强硬派最大的功绩是，他们通过自己在国会中的力量，强行通过了美国宪法第十四修正案中有关确认黑人公民权的条款。这给此后黑人真正获得公民权，打下了一个坚实的法律基础。

然而，从这条宪法修正案的基础来说，它还只是仅仅反映了美国的精神主流，即北方，在南北战争之后对于这个问题的认识。在北方，这都可以说是认识上的一个巨大进步，因为假如早个十年二十年，即使是在北方，除了激进的反奴隶主义者之外，黑人的公民权问题，还远不是如废奴一样容易被民众普遍接受的。

所以，这一条宪法修正案对于南方，在理性认识的程度上来看，几乎是与他们毫无关系的。这条修正案无疑是一个历史进步，但是，南方又一次与这样的进步脱节。南方的民众根本没有这样一条法律的认识基础。非常突出的，就是当时的南方州政府纷纷通过州一级的法令，在历史上被称为"黑法典"，定出了不少侵犯黑人公民权的限制。美国战后的实际状况和南北战争之前有着颇为相似的地方，就是南北双方在认识上的严重脱节。就像在美国建国之后，北方自动废奴而南方利用法律给予的缓冲期以及自治权，竭力拖延奴隶制的寿命一样，现在的南方也试图用一切方式，抵制第十四修正案在南方的实行，并且抑制黑人地位在南方的上升。

但是，作为南方的"重建"达到的效果来说，我们确实没有证据说，国会派的强硬措施就一定比温和派的效果更好。最终，在军管之下，南方类似KKK这样的脱序行为越演越烈，涉及的民众面越来越广。关键是，在美国，不可能永远由外来的力量统治一个地区。地方政府必须是由地方民意产生。因此，后来所发生的，联邦所扶植的州政府最后落到"南方人"的手里，联邦军队终于退出，达成妥协，把南方依然还给南方人等等，这一切在美国都是必然的。

问题在于，在强硬派被迫这样做的时候，局面至少不比当初一开始就按照林肯所设计的温和做法，达成的结果更好。我已经说过，我们有无数对于历史路径的选择，但是我们能够看到的结果却只有一个。历史不是一个实验室。所以我们永远无法知道，假如一开始就采取林肯的做法，南方的民众暴力是否会发展到如此广泛的地步。我们所能够知道的只是，在强硬派推行了他们的做法之后，他们原先的计划几乎是全盘失败的。他们交出去的那个"南方"，远不是他们原来想象的"重建"之后的模样。南方还是南方。

我们也永远无法知道，假如没有这场南北战争和此后的"半军管"，南方的奴隶制如果按照"体制内"的推动，还需要多长时间才能够解决。但是，我们确实知道，南北双方通过不同方式"解决"奴隶问题，得出的结果是不一样的。北方在实行废除奴隶制之后，虽然依然存在种族问题，但是，黑人地位的提升以及不同种族文化的融合，是逐步的，也是自然推进的。没有出现强行种族隔离这样的异常现象，更没有反复地出现大规模的、以种族为原因的民众暴力。

而原来南方反奴隶制的进步力量和理性的力量，都在一场战争和此后的"重建"中，失去了他们的影响力。这样一股对于南方的醒悟非常重要的力量，不是像南军总司令罗伯特·李那样，莫名其妙地由于战争而被卷进旋涡不能自拔，就是在"重建"时被联邦扶植而尴尬地落入一个出卖南方利益的形象。而他们以前还有可能在南方起到的作用，在一场血流成河的战争之后，说什么也没人信了。原来有关奴隶及种族问题的人性和道德的劝说，都在南方一片焦黑的家园和死去的无数年轻人面前，无法开口。北方可以高举神圣的"为黑人的自由而战"的旗帜去牺牲，南方却无法接受这样的事实，就是北方人为了给黑人自由，却杀死无数无辜的南方白人青年。战争一起，人道的逻辑就混乱了，双方原来的对话基础完全消失。南方原来在这个问题上的持不同观点的人，也变得一边倒了。从某种意义上来说，战后的南方在理性上呈现了一个巨大的倒退。

林肯总统对于战争主题的切换，还使得南方有一种挨了打还"有口难辩"的感觉。黑人也就成为北方"打得有理"的间接原因。我们看到的事实是，在奴隶制以战争方式在南方解决以后，与废奴后的北方不同的是，南方开始了战后长达近百年的种族隔离。几度出现针对黑人的民众性的排斥，恐吓甚至暴力。这些情况是在奴隶制时代都不曾出现的。由于历史不能重演，因此，我们确实不知道，即使南北战争中所支付的六十万生命统统不算的话，在渐进推动和战争速决两种废奴方式下，究竟哪一种方式使得黑人支付更小的代价，哪一种方式可以使南方更早进入真正的人性醒悟，迈出可以称之为"历史进步"的一步。

第一次 KKK 的兴起，经历了差不多有四年的时间，它作为一个组织是在 1869 年宣布解散的。其主要原因就是他们的头头，那名前南军将军弗雷斯特，发现这个组织一到下面就根本失控，越来越多的有违法倾向的人自称是他们的成员，暴力事件也在增多。终于使他感到无法承担这样的后果，因此自动宣布解散。在他宣布解散之后，KKK就基本做鸟兽散了。这也是美国的民间团体的特点，它是没有什么严密组织的。所以，我不太愿意把它译成"三K党"，因为一方面它实在不是一个政党，另一方面，它是一个非常"泛"，也非常"滥"的概念，松散而无约束。在 KKK 第一次发展起来的时候，大概是最像一个组织了，因为都在南方，地域集中，诉求也相似。此后几十年后，重新出来的 KKK，地域分散，诉求也变得五花八门了。现代的 KKK 更是另有一套,这些待我以后再慢慢给你聊吧。

在弗雷斯特将军宣布解散 KKK 之后,一些残余的成员就星散在各地继续活动,但是大势已去,人数也已经不多。而这些不肯罢休的家伙,往往是最没有脑子、无法无天的。两年之后,当时的葛兰特总统,就是当初接受李将军和南军投降的那位前北军司令官,以总统身份要求非法组织成员放下武装并且自行解散。然后,有数百名违法的残余 KKK 成员被捕,KKK 的第一次兴起就这样偃旗息鼓了。数量如此庞大的 KKK 迅速消散和南方联邦军队开始撤军,南方州政府逐步交还南方人,几乎处于同步的时间。一种张力极大的压力和抗拒的缓释,大概也是 KKK 能够突然散伙的外部原因之一。

在南方"还给南方"之后,南北战争之前那种"一国两制"的局面又恢复了。这并不是说,南方重新恢复了奴隶制,而是南北两方重新出现了原来在种族问题上的道德对立,以及由此引起的社会面貌的完全不同。南北之间差异之大,完全不亚于战争之前。而且,也还是极端南方表现得最严重。有些情况甚至比在南北战争之前更为糟糕。就是内战本身和 KKK 四年的风行,使得南方的民众原有的法治概念被毁坏,对于暴力行为的心理障碍被突破,暴民行为被普遍接受。黑人落入前所未有的不安全和恐惧之中。

你一定会感到奇怪,为什么说在某种意义上说,黑人的处境比在奴隶状态时还要差呢?因为,在奴隶制时代,百分之九十五的南方白人并不是奴隶主,他们会歧视黑人,可是却没有任何原因导致他们仇恨黑人,甚至还有相当一部分人是同情黑人的。至于奴隶主,除了极少数虐待狂之外,不会刻意伤害自己的黑奴。道理其实很简单,就是奴隶当时的地位几乎等同于牛马。活像庄稼汉对待自己家的牲口一样,他不会把"牲口"当"人",可是出于自己的利益,拥有这些奴隶的人会尽量保持他们的体力。所以,当时南方贫穷的白人短工,都普遍抱怨雇主把他们使唤得比奴隶还苦,因为奴隶是自己的"财产",而雇来的白人短工是干完就走的。

可是,当南方的奴隶被一场战争解放之后,几乎绝大多数的南方人,至少把一部分战争积聚的仇恨,转移到了黑人身上。不仅在战争后期,林肯总统把战争目标转向"解放奴隶"之后,使得南方的黑人成为北军攻打南方的一个正当理由,而且有十几万被北军攻陷地区的黑人,加入北军参与了攻打南方的战斗。当战争结束,黑人不仅被解放,而且取得公民权。由于黑人的人数在南方并不少,因此,也使白人感到潜在的威胁。当联邦军队撤出南方,"北方佬"走掉之后,黑人显然成为南方白人眼里唯一的异己分子和对立面,再加上战争遗恨和极端的种族歧视,每当类似KKK这样的暴民兴起,南方的黑人很容易成为袭击的目标。

在南北战争之前,黑人在南方普遍拥有自己的教堂,也有一定数量的获得自由身份的黑人,同时,没有什么民众袭击黑人的情况。可是在战后,暴民一起,就大肆焚烧黑人教堂、袭击黑人住宅,对黑人处以私刑。使得黑人经常处于一波一波的恐怖浪潮之中。南方的奴隶制是被废除了,可是,如果说,一个地区的真正进步,可以用普遍的人道标准去衡量的话,南方在经历一场战争之后,假如不说它是倒退了的话,至少民众对于人性的认识和理解,并没有任何实质性的进步。

然而,由于美国在整体上根深蒂固的契约文化,在经历长久的"重建",南方终于又重新回到南方手里之后,从整体来说,南方还是以相当惊人的速度，回到了原来他们在美国整个制度中的运作方式。包括南方和北方的整个美国，又重新恢复了原来被战争所毁坏的契约社会的状态。这一机制的修复，我想，才是林肯总统对于战后南方重建的主要着重点：如果在大的框架上，处于一种非契约性的、非常态的，或者说失控的状态，那么，你也许可能强行建立一个突破性的成果，但是从长久来看，麻烦可就大了。且不说成果能否守住，接下来大家都以非常状态当作常态，失去一个共同的游戏规则。那么，此后可能就是一场革命接一场革命，也可能就是一场混乱接一场混乱，永无宁日了。

这就是为什么一百三十多年前的林肯总统，在他的《解放奴隶公告》中，提出的不是打土豪分田地，而是"我同时在此嘱咐上述获得自由的人们，除了必要的自卫，应当避免使用任何暴力；并劝告他们在任何可能情况下，为了合理的工资而忠诚地从事工作"。

同时，如果着眼于大家都回到原来的契约社会，恢复原有的游戏规则，那么，林肯和他的副总统对于保留南方精英阶层的主张还是明智的。因为这一个阶层是南方仅存的理性，如果南方失去这一个阶层，可能会在一定的时期内，陷于暴民统治，根本拒绝再回到原来的框架中，这样，南方的倒退会更为叵怕。

南方在恢复自治以后，一个明显的例子说明它回到了这个制度原来的运作中，就是南方接受了国会通过的几个有关废奴和黑人公民权的宪法修正案。尽管这不是南方多数民众所赞同的，但是，只要通过这些修正案的程序是合法的，是在国会以三分之二以上的票数通过的，南方就承认了这是一个大家必须共同遵守的契约。

在南方重新自治以后，南方各州确实在种族问题上搞了各种地方法，以最大的可能抑制黑人地位的上升，甚至像防范洪水猛兽一样，竭力抵挡种族融合的历史潮流。但是，南方的这些地方立法，毕竟是在试图钻一些法律的漏洞。它还是承认宪法，承认联邦最高法院对南方的地方法有司法复审权，承认原来美国的体制的。这样，一切又回到非常类似南北战争前的情况。南北双方开始遵循游戏规则，开始各种司法挑战，开始在立法上"寸土必争"。但是，这时，对话的基础已经建立起来了。双方回到了有规范的基础上。也许，就像当初南方的废奴一样，需要北方非常吃力地逐步推进种族融合，但是，推进的可能性毕竟出现了。

在南北战争之后，由于南方建立的种族隔离地方法，引起的最著名的一个案子，就是发生在路易斯安那州的布莱西案了。这个案子发生在 1892 年 6 月 7 日，布莱西是一个居住在路易斯安那州的美国公民，他是一个有着八分之一黑人血统和八分之七白人血统的混血儿。他在东路易斯安那铁道公司买了一张头等车厢的火车票，从新奥尔良前往科温登。布莱西进入客车以后，就在标明是白人的车厢里，找了个空位坐了下来。显然，在外观上能够看出他有黑人血统，因此，列车员要求他离开白人车厢，他拒绝了。一番争执之后，警察不仅强迫他离开该车厢，并且以违反该州法律为由，将他逮捕起诉。

那么，布莱西违反的是一条什么样的法律呢？这就是当时在南方各州相当普遍的与种族隔离有关的州法律。

在布莱西案发生的两年之前，1890 年 7 月 10 日，路易斯安那州的州议会，通过了一个法案。就是要求所有属于该州的铁路公司，必须在营运的时候,为白人和有色人种提供两节以上车厢,它的要求是平等的,但是却是按肤色分离的。如果只有一节车厢,则要求按上述原则划分隔离的车厢。但是,城市的公共交通,如公共汽车、电车之类,不受这条法案的管辖。

它的意思是,如果火车有一等车厢,那么,有一节白人的一等车厢,就必须有一节有色人种的一等车厢,以此类推。然而,不同种族的人的座位与车厢不能互串。这样,白人有一等车厢的座位,黑人就也有一等车厢的座位。你说黑人不能坐白人的座位,可是反过来白人也不能去坐黑人的座位。所以,这就叫平等的。但是,是分离的。如果有人违反,该法案也授权执法人员有权干涉。所以,这个案子的关键,不在于布莱西是否违法,而在于这条地方法是否违宪。

你可以明显看出这是一个"钻空子"的立法,但是,你要知道,在南北战争和像KKK这样的大规模反制度的状况之后,真正危险的是双方从此不认游戏规则。对法律"钻空子"是不可怕的,因为它的前提就是承认法律。而法律本身的完善就是一个被"挑战"而发现漏洞,然后补漏洞的过程。当然,法律本身依然存在一个历史局限性的问题。法律是由人订出来的一个契约,在每一个历史阶段,有历史局限的人当然会制定有历史局限的契约,这是再正常不过的事情。也许,你也发现了,这个引发布莱西案的路易斯安那的州立法,是一个相当"聪明"的"钻漏洞"的立法。它的关键就是仔细考虑了宪法和有关法律,然后,在"分离并且平等"上面做文章。

布莱西不服,在一级级的上诉之后,这个案子在最后进入联邦最高法院。最高法院并不是对这个案子本身重新审理,一些细节是不在最高法院的裁定范围内的。比如说，有关布莱西的种族归属的裁定。决定一个混血儿的种族归属，这是每个州自己立法决定的，与联邦法无关。最高法院所必须审定的，是路易斯安那州所制定的这条与"种族隔离"有关的地方法，是否"违宪"。如果这条"种族隔离"的地方法违宪，那么，布莱西自然就胜了。可是，如果这条地方法是可以成立的，那么，布莱西就必须受到这条地方法的约束，不论听起来这是多么错误。他必须等待一个法律上的突破，等待人们从历史局限中走出来。

我在前几封信里曾经提到过在南北战争之前，最高法院在判"斯科特案"的时候，曾经确认过"分离并且平等"的原则。你也许还记得，这个讲法来自于美国的《独立宣言》。当然，在《独立宣言》中，这一用词只是为了解释当时的北美殖民地为什么要从英国"分离"出去变成美国。可是，自从赞成种族隔离的人们（也有很多黑人持这样的观点），把《独立宣言》的"分离并且平等"的说法，移植到处理种族相处的问题上，就使得种族隔离不仅可以合法化，而且，使得"种族隔离"也就不像"奴隶制"那样，有明显和强烈的道德疑问。这也是种族隔离的状况在美国南方得以如此长久持续的原因之一。

所以，中文本的美国《独立宣言》将原文的"分离且平等"译作"独立和平等"的时候，就使中国的读者失去了原来的线索去理解美国南方长期种族隔离何以存在的法理和道德依据。

这一次的布莱西案，应该说，论美国的总体状况，已经和当年的"斯科特案"大不相同。因为在最高法院判决"斯科特案"的时候，即使在北方，都有大量反对奴隶制的民众，赞成把解放后的黑人奴隶送回非洲去,同样,他们也无法想象一个完全种族融合的社会。可是,当布莱西案发生的时候,不仅是已经打了一场南北战争,奴隶制已经在全国范围内不复存在,而且在北方,不同种族的进一步融合已经成为事实。黑人也已经由宪法确认了他们在政治上的平等地位。而且在北方,他们事实上也开始享有政治权利。这一点是非常重要的。因为在一开始的时候,尽管黑人有了被选举权,却还不可能马上选出一个黑人市长来。可是,竞选的白人政治家们立即必须开始考虑黑人的利益,因为,黑人们的手里已经每人有了一张选票。

可是,在布莱西案中,最高法院还是以七比一的投票结果,判布莱西败诉了。也许有人认定,这又是最高法院"站在白人种族主义的立场上"的结果。可是,我觉得,布莱西败诉的根本原因,就是"种族隔离法"死死咬住了"平等"二字。这使得最高法院即使想使它失效,都找不到下嘴的地方。因为,按照制度的运作规则,最高法院只有"司法复审权",就是说,它只能根据宪法去衡量一个法律是否违宪,而不能根据自己的道德标准、是非标准等等,去给它下一个判定。它不能超出宪法的范围。因此,不要说这样的"种族隔离法"找不到"违宪"的依据,即使追踪到《独立宣言》的"平等自由"立国原则,追溯到自然法,你都一时很难说这个"种族隔离法",到底犯了哪一份"天条"。

在反奴隶制的时代,人们在司法挑战的时候,虽然有碍于宪法中当初对于南方作出的妥协条款,屡屡遇到障碍,可是,奴隶制违反《独立宣言》中"平等自由"的立国原则、违反自然法的人道原则,是一目了然的。可是,尽管人们知道那些"种族隔离法"所依据的"分离并且平等"的原则,并不是《独立宣言》的真正原意,宣言中指的是国家之间的相处原则,讨论的并不是一码子事儿。但是,这样拐了弯的运用,当时的人们一时就是找不到毛病到底出在哪里。

在南方的这些"种族隔离法"之下,南方的整个种族隔离时期,你都有一种说不出的味道。因为,那里的一切公共设施,都是"平等"设立的。有白人的厕所,就有黑人的厕所;有白人的饭店,就有黑人的饭店;有白人的喝水器,就有黑人的喝水器,等等。甚至我还听说,在南方居然还有这样的地方,就是马路的左一半是白人走的,而右一半是黑人走的,听上去像天方夜谭一样。可是,假如你指责这样法规不让黑人进白人饭店是种族歧视的话,你会发现很难提出责难,因为在这样的法规下,白人也同样不准进黑人的饭店,如果进去了也要受惩罚。因此,这看上去荒唐,可是却似乎不是"不公平"和"不平等"。我相信连当时的许多北方人,看到南方出的这些"怪招",都"懵"住了,一时都想不出什么化解的招数。

这时候,南方人振振有词地说,这里是自由的,奴隶制反正是已经没有了。这里也是"平等"的,所有的公共设施白人有一份,黑人就也有一份,别说我们不让黑人用白人的设施,我们"平等"地也不让白人使用黑人的设施。如果当初你们指责我们有奴隶制,因而不符合作为美国的一部分的标准,那么今天,我们的一切都符合美国标准。唯一和你们"北方佬"不同的,就是我们选择不同的生活方式,那就是不同的种族自

南方种族隔离时期的黑人专用饮水器

己过自己的日子，相互不要干扰，"分离并且平等"。

你必须承认，这一招确实"聪明"，它因此帮助南方维护了近百年的种族隔离，北方就是奈何它不得。在这里，我们再一次看到，人类的人性醒悟，从猿到人的过程是很难强制加速的。代表着美国精神主流的北方，在建国时宪法容许有废奴过渡期的时候，他们依然以自己的理性早早立法废奴。并且有大量白人民众，以各种方式投入帮助南方废奴的努力中，甚至有很多白人为黑人的自由奉献了自己的生命。在"分离并且平等"的原则并没有被否定的漫长岁月里，美国的大部分地区也从没有利用这样的"合法原则"，采取种族隔离措施。因为这里的人们确实已经对人性醒悟到了这一步。

然而对于南方来说，即使经历了无数外力的推动，它基本上和美国大部分地区的关系，依然处在百年以前的状况，它在以一切可能抵挡历史潮流。美国拖着南方向前，拖得很吃力。

我们在费城的一个黑人艺术博物馆，看到过一个黑人的摄影展。这位黑人摄影家是一直跟随二十世纪初的一个黑人乐团，记录它的艺术生涯的。里面有一批照片，就是这些成功的黑人音乐家来到南方演出。照片中记录了他们遇到南方各种标明为只供黑人使用的公共设施。比如说，只供黑人出入的大楼入口，只供黑人住的旅馆，等等。

这些照片中的北方黑人音乐家们，在这些标明种族隔离的牌子面前，做出一些非常滑稽的姿势。在照片的说明中，这名摄影师说，他们当时遇到南方的种族隔离状况，感觉是荒诞的，他们有一种想调侃的冲动。可是，他们的感觉并不是愤怒、被羞辱等等。因为，他们是生活在一个完全不同的世界里，他们自己的生活是轻松的，没有这样一份沉重。他们来到南方,遇到这一切,就像是旅行到了一个遥远的奇怪的国度,那里实行一种奇怪的制度。所以他们更多的感觉竟是旅游者的新奇。从这些照片里,从这些来自纽约的黑人,在南方种族隔离牌子下,嬉笑的表情和滑稽的姿态中,我们最感性地体会到了当时美国的巨大差异。

然而,北方又一次开始了当初向司法挑战的遥遥路途。只是现在的目标不再是废奴,而是帮助南方的黑人真正得到平等和尊严。所幸的是,一场支付了六十万生命的内战,使美国人得到的最大收获,就是他们再也不会用这种战争的方式,解决他们之间的问题和分歧。在南北战争越出了美国原有行进轨道之后,又开始回到原来的,建立在共同契约之上的理性推进。

那么,南方长达半个多世纪的种族隔离法,是不是真的就是"分离并且平等"的呢?当然不是。不论从感觉上还是事实上,南方的种族隔离本身都造成了严重的不平等。南方的黑人在南北战争之后,一下子离开奴隶状态,并不是生活本身就有本质的改变的。在我们参观南方庄园的时候,看到过庄园主人在战后写的信,他不仅提到庄园毁坏的情况,还提到,原来离开的奴隶们,都陆陆续续地回来了。以前,他们工作没有报酬,可是一切生活用品和吃住等等,都由主人供给。他们祖祖辈辈已经习惯了这样的生存方式,从来没有自己谋生的经验。现在,突然说是"自由"了,一开始根本不知所措。你只要想想,现代的大城市里人,乍一离开大锅饭都有很大的精神冲击、都有六神无主的感觉,何况一百三十年前的黑人奴隶呢?

然后,就是黑人在南方非常漫长的贫困时期。在这样的前提下,黑人与白人当然是"平等"不起来的。就说公共设施吧,既然是贫穷的黑人的厕所、车厢等等,也就会变得很脏。白人根本就不会愿意去黑人的地方,而黑人却是不能去白人的地方。心理上就是不平等的。更重要的是,在经济上,黑人普遍还处于贫困之中。他们从奴隶身份中走出来,就算是立即可以得到经济上发展的平等条件,他们要搞清楚这个社会是怎么运转的,都需要相当长的时期。更何况,他们不但没有任何经济上的基础,还与原来发展中的南方白人社会完全隔绝开来了。种族隔离肯定给黑人的发展带来更大的困难。

在政治上,南方也是不平等的。南方的黑人几乎不参加选举。一方面,在南北战争后的重建时期,北方曾经强行扶持过黑人议员,使得当时KKK的一个重要行动就是恐吓黑人,阻止他们参与选举。由于黑人是少数,KKK却是代表着多数白人的秘密恐怖行为。因此,这样的恐吓相当有效。当北方的"联邦军管"一经撤销,南方黑人几乎就不再有什么政治权利。更何况,刚刚脱离奴隶状况的绝大多数的黑人,对选举也没有什么认识,他们还没有什么强烈的政治要求。他们先想知道的,是离开了奴隶主的庄园以后,如何寻到一杯聊以糊口的羹汤。

你也许会问,那么,他们为什么不去北方呢?是的,在此后漫长的岁月里,有许多南方的黑人去了北方。尤其是在北方工业开始发展,大城市开始需要大量的产业工人以后。当然,不论怎么说,整个逐步发展的过程,对于黑人来说都是痛苦而艰难的。对于许多来到北方大城市就业的黑人来说,他们并不是在有选择的情况下,离开乡村走向城市。他们只是由于生活逼迫而离开土地和家园,被迫接受钢铁与水泥的世界。当然,这是另一类的艰难开拓的故事了。在大城市里,他们毕竟和许多贫穷的白人，以及来自世界各地的各种新移民一样，有一个艰苦却是基本平等的历史了。

然而，还是有许多黑人留在了南方。留下来的道理很简单，就像是今天的中国，有许多来自农村的民工怀着淘金梦来到大城市，可是，不论流传着多么动人的淘金故事，还是会有许多人留在原来的地方。越是闭塞的地方，留下来的越多。所以，在南方的深腹地，留下来的贫穷黑人也就更多。这些深腹地，是甚至连当年北方为营救奴隶所建立的庞大"地下铁道"网络，都从来没有伸展到的地方。同时，胆大的、活泛的人离开的机会就更多，而留下来的是更为沉默和认命的一群。

南北战争本身和其后南方的一段经历，对于南方白人民众是一个完全负面的教育。KKK的第一次形成，尽管在四年以后彻底平息下去，可是，南方从此以后留下了这样一个民众暴力的种子。事实上，在相当长的一段日子里，南方人对南北战争的起因和结果普遍感到不平。而曾经一度风行的KKK，又使此后的南方人非常容易以民众暴力的形式，发泄他们的不满。极端南方原来就有私刑的情况，但在KKK盛行之后，被普及和放大了。由战争所形成的对于北方的敌视和排斥，又使得北方的精神和思想方面的发展历程，更难对南方产生影响。

在二十世纪初，在KKK销声匿迹近五十年后，又由于一个十四岁的白人女孩被强奸致死的刑事案而再度复活。事情的发生与黑人完全没有关系，当时被审判认定有罪的是一个北方来的犹太人。当他在审判后被州长特赦原来的死刑，改为终生监禁之后，引发了一场民众暴乱。州长这样做本身并没有越权，是否应该特赦也是另外一回事。

民众不满这个特赦的一个重要原因,是这名罪犯是南方人讨厌的犹太人,而且又是个"北佬"。因此,这不但是案件本身所引发的怨恨,还纠结着南方长久以来的种族怨恨和对北方的怨恨。于是,又一次发生了自南北战争以来,南方多次发生的私刑。一群暴民冲入监狱,抢出犯人,把他吊死了。

两个月以后,在佐治亚州,参与该事件的一班人聚集在佐治亚州亚特兰大市的石头山,决定成立一个男性白人组织,以维护种族优越地位为目标。这一次他们登记了一个合法民众团体,他们自己觉得,他们的诉求与当年的 KKK 一脉相承,所以起名为 KKK 骑士。在英语中,"骑士"一词的第一个字母也是 K,所以,这个组织的名字实际上叫 KKKK,如果按老规矩翻译的话,就应该是四 K 党了。这个组织本身和南北战争之后、几十年前的那个 KKK,并没有什么关系。可是,由于他们在种族问题观点上的一致,以及他们也采用与 KKK 类似的恐怖仪式,如披白色斗篷、烧十字架,甚至对他们所反对的人进行攻击和处以私刑等等。所以,人们习惯把他们看作一回事,也习惯还是称他们为 KKK。译成中文时就往往还是称他们是

KKK 的仪式

三K党。

　　这一次的KKK的复活迅速席卷南方，并且在北方都引起呼应。不仅反映了南方长期种族隔离之后，种族之间的隔阂与敌意进一步加深，也反映了在美国的发展过程中，在北方也同样时时产生不同种族、不同宗教、不同文化之间相处的困惑和矛盾。KKK的第二次兴起，表现了这种矛盾在美国曾经是多么尖锐。各种各样的人跑出来宣称他们是KKK，有的是反天主教的、有的是反摩门教的、有的是反犹太人的、有的是反移民的，在南方最主要的就是反黑人的。

　　我以前跟你聊起过，"种族文化大熔炉"之类的说法听上去是简单的，甚至给予远距离观望的人一种审美上的幻觉。然而，生活在现实中的"大熔炉"里，却有一个怎么活法的问题。美国人是经过漫长岁月的种族冲突和文化碰撞，才艰难地走到拥有今天这样的进步和认识的。在北方，尽管有着反奴隶制的人道认识和传统，但是，这并不是说，在奴隶制消失之后，人们就能够顺利地面对种族融合的生活，因为这是另一个社会课题。文化差异依然存在，宗教差异依然存在，利益冲突也依然存在。在不同的历史时期，这种差异所形成的社会焦灼、冲突和不安定，会以各种形式表达出来。更何况，这里的人们习惯于自由表达，因此，矛盾也就会很容易地就浮到表层，并且在民众中扩展开来。

　　我们在翻看美国历史的时候发现，在与种族相关的问题上，美国在历史上遭遇的一些困惑和今天的状况有十分近似的地方。也就是说，活在这样一个"大熔炉"里头，许多问题依然没有解决。而且看上去，一时三刻的好像还解决不了。但是我也发现，从总体来说，美国人对待这些类似问题的态度上，却发生了巨大的变化。人们所面对的，可能还是百年前同样的种族矛盾和文化差异，可是，多元文化的概念已经产生了，必须尊重异己文化的社会风尚亦已基本形成。因此，如何去处理由同样的问题引起的社会困惑，其基本出发点已经完全不同了。

在二十世纪初，面对这样的种族和文化冲突，你会看到华盛顿市中心 KKK 全副白色斗篷的盛大游行，但是，今天我们走到这个世纪的终点时，面对同样的问题，再去看美国社会对于这些问题的种种讨论的基调，已经全然不同了。在这样的对比之下，你就会发现，作为整体的人类思维，确实是在进步的。而当你再回过头来细查问题本身的困难和艰巨程度，你才会体会到这种进步是多么的不容易。这留待我以后再给你聊吧。我们现在所感兴趣的，还是这种进步在这个制度下是如何被推动的。

所以我想，我还是先回到南方的状况。虽然当时北方也发生种族相处的问题，然而北方的问题再大，也还是在正常的范围之内。正因为它是复杂的，也因为它与今天的情况有许多类似之处，因此我想把它留到后面，在聊到今天美国的种族问题的时候，再谈这个问题。

而南方是不同的，南方当时的情况确实是一种极端的状态。黑白种族的彻底隔离，使得他们相互之间越发格格不入和难以理解。他们相互之间的关系是紧张的，甚至是充满敌意的。在北方，黑人和白人之间，有着各种各样的关系，有友好的、有存在障碍的，也有相互敌视的，但是他们是有交往的。即使发生的问题，也多是在交往中产生的问题。可是在南方，情况就大不相同。相互之间几乎都会把对方看作是一种"另类动物",一种与自己的思维和行为方式完全不一样的、危险的"另类动物"。在这种情况下,在南方,在对待异族的问题上,作为整体的人,不仅没有进步,而且在倒退。因为能够唤醒人性的同情心,被这种把异族当作"异类"的心态严重地侵蚀了。在漫长的隔离之后,矛盾变得无法调和。

在查阅当时的一些资料时,我们发现,KKK 经常有烧十字架之类的恐吓活动。但是,私刑等于是谋杀,谋杀事件却并不是普遍的。而这一类的情况,常常都是由涉及黑人嫌疑人的刑事案件所引发。一旦引发,就会出现一系列的袭击黑人的事件。

尚且不谈这些以黑人为嫌疑人的刑事案件,其被告是否真的有罪,因为在民众暴力的情况下,他们中的许多人没有经历一个公平的审判。很多案件已经永远无法找出真相。我们所注意到的是,以这样的刑事案件在南方作为引发白人民众暴乱的诱因,是强有力的。长期的隔离,使得南方的白人对于异族犯罪的敏感程度,到了一触即发的地步。事实上,由于这种状态,南方黑人的犯罪率在当时远比北方为低,可是南方的人们对于异族犯罪却几乎没有什么心理承受能力。

所以,在 KKK 第二次兴起的时候,从表面上看,尽管北方的 KKK 在数量上虽然远不如南方,可是,似乎是南方的这股子邪劲儿也扩展到了北方。好像在种族问题上,不仅原来北方在解放奴隶和此后争取黑人的平等权利的力量没有向南方推进,反而是南方悠久的种族问题扩展到了北方。美国似乎是在那个年代整个地倒退了。但是,如果我们深入去看,会发现当时南方和北方的种族问题的实质仍是完全不同的。

南方在持续它原来的历史问题。黑人在南方一开始是奴隶，在奴隶制刚刚结束的时候，几乎立即就开始了漫长的种族隔离，继而产生了深壑一般的种族心理隔阂。而南方又一次KKK的兴起，就是这样一个历史的延续。然而，北方也发生的KKK呼应，却已经是现代意义上的种族问题的开端。因为，北方已经是一个多种族、多宗教、多文化的融合社会，以白人为主的文化，开始受到多种文化的挑战，在工业开始发展的"转型期"的社会，各色人等都有可能在一个平等自由的环境中，以各种方式一试身手。少数民族及新移民的犯罪率也与日俱增。这些都会引起原来作为这个国家的主体文化的困惑，更引起处于社会底层的低教育的白人出于本能直觉的不满。你知道历史上美国的KKK都是一些什么样的人参加的吗？都是一些最典型的辛苦劳动的工人和农民。

因此，在二十世纪初，南方的KKK是一个南方种族隔离、种族隔阂历史的延续，而北方的KKK的起步，却是一个平等自由的种族融合共存社会中，文化冲突的第一次强烈反映，这种冲突至今尚存，没有完全解决。

我记得第一次给你写信聊美国的时候，就先聊的是一个"移民和种族融合生活的大背景"，并且提到，美国给一个背景如此复杂的社会提供一个大的"自由实验室"，是多么的"危险"的一件事情。这个国家由于它的特殊移民背景和自由的状态，它在历史上确实有过比其他国家都严重得多的特殊问题，而且至今问题不断。

在我们阅读美国历史的时候，真正吸引我们的，恰恰是在如此复杂的背景里，在各种非常严重的社会问题面前，这个制度是如何在一点一点起作用,如何理性地、尽可能坚持它的原则地,解决这些问题,并且推动社会进步,使得它原来的目标能够逐步实现。

由于KKK本身的暴力倾向的渐失人心,和它的一些主要头头的违法行为的被揭露,也由于大萧条年代的来临,这一波的KKK又在经历鼎盛期的发展之后,一下子退到低谷。南北双方依然处于截然不同的社会状况之中。正因为北方的种族问题更具有"现代"社会问题的意味,因此,我们还是先跟踪尚未解决历史症结的南方的种族隔离,看看这个顽固的社会坚壁是如何被冲破的。

经过多年缓慢的发展,南方的黑人们,和生活在北方大城市的黑人们相比,状况当然完全不同。虽然"分离并且平等"的原则并不是真正的平等。但是,正像我在前面提到过的,南方白人对于宪法的认同,对于这样一种"表面平等"的认同,意味着南方同意回到这个制度内,并且受其约束。相对于内战和战后的混乱时期,在南方这也是一种实质的进步。黑人尽管处在与白人隔离的状态下,但是,在大多数情况下,他们也可以拥有自己的一个不受干扰的生存和发展空间,虽然这样的空间是有限的。黑人毕竟可以以自己的方式和脚步,逐步建立起自己的生活。

例如,美国在这些岁月里,开始逐步发展的公共教育,在"分离并且平等"的原则下,政府就必须为黑人的孩子,也提供学校设施和公共教育的机会。所以,在南方种族隔离的状态下,黑人依然有自己的小学、中学,甚至大学。当然在种族隔离之下,这样的黑人学校达到的水平远低于白人学校,但是,有和没有接受教育的权利是不一样的。南方黑人也稳定地拥有了以教堂为核心的,属于自己的宗教团体。南方的黑人在经历奴隶制和漫长的种族隔离时期之后,终于积聚起了自己的力量。因此，尽管是分离的，但是你可以看到，南方回到这个制度中，接受平等的原则，哪怕是表面的接受，都为"实质平等"的实现，作了最初的铺垫。可以说，当南方接受一个"表面平等"的时候，"实质平等"就迟迟早早要出现了。

既然南方回到这个体制之中，那么，对于"实质平等"的推动，就必定还是以司法挑战的形式出现的。而第一次对于种族隔离的突破，正是在教育领域里。这留待我下一封信再给你聊吧。

等你的来信。

祝好！

林 达

用灵魂的力量抵御暴力

卢兄：你好！

上次给你的信，聊到了南方彻底变革的突破口。我有时候也想，为什么在这个时候开始突破呢？这里显然有一个历史时机的成熟问题。这个成熟，包括时代的进步，包括我上次提到的黑人力量的积聚。如果像在此之前的所有的推动那样，只是北方的白人在那里推，而南方的黑人自己没有力量的话，很难产生本质的变化。但是现在，南方的黑人在表面的无声无息中，渐渐地成熟了。他们成熟的标志，就是他们开始自觉地逐渐熟练地运用这个制度的操作程序，来争取这个国家所寻求的理想中，属于他们的一个部分，属于他们的一份权利。

在"分离并且平等"的南方种族隔离原则下，黑人的起点很低，但是，毕竟有了一个发展的空间。他们是隔离在南方的白人社会之外的，但是，一个表面的"平等"也提供了一定的机会，就像我上封信提到的有限度的受教育的机会。由于起点低,得到的条件差,黑人的发展是缓慢的。但是总体来说,这毕竟是一个自由社会,自由贸易、自由信息、自由流动,等等。因此,对于南方黑人也依然存在发展的机会,如果不是这样,我们就很难理解,南方也存在一个日益成长的黑人的中产阶级。著名的黑人民权运动领袖马丁·路德·金,就是诞生在这样一个南方黑人中产阶级的家庭。如果保守的美国南方,不认可美国的基本自由民主机制,那么这样一个具有自身解放能力的中产阶级的黑人阶层,是不会在南方出现的。

马丁·路德·金在1929年出生的时候,他的父母就已经是一个黑人中产阶级的家庭。他是在南方的黑人学校读完中学,又是在南方进入黑人的摩尔豪斯学院,然后他来到宾夕法尼亚的克罗泽神学院,继而在波士顿大学得到博士学位。马丁·路德·金只是出生于黑人中产阶级家庭的一个典型,在南方,这样的黑人阶层正在逐渐强壮起来。他们在当时还不能享受到全部的美国的自由,比如说进入白人的饭店和学校。可是,在南方白人和政府都认同的美国制度中,他们已经可以享受到美国的许多基本自由,比如说信息自由、结社自由。没有人限制他们得到所有的信息,没有人限制黑人的牧师向他的教徒们进行什么样的宣传。没有人能够限制一些觉悟得早的黑人,已经拥有像"有色人种进步协会"这样的黑人团体。他们所处的氛围是自由的,这种氛围在无形中推动他们去争取一个与其他人完全一样的自由生活和平等权利。这也就是我前面提到的,在南方回到这个制度中,接受了一个"表面平等"的同时,黑人的"实质平等"地位,就不可阻挡地早晚会到来,这就是制度在那里悄悄地起作用。

例如马丁·路德·金,当他在南方的黑人大学里时,就已经读到梭罗的著名文章《论公民的不服从》。当他来到波士顿读博士之前,已经在宾夕法尼亚的学校里,读到了甘地的著作,并且熟悉了甘地对于"非暴力抵抗"的观点。无数南

梭罗

方的黑人孩子,他们只能进入设备简陋的黑人学校,可是,在美国的基本制度下,没有人限制这些孩子的思想,没有人企图或者能够做到用虚假的信息去毒害他们的心灵。他们坐在简陋的教室里,照样和白人的孩子一样,读到《独立宣言》,读到"人人生而平等,都有生命权、自由权和追求幸福的权利"这样的文字。如果说,这个国家的基本原则是符合人性的,社会的思想主流是在推动这个原则的实现的,思想是不受到禁锢的。那么,即使这个社会还存在一个没有受到公平待遇的群落,那么,他们自身对于自由的追求和主流社会对于公平的呼吁,迟早会汇聚在一起,汇成一股冲毁整个旧堤坝的力量。这个历史过程并不容易,但是,反观这段历史,你会发现,这一切会合逻辑地必然发生。

甘地

这一天终于来到了。自从"分离并且平等"的原则被接受以来,这

用灵魂的力量抵御暴力　　*801*

是第一次出现对这个原则频频进行司法挑战的浪潮。第一个引发点和突破口正是从教育问题开始的。尤其是当时的南方黑人中产阶级,越来越意识到,接受高质量的教育是他们的孩子今后生活中唯一的希望和光明。因此,南方各州都纷纷出现黑人家长为孩子申请白人学校的事件。在被拒绝的时候,他们就坚决地走到当地法庭,开始为自己的孩子争取平等教育的权利。于是,在1954年,美国的联邦最高法院,一下子接受了四个来自不同的南方州的类似案子,一并审理。这样一天的到来,实在是必然的。撇去别的原因不说,美国南方之外的州就一直是一个活生生的榜样。在美国的大部分地区,是从没有什么种族隔离的。就在最高法院对这些案件宣判的一年以后,马丁·路德·金就要在北方的种族融合的波士顿大学,拿到他的博士学位了。

虽然是四个案子一并处理,但是在历史上,它是以四个案子中来自堪萨斯的"布朗案"为名的。琳达·布朗是一个小女孩。在她居住的托培卡镇,按照堪萨斯州的法律,学校的种族隔离是允许的,但不是必须的。就是说学校可以自己决定。隔离不隔离都合法。可是她所申请的学校,校管会就是不让她上。琳达·布朗的父母就告到联邦地区法院,告校管会的半数成员。希望该法院干涉校管会的决定。联邦地区法院根据已经确认的"分离并且平等"原则,判布朗败诉。他们一家不服,于是,这个案子一路走进了联邦最高法院。

在这个著名的"布朗案"的审理过程中,由于"分离并且平等"的原则已经在最高法院被确认过,所以很难一下子挑战整个原则。黑人原告一方的律师,就重点争辩教育领域的"分离",是否可能做到

"平等"。因为,平等是写入《独立宣言》的最基本的原则。所以,假如今天能够证明,在教育领域,"分离"就不可能"平等",那么,在这个领域,就可能产生一个突破了。

为了证明这一点,黑人的律师提供了各种证据,说明教育的种族隔离产生的不平等后果。为了说明种族隔离的教育,对黑人儿童导致严重的自卑心理。他们为法庭提供了公认的专家对黑人儿童的心理测试,其中有一项,就是在黑人儿童面前放一些不同种族造型的玩具娃娃,结果,黑人儿童毫不犹豫地就要"白人娃娃",而不要和自己一样肤色的"黑人娃娃"。

1954年5月17日,沃伦首席大法官代表联邦最高法院宣布,大法官们以9:0一致通过,黑人布朗胜诉。在判决陈述中,沃伦大法官谈到,在"布莱西案"中,被确定的"分离并且平等"原则不违宪时,案子是发生在1896年。当时对于教育领域并没有特殊的关注,是当时美国的教育状况所决定的。在那个时候,美国还没有什么强有力的公共教育系统,也没有义务教育制的立法。当时,即使是白人,也有大量的孩子不上学,在家里由父母教育。在许多州里,学校一年只开三个月。所以在建立宪法第十四修正案的时候,没有注重公共教育的领域,也就不奇怪了。

然而在今天,沃伦大法官说,教育由于各项立法大大提高了它的地位。教育程度已经成为承担各项最基本公共责任的起码要求,甚至参加军队也有此要求。教育是成为一个良好公民的基础。今天,教育已经是一个指导原则,它使孩子领悟到文化价值,使他为进一步的专业训练做好准备,也帮助他正常地调整他与周围环境的关系。在现在的时代,如果否定一个孩子接受教育的机会,他原来理所当然应该成功的人生,就会存在疑问。这样一种由州提供的机会,应该是所有的人都平等得到的一种权利。

在这里,我必须向你解释的,就是在美国,联邦政府是无权干涉老百姓要如何教育自己的孩子的。因此在美国也没有全国统一教材。这样一种状况,来自于美国在建国时期对于教育的基本理念。那么,这是怎样的一种理念呢?它也是源于自然法的。它的基本观点就是,当一个孩子在成年之前,最有权利决定如何教育这个孩子的,是他的父母,而不是政府。所以,从一开始,学校的管理、教材的选用、课外必读书籍的选择、考试的范围等,都是由每个学校的校管会决定的,那么,校管会又是从哪里来的呢?是学校所在的地区的居民们选举产生的。要成为一个校管会的成员,也是要向选民们解释自己的教育主张、要竞选的。在美国许多选择从政的人,他走的第一步就是竞选一个学区的校管会的成员。

正如沃伦大法官所说的,美国的教育从建国以来,二百多年中发生了巨大的变化。例如强大的公共教育系统的建立。由州一级,和地方各级政府,从地方税收中,为公立学校提供教育经费。但是它的教育的基本理念是和这个国家的基本理念相一致的。这些最基本的东西在美国恰恰是非常稳定的。美国学校的校管会,从一开始多由家长组成,逐渐适应现代教育日益专业化的特点,更多地由当地具有教育经验和教育专业学位的人担任。很多州立大学由州政府的教育委员会管理。中小学和大专由校管会管理,但是,这些人还是由当地的居民选出来的。至今为止,各种专家提供了越来越多的可供选择的教材,但是,选哪一本教材,还是这些由居民们选出当地的教委会和校管会决定的。

最极端的例子，大概就是最近发生在路易斯安那州的一个黑人居民区的学校，他们的校管会决定，由于美国最著名的建国者之一，第一位总统乔治·华盛顿曾经蓄奴，所以，他们决定，把介绍华盛顿总统的有关章节，从他们学校的历史教科书中剔出去。这个决定当然很不寻常，成为报纸上的一条新闻。它引来一些保守团体的强烈反应，大多数人则是一笑置之，觉得这不是一个聪明的历史教育观，如此而已。但是从来没有听说政府打算出面干涉。即使政府想干涉，美国的法律也不会允许它干涉。

正如沃伦大法官所说的，现在的教育已经越来越重要。从沃伦大法官的判决至今，又有近半个世纪过去了。如今一个国家的教育水平，已经到了会影响国家实力的地步。因此，最近克林顿总统把提高美国的教育水平，作为他的总统任期的一件重要战役来对待。他提出立法建立全国范围的数学和语文统考。因为在美国，是没有什么具有法律强制效力的全国统一考试的。但是，他的这一提案却被国会断然否决，联邦众议院甚至通过决议，禁止联邦行政分支搞什么全国统考。假如你不清楚来龙去脉，这也是"美国故事"总是令人费解的地方。

在美国的历史深处，这个文化深藏着的是对政府的不信任，尤其是对联邦政府的不信任，其实质是对集权的恐惧，以及对思想控制的恐惧。因此，克林顿总统对于全国统考的提议是从数学、语文，这样的基本技能教育作为他预定的突破点的。但是，美国人至今不能接受。其根子在于，美国人不愿意他们最初源于自然法的教育理念被突破。统考显然能够提高教育水平，使国家强大。可是，统考必然导致统一教材，就防不住哪一天政府会向孩子灌输"统一思想"。美国人是自由为先的，他们宁可不那么强大，但是必须有自由。

我再用一点笔墨回到教育上，因为小田田今年上学了，你已经几次来信谈到小田田上的那个学校的教育问题，为孩子忧心忡忡。所以，你一定会问，怎么保证教学质量呢？应该说，美国的教育制度肯定是有它的弊端的，学校的质量参差不齐。但是，它也是有它特殊的自然结果的。例如，论考试，就普遍状况来说，美国的学生绝对不是什么好手。但是，由于学校提供的气氛活跃，鼓励全方位的想象力、选择性多、实用性强。因此，论学生的创造力，美国的孩子是相当出色的。

因此，美国的教育纵有万千有目共睹的尚待改进的弊端，可是，在改进的过程中，它的一些基本理念是很难动摇的。就是人民有权决定如何教育自己的孩子，联邦政府无权干涉教育和向孩子灌输政府认为是正确的思想，孩子的想象力是最大限度地受到保护的。美国教育的最大的优点，就是它对于孩子是人道的，是充分诱导孩子产生最奇异的思想。美国教育的目的，正如沃伦法官所提到的，教育是帮助一个孩子在未来的生活中更成功地寻求自己的幸福。教育不是为社会机器塑造一个合适的螺丝钉。他们认为，重要的是一个孩子未来的幸福，一旦成了螺丝钉，有谁会关心螺丝钉的幸福呢？

我再回到我们原来的话题，回到半个世纪前的最高法院的法庭。今天，在教育已经如此重要的时候，沃伦大法官进一步指出，纵观在所谓的"分离并且平等"原则下，在种族隔离的公共教育系统的学校，许多白人学校能够得到的条件，黑人学校却得不到。然而，即使能够使教学楼及课程设置、教师的薪金等等表面因素平等化，是不是就意味着平等了呢？最高法院关注的是，即使这些表面的物质化的因素可能做到平等，一个以肤色为依据隔离的公共教育制度，是否还是使得少数族裔的孩子丧失了受到平等教育的机会？最高法院的结论是肯定的。

最高法院对此判定的依据，不是表面化的平等，而是机会的平等。沃伦大法官认为，这种建立在肤色基础上的，把一个孩子和同年龄同智力的孩子隔离开来的做法，会使孩子对自己在社区中的地位产生自卑感。这样可能会导致孩子的心灵和思想不正常，甚至因此被毁掉。他还指出，这种把白人孩子和黑人孩子分开的公共学校，受到影响的肯定是黑人孩子，如果法律支持这种状况，这样的影响就会更为严重。黑人群体通常这样解读隔离政策，认为这是意味着他们的地位低下。这种自卑的感觉会影响到孩子的学习动力，这样的隔离法案影响了黑人孩子在教育和精神上的发展，使他们失去了在种族融合的学校所能够得到的东西。

沃伦大法官宣布，"我们决定，在公共教育的领域里，没有'分离并且平等'这一原则的位置。隔离的教育设施天生就是不平等的"。因此，最高法院宣布所有有关教育隔离的立法是违宪的，它侵犯了黑人在宪法第十四修正案中，被规定应该拥有的权利。

由于这一判决在南方牵涉的面太广，1955年最高法院就"布朗案"发布命令，命令联邦公立学校以"审慎的速度"结束种族分离。

在这个案子中，我们可以开始更清楚地看到，为什么林肯在南北战争后期最关注的，不是以强权统治南方，而是以宽恕"叛乱"一方的南方首领，来换取他们带领整体南方回到美国制度中来。林肯整个思路的意义，正在逐渐显露出来。在作为一个整体的南方，认同这个国家的理念和制度之后，不论南方有怎样的类似KKK的民众，在南北双方对话的时候，在不同的观念讨论的时候，就有了共同的依据和游戏规则。

例如，在这个前提下，南方就不能否认"平等"的宪法原则。如果说南方在种族问题上，远没有进步到平等的认识程度，但是，他们如果想实行种族隔离的时候，能够做的就是钻条文理解的空子，钻法律解释的漏洞，例如"分离并且平等"这样的说法。但是，如果这不是真正的平等，那么，它最终会有一天被事实击败。在被击败的时候，它也必须认账。

如果情况不是这样。南方根本不认美国的基本原则，那么，对话就要困难得多，甚至无法对话。那个时候，讨论就不是在教育领域"分离"是否可能"平等"的问题，南方可以干脆否定黑人有平等权利。讨论可能会陷入胡搅蛮缠之中，或者干脆拒绝讨论。

在最高法院宣判时，南方存在庞大的公共教育体系，在当时大多数都处于种族隔离状态。判决下来之后，在一些极端南方，曾经发生了骚乱，比如著名的阿肯色州小石城高中，九个黑人第一次进入这所白人的学校，居然要有美国总统派出国民兵一路护送。由于这些骚乱引起很大的震动，给人留下强烈的印象。可是，我们也注意到，大多数的南方公立学校，在接到最高法院的命令之后，尽管是以"审慎的速度"推行，毕竟还是平稳地向种族融合过渡了。如果没有南北战争之后整体南方对于这个制度的认同，那么可以想象，一个牵涉面如此广泛的公立学校改制，又没有坚实的民众认识的基础，不定要出多大的乱子呢。

从最高法院的判词中，尽管判的是教育领域，但是，最高法院寻求真正的种族平等的意图是十分清楚的。人们几乎可以预见到，彻底在南方打破种族隔离的时刻已经就在眼前。这样的判词，对于南方的黑人，更是一个莫大的鼓舞。因为，在沃伦大法官的判词中，对于"分离"不可能"平等"的突破重点，并不是

沃伦大法官

放在黑人的校舍比白人学校的破旧，黑人学校的课程设置比白人学校更少，这样一些可见因素上面。尽管在这些方面，确实可以找到大量证据，证明不平等。但是，正如大法官指出的，这些因素是可以使之"平等化"的。沃伦大法官把突破的重点放在对人的心理和精神影响方面。指出它"天生不平等"的原因是，它毁坏人的尊严、伤害人的心灵，使一个社会群体产生整体自卑感。他等于是在向黑人指出，在精神和心灵上，你们应该是和任何人一样平等的，你们应该拥有精神平等的权利。这个判例，等于是在南方的上空炸响了一个惊雷。

果然，在最高法院下命令取消公共教育种族隔离的那一年，在命令的执行还没有真正大规模开始的时候，在极端南方的深腹地亚拉巴马州的蒙哥马利市，就出现了又一个挑战种族隔离的事件。这一事件，你可以说是偶然的，但是，你也可以说，这是历史的必然。

那是 1955 年的 12 月 1 日，一个名叫罗莎·帕克的黑人妇女，下

班后疲惫不堪地准备回家。她从来就不是一个打算做"英雄"的人,也丝毫没有准备做出一个什么历史性的挑战,她只是一个最普通的黑人妇女,那年四十二岁。她干了一天的活儿,累极了,此刻已是傍晚,她当时脑子里绝对没有政治,想的只是回家、休息。她和大多数的黑人一样,是坐市区的公共交通车上下班的。

蒙哥马利市的市内交通是由政府支持的商业公司经营的,按照当地的法律,也实行所谓的"分离并且平等"的原则,公共汽车是种族隔离的。汽车的前半部是白人的座位,后半部是黑人的。但是,由于当时白人更普遍的是自己开车上班,而相对贫穷的黑人则更多地利用公共交通。因此,属于白人的区域常常有空位,而黑人的区域却非常容易被坐满。结果,就有了一个折中的规定,就是在汽车白人区的后部,划分出一个"灰色地带"。原则上它是属于白人的,但是假如没有白人坐的时候,黑人也可以坐在那里。可一旦只要有一个白人需要坐在这个区域,所有"灰色地带"的黑人就必须全部让出来,退回到自己的区域内,以维护"分离"。

这一天,罗莎·帕克实在累了。她几乎等不到回家,就想坐下来休息一下。所以,她希望能在公共汽车上有一个坐的机会。为此,她放过了第一辆满载的车,没有上去。她等到第二辆车来,透过车窗,看到这辆车没有人站着,就上了车。黑人区虽然已经满座,但是在"灰色地带"还有一个空位,而且空位的旁边已经有一个黑人在那里就座。她就过去坐下了。

驶到半路的时候,上来了一些白人。他们坐满了白人区之后,还有一个白人没有座位。这时,司机就要求在"灰色地带"就座的黑人把座位让出来。那里正坐着四名黑人。多年来罗莎·帕克几乎天天都坐这条线路，所以，对这个司机已经相当"面熟"了。当时的蒙哥马利市的公共汽车没有黑人驾驶员，司机都是白人。当然也有对黑人依然礼貌的，但是，相当一部分司机对黑人很有偏见，她知道这个司机就是其中之一。可是，在当时的情况下，他的行为是"正常"的。蒙哥马利市的人们，不论是白人还是黑人，都已经对此习惯了。

所以，尽管在司机叫第一遍的时候大家都没动，但是，他再一次叫他们让出去的时候，原来坐在窗口，也就是坐在罗莎·帕克边上的那个黑人男子，就站起来离开了这个区域，同时，另外两名黑人妇女也离开了。可是，罗莎只是在那名黑人出来的时候，把腿移开给他让路，然后，就移坐到窗口的座位去了。对于罗莎·帕克来说，这只是一个一念之差的决定，并没有什么具有挑战意味的"预谋"。也许，这一念之差的最大的原因还是她当时感觉太疲劳了，实在不想站起来。

司机这时注意到她，问她是否打算站起来，罗莎·帕克说："不。"这个时候，她有点较劲儿了。司机警告说，你要是不站起来，我就叫警察逮捕你了。罗莎·帕克说，你叫去吧。就这么简单，他们没有争吵，连话都没有多说什么。司机回头就下车去找警察了。在此期间，有人因为车子不开而离去，另外找车。也有人继续留在车上，可是，并没有人参与进去，也没有黑人为她打抱不平。一切都很平静。

警察来了之后，简单核对了事实，然后问她，你干吗不站起来呢？她只是说，我认为没有这个必要。她问警察，你们干吗把我们支来支去的？警察说，我也不知道，可是法律就是法律。然后，警察还

罗莎·帕克因违反种族隔离法而被捕

是再次要那个司机确认,他到底是要求警察把罗莎·帕克带离汽车,还是要求逮捕。如果司机不要求逮捕的话,警察就打算在车下把她给放了。在美国,民众发现违法事件报案时,是有权要求警察执行逮捕的。如果报案者提出逮捕要求,警察不执行的话,警察是违法的。可是逮捕拘留并不说明有罪,是否有罪是需要经过审判的。在这个事件中,那名司机明确要求警察执行逮捕。

不管怎么说,罗莎·帕克是违反了当时当地的法律,就这样被逮捕了。当她坐在拘留室里的时候,并没有觉得有什么可怕的,因为说到底也不是犯了什么大事儿。只是她觉得很没劲。她想,原来已经可以坐在家里吃晚饭,干些晚上要做的事情了,可是,如今却坐在拘留室里。这算个什么事儿啊。

看上去这是在南方种族隔离地区发生的一件小事。而且,发生得十分偶然。如果罗莎·帕克那天不是那么疲劳,也许她就不给自己找这份麻烦了。在她过去的生活中,一定也不是第一次遇到这样的情况。她也没有都这样坚持。同时,如果那个司机不是一个种族偏见、种族情绪那么强烈的人,她至多被警察带离这辆车,另上一辆车回家。也不见得就会有此后的麻烦。

可是,事情的发生又应该说是必然的。当时,距离最高法院对于"布朗案"的判决,刚刚过去不久,对于撤销公共教育系统种族隔离的命令也已经下达。蒙哥马利尽管是一个宁静的城市,但是,这样一条新闻在黑人社区依然是具有震撼性的。黑人心中的尊严正在觉醒。罗莎·帕克的行为不是预设的,但是,也有深刻的思想背景。她除了是一名普通劳动者,她还是一名黑人社团的秘书,她有着足够的对这些问题的思考和理解。在回忆她当时的感觉时,除了疲劳的麻木,她对于这种"愚蠢的规定"只觉得厌烦透了。从整个事件的过程去看,逮捕她的警察也可能觉得这是一件蠢事儿,只是作为执法者,他们不得已而为之。里面真正起作用的,使得这一事件发生,并且走到这一步的,偏偏是那个现在看来确实是"愚蠢"的司机。

在一条法律支持一个"愚蠢"的偏见,而被这个偏见所侵犯的人,对它的轻蔑厌烦已经到了甚于愤怒的地步,那么,这条法律被蔑视和抗拒的时候也就到了。在精神上,黑人已经远远超越了这种偏见所停留的时代和水平。当黑人们成熟到对这样法律的评价是"愚蠢"的时候,这条法律自然也就面临寿终正寝了。

现在我们回头来看当时蒙哥马利发生的这件"小事",就连罗莎·帕克本人,都觉得后面肯定就是一个小小的民事法庭,判一些罚款了事。她一定没有想到,她当时身心疲惫中做出的一个坚持,会成为黑人民权运动的起点,成为一个最强有力的号召。这里有一个奇迹般的历史巧合,就是黑人历史上一个最重要的人物,马丁·路德·金,恰

年轻的马丁·路德·金和家人在一起

好在半年之前,从波士顿大学取得他的博士学位,来到蒙哥马利市的一个小小的教堂担任牧师。

马丁·路德·金当时非常年轻。他尽管读了几所大学,直到取得博士学位。可是,他当年是高中还没有读完就考上大学的。他来到蒙哥马利的这一年,他还只有二十六岁。就在罗莎·帕克事件发生前一个月,他的第一个孩子在蒙哥马利市出生。马丁·路德·金研读宗教和进入宗教界是非常自然的。因为他的父亲就是佐治亚州亚特兰大市一个黑人教堂的牧师。当时南方的黑人几乎都是非常虔诚的基督教徒。有影响的黑人社团也都是宗教团体。在那个年代,南方黑人的灵魂是浸泡在宗教精神之中的,这和当时北方大城市黑人的状况有很大不同。在洛杉矶、纽约、芝加哥这些地方,黑人是城市海洋里的鱼,他们的大多数还是贫穷的,但是他们的自由度和接触的生活面,比南方黑人大得多。眼前五花八门的各种玩意儿异彩纷呈。他们是属于眼花缭乱的都市世界的一部分。

南方则不然。尤其是在南方的深腹地，就连白人的生活都是日出而作，日落而息，星期日全家肯定上教堂。南方的生活和价值观与北方是有很大差别的。早在奴隶时代，南方黑人的唯一精神安慰就是上教堂。当时黑人教堂的风格就是和白人教堂不一样的。南方黑人的风格，就是黑人灵歌的风格。黑人灵歌的深沉是真正的深沉，因为它是质朴的深沉。它从深渊一般的苦难中一点一点升起，没有一丝一毫的虚假和做作。就像马丁·路德·金所说的，他们拥有的只是"疲惫的双腿，疲惫的灵魂"。这也是整个南方黑人民权运动的风格。直到今天，在各种艺术节的音乐会上，最使我们感动的还是南方黑人的教堂歌曲。尽管在音乐上，它已经和当年的黑人灵歌有了很大差别。可是，你依然可以听到浸透了宗教精神的充满热情的质朴的灵魂之歌。

马丁·路德·金确实是南方最杰出的黑人。因为他从小在南方黑人的宗教气氛中长大，又在北方汲取了西方白人文化中理性思维的精华。当他和其他一些黑人宗教团体听到罗莎·帕克的故事，马上意识到南方黑人争取自己的自尊和自由的一天，已经历史性地来到了。在只有二十六岁的年轻牧师马丁·路德·金的带领下，蒙哥马利市的五万五千名黑人，开始了为期三百八十一天的公共汽车罢乘。这不仅是南方黑人的历史上，而且是整个美国黑人历史上的第一次，黑人的第一次自发的团结的争取自由的抗议行动。要做到这一点是非常不容易的。

黑人在历史上一直给人们的感觉是很难抱成团完成一件大事业的。更何况，罢乘的行动在实行中有很多困难。当时的黑人大多数是依赖公共交通上下班的。一旦离开公共交通,上下班顿成问题。再说,黑人大量从事体力劳动,失去交通工具之后,他们中的许多人,每天就必须再耗费很多时间和体力用在步行的路程之中。可是,这个主要通过教堂传达出去的号召,得到了黑人们沉默而坚定的支持。罢乘的第一天,整个蒙哥马利市就只有八个黑人坐公共汽车。

在此后漫长的三百八十一天里,蒙哥马利市的黑人用了各种方式解决上班和生活必需的公共交通问题。例如,所有的黑人教堂都组织起来,把可能有的私人汽车都集中起来,然后从一个教堂到另一个教堂,一站一站地接送。但是,显然这还是只能解决很小的一部分问题。这种坚持是困难的,这是一个集体行动,可是,这个松散的集体是由一个一个的个人组成的。

他们不知道需要坚持多久,他们不知道自己能坚持多久。然而,这个城市角角落落的一个一个分散的黑人,那些一个个贫穷的黑人家庭的艰难支撑者,他们既不懂政治,又没有任何将要得到补偿的承诺,却默默地以他们仅有的东西:疲惫的双腿、疲惫的灵魂,支撑下来了。唯一的信念是,一个人最基本的自尊的觉醒。

到了这样一个地步,就可以称作是"时机成熟"了。南方的黑人是必定要胜利了。是历史自然地走到了产生变革的这一天。为了更准确地去理解这样一个年代,我曾经从图书馆借回来一本历史照片集。那里面有着大量当时的南方黑人的照片,以及那些企图阻止黑人解除种族隔离要求的南方白人的照片。在这些照片中,当时的南方黑人们的目光常常显得忧郁甚至痛苦,似乎积淤着几百年来的重负;而站在对立一面人多势众吼叫着的南方白人民众,却明显有着一种从根子上血统里就压倒一切的自负和优越感。

在翻看这本照相册的时候，我们经常忍不住哑然失笑。因为在那些表情虚妄、目空一切、谩骂吼叫的南方白人照片旁边，常常有一个圆珠笔写的英语批语"白痴"。这是图书馆的书，出现这样的加注是很少见的，也许是哪个黑人学生的即兴之作？可是，之所以我们会忍不住要笑，是因为这个批注虽然有失宽厚，可是对于这些面孔所表达的建立在无知之上的狂妄和自视高贵，实在是一个十分贴切的评语。看着这些照片，你就会知道，南方的黑人胜利的一天已经不远了。因为在南方，从整个精神世界上，黑人已经远远超越了那些自视比他们血统更高贵的，在这个问题上愚昧得近似"白痴"的那部分南方白人。

这些照片记录了历史，使得今天的南方白人再回头看这些照片，也有许多人感到羞愧万分。在亚拉巴马州一张著名的历史照片上，一群二十来岁的南方白人女孩，疯狂地向将要进入一个解除种族隔离的公立大学的黑人学生大吼大叫。前不久，我们看到电视里对其中一名女孩进行采访，当然，她已经是一个安静的中年妇女、孩子们的母亲。面对电视镜头，她表示对当初的行为，感到非常抱歉。今天她自己再回顾当初，也已经觉得不可思议了。这些当初的南方白人青年，他们今天的醒悟，也就是"历史进步"的一个折射。

在这个对公共汽车拒乘的运动中，马丁·路德·金的领导是至关重要的。他以他坚定的信念和作为牧师的演讲天才，使得第一次团结起来行动的五万五千名黑人，奇迹般地表现了坚韧和忍耐力，没有形成对社会的任何破坏和威胁。马丁·路德·金对黑人的要求是具有

"基督徒的爱",并且以遵从宪法和不违法,来要求宪法赋予的权利。所以,在他的领导下,黑人所做的,仅仅是"不与邪恶的规章制度合作,不再给予汽车公司以经济上的支持"。这一行为自尊地指出了,蒙哥马利的黑人们长期以来是汽车公司的经济支持者。公共汽车的种族隔离制度,是在荒唐地侮辱他们自己的支持者。

更重要的是,马丁·路德·金的信念是和这个国家的主流思潮一致的。那就是坚决地合法地争取自己应有的宪法权利,同时作为被侮辱和被损害的一方,以宽容的宗教精神作为自己的精神支撑,以此呼吁社会良心的醒悟和人道支持。他意识到这个制度的可操作性,他寻求的这个国家的制度所能够给予的支撑。这一切,都使得吼叫着的KKK们,在对比之下都显得智力低能。

最终,1956年6月5日,联邦地区法庭判决亚拉巴马州和蒙哥马利的有关法律为违宪。宣布由市政府支持的市公共交通系统不得实行种族隔离。案子最后也上诉到了联邦最高法院。1956年11月13日,地区法院的这个判决得到了联邦最高法院的支持。大致一个月之后,联邦法警向蒙哥马利的官员送交了法庭判决的副本,废除这个隔离制度。第二天,马丁·路德·金宣布,"罢乘"运动胜利结束。

就这样,美国南方的历史,到达了一个本质性的转折点。虽然这个判决,是针对一个具体城市的具体问题,南方的整个种族隔离制度并没有立即打破,可是南方黑人作为整体,第一次尊严地站出来,用自己的力量开始书写历史。这一推动的真正完成,还是经历了整整十年。

马丁·路德·金在林肯纪念堂前讲演

这一事件，就像是冲破了一个堤坝。黑人的民权运动已经势不可挡了。全国范围的黑人民权组织开始进入活跃期，马丁·路德·金已经和这些黑人组织一起，开始有计划地、主动地向南方的种族隔离出击。1959年初，马丁·路德·金特地去了一次印度。作为尼赫鲁总统的客人，在印度住了一个月，专门学习甘地所创导的"非暴力运动"的理念和技术细节。此后的黑人运动已经是有组织的政治行动，有大量的专职的黑人运动领导者在那里出谋划策。

同时，这些黑人组织越来越多地得到代表美国主流的北方和联邦政府的公开支持。最高法院对蒙哥马利的公共汽车事件宣判的几个月后，马丁·路德·金就在华盛顿的林肯纪念堂前，在庆祝最高法院消除种族隔离的判决的集会上，发表了著名的演说。不久，马丁·路德·金作为黑人领袖和当时的副总统尼克松进行了会谈。总统派出国民兵护送阿肯色州的黑人学生进入白人学校就读，也是发生在这个时候。可以说，马丁·路德·金是最高效率地利用了这个制度提供的一切"武器"。

接下来发生的一个重要事件，就是在北卡罗来纳州的格林波罗市发生的"入座"事件。事情的起因看上去也是偶然的。可是，已经没

用灵魂的力量抵御暴力

有人把它看作是一个偶然事件了。它必然要发生,这已经是一个被潮流推动的浪头。

"入座"事件的起因也非常简单。事情发生在北卡罗来纳的格林波罗市,1960年1月31日,一个名叫裘瑟夫·迈克乃尔的黑人大学生,来到一家连锁店的午餐吧台。他在一所全是黑人学生的农业技术大学就读。这家连锁店叫伍尔沃斯,是美国最老牌的连锁百货商店之一,在全美许多地方都设有分店。它虽然主要是经营百货,可在店堂里也设有小酒吧。这家连锁店事实上并不拒绝黑人顾客,在格林波罗市的这个分店也是如此,但是它的吧台是只为白人服务的。当裘瑟夫·迈克乃尔来到它的小酒吧,却被一口拒绝了,他被告知,"我们不为黑人服务"。

当时,马丁·路德·金在黑人中提倡的"非暴力抗议",已经被人们熟知。所以,裘瑟夫在遭到拒绝之后,就和他同寝室的同学约好,去实行一次他们自己的"非暴力抗议",挑战这个酒吧的种族歧视。另外两名黑人同学听说之后,也加入了他们的行动。"入座"运动就这样开始了。

所谓的"入座"行动,就是平静地进入拒绝为黑人提供服务的地方。然后,礼貌地要求服务。如果被拒绝,就安静地坐在那里,不得到服务就拒绝离开。这一天,这四名黑人大学生就第一次在美国南方,以"入座"抗议的形式,开始挑战种族隔离。今天,这个当年位于百货店的酒吧柜和黑人大学生坐的那四个吧凳,就被陈列在首都华盛顿的美国历史博物馆内。这个商店出于经济上的考虑,很快就宣布对黑人将一视同仁地提供服务。这时,大学生们决定把成果推向整个南方。

这是黑人大学生们经过考虑的一个成熟的行动。因此，这一运动在两个星期内席卷全州的黑人大学生，他们纷纷进入以前只为白人服务的饭店，在得不到服务的时候，静静地坐在那里，以示抗议。不到两个月，"入座"成为一个南方黑人大学生的运动，扩展到南方的五十多个城市。此后，几乎在整个南方全面展开。

这个时候的"入座"运动，已经发展成一个深思熟虑的有黑人组织指导的政治行动。许多去进行"入座"运动的大学生，在事前受过"非暴力行动"的技术训练。这些技术性的指导十分详细具体。参加行动的大学生一律服饰整洁，头发一丝不苟，以最有尊严的形象来到本来禁止他们去的地方。进入之后，以直视的目光正常地提出服务要求，保持不卑不亢的笑容，在遭到拒绝甚至粗暴对待的时候，骂不还口、打不还手，并且保持自己的尊严。

结果，在一些饭店，黑人学生遭到围观、嘲笑和侮辱，甚至被浇上一身的番茄酱。但是，他们坚持克制自己，坚持"非暴力"的形式。在大多数的饭店，店员见到他们来，就宣布打烊了，甚至把他们旁边的椅子都翻上桌面。然而，他们坚持坐下去，在那里看书、做作业。参加"入座"运动的黑人学生还轮班"入座"，保持店里一直不断有黑人学生在场。当然，这在南方是违反当地种族隔离的法律的。因此，就像当初在公共汽车上不让座的罗莎·帕克一样，南方的警察依照地方法，是有权逮捕这些学生的。事实上也不断有学生被逮捕。但是，马丁·路德·金早已经向黑人的"非暴力运动"，发出了"填满监狱"的号召。

即使按照南方各地的地方种族隔离法，这样的"违法行为"也只是轻罪。一般可以罚个百把美元了事。可是假如坚持不付罚款,也可以判短期监禁。在"填满监狱"的号召下,被捕的学生纷纷拒交罚款,宁可去做"填满监狱"的一分子。在这段时间里,马丁·路德·金本人也参与各种"非暴力抗议",屡屡被南方的地方警察逮捕,而一些聪明些的南方官员已经意识到,请马丁·路德·金坐牢,是正中了他的意。这会在黑人中引起更大的麻烦。因此,在有的地方法庭判出罚款,马丁·路德·金又拒交的时候,有的地方官员甚至代他交付罚款,以避免他进入监狱。

这个遍布南方的"入座"运动,马丁·路德·金只是一个象征性的领导,南方的黑人大学生有着他们自己的组织。但是,马丁·路德·金所提倡的一切,恰巧符合作为整体的南方黑人一贯的风格。事实上,在整个南方种族隔离时期,他们就是凭借着宗教精神的支撑,凭借着几百年来的忍耐所积聚的一个巨大韧性,"非暴力"地、沉默地在一寸一寸往前走,一点一点挤出自己的生存空间。马丁·路德·金所提倡的东西,在理论上似乎是来自印度甘地的"舶来品",可是在实践上,这就是美国南方黑人长期以来最基本的生活方式。

我们再深入地看一下马丁·路德·金在南方领导的"非暴力"运动。

不知你注意了没有,"入座"运动和"公共汽车罢乘"在性质上是不同的。公共汽车的罢乘并不违法,虽然它涉及的面非常广,整个城市的五万多名黑人几乎全部卷入,但是,一开始进入司法挑战的,只有罗莎·帕克一个人,因为她是做了一件违反南方法律的事情。但是罢乘运动本身,引出当地政府以"共谋妨碍公共交通罪"为由,起诉了那些南方黑人领袖。所以,这一事件实质上是分成两个部分。一是全美国的黑人民权组织以最强有力的法律服务的支持,帮助被告的南方黑人领袖把官司一级级打上去,直至最后在法律的根子上,否定一项南方的种族隔离地方法。另一方面,马丁·路德·金号召下的蒙哥马利黑人举行罢乘,是另一个方向的进攻。就是迫使一个以黑人为主要顾客的商业公司,在失去经营对象,经济面临破产的情况下,向市议会施加压力,要求他们主动撤销这条法律。

从一个"非暴力抗争"的角度来说,罢乘运动是最为安全的一种。这些罢乘的五万多名黑人,他们的行为本身并不违反包括"种族隔离法"在内的任何法律。他们本身也没有任何受到侵犯的危险。例如被逮捕的危险,或者受到白人极端分子攻击的危险,等等。但是,"入座"运动就完全不同了。它使参与这个运动的每一个人,都进入了司法挑战的范围,都面临一定程度的危险。这时,马丁·路德·金作为一个规模越来越大的一个群众性挑战司法运动的领袖,他的"非暴力"主张当然是极为重要的,至于他如何能够使如此众多的南方黑人接受这样一种主张,更是一个值得探究的问题。

马丁·路德·金曾经在黑人中间做了无数次演讲。他是黑人领袖,但他始终是一个牧师。这里的牧师都是卓越的演说家,马丁·路德·金更是他们中间的佼佼者。他的演说不仅在当时打动了所有的南方黑人,也在此后的岁月里,打动了无数美国人。他有一段讲话,是有关他的"非暴力"思想的重要阐述,也是他最著名的演讲之一。马丁·路德·金针对南方的KKK暴民说:

我们将以自己忍受苦难的能力,来较量你们制造苦难的能力。我们将用我们灵魂的力量,来抵御你们物质的暴力。我们不会对你们诉诸仇恨,但是我们也不会屈服于你们不公正的法律。你们可以继续干你们想对我们干的暴行,然而我们仍然爱你们。你们在我们的家里放置炸弹,恐吓我们的孩子,你们让戴着KKK尖顶帽的暴徒进入我们的社区,你们在一些路边殴打我们,把我们打得半死,奄奄一息。可是,我们仍然爱你们。不久以后,我们忍受苦难的能力就会耗尽你们的仇恨。在我们获取自由的时候,我们将唤醒你们的良知,把你们赢过来。

这段讲话非常清楚地表达了当时马丁·路德·金的理念,也使我们理解,为什么南方的黑人能够接受这样一个理念。对于他们,这里并没有什么特别新鲜的东西,这是南方黑人几百年来根深蒂固的宗教道德力量。过去,他们汲取这样的力量,使自己能够承受生活的重压,今天,他们以同样的力量,争取自己的自由。当这里面融合了宗教的宽容、博爱和殉教的献身精神之后,数量如此之大的一个群体,才会在KKK暴民面前表现得如此克制和坚韧,基本上不失控。

在南方以外的美国大部分地区,黑人从来没有经历过种族隔离。在大城市里,黑人更是早就进入了现代生活。相对来说,他们的气质和当时的南方黑人已经有了巨大的差别。他们没有南方黑人的经历,也没有南方黑人那种由共同经历形成的相当一致的宗教精神和价值取向。他们就如现代生活中的任何一个族裔，是各式各样的，其中也有一部分人，甚至早已习惯了街头暴力、帮派枪战。因此，在纽约的黑人领袖马康姆·X针对KKK所发表的演讲，就是完全不同的面貌，他说：

非暴力反抗的日子已经结束了。如果他们KKK是非暴力的，那么我也可以非暴力……但是，只要你们有人还在那里实行暴力，我就不想听到任何人跑来对我谈什么非暴力。

马康姆·X的讲话一向就是这样一种风格，非常"过瘾"，所以，直至今日，他的演讲录音带还是销量很好。他的这段话逻辑非常清楚，一点没有什么不对。在事实上，任何一个国家和地区的民众，在推动民族进程，或是争取自己的权益的时候，也都有"暴力抵抗"和"非暴力抵抗"这样两种选择。当我们相比这两种理念，我们会发现，都很有道理。虽说他们的道理好像不是在一个层面上。所以，两种出路也都有人选择去走。

几十年以后，当这个世界上，提倡"非暴力"的人越来越多的时候，我们可以再回头看看美国的这段历史，体味一下这里面究竟差别在哪里。从马丁·路德·金的讲话里，我们可以看到，这里更多的是一种与宗教信仰同步的对于人性醒悟的信念，相信绝大多数的人，终将经历"从猿到人"，相信他们的良知终将被唤醒。可是，在一种邪恶的力量强盛的时候，你也确实难以使所有的人都持这样的信念，这就是以暴力反暴力，非暴力在最终又演化为暴力，潮潮不息的原因。

我想脱开究竟是"人性善还是人性恶"这样的讨论，看看"非暴力"到底是怎么回事。"非暴力抗争"当然和战争或是个人对付抢匪是没有关系的。它是在一个社会处于正常状态的条件下，一部分民众争取自己权益、推动社会进步的一种方式。当这种推动不被接受，有时甚至引发暴力的时候，一般来说，对暴力还以暴力，总是最早最本能的反应。只是当人们把以暴力反暴力作为自己的口号的时候，除了会造成许多无辜生命的丧失，也可能结果是暴力对暴力，仇恨加仇恨，血流成河，打成一团。这时，当初要解决的问题可能被仇恨和鲜血所淹没，在这种情况下，要谈什么维持理性，就十分困难了。而原来有着合理要求的一方，也可能在杀红眼睛的时候，完全失去了目标，迷失了自己。事实上，在当时美国一些从未实行过种族隔离的大城市，反而在那个时期黑人暴乱此起彼伏，而暴乱总是以抢劫伤害无辜者的一团混乱告终。不仅没有推动制度的改革，取得一个实质性的成果，而且还在暴力中深深地毒害了自己。

所以，"非暴力抵抗"不是从人的本能反应引出的。它是人类面对无数无辜牺牲者的生命，深思熟虑以后做出的一个理性反省。但是，实行"非暴力"是困难的，因为它的实质是提倡非暴力的一方，主动把自己置于战术上的一个不利地位，以这样的一个姿态，邀请对方回到有游戏规则的理性的讨论中去。这一方显然是吃亏的，就像打架双方扭成一团的时候，第一个主动住手，提出谈判。难就难在这时对方再动手，他也下决心不还手了。问题在于，人们最终是要靠对话和理性的妥协解决问题，总要有一个先住手的。所以，在历史上，不论是民众一方，还是权势的一方，在打得不可开交的时候，最先醒悟过来而不再动手的一方，不论以前有过多大的罪过，就凭着这样一个转折点,都是有可能得诺贝尔和平奖的。

当"入座"运动在整个南方展开以后,黑人民权运动的性质,与当初蒙哥马利市公共汽车罢乘行动的时代,已经完全不同了。南方黑人的力量和北方会合,开始了全面的主动出击。你从我以前的信中,一定注意到,美国从一开始,就有一批废奴的力量在试图推动南方的变化,这种尝试从未间断过。在当时南方黑人还没有自己的力量的时候,北方的民间力量甚至是南方变革的主要推动力。南北战争的发生纵有各种因素,可是,长期以来北方这种越来越强的推动力量和推动愿望,是一个不可忽略的重要背景。然而,在南北战争和重建时期过去,北方在彻底占领南方又全部撤离之后,北方的这种"南方情结",进入了一个难以言说的微妙时期。

正因为北方代表了美国的思想主流,所以,对于南北战争的回顾反省越多,北方越在心理上本能地回避南方问题,越感到在处理南北关系的问题上,必须谨慎,必须三思而行。持续近百年的常态推动也因此受到很大影响。突然"推"成这样一个局面和后果,是所有的人都没有想到的。南北战争迫使每一个站在一个个战场遗迹上回首眺望的美国人,都不能不低下头来想些什么。更何况,当时的南方,不仅是留下一个个荒废了的战场,还留下了一片焦土和无数年轻人的墓碑。北方原来所一直持续的推动南方变革的民间力量,也长时间地"愣"在南方遍地皆是的被无辜毁坏的家园面前,不知所措了。

所以,在南北战争之后,南北双方产生了最长时间的心理阻隔。这是北方民间最没有冲动要干预南方事务的时期。就像你跑到别人家里，想帮助那里寒冷的人们，为他们点一把取暖的火，结果却烧掉了整个房子。下一次你再想做同样的事情，就会犹犹豫豫地不敢再划着那根火柴了。

然而，南方黑人民权运动的兴起，使得北方民间推动南方变革的热情，在长久的沉寂以后重新爆发。在北卡罗来纳州的"入座"事件，演变成席卷南方的"入座"运动以后，就像当年深入南方，把奴隶运往北方的"地下铁路"运动一样，一批北方的民权运动志愿人员，又一次开始向南方深入。只是，时代不同了，他们是公开地进入南方，以自己的行动公然挑战南方的种族隔离法，推动南方的"非暴力行动"。他们提出了把"入座运动"带往公路的口号。我们在其中，又可以看到当年激进的反奴隶主义者的献身精神，因为这些北方人的"公路入座运动"，是自黑人民权运动开始以来，最具危险性的一个"非暴力行动"。而这些来自北方的自愿者，是在清楚这个危险处境的情况下，主动前往的。

南北战争以后，州的权利的问题，在美国变成一个敏感问题。南北战争记忆犹新，谁也不想去触动这个伤疤。所以，当时南北双方的隔阂，确实犹如两个国家。对于这个坚壁的第一次真正冲击，是第二次世界大战，它对于美国的影响是全方位的。

第二次世界大战使美国南方，第一次从一个"被北方侵略的战败国"的心态里挣扎出来，开始认同这个国家。同时，第二次世界大战中纳粹德国所宣扬的种族优劣理论，以及在这一套理论之下所进行的杀戮，给南方比较开明的人对自己的种族观，提供了一个再思考的机会。同样重要的是，大量的南方青年如果不是这场战争，兴许他们一生都不会去一次北方。可是战争使他们参军出国，大开眼界。其中有南方的白人青年，也有黑人青年。南方的美国黑人士兵，在法国、英国等欧洲国家，见到了一个种族相容的世界。他们后来成为南方黑人民权运动的骨干。同时，复员回到南方的白人士兵，不少人也走出了前辈的狭隘，成为南方变革的潜在力量。南方变革的另一个重要原因，是第二次世界大战以后，美国开始建立州际公路网，南北双方的交流开始急剧增加。

所谓把"入座运动"带往公路的口号，就是在这样的背景下展开的。你也一定听说过美国的"灰狗"。"灰狗"公司是一个长途汽车公司。在它属下的长途汽车上，都画有一条奔跑的灰狗。其实"灰狗"只是长途汽车公司中最出名的一家。还有许多其他的类似公司。可是"灰狗"已经成了州际长途汽车的代名词。在州际公路系统建立起来以后，"灰狗"们成为一个重要的长途交通工具。由于经济原因，乘坐"灰狗"的黑人比例也相当高。由于最高法院的判决是针对蒙哥马利市的具体案子的，并不涵盖跨州的长途汽车。所以，长途汽车在南方的

"灰狗"长途汽车

种族隔离并没有被打破。

在南方还没有真正"回归"美国的时候,它和北方如同两个国家。所以,"灰狗"们一旦进入南方的地盘,就必须按照南方的法律,在座位的区域上进行种族分区。所以,公路上的"入座运动",就是北方的民权运动组织招募志愿者,如同敢死队一般,去挑战南方的种族隔离地方法。当初"地下铁路"的精神重又在北方燃起。

实际上,南方已经在时代的推动下渐变,"敢死队"们面临的真正危险地区,并不是整个南方,而是几个极端的南方州,也就是南方的深腹地。例如,公共汽车罢乘运动所发生的亚拉巴马州和密西西比州等一片闭塞的地区。

这些来自北方的志愿者,叫作"敢死队"肯定不算夸大其词。因为北方人以这样的行为挑战南方,在当时的这些地区确实危险重重。自从亚拉巴马州的蒙哥马利市的罢乘运动在法律上取得实质性的胜利以后,南方黑人的民权运动,以及这个运动由被动转为主动,甚至四处"出击"的势头,在南方深腹地的白人中间引起了真正的恐惧。他们确实无法想象一个种族混杂的"混乱"社会,而同时他们又感觉到这样的时刻已经无可避免的即将来临。KKK就在这个时候第三次在南方兴起。

这一次KKK的兴起,已经是南方自我封闭状态的最后一次表现。时代毕竟不同了。这一次,KKK的人数再也没有达到过以前的高峰期。但是由于南北联合的民权运动的进攻性很强,南方白人的防线连连被突破,南方传统社会的崩溃似乎就在眼前。所以,这一次的KKK兴起,更带有民众暴力的性质,更容易引起恶性的暴力事件。

1961年5月初，由一白一黑搭配好的六对北方志愿者，一对对并排坐在一辆长途汽车上，带着记者，分别乘坐两家长途汽车公司的汽车，在首都华盛顿上车，计划穿越弗吉尼亚、卡罗来纳、佐治亚、亚拉巴马和密西西比。这个计划还包括在每一个汽车站台考验南方民众的容忍度，因为他们打算在每一个站上，黑人和白人的志愿者都一起进入种族分离的候车室，并且要求种族分离食品柜台的午餐服务。

他们的经历非常典型地反映了南方的状况。在历来是温和南方的弗吉尼亚，他们顺利通过，一切平安无事。在北卡罗来纳和南卡罗来纳，他们分别被警察以违反当地法律为由逮捕，但是，这两个案子一个没有被起诉，另一个案子虽然被起诉，但是，一个全部由当地人组成的陪审团，却依据联邦最高法院在1960年12月的一个判例，判决这些"志愿乘客"无罪。

最高法院的这个1960年12月的案例，判决州际交通的终点设施不得种族隔离。这也是当时纷纷挑战司法的其中一个成果。这个案子挑战的是佐治亚州的一个州际公路边的白人旅馆。联邦最高法院在判决的时候，非常谨慎地沿用了宪法中的州际贸易条款，在该条款中，规定州际贸易是归联邦法律管。最高法院认定州际公路旁边的旅馆大多数是为外州旅客服务，属州际贸易。所以，该旅馆实行佐治亚州的种族隔离法，是违宪的。这样小心翼翼地绕过了"州的权利"以及"分治"的禁忌。

于是，这些"志愿乘客"一路南去，真正麻烦的开始是在南方深腹地。在亚拉巴马州的阿尼斯东汽车站，一群白人暴民严阵以待。他们砸玻璃，戳轮胎，甚至往汽车里扔进一个土炸弹。当北方志愿者逃出燃烧的车厢时,还遭到攻击甚至殴打。虽然后来有九个暴民被逮捕,可是并没有人最终受到应有的惩罚。第一次的长途汽车挑战就在"灰狗"燃烧的浓浓烈焰中告终。

可是立即又有第二辆这样的长途汽车进入亚拉巴马州。当车子进入该州的伯明翰市的时候,又遇到暴民的攻击。当地警察甚至在一旁袖手旁观,在经历攻击和殴打之后,他们仍然坚持了"非暴力"的原则,没有还手。在这样的情况下,长途汽车公司拒绝再载他们去蒙哥马利市。于是,另一个志愿者团体从田纳西州出发,继续向蒙哥马利市进发,在那里有三百多个暴民等着他们,其中还有不少KKK成员。当志愿者们离开车厢的时候,当地的警察不知去向,他们受到围殴,尤其是志愿者中的白人受到最野蛮的攻击。直到二十分钟以后,当地警察才姗姗来迟。此时,车站已经聚集了近千民众,警察用催泪瓦斯才驱散了人群。然后骚乱持续了一天,直到当时的联邦司法部长罗伯特·肯尼迪派遣了七百名联邦执法队员来到该市,骚乱才停止。

这个时期,是南北战争以后,南方州与联邦的第一次,也是最严重对立的一个时期。在司法部长宣布要派遣执法队前来制止骚乱的时候,当时该州的州长派特森还坚持说,这是没有必要的,如果联邦政府一定要派来,州政府就逮捕他们。好在,他只是说说而已。几天以后,志愿者们坚持继续他们的旅程,从蒙哥马利前往密西西比州的杰克逊市。当他们起程的时候,车上有六名持枪的联邦执法队士兵随车,长途汽车前后有二十二辆交通警车护送,天上还有直升飞机。

整个行动持续了一个夏天,不少志愿者因此在南方入狱。这个运动的转折发生在当年的12月，由联邦政府的州际交通委员会规定，一切州际交通工具，不论是火车、汽车还是它们的辅助设施（车站等等），都不得实行种族隔离。在宪法州际贸易条款的支持下，南方各州认可了。

所以说，一切进步的巩固的成果必须落实到立法上，而立法胜利的前提还是各州必须认同宪法和整个制度。

然而，在最顽固的几个南方州，这一时期还是危机四伏。记得很早以前，我们都看到过一些六十年代的美国纪录片片段。看到一些黑人示威者与警察的冲突。在我刚才聊的这些事件中，你也可以看到南方警察对于KKK和暴民们的纵容。在真正把历史拨开之后，我们才发现，这不是如我们在国内的时候所想象的那样，并不就是黑人运动起来，与美国政府对立，并不是这样一个简单的双边关系。这实际上是一个颇为复杂的多边关系。在极端南方州，黑人的民权运动与当地由白人选出的南方州地方政府行政分支是对立的。但是，南方的黑人可以说始终受到北方民众和美国联邦行政分支的支持。只是，这个国家是分权分治的，在正常的情况下，联邦只能在非常有限的权限之下，给地方的民权运动提供支持。

同时，鉴于南北战争的前车之鉴，不论是州和联邦，事实上双方都在那里非常谨慎地往前走。尽管极端南方州的一些行政官员，在外表维持一个极为强硬的态度，但是，在具体行动的时候，你依然可以看出这种谨慎。至于联邦一方，就更为小心了。所以，与其说，美国的黑人民权运动是一场纯粹的群众运动，还不如说，这是美国精神主流及联邦政府与极端南方州的一场司法较量。而南方黑人运动，则是以寻求人道正义的名义，在天平的一端，增加了一个沉重的砝码而已。

有关这场司法较量的进展，我只能在下一封信里再给你聊了。说真的，美国黑人民权运动那十年的故事，确实是三天三夜也聊不完。

盼来信。

祝好！

林 达

我也有一个梦想

卢兄：你好！

收到你的来信真是高兴。你说上封信看故事看得津津有味，我得赶快再继续把故事讲下去。

你一定还记得在美国联邦最高法院，曾下令所有南方的公立学校，必须以一个"审慎的速度"，结束种族隔离状态。你从北方志愿者在南方的长途汽车挑战中，就可以看到，最高法院的这个要求还是相当有道理的。因为对于遍布南方每个角落的公立学校，如果都限时限刻，"全面开花"地要求做出一个重大改变，在一些地区可能会触发普遍的严重骚乱。所以，"审慎的速度"确实是一个必需的附加条件。

可是，什么是"审慎的速度"呢？这对于不同地区，甚至对于各个社区的情况都是不一样的。绝大多数的南方学校，虽然不是立即执行，但是都逐步逐步地执行了最高法院的命令。这里，一方面是南方对于体制的认同，导致对最高法院权威的服从；另一方面则是时代进步改变了他们，他们不管是否喜欢和接受这样一种结构，但是，他们至少知道这是大势所趋，抵挡这样一个历史潮流已经没有意义。因此，他们也就从善如流了。如南卡罗来纳的州长，就明智地出来宣布，让民众明白，种族隔离已经是南方历史，"到现在为止，一切结束了"。于是，原来聚集的民众也就渐渐地散去。一个州的新时代也就这样悄悄开始了。

可是在南方深腹地的几个州就不同。首先是他们的类似州长这样的头面人物，没有这样的历史眼光。这些州的选民，都是一些低教育的乡村居民。这些地区在当时都相当封闭和保守。那里的行政官员，都是这样的选民的产物。他们本身也许是聪明的，可是，就得看把聪明放在哪一个方面了。如果他的着眼点完全是获取选票，那么，在这样的地区，他很可能选择"顺着当地民意"，而不顺历史潮流。结果，在这样的选民和当选者的恶性循环下，在这样的历史时刻，就可能发生一些逆历史潮流而动的故事。

在当时的公立学校的种族合并的过程中，大多数平静过度的南方学校都无声无息地越过了这个历史门槛，没有人会对它们有太大的关注。还有一些合并得相当勉强的学校，可是它们引起的冲突并不大。往往是第一批进入南方白人大学的黑人学生，在上学第一天在跨入校门的时候受到围观谩骂，可是在进去之后，一般来说，试图阻挡的人也就认了。而少数几个引起严重冲突的学校，却有着极大的新闻价值，成为轰动全国甚至惊动世界的热点。这些学校常常是僵持到最后的时刻，才被历史逼着实行种族合校，所以合得特别晚，而且合得惊天动地。其中最典型的是密西西比州立大学和亚拉巴马州立大学。

上封信里我向你提到过，美国联邦最高法院是在1955年做出有关公共教育必须取消种族隔离的判定的。而密西西比和亚拉巴马的州立大学，就以"审慎的速度"为借口，一直到进入六十年代，还没有实行种族合校。可是，显然它们经受的压力越来越大。除了最高法院判决形成的压力，还有就是来自南方各地的纷纷实行种族合校的消息。坚持不收黑人学生的学校越来越少，最后的几个"碉堡"显然感到很孤立。再者，就是1955年的判决，事实上成为南方黑人民权运动原始推动力之一。民权运动转为主动出击后，也开始向这些"碉堡"发起"进攻"。

向密西西比大学的"进攻"，是在1961年的5月。一个名叫杰姆斯·麦瑞迪斯的黑人学生向该校提出入学申请，遭到拒绝。在美国，各个领域的操作都强调公开性，尤其是与政府机构相关的操作，更是如此。所以，像公立大学这样的地方，一名学生不可能被无故拒绝。学校一定要有充分的理由才能拒绝一名学生入学。所以，如果他的成绩各方面达到了要求，学校不能暗箱操作，不提供任何理由，只是说，我们研究过了，你就是不行。这在美国是行不通的，这是最基本的操作规范，即使在南方，也是如此。如果学生被拒绝，又没有得到具有说服力的理由，马上就可能告上法庭。

于是，在杰姆斯·麦瑞迪斯遭到密西西比大学拒绝之后，全国有色人种协会立即派了一名律师，开始为这名黑人学生上法庭打官司。经过不懈的努力，在第二年，即1962年的6月，他们终于在上诉巡回法庭胜诉。法庭签署了发给密西西比大学的禁制令，强制学校必须让这名黑人学生登记入学。三个月后，联邦最高法院支持了这个判决。

在一般的南方学校,这样的终审判决已经基本上足以解决问题。因为在较为温和的南方,反对的力量本来就不是太强。在极端南方,民众本身非常顽固,可是他们又都是低教育的分散的平民,他们自己从来也没有进过大学。他们兴许会在黑人学生上学的第一天在校门口吼叫,可是,一进去,他们也就散了。此后,木已成舟,他们也只能默认了。当然,在一些地方会出现个别的KKK极端分子,因此走向暴力。例如扔个土炸弹,甚至谋杀黑人。但是,这已经是极个别的情况。在一个法制传统较强的地方,大多数人毕竟知道触犯刑律对自己是危险的。

但是,如果在这个时候,有一个强硬的南方领袖人物站出来,情况就会大不相同。在当时情况最严重的密西西比州和亚拉巴马州,都是因为他们的州长站在抗拒的前沿。结果,大大强化了民众的情绪。州长在校门口一站,说是要阻挡黑人学生入学。这么一来,即使本来没有想来闹事的人,也会很有兴趣要来看个究竟。只要人一多,情绪互相渲染,"广场效应"一起来,局面顿时就很难说了。

密西西比州位于美国南方深腹地,它的州长罗斯·本内特,被称为南方最有"战斗力"的一名州长。在最高法院的禁制令下来以后,他立即上电视讲话,宣称他下面的州政府官员,是宁可坐牢也不能执行这样的命令。他的这番讲话一发表,形势马上就变得严峻起来。联邦政府也因此而派来了执法队员。

1962年9月20日,麦瑞迪斯的律师宣布,当天这名黑人学生要去学校注册。警察立即封锁了学校。由于这是一个属于州政府的公立学校,所以校管会干脆指定州长为这名学生的登记负责人。麦

密西西比州州长罗斯·本内特

瑞迪斯是一个个子不高的黑人，他的律师是一名白人。除了他的律师，同时陪同他前往注册的还有四名联邦执法队的队员，以及联邦司法部的律师。那一天本内特州长本人并没有来，是副州长鲍尔·约翰挡在校门口，终于在大学的校门口与前来登记上学的这一批人相遇。副州长对麦瑞迪斯说，你的申请被学校否决了。联邦执法队的官员在交涉不通的情况下，根据当时的形势，没有强行执行禁制令。联邦一方还是尽最大可能防止冲突的发生。他们退了回去，第一次入校并没有成功。

按照法律再推下去，就应该对拒绝执行最高法院禁制令的大学官员，起诉藐视法庭罪。黑人学生这一方就循着这个路径走。虽然在一开始被一名地方法官拒绝，可是，这条路无疑是可以走通的。所以，密西西比州的本内特州长立即签署了一项州的行政命令，命令是发给州警察的，要求他们如果有任何人在黑人入学的案子中，企图逮捕州一级官员，或者企图对州官员罚款的，就逮捕来人。这显然指的是可能出现的前来执法的联邦执法队。

所以,在这里你可以清楚地看到,真正在冲突的双方,不是黑人和美国政府,而是一百年前老局面,就是代表着美国精神主流的北方阵营和极端南方的对峙。而与一百年前本质不同的,就是时代不同了。极端南方在这个年代已是强弩之末。它的阵营已经大大缩小了。不论南方如何自我封闭,可是,他们中的大多数人多多少少在逐步跟上一个历史潮流。

对于此案牵出来的"藐视法庭罪",在联邦上诉巡回法庭得到了明确的答案。该法庭认定密西西比州的州长本人,犯有"藐视法庭罪"。可是,在密西西比民众情绪已经完全被州长煽动起来的时候,联邦法庭判了州长有罪,又如何执法呢?在这个节骨眼上,密西西比大学的校管会不顾州长的立场,做出了他们自己的决定,接受麦瑞迪斯为这个大学的第一个黑人学生。在南方,大学始终是变革的前沿。最保守的则是低教育的底层民众。

在这种情况下,本内特州长继续坚持自己的立场。他依然宣布拒绝麦瑞迪斯的入学登记。他说,他的行为是为了"维护密西西比州的和平、尊严和安宁"。就在本内特州长做出宣布的第二天,1962年9月21日,密西西比的校园里又一次布满了州警察。麦瑞迪斯开始了他的第二次入学尝试。在他们到达校园时,人们紧张地注视着这名黑人学生走向校门。这一次,在他接近校门的时候,副州长鲍尔·约翰默默地走开了。在最后一刻,他做出了自己的选择。

黑人学生麦瑞迪斯终于成功地走进了校园,虽然受命负责他的入学登记的本内特州长还在僵持,但是,进入校园本身是具有象征意义的。更何况,校管会已经宣布他的入学申请被批准。到了这样的地步,事件应该接近尾声了。可是，在整个事件中，本内特州长的强硬态度和具有煽动性的讲话，已经给极端南方星散在各地的类似KKK这样的极端分子，打了一针强心剂。密西西比大学所在的这个小镇，成了他们的最后阵地。这个也叫作牛津的小镇上，挤满了来自整个南方的极端的种族隔离的支持者。本内特州长一次又一次与联邦政府对抗的强硬表态，使得人群已经过度亢奋。他们等着本内特州长领导他们与联邦政府做一次决战，这个群体的特性本来就是教育水平低下、缺少理性。在这样的情况下聚集在一起，更是人心沸腾。在他们中间，还有着大量的狂热的年轻人。

当副州长给黑人学生让出了校门的时候，本内特州长也应该清醒了。他至少应该明白过来，南北战争已经过去一百年了。大学的校管会已经批准黑人学生入校，副州长已经用自己的行动表达了自己的转变。事实上，州的国民兵也表示愿意和联邦政府合作，协助控制局面。他的僵持还有什么实质的意义呢？可是，密西西比大学校园里已经挤满了一片黑压压的被他自己煽动起来的人群，本内特州长此刻就是想退，也已经没有退路了。这些期待的人群已经不可能接受这样的结果，就是他们的南方"英雄"居然向联邦屈服。

在肯尼迪总统和他的弟弟联邦司法部长罗伯特·肯尼迪的再三劝说下，本内特州长终于决定让步。让步的根本原因，还是他确实看到了僵持没有意义。他看到，自己的支持者，只不过是那些聚在校园内狂热的底层民众，而真正有点脑子的人，都已经离开了他所坚持的立场。本内特州长和总统做了个交易，就是他同意让步，但是，给他一个台阶，让他有些借口。可是，即使如此，他还是不敢在预定的时间宣布他的退让。因为他发现，当初由他煽动起来的一把烈焰，如今他已经没有这个能力去熄灭了。现在他出来宣布这个退让,已经太晚。这个宣布假如早一两个星期的话,兴许是一筒灭火剂。错过这个时机,同样的表态,反而是火上加油了。这个时候,他也许意识到了自己面临着怎样的历史责任。

黑人学生麦瑞迪斯是在9月29日再一次来到这个小镇的。第二天,本内特州长终于给他作了入学的注册登记,尽管那天是星期天。当晚七点钟,校园内的人数已经超过两千名,已经出现一些攻击记者的暴力倾向。他们骚动不安地聚集在那里,本内特州长又一次发表了他的电视讲话。他为自己的退让辩解说:"我的心在说,'绝不!'可是我的理智却憎恶可能发生的流血事件。"

可是,流血事件最终还是发生了。本内特州长也许无法否认,这场流血事件,和他在历史关头的态度有着密切的关系。

半小时之后,不知为什么,密西西比州的交通巡警全部撤离了校园,只留下联邦执法队和校警。警力的减少使得局势的发展更为复杂,最终终于酿成一场暴乱。夜幕的遮掩也是暴乱的原因之一,人们的顾忌被黑夜抹去。所谓的一夜暴乱,其实只有几个小时。整个过程只是一种狂乱的发泄。期间暴乱者曾经企图冲击学校注册的行政大楼,想把那名黑人学生抓出来,好在他当时正在宿舍里睡觉。可是,混乱中最终造成两人死亡,其中一名是一个法国新闻记者。当时有一名受伤的执法者,居然因为救护车就是开不进来,所以躺在地上几小时无法送医院救护,场面的混乱程度可想而知。

密西西比大学发生的一夜暴乱,惊动了整个世界。美国的一个州,就像一个小国家。所以,这和整个州的民众风格是有关的,和这个州的领袖人物是否有历史眼光也是有关的。不知你是否还记得，在以前的信中，我们曾经谈起过，在美国独立的时候，当时的十三个州里，南方在蓄奴问题上最极端的就是南卡罗来纳州和佐治亚州了。然而经过漫长岁月的进步，虽然这两个州的民众还是持有相当强的"南方观点"，也不排除依然有个别极端KKK分子以暴力手段，抵挡历史的潮流。可是，从整体来说，他们的状况已经比密西西比州和亚拉巴马州要好得多。在州立大学的黑人入校问题上，基本上没有出什么大的风波。这和州的领袖人物的观念是分不开的。最典型的就是我前面提到的南卡罗来纳州的州长赫林。

从1959年到1963年，赫林在南卡罗来纳做了四年的州长，这正是南方的变革期。他作为南方的一个州长，也经历了认识的转变。1963年1月9日，赫林州长在州的立法机构州议会上，以这样一番话，作为他的离职演说：

> 我们都在那里争辩说，最高法院在1954年做出的判决（指结束教育领域的种族隔离），不能算是我们南方的法律。但是，所有的人一定都同意，这已经是我们南方的事实。我们提出异议，运用州的主权、立法提案、个人对抗等等，统统都试过了……而所有的尝试都失败了。正如我们所看到的，南卡罗来纳已经在所有的法庭上都败诉了。假如所有的合法手段都已经用尽，那么，我们的州议会就应该使南卡罗来纳做出明确的选择——这是一个法治的政府，而不是一个人治的政府。正如我们一向所坚定表现的那样，今天的我们必须认识到100年以前的教训，我们必须朝着对南卡罗来纳有利，同时也对我们的美利坚合众国有利的方向

转变。这个转变必须有尊严地完成。这个转变也一定要在法律和秩序之下完成。这是一个对双方都带来进步的跨越,但是如果在这一点上失败,将会给我们带来不可弥补的伤害。

你一定从赫林州长的这一番话里,体会到了"游戏规则"这四个字的意义。我不得不又一次想起在南北战争之后,林肯总统和他的继任对于战后重建南方的观点。说到底,林肯总统战后对南方唯一的要求就是,南方的领袖们带领南方,回到共同的原则和共同的游戏规则中来。可怕的并不是在一个国家中,不同的地区对于某一个问题持有完全不同的观点;可怕的是在一场破坏性的战争之后,从此再也建立不起这样一个共同的游戏规则。到那个时候,国家就陷入真正的危险了。

在南方的深腹地,人们似乎还生活在一百年前南北战争的时代里。他们对于一个现在看来是非常简单的种族合校问题,在当时产生的强烈反应,就是建立在这样一个复杂的历史情结和历史心态里。这一点,在亚拉巴马州立大学的风波中,是表现得最突出的。

亚拉巴马州,就是马丁·路德·金领导公共汽车罢乘运动的地方。它和密西西比州一样,当时在美国都是相当封闭的,尤其是它的一些小镇和乡间。当年《汤姆叔叔的小屋》故事描写的就是这些地区的黑人故事。自从南方在南北战争以后实行种族隔离,摆出了要建立南方自己的秩序,要坚持自己的生活方式的架势之后,南方尤其是这些南方深腹地,与北方之间就一直隔着一堵无形的墙。当时亚拉巴马州的州长叫作乔治·沃利斯,由于他在这个历史阶段的典型性,使他

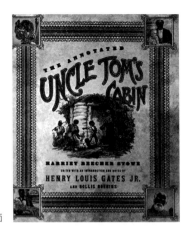

《汤姆叔叔的小屋》封面

在美国的无数州长中"脱颖而出",成了一个"历史名人"。最近还有一部影片,就是介绍他的生平的。拍出这部电影的人,显然不仅是对这名州长本人感兴趣,因为这名州长的整个经历,就是一个典型的"南方经历"。

民主和自由那种四字成语一样的神秘联系被打破以后,我们可以清楚地看到一个简单事实,就是"民主"是大多数人的意愿,它并不保证少数人的"自由"。所以民主在历史上常常是一个危险的东西。它与不民主的区别,只在于由多数人掌局还是由少数人甚至一个人掌局的区别。相对后者来说,它当然是一个进步,可是,它并不一定是全体民众的自由的保障。假如没有对于人性的醒悟和孜孜不息的对于人道的追求,民主的结果完全可能演变为对于少数人的暴政。美国南方的历史,就向人们做了一个清晰的示范。

毫无疑问,当时的南方各州的政治制度也是民主的。乔治·沃利斯州长的当选就清楚地表明了这一点。在那些南方深腹地,大众民主的意味更强,精英政治的成分更低。在黑人基本上不参与选举的情况下,那里的民众都是教育水平低、生活水平也较低的白人劳动人民。他们推举的州长,当然必须符合他们的口味。乔治·沃利斯本人,就是这块土壤里生长起来的一个平民。他没有任何显赫的家庭背景,他当选的过程,就是南方民主的有力证据。

乔治·沃利斯的州长竞选,并不一帆风顺。他本人并不是一个极端的种族主义者,他对 KKK 这样的极端分子,一直没有好感。当他第一次参选的时候,他没有去刻意奉迎这些人的观点,因为就他本人的思想状况而言,他并不属于这个阵营。结果,他的第一次竞选因此失败。因为,这是一个民主社会,他的选民因此并不喜欢他。

乔治·沃利斯来自一个社会底层的家庭,他从小在底层长大,他深知他的亚拉巴马的底层乡亲们是一些什么样的观念。应该说,和南卡罗来纳的州长赫林相比,乔治·沃利斯也许没有这么深远的历史眼光,但是有一点是可以肯定的,就是他和赫林州长一样,在认识上高于他的选民。于是,在当时极为保守的亚拉巴马选民面前,他面临一个简单的选择。要么"顺从民意"得到他所追求的州长宝座,要么他放弃他的仕途追求。因为,另外一个可能似乎根本不现实,就是他一时半会儿的确实无力改变他的选民。乔治·沃利斯选择了前者。他开始在所有的公开场合成为一个坚定的种族隔离政策的宣扬者,于是,他顺利当选。

这样一个经历鼓励了这个雄心勃勃的年轻人,他从此全身心地"进入角色",自诩为南方的代言人。于是,乔治·沃利斯和密西西比州的本内特州长一样,成为一个坚守种族隔离政策的州长。因此,亚拉巴马州大学的种族合并也演变成了一件轰动全国的事件。乔治·沃利斯也把自己将要站在校门口挡住前来报到的黑人学生,作为在选民们面前的一个政治表态。

这个态度一经宣布，亚拉巴马州的局势立即就使白宫变得紧张起来。因为，不仅密西西比的流血事件人们还记忆犹新，同时，在亚拉巴马的蒙哥马利市的罢乘运动黑人获胜之后，蒙哥马利市也发生过一些对于公共汽车的袭击事件。你一定已经发现，在密西西比和亚拉巴马这样的州里，这种状况几乎是在一个恶性循环的民主怪圈里。就是什么样的选民塑造了什么样的州长，而如此一个州长又引导了这样的一群选民。

亚拉巴马大学的种族合校，已经是在1963年6月。就像密西西比大学的第一名黑人学生一样，亚拉巴马大学的最初两名黑人学生的入学也惊动了法院。事实上，当联邦法官对亚拉巴马大学做出指示，要求学校必须接受两名符合招生条件的黑人学生入学的时候，学校官员立即表示服从裁决。要对抗的只是州长乔治·沃利斯。在这种情况下，假如他真要实践诺言，站在学校入口，阻止种族合校，这已经是妨碍司法的行为。联邦政府的行政分支也就面临着一场危机。因为，在南北战争之后，谁也不愿意采取一种可能导致一场暴力冲突的做法。

当时的肯尼迪总统和他的弟弟联邦司法部部长罗伯特·肯尼迪，在处理这些危机的时候，确实在竭力避免"硬碰硬"。他们既不希望强行将乔治·沃利斯州长从大学校门口拖开，又不希望看到最终乔治·沃利斯真的由于阻挡黑人学生入学，因而以"妨碍司法罪"被抓到牢里去。这就像有些南方的官员并不希望马丁·路德·金坐牢的道理是一样的。因为这么一来，反而就"成全"他了。当时乔治·沃利斯的顽固态度，已经使他成为该州底层白人民众的英雄。如果他真的因此坐牢，几乎就要"升华"为一个"殉难者"了。这样的效果，显然对于和平地解决这个危机更为不利。

为了避免密西西比大学的流血事件重演，司法部部长罗伯特·肯尼迪试图安排和乔治·沃利斯面谈，寻找解决危机的途径。他们都是民主党的，不过政党在解决这样的政治危机时，实际上起不了什么作用。一开始，州长乔治·沃利斯搭足了架子，一直表示没空。他是一州之长，是他的选民们选出来的，又不是联邦政府给的官。他们之间没有任何上下级的关系。因此，司法部部长也只能协商安排与他的见面，而不能以命令的形式要求会面。乔治·沃利斯要是死活不见，联邦司法部部长是毫无办法的。最终，这次见面的安排，还是通过一个亚拉巴马的中间人的穿针引线，才被乔治·沃利斯勉勉强强接受下来。

见面安排在亚拉巴马，由联邦司法部长罗伯特·肯尼迪，在1963年6月26日飞往蒙哥马利市，前往亚拉巴马州长办公室。他在事后对他的好友谈到，这真是他一生中最怪诞和沮丧的对话之一。他只觉得，他和乔治·沃利斯是完全活在两个不同的世界里。在他抵达之前，亚拉巴马州长乔治·沃利斯还特地关照下面的人，把州议会大楼前地上的一个五角星标记，用花环盖起来，以防被罗伯特·肯尼迪踩到。因为这是当年南北战争之前，南方邦联总统戴维斯宣誓就职的地方。可不能让司法部部长罗伯特·肯尼迪这个北方佬给"亵渎"了。

这名南方州长和来自华盛顿的联邦司法部部长的对话，几乎是重演了一百年前南方和北方的那场争执。乔治·沃利斯振振有词地与罗伯特·肯尼迪抗争的，就是南方一百年来所没有能够咽下去的那口气，那就是：联邦政府无权侵犯州的权利。

在谈话的一开始，乔治·沃利斯就要求录音，他说要把这次对话"留给子孙后代"。对于他来说，也许胸中正激荡着为一百年前的南方委屈"伸张正义"的"豪气"。作为南方坚守种族隔离的最后堡垒，他有着一种南北战争战败前的"悲壮感"。他觉得自己在代表南方民众，说出他们被北方侵犯了的权利。他站在一个历史的重要交叉点上，他要他和北方对阵的这次谈话成为一个历史记录。这个时候，我相信他确实认为，真理在他的手中。

罗伯特·肯尼迪却没有这样一种斗志旺盛的精神状态。他和乔治·沃利斯之间的这种精神状态的差异，实在也是反映他们在对于这个事件的理解上的遥远距离。他无可奈何地看着进入"南方英雄"

司法部部长罗伯特·肯尼迪

我也有一个梦想　　349

的亢奋状态的州长，笑笑说，大概没人会有兴趣听这个录音。乔治·沃利斯立即回答说，但愿你是对的，可我却对此表示怀疑。

寒暄之后，罗伯特·肯尼迪立即切入主题。他完全明白这位南方州长的精神是吊在州的权利这个论点上，可是，危机当前，他不想腾云驾雾地对此展开理论性的大论战。他谨慎地表示，他也希望整个问题的解决是控制在地方一级的范围内，没有来自外部的干预。言下之意，联邦也无意干涉州的权利。但是，他希望对方能够理解，作为联邦司法部长，他有着超越"隔离还是合并"这些具体争论的法定职责。

就是说，罗伯特·肯尼迪希望乔治·沃利斯能够理解，在联邦法院对两名黑人学生入学已经做出判决之后，他作为一个联邦政府行政分支的执法官员，仅仅是想履行职责，使得法院的命令能够得到执行。因此，他并不是来讨论这个判决本身与乔治·沃利斯所代表的南方观点之间的孰是孰非，因为这不是他的职权范围。他更无意带着"北军"前来侵犯"州的权利"。作为南北双方公认的制度中的一个执法官员，他只是希望乔治·沃利斯继续认同这个制度的游戏规则，也就是说，遵从美国常识，不论是非如何，先服从和执行法官的判决。如果有什么不同意见，败诉一方可以继续自己今后的司法挑战。为了达成谅解，罗伯特·肯尼迪甚至提道："如果你在我的位置上，你也同样会这样做的。"

乔治·沃利斯还是重复他的观点，他认为一旦种族合校，亚拉巴马将"州无宁日"。司法部部长奇怪地问他，州长是否真的觉得一个黑人学生去上学就有那么"可怕"。乔治·沃利斯回答说，可怕的是联邦法院和中央政府居然"重书法律"，并且把它"强加在不情愿的民众头上"。他并不认为种族合校是件好事，这事起码是应该推迟执行。州长宣称，根据他的判断，推迟到他这辈人过去都不算长，至少种族合校"铁定不应该是现在"。

罗伯特·肯尼迪再次试图把这位州长拉回一个简单的服从法律的议题上。他再次重申，他们现在讨论的焦点，并不是"分离"还是"合并"，他们所争执的关键是：到底是否执行法庭判决。如果连州长这样地位的人，都可以拒不服从法律，那么以此类推，任何人只要不喜欢某条法律，或者认为该条法律对自己不利，就都可以拒不服从了。如果这样的哲学被认可，整个美国将不知要混乱成什么样子了。

司法部部长显然是要提醒乔治·沃利斯对于这个制度的认同。可是，提到混乱，正中了这位南方州长的意。他得意地指出南方和亚拉巴马州这样的地方，一直是安定和秩序井然的。而恰恰是实行了种族融合的北方，问题一大堆，无法拥有南方这样的秩序。当司法部部长承认北方存在种族矛盾，存在许多问题的时候，乔治·沃利斯骄傲地打断他说，我们这儿就没有这样的问题。我们这里安全、安定。不论在亚拉巴马的哪个大城市，不论是白人区还是黑人区，夜晚你都可以在那里散步。可你们的北方城市就做不到。

司法部部长发现自己处于辩论的不利地位，原因很简单，在一定的程度上，社会的安定与秩序和个人的平等与自由是互为代价的。要说安定和秩序，南方种族隔离制度下的城镇堪称安定的典范。而取消种族隔离以后的北方大城市，种族差别和种族矛盾不会一夜之间消失，安定和秩序确实受到很大影响。

司法部部长赶紧把话题拉回他此行的目的，要求州长服从法律，即服从最高法院已经做出的裁决。他们虽然一个是联邦司法部部长，一个是亚拉巴马州的州长,但是都属各自的行政分支,对于这一点应该是有共识的:服从和执行法庭的裁决是行政分支的责任。司法部部长说,美国总统所最不愿意做的就是不得不动用国民兵来处理这一类的法律事务,我们希望还是由州一级地方上来处理,像南卡罗来纳州一样。

乔治·沃利斯一听就跳起来了,他说,我作为州长,绝不会让州法庭下令种族合并。亚拉巴马不是南卡罗来纳。我相信他们有他们的理由不做出更多的合法反抗。我们这个州绝不这样。

这儿沃利斯说走了火。他这个州长是州政府行政分支的最高长官,按分权的原则是不可干预司法分支的立场的。他根本没有权力禁止法庭下令。司法部部长马上提醒他,你以前也是当过法官的:"州长先生,你到底打算服从法庭的命令吗?"

沃利斯回答:"我永远不会屈从联邦法庭要求学校合并的命令。"

司法部部长没有办法了,只好又绕回来,长话短说,联邦政府不愿意再发生密西西比州立大学那样的流血事件,但是我们有责任动用联邦合法的力量保证法庭的命令得以实行。

司法部部长所说的只是一个美国常识,法律就是这样定的,但是不到山穷水尽司法部长还是不愿意说出来。沃利斯立即抓住这一点,谴责肯尼迪的联邦行政分支企图重新对南方实行"军事独裁"。他说:"我知道你们想动用联邦政府的所有力量。事实上,你今天想告诉我的就是,如有必要,你们就会把国民兵带进亚拉巴马。"

司法部部长立即否认。

尽管双方都知道,如果司法部部长真的派出国民兵或是执法队,也不过是护送两个黑人学生上学的执法"兵力"。但是,联邦司法部长就是不愿明确说出联邦政府要派出国民兵执法这句话,唯恐触动南北战争留给双方的百年伤痛。一百年前这场武力冲突，虽然似乎是北方和联邦"胜利"了，可是，由于这场内战的复杂性和惨痛后果，这是一百年来整个美国始终在反复咀嚼的一枚苦果。甚至在今天，隔三差五的，我们都会在电视里看到对这段历史各种角度的回顾，对这场战争的发掘越多，它的悲剧性越强。北方和联邦政府一方就越不可能单纯维持一个胜利者的姿态。相反，却显得底气不足，特别是司法部长罗伯特·肯尼迪现在是站在亚拉巴马州的议会大楼里。

司法部部长说："我只是希望事情还是在法庭里通过诉讼程序来解决。"

而沃利斯却要逼着司法部长说出来："如果法庭命令没有得到服从，你们是否就要动用国民兵？"

联邦司法部部长说："我希望没有这个必要。"

沃利斯然后就大谈了一番，亚拉巴马人民不喜欢联邦中央政府干预州一级事务，他现在正在专注于新的工业发展，这才是真正对黑人有利的实事，有助于提高黑人的生活水平。这些实事是有意义的，而学校合并和民权运动之类的事都只是虚假的。

最后，什么结果也没谈出来，双方却又为怎样告诉门外等着的记者而进行了长时间的讨论。沃利斯坚持要发表一个公开声明，其中指出肯尼迪行政分支为了执行法庭命令计划动用国民兵。

虽然对于司法部部长和代表着美国精神主流的北方看来，这是近似于荒谬的一场"危机"，然而，罗伯特·肯尼迪此行的目的是为了达成谅解，以便和平地解决这场危机。所以，哪会蠢到谈判不成，反而帮助乔治·沃利斯煽动南方民众呢？他当然不愿意在声明中出现对于南方民众具有刺激性的话语。

最后双方同意告诉新闻界,他们坦率地交换了意见,但是情况基本上没有改变。

此后的几个星期,气氛越来越紧张。沃利斯的态度表现得非常强硬,抨击肯尼迪行政分支和联邦法庭。亚拉巴马州的KKK成员和极端分子则誓言站在他们的州长一边和联邦政府对抗。

联邦法庭眼见得判决得不到实行,非常不安,因为司法分支自己没有执法的力量,行政分支如果不能成功地执法,司法分支权威顿失,整个制度就从根本上动摇了。这种制度性的危机解决不好,就像好端端的足球赛因为一个球的裁决摆不平而演成一场群架。一旦打过群架,以后的球赛是不是能太平公正地举行,会不会动辄开架就难说了。

以肯尼迪总统为首的联邦行政分支这一边,面对着历史性的抉择。所幸的是,和一百年前的林肯总统相比,在这次他们与南方州一级政府发生危机的时候,他们不仅有合理性,而且有充分的合法性。他们手里有联邦最高法院的裁决,他们是在履行行政分支的执法职责。而当初南北战争开打时,林肯手中既没有立法分支国会的通过,也没有司法分支最高法院的裁决,这也是此后一百年中,南方提到南北战争反而一副理直气壮、满腹冤屈的样子,而北方有时却显得气短的原因之一。

今天的肯尼迪,并不存在行为合法性的问题。他所要顾忌的,一是不要无谓的流血,二是不要造成联邦和州一级的伤害性冲突和对立。然而,鉴于南北战争的历史教训,他希望谨慎再谨慎。

总统和司法部部长兄弟俩都明白,如果有必要,今天他们是可以合法地派出联邦执法队,强制亚拉巴马州执行联邦法庭判决的。这一切都在游戏规则的范围之内。现在破坏游戏规则,抗拒联邦最高法院裁决的是乔治·沃利斯。如果州长一意孤行,他就犯了法,就可以依法制裁他。只是,说到底,乔治·沃利斯的所有行为都是在他的选民们面前的一种炫耀。有这样的州长,归根结底是因为他的背后有这样一批不可忽视的、极端的南方白人民众。不去主动点燃这个炸药包是肯尼迪兄弟当时慎言慎行的最主要原因。然而,这样的顾虑并不一定被所有的人理解,因此,在一些黑人写的历史著作中,至今仍然批评当时的肯尼迪行政分支"软弱无力"。

一个联邦法官私下告诉沃利斯,如果他抗拒联邦法庭的判决,他就要被判在联邦监狱里关两年。沃利斯的法律顾问研究了一番亚拉巴马州的法律以后发现,按照亚拉巴马州的法律,州长即使犯法坐牢,只要是关在亚拉巴马州境内的监狱里,他就还是州长,不过如果他是关在其他州的监狱里,州长职务就自动中止了,他就不是州长了。

那么,如果他违抗联邦法庭的判决而要坐牢,谁有权来决定把他关在哪儿呢?有权做出这个决定并不是判他的法庭。法庭是只管判,不管关的。监狱是归负责执法的行政分支的司法部管的。联邦司法部长和他的助手就私下开玩笑说,如果法庭真的判他关两年,他还是不是州长就要由咱们来定了。咱们不仅可以把他关到外州,让他当不成州长,还要把他关到佐治亚州亚特兰大的联邦监狱,那儿的犯人黑人最多。尽管这只是开玩笑说说,但是他们私下让这种说法透露给了乔治·沃利斯,也许希望这会给沃利斯一点压力。

说是乔治·沃利斯身后有一个"易燃的炸药包",可不是一句玩笑。联邦法官下令亚拉巴马大学在 6 月 11 日务必让黑人学生入学以赶上夏季开学时间。亚拉巴马的种族隔离激进组织闻讯立即举行集会,动员民众支持州长。KKK举行了他们的公开仪式，包括火烧十字架的仪式，有成千上万人围观。各地的其他激进分子纷纷涌进来，甚至包括美国的纳粹党。

联邦司法部部长罗伯特·肯尼迪则派出了他的主要助手司法部副部长，连同有将军头衔的联邦执法队官员和国民兵官员前来协助黑人学生注册。

州长沃利斯的态度似乎丝毫没有动摇，他宣布，他将亲自站在校门口，阻挡任何企图进入亚拉巴马州立大学的黑人学生。形势和密西西比州立大学流血冲突以前几乎一模一样，紧张气氛却有过之而无不及。联邦官员们最不愿看到的就是又一次流血事件，可是沃利斯态度如此强硬，逼得他们也无路可走。

预定注册前一天，肯尼迪总统给沃利斯州长一份私人电报，企图最后一次说服他考虑违抗联邦法庭命令而可能导致流血冲突的后果，要求他服从法庭、做出让步。沃利斯州长立即强词夺理地回答说，我亲自到场就是保障和平。

第二天在亚拉巴马州立大学校门口发生的一切，是美国联邦政府和南方州政府在持续了二百多年的黑白种族问题上的对立的最后一次历史性的表演。沃利斯州长有一个重要动机是在他的州民面前表现他的英雄作为。各个电视台在校门口做好了充分的准备，亚拉巴马的电视台占据了最好的拍摄位置。他的助手在地上用白笔画出州长将站立的位置，让摄影机调好角度，就像一台大戏即将开场。

亚拉巴马州的国民兵封锁了校区。在沃利斯州长到达校园前一刻，肯尼迪总统在白宫签署了一个声明，谴责亚拉巴马州长阻挠执行联邦法庭判决，使得美利坚合众国的法律在亚拉巴马州不能通过正常的司法程序来实现，所以，肯尼迪总统以美国总统的名义，正式命令这种阻挠联邦法庭的行为立即停止。

九点五十分，亚拉巴马州长乔治·沃利斯到达学校，丝毫没有服从总统命令的迹象。他进入旁边的办公室，等着联邦官员的到来。十点四十四分，一队小汽车缓缓开到，里面是司法部副部长和其他高层联邦官员，当然还有准备注册的两个黑人学生。

以后发生的一切，都被电视台的摄像机详细地录了下来，我们现在还能从文献片里看到当年的景象。

当联邦司法部副部长走近大楼时，州长沃利斯出现了，他站在大门口，胸前挂着一根麦克风的电线，就像电视台的现场报道员一样。司法部副部长走近前来，说他带有一份美国总统的声明，命令沃利斯停止阻挠黑人学生。沃利斯"唰"的一下伸出手来，像一个执勤的警察一样把司法部副部长一把拦住，他说，他也有一份他自己的声明，他将当场宣读。

他的声明就像是一百年前南方脱离联邦时的宣言的翻版：

> 作为亚拉巴马州的州长，我认为这是我义不容辞的职责，站在你面前代表本州及其人民的权利和主权。今天，中央政府对亚拉巴马大学校园的不受欢迎的、没有必要的、没有得到合法许可的、滥用权力的入侵开创了一个可怕的先例，这是对本州的权利、特权和主权的压制……因此，我作为这个主权州的州长，今天特地宣布拒绝中央政府非法剥夺本州的权利。
>
> 所以，今天我站在这里，代表其他成千上万亚拉巴马人民，

如果我今天没有尽到责任挺身而出，他们也会站出来。我宣布禁止中央政府的非法行动。

显然，州长沃利斯唯一能够诉求的还是所谓州的主权。但是，他应该知道，如果说，当年南方对联邦的指责还有法理依据的话，那么如今他却是完全站在一个违法者的立场上，他的声明也就显得牛头不对马嘴。更何况，在最高法院就布朗案做出裁决以后多年，沃利斯州长站在那里，阻挡的不是联邦的千军万马，而是两个拿着书本要来合法上学的南方黑人学生，再重复这番话，就活像一出闹剧了。

于是，联邦司法部副部长平静而一针见血地说："州长先生，我对表演不感兴趣，我不知道这种表演的目的是什么。我所关心的是执行法庭的命令。我再一次请求你负责任地让开。如果你不让开，我可以肯定地说，法庭的命令最终是要执行的。最终，你我都明白，历史的最后一章是这些学生入学，他们将留在这个学校，他们今天注册，明天上课。"

州长沃利斯一声不吭，像一尊雕塑一样注视着前方。僵持一会儿之后，为了避免正面冲突，司法部副部长按照预先的计划，还是带着黑人学生暂时撤走了。在整个过程中，黑人学生自始至终坐在汽车里，司法部副部长没有把他们带到大楼前，没有使州长与黑人学生直接发生入校与阻挡的冲突。那么从技术上讲，州长沃利斯还没有违抗法庭命令，阻挠黑人学生，他只不过是拦住了几个联邦官员而已。这样，联邦当局就还没有必要逮捕他，因为真的逮捕他而引发联邦政府和亚拉巴马州的对峙局面，是任何人都不愿意看到的。

就在这个时刻，在首都华盛顿，肯尼迪总统决定尝试另一个合法

亚拉巴马州州长沃利斯和联邦司法部副部长的对峙

途径,他签署了一个合法命令,命令亚拉巴马州的国民兵立即归联邦政府指挥。于是,亚拉巴马州国民兵中最受人尊重的亨利·戈拉汉将军,奉命开赴亚拉巴马大学请州长离开。为了避免在一个大学校园里出现"军事行动"的恶劣印象,戈拉汉将军受命只带了四个民兵,这四个民兵也都是本地居民。

这一切安排要花几个小时,所以当戈拉汉将军来到亚拉巴马大学时,已经是下午三点半了。沃利斯一刻也没有离开大楼,当戈拉汉将军走近时,他又出现了。戈拉汉在离沃利斯数米外站住,脚跟一碰,"唰"的一个立正敬礼,然后用沙哑的嗓子说:"州长先生,我有一个令人痛心的责任,请你离开这儿。"

沃利斯从口袋里又抽出一张纸,宣读了一个简短的声明。他指出自己身为州长,是亚拉巴马州国民兵的最高指挥官。他指责联邦政府实行军事独裁,而亚拉巴马人民面临的是一场保卫宪法的战斗,"我们终将胜利"。然后他也来了一个立正敬礼,在戈拉汉将军回礼以后,他走下台阶,乘车离去。几分钟以后,两个黑人学生顺利注册入校。

亚拉巴马州立大学的这场危机就这样在双方都保持尊严和体面的情况下结束了。不难看出,亚拉巴马州国民兵司令戈拉汉将军的明确立场是至关紧要的。事后,他曾说过,他之所以说这是"令人痛心的责任",是因为,在正常情况下,州长是他的上司。但是,在南北战争以后有过立法,就是联邦政府如果决定动用州国民兵,那么他就是受合众国总统的指挥。他做了自己应该做的事。

这一幕是南北战争以后联邦和南方州权之间所发生的最后一次面对面的对峙。一百年前,就是这样的对峙引发了美国历史上最惨重的战争,但是现在,却只剩一些象征意义了。

你一定会问,要是戈拉汉将军认为自己应该听从州长的命令为本州效力,而不听合众国总统的命令,或者,沃利斯州长号召其他武装民众和联邦政府对着干,反正民众手里有的是枪,而且亚拉巴马民众中有很多人正在火头上,一点就着,那么,会不会再来一场内战呢。

在美国黑人民权运动过去三十几年后的今天,我曾经提出这样一个纯粹假设性的问题,如果现在在美国,有一个州出于和南北战争前相似的不可调和的理念冲突或利益冲突而坚持要分裂,说什么也不肯待在合众国联邦里了,那该怎么办呢?还要不要维护合众国的主权和领土完整?美国联邦政府会不会派兵讨伐叛乱?

我和很多美国人讨论过这个问题,得到的答案都十分明确,不会。

我的朋友迈克跟我细数过如今不再会发生一场内战的原因。

首先是引发内战的可能性已经几乎不存在了。尽管按照宪法，仍然有联邦和州的双重主权，但是各州之间的流通和交流和一百年前不可同日而语。一百年前的一个州即是一个国家的概念，已经在美国大大淡薄了。现在的美国人，依然有对于州的主权的认识，却也有了美利坚合众国公民的观念。

同时，通过民主机制百年的运作和调整，美国国内不再有南北战争以前那种尖锐而难以调和的冲突。说到底，南北战争的尖锐矛盾是一个殖民时期的历史遗留问题的发展。战争的爆发，也说明当时双方的处理都并不是妥当的。然而，这就是当时的美国人的认识深度。当战争过去，人们认识到，他们必须化解仇恨，从中吸取教训，变得更理智、更理性、更聪明起来。否则，那六十万属于南北双方的父老兄弟的血，才是真正地白流了。

现在的美国，没有什么你死我活的问题。相反，富人和穷人、白人和黑人、南方和北方，更多地有了一种相互依赖，共同生存的味道。矛盾当然是永远有的，但是大家都有点儿明白了，依靠这个制度来调和矛盾恐怕是最明智的做法。法治为调和矛盾提供了更为大家所认可的程序和场所。

最后，可能是最重要的，通过一百多年一代又一代对那场兄弟相残的战争的反省，政治家们也达到了一个共识，无论在这块土地上发生什么矛盾冲突，再用一场战争来解决是不可想象的、不可接受的，任何人向内战跨出一步，就会身败名裂。

这就是肯尼迪兄弟和沃利斯州长小心翼翼费尽心思周旋的原因，也是戈拉汉将军明确站在联邦总统一边的原因，恐怕也是沃利斯州长最终顺着台阶让步的原因。事件看似惊险，结果实属必然。

人们在今天都已经有足够的智慧看到，一个国家的各民族，各部分之间的最有力维系，是互利共存，而美国人民一百年来的努力正是在完善这个制度，使得这个制度能够保障互利共存的目标，而不是以武力逼迫维持。

经过那么多的历史风波，美国已经学会了协调。美国联邦政府作为一个中央政府，它在经济发展等方面的协调机制，使得留在这个联邦里的"州们"，个个获益匪浅。同时，自治在今天，依然是美国理念的一个重要部分。在这个理念之下，各个州和区域的个人，能够享受到最充分的自由。在历史的反省中，美国主流思想中一直存在的这样一个基本概念："自由的前提是不伤害他人的自由"，在曾经是长期封闭的极端南方区域，也已经普遍被接受。在人性的觉醒上，特定的南方已经不再明显地落后于美国的其他区域。发生的问题，人们也已经习惯了遵从游戏规则，寻求在合法的范围内一步步地解决。

美国联邦政府早已修炼到这样的悟性，就是一个中央政府要做的，不是考虑如何强行阻止"独立"，而是如何给民众提供更好的生存环境，使他们庆幸自己和自己的孩子们能留在这个联邦里。美国最近在对待它的托管地波多黎各的前途的时候，也决定让该地的民众以公民投票的方式，自行决定。也许，他们会选择成为美国的第五十一个州，也许，他们会选择独立。无论如何，拥有选择权利的是波多黎各的人民，而不是美国的联邦政府。

亚拉巴马州立大学门口的那场对峙和平收场，肯尼迪总统一定大大地松了一口气。他本来已经预定了晚上的电视讲话，如果亚拉巴马大学出现了密西西比大学那样的聚众闹事的情况，他就将宣布派遣国民兵进入亚拉巴马州执法，强制执行联邦法庭的命令。现在事情和平收场，不必采取什么强制手段，当然是皆大欢喜。但是，肯尼迪总统决定，他不取消当晚的电视讲话。就在那次电视讲话中，总统向全国人民宣布，他将把酝酿已久的新的《民权法案》递交国会参众两院。这个法案大大地扩充了联邦政府权力，这一步跨得如此之大，在当时看来几乎是不可能被国会所通过，所以总统在此之前也已经把法案捏在手里很久，迟迟不敢提到国会去。

作为总统和司法部部长的肯尼迪兄弟，比任何人都明白，在美国这样一个国家里，南方黑人民权问题的真正解决，就是要确定保障民权的立法，也就是把它纳入全民公认的契约。所以，提出并且使得国会通过新的联邦《民权法》，成为肯尼迪兄弟的一个重要奋斗目标。但是，要走出这一步，黑人的民权运动就不能在行为上过激，甚至有时必须做一些妥协。如果黑人丝毫不约束自己，表现得大有成为一种社会秩序的威胁力量的话，就很难使得这个《民权法》在国会得到大多数议员的同情。可是，这样的思路，就是当时的黑人领袖也有许多人并不完全理解。

我以前提到过，在美国的大多数地区，不论是北方，还是中西部，黑人从来没有经历过什么种族隔离时期。相对南方黑人，他们已经享受了长久以来的自由状态。尤其在大都市里，他们有的是与白人共同生活中发生的，具有现代意味的种族摩擦和冲突。他们中的一些人，提出的是完全激进甚至充满暴力意味的口号。他们根本瞧不上马丁·路德·金"非暴力"的"这一套"。比如说，纽约的黑人领袖马康姆·X在当时就一度提出过"白人全是魔鬼"，并且不排斥暴力。而"黑豹党"甚至比他还要激进。

联邦司法部部长罗伯特·肯尼迪曾经试图和黑人领袖们沟通，试图让他们理解他和肯尼迪总统所做的一切。有一次他请十几个黑人组织领袖来聚会谈话。可是,谈话一开始不久,黑人领袖们情绪就激动得难以控制。他们痛诉黑人在历史上所遭受的不平等待遇。当然,黑人领袖的反应是可以理解的。只是,整个过程,罗伯特·肯尼迪坐在那里,只有听的份。他事后谈到,这是他一生中最痛苦的时刻之一。因为,他想寻求黑人领袖们的理解,共同配合达到保障民权立法的最终目标,这是黑人民权的真正护身符。可是,他们却并不完全理解他正在努力的一切。

新的《民权法案》虽然被送到国会,离被通过却似乎还遥遥无期。1963年的下半年,黑人民权运动声势浩大,马丁·路德·金决定在首都华盛顿的国会广场上举行空前规模的黑人集会。肯尼迪总统企图说服黑人领袖们放弃这个打算,肯尼迪总统的顾虑其实很好理解:现在正是国会要讨论和考虑如何处置《民权法案》的时候,国会里那些从南方选上来的众议员、参议员们,本来对日益增长的黑人声势就抱有顾虑,这样的集会必定挑战性很强,还会有一些黑人提倡战斗性很强的、敌视所有白人的"黑色权利"。这样一来可能就堵死了《民权法案》在国会通过的路。

可是黑人组织是另外一种考虑,他们意识到,黑人必须自己起来显示他们要求的自由和平等。他们坚持计划举行集会。肯尼迪总统眼看说服不成,干脆公开支持黑人的集会。以总统为首的联邦政府行政分支明确地站到以马丁·路德·金为首的黑人民权运动一边。

好在马丁·路德·金相当好地控制了集会局面。1963年8月28日,在华盛顿的二十万人的集会上,他发表了著名的演讲,《我有一个梦想》,三十多年后的今天,我们仍在各种不同的场合听到这个演

马丁·路德·金发表著名的讲演

讲的录音：

　　朋友们，今天我对你们说，在此时此刻，我们虽然遭受种种困难和挫折，我仍然有一个梦想。这个梦想是深深扎根于美国的梦想中的。

　　我梦想有一天，这个国家会站立起来，真正实现其信条的真谛："我们认为这些真理是不言而喻的，人人生而平等。"

　　我梦想有一天，在佐治亚的红土山上，昔日奴隶的儿子将能够和昔日奴隶主的儿子坐在一起，共叙兄弟情谊。

　　我梦想有一天，甚至连密西西比州这个正义匿迹，压迫成风，如同沙漠般的地方，也将变成自由和正义的绿洲。

　　我梦想有一天，我的四个孩子将在一个不是以他们的肤色，而是以他们的品格来评价他们的国度里生活。

　　我今天有一个梦想。

　　我梦想有一天，亚拉巴马州能够有所转变，尽管该州州长现在仍然满口异议，反对联邦法令，但有朝一日，那里的黑人男孩和女孩将能与白人男孩和女孩情同骨肉，携手并进。

　　我今天有一个梦想。

> 我梦想有一天，幽谷上升，高山下降，坎坷曲折之路成坦途，圣光披露，满照人间。

这是一个非常动人的演讲，听着这个演讲，你不可能不想到美国黑人几百年的苦难，不可能不想到美国人民，白人和黑人，为了解放黑人，为了自由平等的道德理想所做出的努力，你不可能不感动。

鲜为人所注意的是，集会当天，肯尼迪总统邀请了马丁·路德·金等黑人领袖到白宫做客。肯尼迪总统对黑人领袖们说：

> 我也有一个梦，我梦到，有一天，新的《民权法案》能够在参、众两院被通过。

三个月后，1963年11月22日，美利坚合众国的总统带着这个平常的梦，遇刺身亡。

总统的死终于促使新的《民权法案》被国会所接受。继任的约翰逊总统原来是肯尼迪的副总统，他是来自于南方的。肯尼迪总统的死，使他决心全力促使国会通过《民权法案》，以帮助肯尼迪总统实现他生前的心愿。此后，约翰逊总统频频发表讲话。美国的南方人讲的是一种口音非常特别的英语，南方人几乎以这种口音相互认同。人们回忆说，再也没有什么比听到一口南方口音的总统竭力支持《民权法案》更令人震动的了。

1964年夏，国会参、众两院分别通过了《民权法案》，在今天，人们普遍认为，当时一个在联邦扩权方面步子跨得那么大的联邦法案，能够在一个黑人群众运动激荡的年代，如此顺利地被通过，这

1963年6月10日，肯尼迪总统签署《平等付酬法案》

和当时肯尼迪总统遇刺给所有的人带来的震动密切相关。很多历史学家认为，当时的不少原来持反对态度的国会议员，都是怀着对肯尼迪总统遇刺身亡的复杂心情，转变了自己的立场的。肯尼迪总统最终用自己的生命，实现了自己的一个梦。这就是美国历史上对黑人、少数民族、妇女等等弱势团体影响最大的1964年《民权法》。包括我们新来到这个国度的中国人，能够在此安然生存，都离不开三十多年前的这个法案。

约翰逊总统邀请马丁·路德·金等出席了在白宫举行的这个法案的总统签字仪式。

尽管以后数年里，仍然发生过种族冲突、骚乱，甚至流血，尽管至今在种族问题上仍有困惑、异见，甚至仇杀，但是，不仅美国黑人的一个新时代终于来到，美国种族融合的一个新时代也因此开始了。

这个新时代真是来之不易。

就写到这儿吧。

祝好！

林　达

两起谋杀案

卢兄：你好！

今天我想给你讲讲六十年代黑人民权运动最后的故事。

我在前面已经说到，1964年，是美国黑人民权运动史上十分重要的一年。这是由肯尼迪总统生前提交到国会的《民权法》几经周折，最终被参、众两院通过的一年。1964年《民权法》在美国历史上第一次明确地以联邦法的形式禁止在社会公共生活各个领域里的种族歧视，标志着美国终于在法律上解决了从建国起就延续下来的种族问题。从此以后，美国黑人在法律上拥有了和白人完全一样的平等权利。

可是，尽管有了保障黑人平等权利的联邦法律，却并不意味着南方的黑人立即就有能力和机会来实施这种平等权利。在极端南方的深处，从南北战争以前的奴隶制，到南北战争以后的种种歧视性的地方法律，甚至KKK暴民的私刑，使大量黑人还生活在社会底层。种族歧视最严重的几个州，就是那几个老牌的南方蓄奴州，佐治亚、亚拉巴马和密西西比等，那儿的人口中有将近四分之一是黑人。

但是从宪法第十四修正案给予黑人以公民地位以后的近百年中，这些极端南方州的黑人却一直没有参与政治选举，没有担任法庭的陪审员，甚至在有些地方还不能作为证人在法庭上做证，而这三项正是作为一个公民的最重要的权利。这种状况的产生，有着不同的原因，主要原因当然是由当地的种族歧视的基调造成的。大多数具有种族偏见的白人早就把黑人参与选举看作是对南方白人地位的最大威胁，一直用KKK式的恐怖和威胁把黑人阻止在选举之外。另一方面，从历史上，南方黑人大多比较贫困、分散、文化水平低而文盲多。这使得他们长期以来公民权利的意识比较淡薄。这种状况不是一个简单的《联邦民权法》就能立即改变的，在法律确定之后，还有大量深入的工作要做。

举一个简单的例子。美国的选票是非常复杂的，远不是我们印象中一张印有几个名字的小纸片。除了选总统、州长、镇长等等，还有大量的议员、地方治安警察等一系列的官员要选。更有大量的法案是民众直接投票决定，而不是议会决定的。在每次选举之前，当地的报纸都会有大量的协助公民选举的阅读资料，包括对即将公民投票的法案的解释和介绍。今天的美国各地，在选举之前，都有大量的人员投入，协助公民对于选举的理解和完成。可是在当时，大量低教育的南方黑人甚至文盲还得不到这样的协助。

因此，对于以马丁·路德·金为首的黑人民权组织来说，在1964年，从法律保障上来说，民权运动已经胜利在握，而对于实质性地改变南方黑人的社会地位，也已经到了胜利在望的时刻。这时，黑人的民权组织已经面临最后阶段的工作，就是帮助南方各州的黑人站出来行使自己的政治权利，特别是选举的权利。此刻，他们首先要做的，是大量深入细致的、要进入南方黑人千家万户的工作。一个个地动员他们参与选举和协助他们进行选民登记，教他们如何进行投票。同时，他们需要面对的，就是极端南方最封闭地区无所不在的对黑人民权运动的敌视，更为糟糕的是，这种敌视随时可能被一些南方 KKK 极端分子演化成真正的危险。

1964 年夏天，黑人民权组织选择了密西西比州这个南方深腹地最危险最困难的地区，作为他们教育和发动黑人民众参与选举的"夏季自由计划"的地方。他们在北方的大学里动员了成百上千的大学生，有白人也有黑人，经过训练后，派往密西西比的城镇，宣传和教育黑人民众。

为什么要经过训练呢？因为谁都知道，此去十分凶险。

这些南方的小城镇，散落在大森林和沼泽地之间，地广人稀，历来十分封闭，而且一直是地方自治，可以说是"针插不进，水泼不进"。现在想来，我们曾经简单地以为，在那时，整个美国就是一个种族隔离的社会，美国到处都是一样的，美国人也都是差不多的，这是一个多么大的误解。后来我们才逐步明白，这些问题只发生在美国一个历史遗留下来的非常特殊的区域。对于这个区域，就连当时的大多数美国白人，都根本不愿贸然前往。因为，在这些当时非常闭塞的南方小镇上，对外来的人，尤其对操着与他们的南方话不同的标准美式英语的"北佬们"，都充满不信任甚至敌意。

我们的白人朋友弗兰西斯对我们说，在六十年代末，他是一个嬉皮士大学生。他有一次打算搭车去佛罗里达，但是，假如有一些可以搭到中途的车，他一定要搞清楚是停在哪一个州，向南方去，他只敢在弗吉尼亚、北卡罗来纳这样的温和南方州下车停留，再往南下车停留就不安全了。我问他为什么，他说他留着嬉皮的长发，一看就是个"北佬"，这副打扮在那些极端南方州不挨揍才怪呢。

前几天，我和我的朋友卡罗聊起这个话题，她说，她就是在那个年代，随父母从密苏里州搬到佐治亚州北部的一个这样的小镇上的。严格地说，密苏里人并不算是"北佬"，她的一家也都是几代土生土长的美国白人。可是，他们仍然不受欢迎。他们一搬来就遇到一系列麻烦，甚至家里养的狗也不知被什么人药死。童年搬家的经历对她几乎就是一场噩梦。我奇怪地问她，你不也是白人吗？卡罗对我说，你以为这些人仅仅是种族歧视，他们就是狭隘，狭隘到了极点。不要说是"北佬"，就是从邻县来的外乡人，他们都不喜欢。他们才不管你是白的、红的，还是紫的、蓝的呢！

在这样的一些区域，又是在南北战争以后经过一百年的较量终于摊牌的时候，一些极为狭隘的南方底层白人，既有从被打败了的那一天就积累起来的敌意、仇视、屈辱，又有对眼看着黑人就要在政治地位上和他们平起平坐的恐惧。他们预感到，这种平起平坐，不仅意味着他们原来已经几百年、已经习惯的封闭生活和秩序，将要被打破，甚至有可能在未来的某一天，黑人被当选为某个社区的领袖，黑人将会主宰他们生活其中的社区生活。这对当时生活在这些封闭南方区域的白人极端分子，是一个死也不愿意看到的前景。可是，这个前景眼看着就被历史的潮流推到面前，他们的紧张和恐惧也就随之到了极限。

可想而知，在这个时候，带着推动这个历史转变的任务而进入南方深腹地的民权工作者，有可能面临什么样的危险。对于这些南方白人极端分子来说，这根本就是南北战争的最后一仗。他们中的一些人，在这个形势下完全可能罔视法律、铤而走险、以死相拼。

黑人民权组织中，有许多人生长在南方，来自南方，深知这些特殊区域的禀性，当然也就深知这些"深入虎穴"计划的危险性。于是，他们提出要求联邦政府对那些参加这个行动计划的志愿者们，加以保护。

这个时候，马丁·路德·金等黑人民权领袖在美国已经有了极高的知名度和影响力。肯尼迪总统遇刺以后，以约翰逊总统为首的联邦行政分支从一开始就相当重视这些年轻人的安危，但是联邦行政分支所做的工作，主要是向这些被黑人民权组织的号召所吸引、志愿参与行动的年轻人说明事实，希望能够达到劝阻的目的。

在"夏季自由计划"训练的时候，联邦调查局的官员就一再前往，希望这些年轻的志愿者明白，由于美国宪法对于联邦和州的双重主权的划分，联邦是不能直接干预州和地方的治安的。这不仅因为维护治安是地方的权利，更因为，在这样的制度下，在美国根本就没有一个中央一级的警察机构。美国建国二百年来，联邦政府的职权已经有了惊人的扩大，但是从起草宪法开始，联邦政府权力的扩展就是美国社会的一忌，每走一步都会引起强烈的反弹。1964年《民权法》和其他联邦法律一样，基本上仍由各州自己实施，联邦政府不到迫不得已，不会贸然用联邦的名义到各州去强制实行联邦法律。更何况治安，特别是预防性的治安，按照法律完全是州政府的职权范围。

这在我最初给你写的信中就提到过了，美国民众对于建立一个中央政府控制的警察机构，一向充满警惕，虽然他们深知他们因此时时在付出安全的代价。

联邦调查局的官员对这些执意前往的年轻人说，你们必须明白，如果你们一定要去，你们必须调整自己的行为，以免招致危险。因为你们只能向你们所要去的州和地方的警察寻求安全保护，"我们不能跟去保护你们"。其原因是，"美国实际上没有一个联邦的警察机构，许多人以为联邦调查局是一个这样的机构，可是，事实上并非如此"。联邦调查局的官员向黑人民权组织再三解释，联邦调查局只是联邦的一个调查机构。也就是说，在出现跨州的犯罪活动的时候，联邦调查局有权依法到各州进行调查以获取证据，使得联邦司法部可以用这些证据来进行起诉。但是当你们到南方城镇去的时候，我们却不能荷枪实弹地跟你们一起去保护你们，因为这样就侵犯了州的权利。只有各州和地方上的警察有权管治安。

明确地说，就是假如犯罪行为发生了，假如有人被伤害甚至让人给杀了的话，联邦调查局有权来侦查犯罪活动；但是，这是一个调查机构，在犯罪行为没有发生的时候，联邦调查局也无能为力来进行跟踪保护。

谁都知道，在那个时候，密西西比州的州长和亚拉巴马州的州长本人就是种族主义者。地方上的治安警官都是当地白人民众选出来的，很多人也是白人种族主义的激进分子。我想特别向你指出的是，这些治安警官基本上都不是胡作非为的歹徒，他们大多恪守维护"法律和秩序"的职责，问题在于，他们中的很多人和选出他们的当地底层白人民众一样，是抱着强烈种族偏见的激进分子。在他们眼中,"他们的南方"是历来"法律严谨、秩序井然"的。那些从北方跑来的民权工作者,才是"破坏南方的法律和秩序"的"罪犯"。因此,指望这些地方治安警官来有效地保护这些北方来的大学生,很可能是指望不上的。

所以,联邦调查局的官员实际上更希望的是,这些被招募来的学生打消立即深入南方深腹地的念头,在劝阻不成的时候,只能讲明这里包含的危险,劝他们"调整自己的行为",尽量不要刺激当地潜在的危险分子。

在这个问题上,也很典型地反映了美国民间组织与政府之间的关系。在这里,有着大量类似于"全国有色人种进步协会"这样的民间组织,少则三五个人,多则成千上万个成员。其实连教堂这样的宗教团体,也是这样的民间组织。在黑人的民权运动中,教堂就担当了一个最重要的角色。问题是,这些民间组织的行动,只要不犯法,政府是无权干涉的。他们的各项行动计划也没有通告政府的义务。例如这个"夏季自由计划",假如不是计划的领导人自己对它的危险性感到不安,主动向联邦调查局提出保护要求的话,美国的政府行政机构根本就不会知道。

美国的移民背景,使得它的民间组织格外复杂。有些移民的民间团体,他们所关注的重心甚至是他们自己的母国。其中的一些比较激进的成员,还会对这些美国之外的他们所关心的地区频频"出击"。一般凡是不理解美国社会体制运作方式的国家,往往会因此而迁怒于美国政府,怀疑这是美国政府的指使和派遣。事实上,美国政府根本无权干涉这些多如牛毛的民间组织。美国的结社自由很重要的一个部分就是"自己对自己的行为负责"。只有当你的行为已经触犯了美国法律的时候，才会被警察或是政府行政分支的检察官找上门来。

因此，黑人民权运动的组织者，主动要求联邦调查局保护一个民间组织行为的举动，是极不寻常的。可是，对于联邦调查局来说，依然有这样的问题，就是这个制度限定了他们的职权范围，不在他们范围内的事情，他们只能做出劝告，说明情况，却不能插手。

因此，当马丁·路德·金告诉"夏季自由计划"的参加者，你们要做好准备，要准备好遭到威胁、辱骂、殴打、逮捕。还有一句话，他没有明确说，那就是要有牺牲生命的可能。

那么，他们所接受的训练是什么内容呢？说来真叫人难以相信，训练的主要内容就是"非暴力"主义的理念和细节。

虽然，以马丁·路德·金为首的黑人民权运动组织此时已经达成相当的共识，黑人的"非暴力反抗"也在整个民权运动中得到美国民众的普遍同情，已经成为他们手中最强有力的武器。然而，在今天回顾这个"夏季自由计划"的时候，我始终不能完全以赞赏的态度看待这样一个帮助南方黑人"最后解放"的大规模行动。

"非暴力"在今天已经成为一个被成熟运用的政治手段。它始于印度的"圣雄"甘地。之后，被不断地研究发展，以至于今天都有专门研究"非暴力"的杂志，以不同的角度探讨"非暴力"的哲学和技术问题。"非暴力"抗争，相对于鼓吹暴力解决问题，有了本质性的进步。它的进步正是体现在对于人性的认识上的飞跃。但是，当"非暴力"被一个政治人物或者一个群众运动领袖用于一场民众运动的时候，这里仍然有一个是否"适度"运用的问题。对于这个"度"的判断标准只有一个，就是它是否真正建立在人道的基础上。

甘地领导的"非暴力"抗争，非常成功地达到了印度独立的目的，这里有一个常常被忽视的原因，就是当时在印度的英国殖民政府也在演变。它从以铁腕政策统治殖民地开始，由于其自身的历史进步和国内的压力，逐渐走向一个讲究基本游戏规则的体制。甘地提出的非暴力，就是率先主动站到一个对自己不利的地位，要求对方共同进入游戏规则。反过来说，这个体制的完善，也从一个侧面成就了这个甘地领导的"非暴力"抗争。在有了游戏规则之后，至少甘地知道，他作为一个如此大规模的反对殖民政府的领袖，他可能因为在抵抗运动中违法而坐牢，但是，他会有机会经历公开的审判，量刑是必须有法律依据的，他绝不会一进牢门就被悄悄干掉。所以，挑战司法、上法庭、进行法庭辩论、坐牢，都成为"非暴力"抗争的一种"技术"。在这样的体制下，结果倒是英国殖民政府越来越不希望看到甘地坐牢，因为这反而会加速甘地的明星效应。"非暴力"抗争的理论和实践，由这样一个在英国读法律，对英国政治制度了如指掌的甘地提出，在由英国殖民政府统治的印度得到成功，绝不是偶然的。

对这个体制的熟悉，是甘地领导"非暴力"运动成功的最大依据。因为，这个体制毕竟是有规律可循的。面对这个制度，甘地胸有成竹。然而，当甘地成功地点燃了他的同胞们高涨的爱国主义和民族主义激情，当看上去是如此无能的英国殖民政府完全认输离去之后，甘地却发现，他面对自己亲爱的同胞们，却完全束手无策。因为，这个时候，他发现，自己面前是完全非理性的一个群体，而且他们激情不减。

在整个赶走英国人的长达几十年的印度独立运动中，双方都有过失控的情况，造成了约八千人的死亡。可是，在印度独立之后立即陷入由于宗教、派别不同的一场场同胞之间的混战，使得印度独立之后仅短短一年，同胞自相残杀造成的民众死亡人数就高达五十万。即使是"非暴力"的创始人甘地，也完全无能为力，无法使这些"暴力"平息。这个时候，他的任何理论都不起作用，他唯一的"杀手锏"，只能是凭借自己"圣雄"的神圣光环，以绝食自杀来平息同胞之间的野蛮厮杀。说穿了就是以非理性对付非理性。尽管这一招一开始还频频奏效，但是，这对于一个完全理智健全的熟读西方法律的律师，对于一个"非暴力"理论的创导者来说，真是莫大的悲哀。其悲剧性甚至远远超过甘地最终死于自己同胞的暴力暗杀这样一个事实。

马丁·路德·金的"非暴力"的成功，也在于他对于美国体制的游戏规则的熟悉。

然而，假如在一个完全不讲游戏规则的体制下，假如领导"非暴力"运动的领导人，已经明知他领导的"非暴力"运动必然导致对方完全血腥的暴力，在这种情况下，假如他仍然听任事态的发展，甚至推动事态的发展，在可以避免暴力发生的时候不做任何努力，那么，即使"暴力"的使用是对手一方，这样的"非暴力"领袖的作为仍然是可疑的。一个真正的"非暴力"的、以公正和人道为口号的领袖人物，应该以一切手段避免无辜生命的不必要牺牲。

在1964年的这个"夏季自由计划"里，我总是疑惑有些黑人运动的领袖，已经有了更多的政治效果的考虑。一个原本呼吁公正人道的运动，在这个时候似乎忽视了人道的基础。这不仅在于，他们动员上千名热情、天真、纯洁的大学生投入其中的时候，并没有给予他们年轻的生命以更多的关怀。他们应该知道，这个特定计划面对的并不是一个体制，而是一些在乡下暗处的有暴力倾向的南方极端分子。这比当初挑战长途汽车种族隔离的志愿者的遭遇更危险。因为他们当初有大量记者跟随，双方都是在明处。而在这个计划里，下去的大学生三三两两，他们对极端南方毫无感性认识，就这样一头扎进暗处，根本没有任何保障。

使我感觉最不舒服的，是在制定这个计划的时候，黑人民权组织甚至考虑到，一旦出现大学生发生危险的时候，如果被害者是一个较上层家庭的孩子的话，就可以在社会上引起更大的影响，更有利于黑人民权运动的推进，更不利于极端南方的固守。于是，他们有意识地到北方的各个著名大学去招募志愿者。因为在那些名校里，有更多的中上层白人家庭的孩子在那里读书。他们这方面的考虑基本上是达到目的的。我下面故事里提到的三个年轻大学生志愿者中，不仅其中两名是白人大学生，而且还有出生于富裕的犹太裔医生家庭的孩子。

我总是在想，难道在那个年代，在黑人民权运动已经进入胜利的尾声的时刻，就一定有必要让这样一些完全没有南方生活经验的大学生，以这样的方式，立即深入到最危险的地方去吗？在一个急功近利的计划后面，隐藏着策划者本身一些什么样的心理活动呢？

这是美国书写历史的方法。不论是南北战争也好，或是一个正面的民权运动也好，任何一个历史行为，总有各种人、从各个角度来对它进行揭示和评判，最终，你可以看到一个历史事件的各个侧面，你了解到的历史是完整的。这个时候，你才可能有各个方面的思考和反思。人们也自此才可能说，真正地吸取了历史教训。人们在回顾历史的时候，肯定一个历史事件的时候，也可以同时指出它的问题。没有一个完美的人物，也没有一个完美的历史运动。

我只能说，只有这些具有献身精神的大学生们是完美的。他们继承了这个国家的精神主流中最宝贵的东西。从他们身上，我们看到最早的那些一代代前赴后继的反奴隶主义者的精神。他们超越了自己的种族归属，他们是具有人性反省和人道追求的真正的人。

1964年6月21日，两个白人大学生施维纳和古德曼，和一个黑人大学生恰尼，就这样来到了密西西比州一个小镇。这个南方小镇虽然和著名的大城市"费城"同名，可是，这只是一个密林深处的鸡毛小镇，我还是把它叫作"费镇"吧。这个小镇是内秀巴县的中心。三个北方来的大学生在附近访问了黑人居住区，查看了被人放火烧毁了的黑人教堂，和黑人居民进行了交谈。下午，当他们驱车来到小镇附近的时候，他们一点不知道，自己已经给盯上了。四点多钟的时候，副警官普莱斯以超速行车为由把他们拦截下来，然后要把他们带往警察局。

1964年6月的密西西比州费镇

这是很不正常的。一般来说，就是开车超速了，警察也就是开出一张罚单。更何况，一辆车总是只有一个驾驶员，从没听说过要连乘客一并带走的。但是，普莱斯副警官坚持说要把其余两人也作为证人带走。就这样，他们被带到了镇上的警察局。在那里，他们要求打电话与外界联系，这样一个合法的要求，却在这个小镇警察局被断然拒绝了。

晚上十点多钟，普莱斯要他们交出二十美元担保费后，把他们放了。这几个小时的所见所闻已经足以使他们嗅出周围的危险气氛。当他们在夜里十点半走出警察局时，这三个大学生脑子里唯一的念头，应该就是赶快离开这个平静的白人集居的小镇了。

可是，人们再也没有看见他们，他们失踪了。

由于他们没有按照预定的计划每天向民权组织报告行踪，所以他们的突然失踪很快就被民权组织发觉，并马上报告联邦调查局。他们要求联邦调查局立即寻找这三个大学生。以探员沙利文为首的联邦调查局调查小组来到这三个大学生最后被人看到的地方——密西西比州费镇。然而，当他们来到这个小镇的时候，只看到它就像南方所有的小镇一样，安静得没有一点儿动静。所有的人，包括地方治安警官雷尼和副警官普莱斯，都说他们走了。

不过，联邦探员们很快地还是在一片人迹难到的密林中发现了这三个大学生的汽车，车子被彻底地烧毁了，烧得只剩下一个外壳。三个年轻人却踪迹全无。夏天的密西西比沼泽丛林到处是毒蛇，在这样的丛林里行走都很困难，他们能上哪儿去呢？

被焚毁的汽车似乎无言地在暗示一个吉少凶多的结局。联邦调查局立即调动了一百多个探员云集小小的费镇，将此案作为绑架案来调查。还有一天比一天多的来自全国各大新闻机构的新闻记者常驻费镇。由于黑人民权组织的压力和各界的关切，这个案子成为联邦调查局的一个重头案件，调查进展每天报告位于首都华盛顿的联邦调查局总部，局长胡佛亲自过问。他已经向总统保证一定查个水落石出。

随后就是长达四十四天的调查。在这四十四天中，联邦调查局访问和约谈了费镇和内秀巴县的上千个居民，却没有得到一丝一毫的线索。联邦调查局动员了大量人力和设备，包括美国军队使用的丛林装备和潜水人员，对内秀巴县的每一块荒地，每一片丛林，每一个池塘湖泊，每一条沼泽河流，一寸一寸地探查，然而毫无结果。关于这三个年轻人的踪迹，还是没有发现一丝一毫的线索。

在这样梳头式的侦查中，他们甚至在通往密西西比河的沼泽河流的水底下发现了另一个无名黑人的尸体。显然也是不知何时被谋杀的。这个无名黑人谋杀案由于难以掌握证据，此后始终没有被破案。可是这具黑人尸体的被发现，使得三名大学生的失踪案，让人们感觉更为凶险。

在此期间，三个大学生的家人和黑人领袖马丁·路德·金曾来到这个小镇，他们所感受到的是小镇上对他们的明显的敌意。马丁·路德·金事后曾经说到，当他站在费镇面对着周围白人的无声的敌视和仇恨目光时，是他一生中感到最恐惧的时候。

此案一度似乎是查不出来了。当地的白人民众中却放出了谣言，说这三个外来的"煽动者"根本就是故意跑到不知什么地方去，并且有意不露面的。这压根儿就是马丁·路德·金的组织设计出来，存心诬陷这个安静的有法律、有秩序的小镇上的人民的。

联邦调查局根据分析,可以相当有把握地认为,这是和当地的KKK有关的一件罪案,而且他们也有把握断定,地方治安警官雷尼和他的副手普莱斯就是KKK的人。不论是绑架还是谋杀,三个活生生的年轻人的失踪不可能是单枪匹马所能做到的。可是,联邦调查局就是无法从当地居民中获取任何线索。

美国总统向胡佛施加了更大的压力,因为这显然是对刚刚由国会通过,并立即由总统签署的新的《民权法》的考验。胡佛亲自批准了联邦调查局的策略,设法招募KKK的人员向联邦调查局提供内情,通俗的说法叫收买线民。

对于有组织的犯罪活动,如果没有线民提供内部情报,秘密活动是很难侦破的。即使侦破了,没有线民在法庭上做证,按照美国的司法制度,也很难说服陪审团将被告定罪。

这一次,僵持在那儿的费镇大学生失踪事件也使用了收买线民的做法。联邦调查局的成百探员一面加大搜索力度,掘地三尺,同时也持续不断地拜访和约谈KKK的成员,制造气氛。然后宣布对任何提供三名大学生下落的人,奖励五千至三万美元。在这个事实上还颇为贫穷的密西西比小镇上,当时这笔钱的数目已经是一个不小的诱惑。

这一个做法终于奏效。沙利文探员最后得到了一个人的情报。至于这个人是谁,沙利文和联邦调查局长连司法部长问起时,都拒绝相告。因为保护线民的安全是联邦调查局的职业规范。在密西西比州这样一个KKK猖獗的封闭小镇上,他们不得不担心这个人的身份一旦暴露则会必死无疑。

从这个线民秘密提供的情报里,沙利文探员终于得知,三个年轻的大学生就在眼前。他们被谋杀之后,又被深深地埋在一个水坝下面。

这是一个位于沼泽丛林深处的人工水坝,联邦调查局出动直升飞机才找到位置。由于它在一块私人土地上,联邦调查局又用了四天时间才办好动土的搜查许可,并答应业主赔偿挖动水坝造成的损失,然后从外地调来了大型挖土机械。

这个真实的故事已经被拍成电影。虽然在看这个电影之前,我已经知道故事的结局,可是,我还是无法忘记自己看到挖土机犁出一条深沟,那南方特有的红土中露出牛仔裤澄蓝的一角时,自己难以抑制的悲愤心情。他们还年轻,不论是那个黑人学生,还是那两个白人学生,他们本来都生活在北方,都已经得到了属于自己的追求幸福的权利。只是一个"人人生而平等"的理想,使他们进入了这个他们并不十分了解的凶险之地,三个年轻真挚的生命就这样永远消失了。

三个大学生被埋在这个巨大水坝的底部。他们被枪杀了。特别是那名黑人大学生,被枪杀前曾经遭到残酷殴打。在检查了从头到脚的只有用铁棍和链条才能造成的伤势以后,见多识广的验尸官说,他从没有在一起罪案中看到如此惨不忍睹的伤势,只有在飞机失事的现场才有类似的情况。

消息传出,全国震惊。

联邦调查局终于查清了那天半夜里发生的事。三个大学生从警察局出来以后就驱车往外走。一帮子十几个KKK的暴民分乘着几辆汽车,居然就是在地方治安警官雷尼和副警官普莱斯的带领下,以闪着警灯的警车带头,在荒僻的乡间公路上追逐和拦截了大学生的汽车。

描绘 1964 年 6 月 21 日在费镇被杀害的三名北方大学生志愿者的画作

他们把大学生带到预定的地点杀害，再把他们的汽车开到了另一个地方烧毁。

这是黑人民权运动中最著名的案例之一，在我们阅读各种黑人民权运动历史的时候，常常读到这个案子。记得那是一个雨夜，我们住在北卡罗来纳大学附近的一个汽车旅馆。外面是瓢泼大雨，我们在哗哗的雨声中读着又一本有关黑人民权运动的叫作"法律和南方秩序"的书。我们又一次与这个案子相遇。

虽然我们对此案的一些细节都已经相当熟悉，但是，在书中读到，当三名大学生的尸体被找到，案子真相暴露的时候，费镇和内秀巴县的底层白人民众的本能反应居然不是问"这是谁干的？"而是问"这是谁说出去的？"看到这里，我还是按捺不住，冲到外面，在大雨中打开车门去找随车的公路地图。我倒要看看这该死的费镇到底在什么地方，哪天我非要去看看这个鬼地方不可。怎么会有这样的地方养活了这么一帮人。虽然我们去过密西西比，但是确实不知道这个费镇在什么地方。寻觅许久之后，我们终于在地图上找到费镇。

在密西西比州庞大的面积上，这是一个小小的圆点。旁边以很小的字注着：费镇。从地图上，当然看不出什么。可是，做梦也没有想到，几分钟之后，我们被同时期发生的另一个重要历史案件的南方地名惊呆了——我们在同一本书上看到了我们自己居住的小镇的名字！

差不多在密西西比大学生谋杀案的同一个时候，又有一个案子轰动全国。案子发生在佐治亚州的北部，距离1996年奥运会的亚特兰大市只有一百多公里。

这次的受害者是一名叫作培尼的黑人。他住在北方，有着一份完全正常的生活。培尼是首都华盛顿地区公共学校负责成人教育和职业教育的地方官员，同时他还是美国陆军预备役的中校。当然，他听说过南方的黑人生活状况，但是，作为一个习惯了正常社会的美国北方黑人，一定不可能想到，在民权运动的最后关头，一些南方地区会在面临社会变革的刺激下，变得如此凶险。

1964年夏天，培尼奉命在佐治亚州南部的属于联邦管辖的贝宁军事要塞，接受了两周的集训，然后开车北上回家。7月11日，他的车子经过了佐治亚州的雅典市。

雅典市是一个大学城，是佐治亚大学的所在地。今天，人们称这个美丽的小城是佐治亚的智慧和灵魂。因为历史长达二百多年的佐治亚大学是一个综合性大学，有着大量艺术和人文类的专业。这里有着来自世界各地的留学生。对于南方来说，这是一个思想活跃、气氛轻松的小城。这种轻松气氛还可以从这个小城的音乐特色中看出来。这个只有八万人的大学城今天有着近二百个乐队。在各种节日，你可以看到各种族裔的人们坐在草地上，欣赏着白人的乡村音乐和黑人的蓝调，并且随着摇滚乐起舞，一片平和景象。1996年奥运会的足球决赛就是在雅典市的佐治亚大学体育场里举行的。可是，谁会想到，1964年7月11日的一场悲剧，就是从这里开始的。

只要离开雅典市小小的以校园为中心的市区，就完全是另一番景象。那是佐治亚州典型的保守乡村。在三十多年前，这种区别就更大了。就在密西西比案件发生的同一个夏天，雅典市附近的乡村白人，特别是 KKK 的人，正在激动地传言说马丁·路德·金即将派民权工作者前来鼓动黑人参与选举，推动《民权法》在南方乡镇的实施。当地以盖斯特为首的几个 KKK 紧张到了这个地步，以至于他们仅仅因为在雅典市看到培尼是一个驾着外州牌照汽车的黑人，就认定他就是前来扰乱他们南方秩序的"煽动者"。

他们从雅典市开始尾随着培尼的汽车，来到邻近的麦迪逊县的一座桥边。那是森林茂密、牧场旷然的乡村，就是在今天，也很少有车辆经过。于是，光天化日之下，他们居然拦截枪杀了培尼。书上有培尼的汽车照片，车上到处是浓烈的鲜血。书中提到的案发地点，距离我们家只有十五英里。这个两度审判、最终进入联邦最高法院的案子，审判的法庭距离我们家不到三英里。我们惊讶地面面

培尼案的审判法庭

相觑：不知我们友好的邻居杰米老头和他和善的妻子埃维伦，会不会就是当年的陪审员？

　　我们之所以对陪审员的问题如此敏感，就是因为，这两个案子的发生和破案，固然是黑人民权运动史中的两个重大事件，这两个案子的审理，更是美国司法史上的重要事件。

　　这封信够长的了，关于这两个案子的审理，我还是在下一封信再给你讲下去吧。

　　祝好！

林　达

多数的暴政和法庭上的较量

卢兄：你好！

我就坐在那个距离当年培尼案审理的法庭只有三英里的一个小屋子里，试着给你讲这两个黑人民权运动末期最著名的案子的审理。对于美国人来说，这两个案子的审理过程，实在是太重要了。

培尼的被杀和密西西比三个大学生的失踪引起全国人民的关切，联邦司法部受到了前所未有的压力，白宫也接到了来自全国各地的无数电报。在培尼的葬礼上，总统约翰逊派出特使向培尼夫人保证，联邦政府将竭尽全力把罪犯绳之以法。可是如何做到这一点，却依然是个严峻的问题。

发生在费镇的这个案子，也存在同样的问题。查清这个案子，对于联邦调查局来说当然是一大胜利，因为他们是在当地白人民众的敌视之下进行调查的，得不到当地民众的任何帮助，而且当地的治安警官就是这个谋杀案的主犯。查清真相的过程就特别不容易。不过，他们知道,困难的事还在后面。

受害的黑人大学生的家属不无忧虑地说:"除非你能够在法庭上将凶手定罪,否则查出来也等于没查。"

读了我以前的信,你一定还记得,按照美国的司法制度,刑事案件要在案发地的法庭上审理,只有陪审团才有权确定被告是否有罪。现在这一谋杀案发生在密西西比州的小镇上,那儿的占了大多数的白人居民几乎全部是具有种族偏见的人。陪审团只能由他们中的人组成,你必须在法庭上说服这样的陪审团,让他们来认定并宣布被告是有罪的。难就难在这里。

这两个血腥谋杀案的发生在美国南方是有历史渊源的。南北战争以后南方种族主义最野蛮的一幕,就是民众私刑了。我曾经在以前的信里向你介绍过,美国的极端南方,一方面,它在历史上就是一个相对的法治薄弱点,在美国建立之前就是如此。另一方面,它又是一个在传统上最缺乏人性思考的地区。因此,那里一向有民众私刑的发生。只是在南北战争以后,变得急剧恶化了。

由于美国的主流文化和基本潮流,美国南方的民众私刑并不是一种受到鼓励的混乱时期的"常态",而是一个相对未开化和野蛮的地区,在和平时期里阵发性的小型民众暴乱。它在一开始,常常和失去理智的民众在盛怒之下企图自行执法有关。所以,最初的发作,常常都有一个类似刑事案件的起因。

美国南方的民众私刑并不是一开始就和黑人联系在一起的。在南方的奴隶制没有结束之前,黑人遭受民众私刑的比例非常低。这当然不是因为当时的南方白人底层民众对黑人网开一面,而是当时的黑人都还是庄园主的私人财产。一方面，他们活动的自由度和范围极小，几乎没有犯罪率，也没有触怒民众的机会。另一方面，当地的人们承认私有制，他们承认自己无权以私刑处理黑人这样的"他人私产"。

在早期，美国南方的民众私刑并不仅仅是针对恶性的刑事案件，在这样一个落后保守的地区，私刑的对象甚至也包括那些在行为上不能为当地的道德标准所容的白人。在反奴隶制的时代，更有大量来自北方的从事反奴隶制活动的白人自愿者，成为南方私刑的牺牲品。

在这种传统之下，以及在种族偏见盛行的南方，当奴隶制结束，黑人进入社会生活后，黑人非常自然地就成为底层白人民众私刑的最主要目标，南方黑人受到私刑的比例急剧上升。

南方底层民众以私刑把未经定罪的黑人嫌疑人处死，通常是在像费镇这样的小镇上，一开始总是白人民众传说有黑人犯了刑事案件，往往是说强奸白人妇女。多数情况下，黑人嫌疑人已经被地方警察逮捕，但是白人民众却等不及法庭的审理，聚集起来把黑人从警察手中抢出来。有时候警察是抵抗的，但是寡不敌众。有时候根本就是警察睁一眼闭一眼地把黑人嫌疑人交出去的。然后，经常是在大量民众的围观下，他们把黑人活活吊死。这一切是明目张胆地进行的，有时候围观的人多达上千。这是美国南方历史中不亚于奴隶制的黑暗一页。

正因为最初的私刑带有民众执法的意味，因此，失去理性的民众往往刻意夸大它"符合公众正义"的"合理性"，借以抹去自己对参与残暴行为甚至谋杀的罪恶感。在这种氛围下，民众私刑大大激发了人类兽性的一面，使他们认为自己有权利对一些特定的对象为所欲为，

美国南方曾经存在的私刑

比如说,他们是敌人、罪犯甚至异族。痛苦、鲜血和死亡都无法唤醒他们泯灭的人性。

当南方的种族偏见恶性膨胀时,一些私刑的发生,已经和刑事案件根本没有关系。暴行往往只是一个公众的节日。这使得极端南方在人性醒悟这样一个美国的立国基本点上,与代表着美国主流文化的北方,与美国的大多数地区,差距进一步拉大。而极端南方的这种状况始终和无知、狭窄、愚昧联系在一起。极端南方的民众越是拒绝来自外部的影响,越是强调他们自己的生活价值可以脱离人类社会的基本人性追求,他们越是走向人性的反面。这也是三个无辜的大学生会在一个封闭落后的南方小镇被残酷杀害的当地民众心理背景。

但是,时代毕竟不同了。不知你是否注意看到,在这两个案子中,KKK极端分子的行为尽管还带有残留的民众私刑的印记,尤其是密西西比杀害三名大学生的案件,涉案人高达十九名。但是,非常本质的区别是,他们已经不再是大模大样地张扬了。这两个案子的涉案人都是避开公众的目光,私下里偷偷摸摸地干的。因此,不论是事件本身的性质,还是在涉案者自己的意识中,都很清楚:这已经不是民众暴乱的事件,这是一桩纯粹的谋杀案。

但是,即使案情大白,定案仍然是困难的。因为一直到六十年代,南方腹地的黑人仍没有参与地方政治,不参加选举,也不去争取担任陪审员,陪审团通常是清一色的白人。而能够认定被告是否有罪的,只能是当地的陪审团。正如我前面提到的,在这样一个地区,如何说服这些可能对黑人民权运动有着与凶手同样仇恨的白人陪审员,"仅仅为了一个黑鬼",就同意把自己的白人邻居定为谋杀罪呢?

所以说,案子虽然破了,困难还在后头。

这两个案子首先遇到的就是一个司法归属权的问题。这是在美国发生任何一个案件,在进入司法程序时,都会遇到的第一个问题。既然美国的整个政府结构是建立在"分权"以及"制约和平衡"的原则上的,既然司法是独立的,那么,每一个法庭它的权力范围必须是清楚的。它分到多少权,就拥有多少权,界线是非常清楚的。

在这个案子里,显然,假如把审理权"收归"联邦法庭,甚至"收到"联邦高一级的法庭,让陪审员的甄选范围,超出案发地的范围,显然对于"把凶手绳之以法"是有利的。但是,联邦政府却不能这样做。为什么呢?

因为联邦与州的权力的划分,是美国制度"分权"中的一个最基本的划分。而且这个权力是写进了美国宪法的,宪法是全美国人民的契约,谁也没有权利为了解决一个具体问题而毁了美国立国的宪法基础。即使是寻求正义，也必须按照游戏规则来做，谁都知道无法为了一时一事就彻底破坏规则，釜底抽薪。而一个谋杀案的审理权，是州检察官和地方法庭的职权范围，联邦司法系统无权插手。

在这两个案子里，唯一可以有探讨余地的是培尼案的司法归属。由于培尼是一个受训中的美国联邦军队的军人，他的被害使得联邦司法部的插手比较顺理成章，如果是现在，这个案子大概是会在联邦法庭里审的。但是，那个时候1964年的《民权法》还刚刚通过，这个《民权法》是破天荒地以联邦法的权威来覆盖原来由各州自己做主的事务，南方的保守民众从那时起就一直在指责联邦政府"入侵"各州，而联邦政府则极力并且相当勉强地要向南方说明，各州仍然保留着自己的主权。在这种情况下，联邦司法部担心司法权归属问题如不小心处理，反而可能弄巧成拙，造成宪法危机，反过来还可能不利于《民权法》的实行，因为这一类谋杀案历来就是各州自己管的。因此这时的联邦司法部表现得十分谨慎。在将嫌人逮捕以后第九天，联邦司法部就宣布这个案子仍由佐治亚州的司法部在当地法庭起诉审理。

可是，正如联邦司法部所担心的，在当时的极端南方，这样两个案子几乎是无法做到公平审理的。

我们先来看密西西比州三个大学生被害事件，作为一个刑事谋杀案寻求起诉的过程。

这个案子的起诉显然有它先天不足的地方。当时联邦调查局对于案情的掌握主要依靠后来个别涉案嫌人的供词。因此，这个案子缺乏直接物证。由于密西西比州包括州长在内的高层官员对黑人民权运动的敌视态度，更由于在涉案的主嫌人中有两个地方治安警官，联邦调查局对于密西西比州的司法部是否会诚心诚意地起诉罪犯根本不敢抱信任和乐观态度，而联邦调查局的主要证据来自于线民的交代，鉴于当地的状况，联邦调查局又不敢在案子还没有上法庭时，就把线民给泄露出去。

由于谋杀罪要由州司法部起诉，密西西比州司法部对联邦调查局说，要起诉先要有证据。假如你们不把证据交给我们，单凭我们自己手里掌握的证据，这个案子根本无法成立。于是州长宣布："我告诉联邦调查局了，我们手里根本没有什么有力证据。除非我们手里有了站得住的证据，否则不能逮捕他们。"密西西比州根本就拒绝逮捕嫌人。

一直到现在，黑人民权组织还在为此责备联邦调查局。然而在当时的历史条件下，联邦调查局确实无法信任密西西比州的官员们，而轻率地把自己手中的证人证词交出去。

这样，由于联邦调查局的官员不敢和密西西比州司法部合作，这起谋杀案就始终没有以谋杀的罪名被成功起诉过。当然也就更谈不上谋杀罪的审理了。

那么，发生在佐治亚州的培尼被害案的谋杀罪起诉审理过程又是怎样的呢？该案的案发地是佐治亚州的麦迪逊县，涉案的嫌人也是麦迪逊人，所以整个案件的审理过程就在麦迪逊县法院所在的小镇上。这个至今仍十分安静的小镇当时只有三百六十三个居民。法院就坐落在小镇中心的广场上，这幢造型古朴的法院红色建筑物至今依然是这个小镇的一个地标。它的前面有一个小小的雕像，是这个小镇历史上出现的唯一一个稍有名气的人物，那是一个医生。8月15日，联邦调查局就把长达一千三百六十页的案情简报转交给了州长特地指定的州检察官。联邦调查局答应派出专门人员全程协助起诉。

这个案子的起诉过程似乎相当顺利,因为证据相当充分。1964年8月25日,由当地居民组成的大陪审团在听取了证据以后,同意起诉嫌人。

培尼被杀的案子就在离我们家只有三英里的这个法院里进行,十二名陪审团成员全部是本地的白人。为嫌人辩护的是雅典市最出色的刑事辩护律师赫德森和另一个律师,曾经参与起诉日本战犯的前任司法部官员达西。

应该说,就纯粹技术性的法庭较量而言,辩护律师出色地利用了佐治亚州的法律,而州检察官却显得经验不够老到。但是,我已经提到过,这起谋杀案证据是充分的。

但是,联邦司法部的担心绝不是没有道理的。法庭的氛围使人一下子就可以理解为什么在这样的地方会发生如此荒唐的谋杀案。在这个法庭里,居然还实行黑白分隔。当被害人培尼的黑人战友一身军服出庭作证时,那些陪审员表现出明显的不满,"黑人居然也穿上美国军人的服装跑到这儿来了"。

在结辩时,被告律师达西长篇大论地攻击白宫和联邦司法部"越权滥法",入侵南方,派出一群联邦探员,骚扰"我们的麦迪逊家园",干涉纯粹地方的事务。他涨红着脸说:"永远也不要让人说我们麦迪逊县的陪审团把电椅变成祭坛来满足这些嚷嚷着的坏蛋。"在一场结辩中,他五次提醒陪审员们,"你们是盎格鲁—萨克逊陪审团",即你们是白人的陪审团。事实上,从当地民众中产生的这十二个陪审员至少有三分之二不是KKK的成员就是KKK的同情者。

9月4日,陪审团只用了三个小时的讨论,就宣布被告无罪开释!

由十二个佐治亚州的公民组成的陪审团就这样容忍和默许了对一个美国军人的谋杀。假如说，密西西比州对凶手起诉的失败，是由于联邦调查局不敢贸然公开证人，给州司法部有了一个口实的话，那么，在这个佐治亚小镇上发生的一幕，历史对它的评判几乎都认定是陪审员罔视证据，在种族偏见以及对外部世界的强烈抵触情绪下，强行开释罪犯。

这是美国司法史上最暗淡无光的时刻。

我的故事讲到这里，我们终于触及了美国南方在南北战争之前的奴隶制，以及自南北战争以来整整一百年的种族隔离、种族迫害和种族歧视的不光彩历史在制度上的一个症结，那就是：民主制度所推崇和认可的多数人的统治，假如没有人性的反省和追求，假如人道主义得不到高扬，假如不在追求自己的自由的同时，也尊重他人的自由，那么民主大树上所生长的，往往只能是"多数人的暴政"这样的畸形恶果。我刚才和你谈到的美国南方在历史上发生的民众私刑，就是一例。

"多数人的暴政"对于你我也都并不陌生。从希特勒手下一呼百应，把显然是少数的犹太人送上灭绝之路的广大亚利安德国民众，到"文化大革命"中，极其普遍的，几乎成为生活日常景观的民众私刑。甚至在习惯了以"平民愤"为"杀之依据"的时候，人们能够熙熙攘攘、喜气洋洋地挤在被送上革命祭坛的死囚犯的游街车前围观，心安理得地享受着自己"大民主"的权利。

在我们回顾美国历史的时候，假如我们说，仅仅因为这个国家在建国时，不同寻常地建立了"人人生而自由平等"的人道主义理念，这块土地就因此只居住着纯洁的天使，就因此可以避免兽性与人性的挣扎和较量，这就只是在讲一个天方夜谭的故事，假如真是这样，美国的历史经验对于人类就是毫无意义的了。从我以前的信中，你已经可以清楚地看到，美国历史的整个过程，就是它的人道主义精神如何克服这块土地上的残存兽性的过程。

美国极端南方的民众私刑，就是在实质是"多数人暴政"的"民主"借口下发生的。尽管当时美国南方的私刑，只在偶发的民众暴乱中发生，并不是一个混乱的社会常态。据记载，从1889年到1941年的五十二年里，美国南方发生了三千八百一十一起民众私刑处死黑人的事件。相当于几个极端南方州，每州每月有一名黑人在民众私刑中遇害身亡。就是我们所居住的培尼案发生的麦迪逊县，据我们的邻居杰米回忆，这个县的最后一次民众私刑发生在三十年代。也就是说，这并不是一个时时处处在发生的寻常事件。

但是，只要这样一个针对弱势群体的民众私刑在当地的民众中被默许，那么，它所造成的恐惧依然是无限的。著名黑人歌手罗伯特·约翰逊有几首很有名的忧伤歌曲，就表达了南方黑人对于这种私刑的恐惧和冤屈。对于黑人来说，黄昏时分南方小镇的十字路口，突然身处一群白人暴民的包围之中，再也没有比这更令人恐惧的了。他在《十字路口》这首歌中唱道：

> 我来到十字路口，双膝跪下。
> 我来到十字路口，双膝跪下。
> 我乞求上苍，救救可怜的鲍伯。

黑人歌手罗伯特·约翰逊

可是,当人性消失的时候,在一个"多数人的暴政"之下,没有人能够保护得了分散的处于少数的弱势地位的个人。这样的民众私刑在南方发生了一次又一次。我刚才提到的这个数字还不包括那些同时在南方存在的对白人的私刑。

但是,民众私刑只是"多数人的暴政"的一个从形式就野蛮的、让人一目了然的"初级阶段",因为它明显触犯起码意义上的法律。而在法律形式之内的"多数人的暴政",才是真正可怕的。它既可以强行开释罪犯,也就可以合法且不动声色地扼杀一个无辜弱者的生命。这就是培尼案刑事审理给予人们的一个警讯。当然,"多数人的暴政"甚至还可以进入立法阶段。这就更不是三言两语能够讲清的了,留待以后再聊吧。至少,"法制"还远不是一颗定心丸,因为还有什么样的"法"的问题。

记得我们在很早就讨论过,民主和自由是完全不同的两个概念。假如在"民主"这样一个被我们习惯上是看作"奋斗目标"的好玩意儿里头,"少数人的自由"缺席,假如少数人的自由被践踏在多数人的脚下，他们的生命也可以随意被当作祭献"民主"的供品，那么，这样的"民主"只是"暴民做主"罢了。

这就是我前面所说的，美国的民主理念和民主制度在建立之后，依然躲不开"多数人的暴政"这样一个"民主症结"的考验。但是，在美国试图解决这个问题的时候，它时时遇到悖论式的困惑。为什么呢？

你一定已经很熟悉了，美国的民主理念首先包括了区域自治的概念。也就是说，一个地区的人民有权利按照他们大多数人的意愿生活，他们既不受来自外部的干涉，也不受一个类似中央政府这样一个强权的干涉。更何况，在美国，区域自治是相当彻底的。每个州都有自己的州宪法，形同一个小国家。在美国建国的时候，这个民主理念是理想化的，因为它和"人人自由平等"这样一个人道主义的口号同时提出，它希望展示的是一个人人享有"生命权、自由权和追求幸福的权利"的大同社会。

然而，你必须承认，由于某种历史原因，各个地区和区域，对于人性的醒悟程度是不同的。从美国一开始试图解决历史遗留的奴隶制问题开始，就不断遇到这个"民主症结"或者说"自由悖论"的困扰。因为，像极端南方这样的地区相对封闭，思维方式总是固执和狭窄的。可以在非常长的时期内，它就是固守原有的状态，不思醒悟。在讲理讲不通的时候，往往束手无策。因为，假如代表着美国思想主流的北方企图超越区域自治的原则，予以强行干预的话，那么，如何干预是非常值得斟酌的。一旦干预不当，自己所确立的民主理念就可能先被自己打破了。甚至进入"自由悖论"，即，为了维护少数人的自由，反而"侵犯"了那里大多数人的"自由"。为此，美国的极端南方从奴隶制时代起，就振振有词地站在那里，抵御来自北方的"干涉内政"。

通过南北战争的惨痛教训，美国的主流意识到，在试图改变南方的时候，必须坚持不打破自己的民主理念和基本的游戏规则，否则，不仅可能制造更大的混乱，而且在人性追求的道路上，可能反而是一个倒退。因此，你可以看到，在南北战争及"南方重建时期"之后，美国主流对于南方的推动都是在游戏规则之内操作，肯尼迪提出的1964年《民权法》，就是一个典型的例子。

你将看到，一个国家的立国理念，是在呼吁人道，还是在"以革命的名义"和"公众正义的名义"呼吁仇恨，它的人民将走过的路径是不相同的。

让我把故事再讲下去。虽然按照当时的司法权的划分，地方上的谋杀案是由各州地方法庭审理的，联邦司法部无权在联邦法庭上起诉地方上的谋杀案，但是，新通过的1964年的联邦《民权法》，使得联邦司法部获得一线新的生机。也就是说，同样一起犯罪，作为谋杀罪是州法所管的罪行，联邦政府无权管，但是作为违反民权罪，则是联邦法管的罪行，就在联邦法庭的起诉范围之内了。

现在，既然全由白人组成的佐治亚州陪审团在佐治亚州的法庭上开释了这些嫌人，联邦司法部的专家们认为，现在既然有了这个新的《民权法》，联邦政府无论如何应该插手了。于是，联邦司法部负责民权事务的官员，专程从首都华盛顿南下来到佐治亚，向位于佐治亚的联邦中部地区法庭起诉杀害培尼的KKK凶手，要求起诉他们违反了联邦《民权法》。1964年10月16日，联邦大陪审团同意起诉这些被告违反了联邦刑事法第241条。

可是，既然起诉的依据是《民权法》，对这场实质为谋杀的指控中就没有与谋杀罪相关的条款，因为谋杀罪不是一项联邦法的罪名，联邦法庭没有司法权。因此，大家几乎是必须把它当作一场黑色幽默接受下来。例如在培尼一案中，我们看到，联邦检察官指控这些KKK分子的罪名是：合谋侵犯黑人使用公共场所的权利，侵犯黑人利用由佐治亚州政府拥有、操作和管理的设施的权利，侵犯黑人平等使用雅典市的街道的权利，侵犯黑人使用州际公路和在州内旅行的权利，"以及佐治亚州雅典市白种公民可以享有的其他权利"。

即使如此，事情还没有那么简单。由于《联邦民权法》刚刚开始运用，还有一些法律问题有待整理。所以，这两个案子在联邦法庭的起诉也并不顺利。

首先是密西西比州费镇的这个案子，一开始仍然有保护证人和起诉证据是否充足的问题。我们再把这个故事讲下去。

1964年9月10日，这个案子就违反1964年《联邦民权法》在联邦法庭提起诉讼。在邻近费镇的一座城市，在联邦大楼里的一个狭小的法庭里，联邦司法部的起诉律师和十九个KKK成员及他们的律师在这儿举行审前听证。通常刑事案件是否能起诉是由普通民众所组成的大陪审团决定的，但是在召集大陪审团以前，有一道审前听证的手续，由法官决定此案是否有理由召集大陪审团。

还是原来的老问题：由于联邦调查局没有物证，证据是个别涉案者的交代，是打算到正式庭审时才拿出来的，被告律师就提出控方的依据只是道听途说，要求当场检查控方手里的证词，否则法庭就不应受理这种建立在道听途说基础上的指控。

据后来的专家指出，审前听证是不必出示证据的，所谓道听途说也可以被法庭考虑，因为这时候法庭要弄清和决定的是"是否有必要召集大陪审团"。但是这一次，主持听证的女法官卡特竟同意了被告律师的抗议，要求控方出示他们手里的"交代"。

为了保护那些用"交代"来换取较轻的刑责的涉案者，控方不敢这么早就摊牌。在和华盛顿的联邦司法部商量以后，控方表示他们不出示"交代"。卡特法官立即宣布，不受理此案。被害的黑人大学生的母亲一听宣布，当场就昏了过去，而十九个被告则嘻嘻哈哈、兴高采烈地步出大楼。

可是这一次，联邦司法部却有把握认定，卡特法官不受理此案于法理不通。审前听证是召集大陪审团以前的一个手续，是否起诉应该是大陪审团才有权决定的。联邦司法部副部长要求联邦地区法官哈罗德·考克斯直接召集联邦大陪审团，考克斯同意了。1965年1月11日，联邦大陪审团开始秘密听证。经过四天的紧张听证，大陪审团宣布同意起诉那些KKK分子违反了属于《联邦民权法》的刑事法第241条和第242条，侵犯被害人的民权。

第二天，联邦法警突袭费镇，风卷残云般地把十九个KKK分子逮捕，带到法庭。不知你是否想到，不论这个案子此后审得怎么样，假如没有1964年《民权法》的话，就连这一幕也是不可能发生的。所以，你可以想象，在习惯了高度自治、习惯了完全把联邦政府的力量摈斥在外的小镇居民，突然看到一大帮外来的法警四处抓人，对于被告律师所说的联邦司法部"越权滥法"、"入侵南方"、"侵犯家园"怎么会不产生共鸣。联邦与州的分权，权力的划分，几乎是这里所有的人的基本共识。可是权力如何划分，联邦权力的扩大怎样才是适度的，却永远是一个复杂而艰难的话题。

此时，两个案子能否在各自的联邦法庭起诉又出现了新的挑战。

既然现在不是谈谋杀罪，这两个案子的被告方就向法庭提出：联邦司法部依据1964年《民权法》，尽管有权对侵犯《联邦民权法》的案件起诉，但是根据宪法第十四修正案，联邦政府干涉的权力只能到达州一级。即，只有州政府侵犯民权，才是联邦司法部起诉的对象。然而，现在侵犯民权的案件发生在民众的私人之间，这样的案件应该还在州的司法范围之内。

在这个论据下，费镇的被告方律师只同意联邦法庭起诉两名涉案的费镇警官，因为他们是公务员涉嫌侵犯民权。而其余的人则不应接受联邦法庭起诉。考克斯法官支持了被告方的申辩。

佐治亚这一头，联邦地区法庭的法官也同意了被告的同样申辩，驳回了联邦司法部的起诉。联邦司法部只得向最高法院上诉，这就是轰动一时的"美国对盖斯特等案"。同时，密西西比州费镇一案，也几乎以同样的理由走向最高法院，这就是"美国对普莱斯等案"。

也就是说，几乎同时发生于南方两个州的谋杀案，在州法庭起诉谋杀罪失败后，又在联邦法庭起诉侵犯民权罪的时候，几乎同时由于司法权的问题遇到障碍，最终都在1965年的下半年上诉到了联邦最高法院。联邦最高法院将这两个案子合并考虑，在同一天听取双方律师的辩论，又在同一天，1966年3月28日，分别以9：0对两案做出一致裁决。

在最高法院的一致裁决中，联邦最高法院的大法官们指出，两案所涉及的侵犯民权都是在美利坚合众国公民权的范围之内的。无论是根据宪法及其第十四修正案，还是南北战争以后重建时期的法律，联邦政府都有合法权力可以对平民指控违反联邦刑事法第241条和第242条，从而推翻了联邦地区法院对"美国对盖斯特等"一案的裁定和考克斯法官对"美国对普莱斯等"一案的裁定，发回重审。

我知道，假若不是在专门研究美国法律的话，要搞清楚这里的来龙去脉不容易，大凡美国老百姓也是一样，所以打官司才一定要有律师。可是我在读这个三十年前发生在我现在居住的地方的故事时，看着双方的你来我往，一招一式，我有时候发现自己忍不住在等着出现一个"包公"，一个更有权威、更高明的"青天大老爷"出来快刀斩乱麻，速速申冤。可是常识告诉我，这样痛快的事不会在美国发生，美国人没有"包公"的概念，他们指望的是这个制度，指望这个制度的梳理、修补和完善。这种对于整个制度的耐心，尤其是相关人员，甚至是受害者和他们的家属所表现的忍耐，常常使我惊诧不已。由于这种完善有一个过程，他们可能因此受到伤害。他们也感到悲愤，但是，没有人因此就认为应该砸锅卖铁。这是一个整体文化对于契约的尊重。换个地方的话，真不知要砸烂几多法庭，革上多少次命了。

1966年6月，仍旧是在佐治亚州我们所住的小镇的那个法院里，联邦地区法庭在这里以侵犯民权罪，开庭审理"美国对盖斯特等"一案。为六名被告辩护的仍然是雅典市最好的刑事辩护律师赫德逊。短短的两年，美国起了很大的变化，随着《民权法》的推进和制度的完善，人们的观念也在迅速变化。这种变化的原因，就是我前面聊起过的：一个国家的立国理念，是在呼吁人道，还是在"以革命的名义"和"公众正义的名义"呼吁仇恨，它的人民将走过的路径是不相同的。

你也许已经想到,不论是密西西比州也好,不论是佐治亚州也好,几个极端的南方州并不是孤立的,它们是美国的一个部分。它们相对封闭,但是随着通讯的发达、公路的伸展、电视的普及,它们不可能不越来越强烈地感受到来自四面八方的力量的逼近。因为新闻是自由的、讯息是自由的。逼近的不是千军万马,逼近的是人道的力量和人性的呼唤。

《联邦民权法》的建立固然是重要的,但是更重要的是,居住在极端南方的民众,在案发以后的这两年里,他们也和全美国人民一样,通过新闻、通过电视采访,看到了对于整个案件越来越详尽的报道。他们也看到审判的经过,看到全国的法律专家对这一案件审理的评论。他们看到包括来自KKK的各个方面对事件和审判的态度——正义的和邪恶的。在谋杀罪起诉失败以后,他们看到被开脱者的兴奋,也看到被害者家属的悲恸和全美国的悲哀。他们看到被害者的葬礼,听到葬礼上亲友的讲话,听到主持葬礼的牧师以上帝的名义,对人类良心的呼唤以及对自由、平等、和平的祈祷。他们一次次在电视和报纸上看到被害者的照片和往事的回忆,从婴儿到少年到青年。被害者不再是"民权工作者",甚至"黑鬼"、"煽动者"这样的字眼,他们活生生地走出来,有血有肉、有生命有灵魂、有梦幻有理想。被害者和他们自己一样,也是人。

当然,一个从奴隶制里被动地走出来,长期以来深藏着种族偏见和缺乏人性反省的地区,是不可能一下子就彻底改变的。可是,促使它从根本上变化的,正是一种潜移默化的人性触动。这种触动甚至一直深入到法庭上。

培尼被害的桥梁边,今天由政府竖立了纪念牌

两年以后的再次开审,虽然还是在原来的小镇上,还是原来的旁听者,似乎还是原来的氛围。但是,被告的辩护律师再也不敢像上一次那样摆出种族挑衅的姿态了。他只能带着暗示般地告诉依然是由当地人组成的陪审员,"我们拥有和有色人种一样的权利"。当然,他不会忘记拿出南方民众用了一百多年的武器,"我们不必让美利坚合众国来照料一切","佐治亚人民有能力处理自己的问题,惩治我们中的有过失者"。

最后,陪审团宣布,开枪杀害培尼的两名被告的侵犯民权罪成立,其他没有动手开枪的四人无罪开释。法官判这两名被认定有罪的人十年监禁,这是根据第241条侵犯民权罪所能够判的最高刑期了。

在密西西比州的费镇案显得更困难,因为主持的法官考克斯本人对种族问题和民权运动深怀偏见。1966年底,他又一次中止审理,理由居然是因为陪审团里没有足够多的印第安人和妇女。一直到1967年2月,十九个被告再一次被带到法庭,联邦司法部指控他们违反联邦刑事法第241条侵犯民权的诉讼终于开始。

面对这样一个法官以及这样一个地区的陪审团，控方律师对于诉讼结果一直信心不足。然而，随着案情的展开，考克斯那种法官的职业本能终于开始压倒他本人的偏见。尤其是作为被告的KKK成员，仗着曾被开脱的经验，有恃无恐，不仅傲慢、无知、愚不知耻，而且在法庭上照样大大咧咧、满不在乎。从个人倾向来说，原本并不同情黑人民权运动的法官考克斯也终于被激怒。

一次，控方让一个黑人民权组织成员出庭做证，在辩方律师诘问这个证人的时候，他居然问出这样一个问题："你们组织有没有让每个黑人成员签下一个保证，每个星期必须强奸一个白种妇女？"不等控方律师提出抗议，法官考克斯首先拍案而起，强压愤怒，缓缓地对提问的辩方律师说："本庭认为，这个问题是提得非常无理的。本庭禁止回答这样的问题。现在，本庭要求辩方说明，为什么要提这样无理的问题？"

辩方律师无可躲避，只好告知法官，他接到某一个被告的字条，一定要他向控方证人提出这一问题。法官立即转向十九名被告，要求说出是谁写这字条提出要求的。一时法庭一片肃静，十九个被告第一次老老实实一声不吭。考克斯不依不饶，一定要这个人站出来。最后，辩方律师只好指出其中一个被告。法官压低声音，一字一句地说："我希望你们趁早明白，谁也别想把本庭的庭审当成闹剧。"

检辩双方先后召唤了自己的证人以后，进入结辩阶段。

在结辩中，联邦检察官坦率地告诉陪审团，他只有过一次起诉刑事案件的经验，而这一次他之所以从首都华盛顿来到此地担任此案的检察官，"不是因为我有经验，而是因为我负责联邦司法部民权事务分部的职位。美利坚合众国政府感到十分有必要派人来直接地、坦率地向你们说明，为什么联邦政府做出如此巨大的努力来解决这一罪案"。

他向陪审员解释："联邦政府不是在入侵费镇、入侵内秀巴县，现在这些被告是在一个密西西比州的城市里，面对着密西西比州的联邦法官，在密西西比州的一间法院房间里，为了他们犯下的违反联邦法律的罪行，接受来自密西西比州的十二位男女公民的审判。判定这些人是否有罪的重大责任，仍然掌握在法定的判定者手里，那就是你们，十二位密西西比州公民的手里。"

他在复述了这起令人发指的罪案以后，直接地坦率地诉之于这些陪审员们的良知和良心："这是一个重要的案件，它对联邦政府是重要的，对这些被告是重要的，但是最主要的，对密西西比州是重要的。我今天在这里所说的话，其他律师今天在这里所说的话，都会很快被淡忘，但是你们十二个人今天在这里所做的决定，将会被后人长久地记住。"

陪审团经过一天的闭门讨论以后，向法官报告，陪审团无法达成一致的意见。因为刑事案件的有罪判定必须是十二个陪审员一致的意见才能做出，只要有一个人不同意就不能判定有罪，实在达不成一致一般就只能宣布庭审失败。要么重新组织法庭和陪审团，要么就只能放过被告了。但是，这一次，法官考克斯拒绝宣布庭审失败，命令陪审团回到他们的会议室，继续讨论，不论判定罪名成立不成立，一定要达到一个一致的判决。这种做法并不常见，但是当时是合法的，据说依据的是十九世纪最高法院的一个判例。

第二天上午，陪审团宣布他们已经做出了判决。

这个判决认定，以普莱斯警官为首的七名被告被认定有罪，其他人被认定无罪。在今天书写历史的时候，很多人认为，被开释的十一名被告，其中有人也还是应该定罪的。由于陪审团的讨论是秘密进行的，人们大概永远也无法知道那关着门的陪审团房间里到底发生了些什么。至少，这个判决象征性地表现了密西西比的多数民众在那个历史阶段的矛盾和局限。

法官考克斯判七名被认定有罪的被告中的三人监禁三年，两人监禁六年，还有两人十年。十年是侵犯民权罪所能判的最高刑期。

联邦司法部和黑人民权组织都把这个案子的结果看作历史性的重大胜利。终于通过密西西比州人民自己产生的陪审团，宣布这样的犯罪将受到法律的制裁。对于美国的法律制度来说，这也是联邦法律越过地方上"多数的暴政"所形成的障碍，保护所有的美国公民的一个成功尝试。

我以前的信里曾多次和你谈到，在美国，法律制度的逐步完善才是真正巩固的历史进步，民众的人性反省和觉悟，才是这种进步的基础。这一次，是历史性的1964年《民权法》以后，联邦政府和南方残存的种族主义势力的又一次较量。这次较量的结果使六十年代黑人民权运动的历史性进步得以在制度上确定下来，同时又没有伤害美国据以立国的"多数统治"，"公民自治"和"地方分治"的民主和法治传统。

1964年《民权法》以后第二年，1965年，国会通过了新的，《选举法》，不仅重申所有公民具有一律平等的选举权，并且把任何阻碍、恫吓公民行使选举权的行为定为一项联邦司法范围内的重罪，联邦政府有权、有责任保障全国范围内选举权的实施，有权起诉侵犯选举权的罪行。1968年，国会又通过了进一步的1968年《民权法》，约翰逊总统再一次邀请马丁·路德·金出席了总统签署该法案的仪式。

进入七十年代以后，美国在种族平等方面所做出的制度建设的效果是十分明显的。南方的大多数民众也开始反省和觉醒。仅仅几年，情况已今非昔比。七十年代初，又是在南方，一个地方性的KKK组织听说，有一个地方的一件案子中，一个黑人杀死一个白人，但是陪审团以自卫误伤而判无罪开释，他们就鼓动自己的成员也去杀黑人。两个年轻的KKK就趁着夜色，拦下与上述案件毫不相干的一个十七岁的黑人青年，杀害了他。

这一次，这个案子只用了一天就破案了。也是在南方的法庭上，也是南方的陪审团，杀人者以谋杀罪起诉，被判有罪。主犯被判死刑。这是美国南方历史上第一个由于杀了黑人而坐上电椅的白人。

不仅如此，一个民权律师认为，那个KKK组织对被害的黑人负有民事责任。他动员死者的母亲对那个KKK组织提起民事诉讼。这一次，也是由南方的陪审团，判决KKK对黑人青年的死负有民事责任，判罚五千万美元。该组织的建筑物、动产、不动产，统统被没收拍卖以做赔偿。这个KKK组织因此宣布破产。

这个案子轰动一时，它所表达的信息是非常强烈、非常明确的：时代不同了，在美国的法律制度下，即使在南方，一样不分肤色，人人生而平等。

美国南方历史上，一个白人和黑人相处的全新时代就这样开始了。正像马丁·路德·金在《我有一个梦想》的演说结尾满怀激情和赞叹地所说的："终于自由啦！终于自由啦！感谢万能的上帝，我们终于自由啦！"

你一定也看到了，自由的、被解放的并不只是南方的黑人，在今天，那些完成了从猿到人的过渡，已经从愚昧、狭窄和野蛮中走向人性醒悟的南方白人，回首往事，一定也会承认，自己也因此获得解放，因此获得了真正的自由。

这封信就写到这儿吧。

祝好！

林 达

现代意义上的种族问题

卢兄：你好！

你在回信中提出的一些问题，几乎是我在打开你的信封之前，就已经预料到的。

首先是，你极为惊讶地看到一个谋杀罪居然能够在美国的法庭，以"侵犯民权"这样可以说是相干，又可以说是完全不相干的罪名起诉定罪，而在这个法庭上，谋杀几乎就不存在了。觉得很难理解。

我只能说，我理解你的"难以理解"。因为这是一个非常特殊的案例，也是一个特殊的地区在过渡时期的案例。但是，它的存在，却是在"美国逻辑"之中，是从整个美国文化中一脉相承延续下来的。你已经知道，像这样走上联邦最高法院的，又是与黑人民权运动这样的重大历史事件相联系的关键案例，在美国就是一个公开的无穷无尽的研究和讨论对象。没有人能够对整个案子，从发案过程到审理过程，遮遮掩掩一些什么。人们通过学术文章、回忆录、法庭记录、专家分析等，对它进行层层解剖。至今为止，虽然美国人对于未能按谋杀定罪是感到遗憾的，但是，对于这个结果的评价还是基本正面的。

并不是像居住在这块国土以外的人们有可能猜测的那样，认为可能这是白人社会刻意制造的结果，只有他们感到满意。记得在上封信里，我已经告诉过你，对这一案件最为关注的黑人民权团体，同样把它视为一个胜利。这并不是说，这里的人们不懂得正义必须得到伸张，更不是他们不关心正义伸张。而是他们理解，历史的前进、制度的完善、人性的醒悟都是渐进的。对一个在人道原则上建立起来的公众契约，对它所包含的制度、游戏规则和运作方式的尊重，是共同推进一个人道社会的基本保障。

因此，来到美国以后，我们发现，无论在这个国家发生了什么样的事情，我们能够听到的，并不是大量居高临下的泛泛大评论。美国人并不热衷于把一个事件往重大的路线、纲领、大方向等等高处上引。我们听到最多的是，属于法律界、历史学界、新闻界等等的众多专家，一起来对这样一个事件和案件进行忧心忡忡的细致入微的分析和跟踪。以试图找出这样一个新的事件或是案件，给这个制度提了什么难题，揭示了这个制度的什么薄弱点或者疏漏。然后是完全专业地讨论如何修补的方案。大量像我们这样的普通民众，也就在这样不断的收看电视中，了解了一个事件的来龙去脉、法律上的历史依据、可能的发展方向，以及目前还不可能达到完美的原因。

于是，生活在这里的人们都理解，伸张正义是一个极为艰巨复杂的历史过程，在这个过程中，人们只能得到一个阶段性的成果。然而，有一点是基本的，就是这个制度必须是建立在寻求公正的基础上的，即使它没能百分之百地公正,也是因为囿于历史的局限,而不是它的设计立意本身就非公正。在一个具体事件发生的时候,人们必须能够看到,这个制度是在孜孜不倦地追求当时的最大意义上的公正。还有,就是对待一个具体事件的处理,它的整个过程是向全体人民公开的,是在新闻监督之下的,很难有一手遮天的私藏猫腻。只有这样,人们才可能对一个尚不完美的制度仍然持有信心。假如人们发现,有一个足以超越制度的、凌驾在上的力量在暗中操纵的话,那么,这个社会的整个基础和信心就会在顷刻之间灰飞烟灭了。

美国人至今还不打算重起炉灶,就是他们对二百年来的这个制度仍然持有信心。但是,这并不意味着假如你今天生活在这里,你会时时听到对这个制度的赞美。恰恰相反,你在所有的文字中看到的,几乎都是批评、挑剔、责难,甚至是鸡蛋里挑骨头。因为所有的专家教授们,他们自认自己是一种叫作"知识分子"的特殊地位的人。这里的这种人,都有一个"毛病",就是他们刻意和世俗拉开一定距离,不与广大工农群众相结合,也不以自己是劳工阶级的一分子而欢欣鼓舞。在这一点上颇有点修士的味道。而拉开这点距离,他们认为就是为了能够对这个社会看得更清楚,更有利于他们横挑鼻子竖挑眼。唱赞歌这样的好事他们总是认为那是夜莺的专利。这个社会也习惯了他们的毛病,习惯了这种尽是一团漆黑,没有大好形势的指责甚至预言。这只是一点题外话。

我对于你第一个问题的回答,也有部分是对你第二个问题的回答。就是佐治亚州的小镇陪审团在明显的开释了罪犯之后,为什么这里的人们在联邦地区法庭审理的时候,依然坚持由原地居民组成的陪审团审理。我记得在我们三年前讨论辛普森的刑事案审判的时候,已经大致地讨论过这个问题。谈到过,任何法制的形式,都有"人"的困扰。也许我们还可以做一些进一步的探讨。

一个地方发生了一个刑事案件,当地的人们聚在一起,给一个涉嫌者定罪,并且决定如何处置,这是最本原的法庭。任何其他形式,都是这种原始民主形式的"权力收归"或者"转移"。但是,在今天不可能案子一发生就让全体民众聚在一起判案的时候,相对来说,陪审团是最接近民主和公平的原意的。

以我们上封信谈到的故事来说,你一定会向我指出事实上已经发生的陪审团的不公平。可是,假如不是这样,如果最后的判定是由一个法官说了算,即使这个法官具有"包公"的个人素质,或者由一个政府机构一锤定音,大家就能高枕无忧了吗?美国人认为,那样的话,他们就更睡不着了。

很简单,法官也是人,如果由随机抽样找来的十二个人都可能达成一致意见强行制造一件冤案的话,那么一个人要这样做的可能性就更大了。所以,在美国,只有在被告自己放弃由陪审团裁定的权利的时候,才由法官裁定。至于由政府机构来定罪,美国人会告诉你,当年由于种族偏见,几乎把所有的犹太人都送进集中营甚至毒气炉的,都不是什么私人行为,都是由德国纳粹政府直接组织的。这个道理对我们也好懂,"文革"过后,拿到冤假错案平反书的人们,他们当年手里的判决书,也并不缺少公检法的大印。

至于说这个小镇上的陪审团有不公平判定之嫌,就应该转移判定权的话,放大一点,就像外部世界对某一个国家内部发生的司法审判不满,从此就要包办这个国家的司法权一样,这里面蕴涵的复杂性和危险性就更大了。

当然，这是以最简单的方式探讨一个艰深的问题。事实上，当然要复杂得多，以至于人们要建立庞大的司法制度，反复地平衡和制约各种权力。这也是美国人现在仍然天天在做的试图修补和完善的工作。

再者，一个制度的严肃性，也是契约文化的最基本特征。既然在契约里规定了分权，就要清楚分开。有权管的管，没权管的，只能坚决不管。例如，既然大家同意，在契约里规定了在当地甄选陪审团更为合理。那么，在这个契约没有被推翻的时候，只能继续实行这个契约。假如要考虑推翻，美国人先考虑的应该是如何重订契约，而不是无视契约，自行其是。联邦法庭上的"谋杀"二字也就是这样消失的。既然契约中规定谋杀案是州一级才有司法权，那么，不管州一级判得下来判不下来，联邦法庭都无权过问，不能随意越俎代庖，它只能审它的侵犯民权罪。在美国，这叫作"司法自治"。

这种契约文化的好处其实是一目了然的，就是在制度方面的每一点一滴的推进，都是可靠的，是一种扎扎实实的积累。不会整个社会陪着几个强权人物，翻来覆去地烙饼。所以，肯尼迪总统推进了1964年《民权法》，就会成为一个真实的社会进步。进了就是进了，不会像跳探戈一样，摇三摇又退一步。推动的时候是吃力的，因为要大家都理解不容易。一旦通过，就是人民的契约，理解不理解的，就都得执行了。

你的信中还说，假如这样，不是公正裁定的风险很大么？确实，说到底，最终这个国家不是在诉之于它的立国理念，就是诉之于属于人类的真正特质：人道主义和人性。他们试图做的所有努力，就是逐步完成一个从猿到人的过程。就是在我们刚刚讨论的这个案子里，在联邦法庭审判时，用的还是当地的陪审团。但是，我们已经可以看到他们的良知正在被逐步唤醒。

我在这一年里,断断续续给你写的信里,聊的这些有关美国奴隶制,以及后来的种族隔离的情况,有很大一部分是集中在美国的一个地区,也就是南方,尤其是美国的极端南方。美国的版图是在历史上逐步扩大的,你已经知道,建国时期美国只有十三个州,它的北方,在建国之后就自己逐步实行废奴,比较早就解决了这个问题。至于种族隔离,始终只存在于美国的南方。而在南方的黑人民权运动起来时,美国早已经是一个由五十个州组成的大联邦了。相对这个大版图,那几个种族隔离的堡垒,只是其中的一小块。只是在充分自治的原则下,美国很长时期对他们无可奈何。这也是马丁·路德·金的重要意义之一。因为他所领导的南方黑人民权运动,正是大多数美国人在期待和盼望的一个南方内部自己发生的变化。所以,马丁·路德·金能够迅速得到南方以外地区和联邦政府的大量支持,是非常自然的。

南方种族隔离问题的最后解决,使大家都松了一口气。此后的南方变化非常快。这种变化的一个重要原因,恰恰是我们上封信谈到的两个谋杀案,以及来自全国对于极端KKK分子暴力行为的揭露和指责,最终唤醒了大多数南方白人的最基本人性。KKK在美国从此一蹶不振,在民众中恶名昭著,就是一个证明。种族偏见是一个极为复杂的问题,并不是一朝一夕就可以解决的。但是,对于种族暴力和南方曾经存在的种族隔离政策的非人道,南方的白人民众基本有了一个新的共识。而《民权法》在学校的教育,更使得南方年轻一代比起自己的前辈,在这个问题上有了本质的进步。这几个南方州,或是早一些或是晚一些,终于开始真正步入美国大家庭。这样,美国最后的一个张力很大的、在立国理念上具有实质差异的国内矛盾，就这样和平解决了。

它的解决过程，就是大家对于人性的反省和讨论过程，因此，在这个基础上达成的共识，也就相对牢靠。这也是在制度上逐步推进的时候，隐藏在下面的人的认识基础的变化。这是美国南方种族隔离问题的解决，和南北战争的解决所不同的地方。对于这个年轻国家来说，这是一个非常重要的进步。每一个人都从中学到了一些东西，都或多或少地有所触动。

在这一年里，我们触动了那么多美国历史的伤口。这些伤口对于美国人来说，还远远没有愈合。他们却不得不一直去触动自己的伤口，持续痛苦中的反省。对于他们，这就是历史，就是历史的作用。美国人认为，他们的这些历史教训，不仅对于他们是引以为戒的，对全人类都是如此，所以时至今日，他们还不断在寻找，并且向世界公布新的历史资料和分析。在这个时候，历史的讨论是一个具有正面意义的过程。美国的电视有一个历史频道，他们自己的历史教训，在这里一遍遍不厌其烦地向公众重复和探讨，所有我们可能想到的，可以令美国人羞耻的，从他们建国之前直至今天的所有历史罪过，都在电视专题节目的公开讨论之列，无一遗漏。

有时候，我们看到历史的讨论，也会有一种负面的效应：就是在两种文化进行讨论的时候，一方在捍卫自己的时候，以撕开对方历史伤口的方式，证明自己今天类似的行为"有依据"。假如双方都是如此，就是双方都伸出手去，揪对方那根久远的历史尾巴，既然大家原来都是猿，谁也跑不了。可是，在这种非理性的讨论中，谁也不在意真正的历史教训，这里没有反省，只是在揭对方历史短处的过程中，掩盖了自己今天的短处。

所以，假如我们发现，在我们的历史观中，总是能够聪明地发现别人的种种恶行，同时又总是对应出自己的种种光荣事迹，而很少能在历史的镜子里，看到自己曾经和别人一样有过的那张清晰而丑陋的猿脸，甚至那条猿尾巴的时候，我们大概就可以怀疑自己的聪明是否过了头了。在这样的历史观下，很难有什么本质的进步，因为一切可能取得的历史教训都被我们排斥了。

我们再回到美国今天的种族问题。南方的历史遗留问题解决后，美国的种族问题就算是解决了吗？显然不是。你一定还记得，我以前的信中，曾经在介绍美国北方和其他地区的种族问题的时候，强调过，这是现代意义上的种族问题，和南方当年的问题是不可相提并论的。为什么呢？如果说，南方当年的种族问题是建立在黑白种族互相隔离互不来往从而互不了解缺乏人类的基本同情的基础上，那么，现代意义上的种族问题是不同种族混合生活却由于种族的差别而引起的问题。这一问题也许没有当年的种族问题那么尖锐、暴力、血腥，却远为复杂。

假如一个地区，对一些特定的同类，由于某种原因，例如肤色原因、种族原因、见解不同的原因，甚至血缘血统的原因，等等，就认同对这些同类施以不平等的待遇，甚至加以残酷迫害，这是一种人类进化过程中的蛮荒时代的问题。然而，在一个自由平等得到法律保障的地区，不同的人生活在一起，由于他们的种种差异所产生的矛盾、摩擦，甚至冲突，这是一个人类也许永远必须面对的现代社会的问题。

美国南方的这几个州，在结束它的这一段历史以后，迅速融入美国的现代生活。虽然和其他地区相比，它还是有许多自己的特色，也始终与北方有别，但是，它已经不是历史上那个非常触目的特殊地区了。然而，它也和其他地区一样，有了现代意义上的种族问题。由于美国北方的大部分地区没有实行过种族隔离，因此，这些问题在那些地区，已经存在了近二百年了。在不同的地区，不同的时代，以及不同的移民组合下，发生的问题和冲突，也不相同。

总的来说，就是背景文化完全不同的人，为了各自的生活目标，不期而遇。他们之间可能是什么都不同，甚至连语言都不通。他们可能是如此地难以相互了解。可是，这是一个自由的社会，自由地来、自由地去。没有什么计划。自然有处得好的时候，比如你要吃饭，我就开个饭馆，我要修车，你便开个车铺，互通有无。但是不可避免地也有你看不惯我，我也看不惯你的时候。更有利益冲突，甚至打起来的时候。

比如说，古巴和美国不对头，而卡斯特罗自己就是在美国生活过许多年，深知美国文化的禀性的。所以有一阵看到美国收留古巴难民。一怒之下就干脆默许人们偷渡，包括有意让一些刑事犯偷渡过来。由于古巴历史上的长期奴隶制，所以黑人也很多，送过来的褐色、黑色的都有。他们却又是拉丁裔，和美国黑人的文化完全不一样。除了刑事犯的犯罪率，还带来新的种族问题。

这整二百年，美国一直在种族问题上焦头烂额。不要以为只有少数民族有权说不满意，其实谁都有权说感到不满意。现代意义上的种族问题是怨声载道的，谁都有权抱怨。为什么以前的南方反而是平静的呢？因为他们隔离，因为互不来往，反而就没有现在所面临的这个问题。所以，当时的南方非常得意，至少他们的大多数人（白人）是满意的。而南方黑人在当时的处境下，也没有能力抱怨。这就是南方当时自豪的"南方秩序"，确实"秩序井然"。

美国的现代种族问题，一直是被人们指责的对象。美国自己是怎么看待这些指责的呢？说实话，他们很少考虑和关心这些指责，因为他们顾不过来。他们只顾得上应付解决各种新冒出来的问题。问题确实复杂得一塌糊涂。

例如，我们所提到的1964年《民权法》以及以后几年引出来的一系列的《民权法》。它们的正面意义你已经在我以前提到的信中看到了。可是，即使是这样看上去完全是历史进步的法案，也随之而来有一大堆新的问题跟在后头。

不可否认，《民权法》确实是扩大了联邦的权力。它引起大量争议。《民权法》不仅管到了公务人员，也在美国的历史上，第一次开始限制私人企业及其雇员的行为。例如，不仅公务人员不得种族歧视，私人企业的雇员也不得种族歧视。假如你开了一家商店，就不能说来了一个黑人，我看不惯这个黑人我就不卖给他。在美国这不是道德问题，这是违法行为。你一定觉得这是最简单的道理，没什么可争议的。

可是，实际上并不简单。且不说在美国，联邦政府干涉私人企业的经营是开天辟地第一遭，令许多人担心：政府打开了这个缺口，是否会得寸进尺？即使就限于种族歧视的范围就事论事，这样一个原则也很快就开始扩展。没有几年，就有了关于卖房和租房不得种族歧视的规定。在此以前，联邦政府是不干涉这种"纯粹的私人行为"的，很多社区规定任何人以后卖房的话，不可以卖给黑人或有色人种，至今在很多老的房契上你还可以看到印着这样规定的契约，因为一个社区的民众如果不愿意和黑人为邻，就可以不让黑人在这个社区买房。

在有关房屋交易的《民权法》确立之前,这是合法的。

但是现在,这种"按肤色做买卖"的做法就是非法的,违反联邦《民权法》。于是,从此以后,一个人假如想卖掉自己住的房子,就不能说,来一个黑人,我不喜欢黑人住进这个社区我就不卖。这样做的房地产商是要被告的。我们刚到美国就从报上读到一个这样的新闻,被告的房地产商,被罚款五千美元。也许,你依然会说,这还是简单的道理,没什么可争议的。

然而,就是这么一个简单的法律,却和美国许多大城市的市中心区的衰落有着直接的关系。在种族融合的问题上,美国是世界的一个先行者,而纽约是美国的一个先行者。今天你假如去纽约,会看到一个叫人目瞪口呆的景象。在最豪华的住宅区仅仅相隔数个街区的地方,就是门窗被木板钉死,窗户给烧得漆黑的一幢幢"死楼",连连绵绵

美国纽约市哈莱姆区有大片门窗被钉死的建筑,都是很好的房子

一大片。这就是黑人进入，白人撤退的结果。只是纽约的这种情况在二十世纪初就渐渐开始了。六十年代以后，确实有许多原来安居乐业的地区突然被改变，许多人家的宁静生活被打破，许多居民甚至被迫迁离自己居住几十年，甚至几代的故居。

为什么呢？就是因为黑人，或是其他少数族裔的迁入。也许，你会说，这是那些原来的居民种族歧视的缘故。谁让他们不愿意和少数族裔做邻居。这是他们自己的问题。当然一些人有这样的问题，却不是全部原因。由于这种情况至今仍在各个地区发生。因此，我们甚至也有机会亲眼目睹这样的过程。

我们的一个朋友住在一个邻近大学的居住小区。原来，这里主要的居民是以白人为主的大学里的教职员工。逐渐地开始有越来越多的各种族裔、各种背景的人搬入。于是开始有了开着震耳欲聋音乐的汽车常从门前驶过，嘈杂的聚会，有些屋子前开始杂草丛生无人料理，小区变得不再美丽如画了。这个小区相当大，一开始的变化还不太触目。但是，逐渐开始令原来的居民感到不安。

在美国，邻居纠纷是极少的。一是因为居住空间基本不重合，二是因为不能随意进入他人的私产土地的范围，三是因为如果有过分的夜半喧哗之类的骚扰，一般不必自己打上门去，而是打电话报警。所以，这个小区发生的问题不是邻居纠纷，也不是肤色偏见，而是经济规律。

因为原来非常整洁、开满鲜花的宁静小区的整体形象有了疵点，房地产价就开始下跌。这样的现象一旦露头，就会有一个多米诺骨牌效应。尽管房屋的买卖和迁居在这里还算方便，但是毕竟是家庭的一件大事。人们并不愿意动辄搬家。但是只要地价保不住，搬的人达到一定数量，就会人心惶惶。就像股票抛售一样，一个恶性循环就这样开始了，越是地价低，买得起愿意搬进来的人就更为纷杂，甚至会有安全之虞。于是，小区前景就更为堪忧，原来的居民逃离的速度就越快。我们的朋友虽说还没有搬走，但已经开始认真地考虑找新的房子了。

一个在你看来几乎道理极为通顺、非常简单的《民权法》中与房屋交易有关的条款，就在美国改变了许许多多的居民区，也就影响了很多人的生活。而这些人中的绝大多数，都并不是种族主义者。为一个平等的，尊重弱势群体的自由，尊重每一个人的公民权的理想，为了一个更人道的社会，这些普普通通的人在支付代价。这只是他们支付的无数代价中的一个例子而已。当然，他们也有抱怨，但是《民权法》已经成为多数人的共识。也就是说，尽管有时人们抱怨受到的损失和伤害，可是，今天在美国，几乎没有人因此就提出要推翻这个《民权法》。这就是这个国家的一个进步。

这个法案，也像我前面所说的，改变了美国的大城市，甚至中小城市市中心的面貌。许多市中心的居民区与原来的模样相比，已经面目全非。少数族裔，主要是黑人，已经成为那里的主要居民。因而，美国许多大城市都曾经有过，或者正在由黑人担任市长，因为市长的选民大多都是黑人。

什么是"种族歧视"呢？在英语里就是"依据种族区别对待"，有时这不仅指行动，也包括在看法上的"依据种族区别对待"。也就是在你遇到一个人的时候，对他的某一个看法，不是依据他的个人行为，而是依据他的种族归属或者肤色。例如,我在国内的时候,听到过许多人这样说:美国人实际上是很种族歧视的。谁也没有意识到,这句话本身就是最典型的种族歧视。

不知你是否注意到,美国人对于禁止歧视的要求,实际上是非常高的。因为它的意思是不准区别对待。现在,你很少听到新一代的美国年轻人使用"黑人都如何如何"或"亚洲人如何如何"这样的句型,因为这种句型容易把某一种族典型化,有种族歧视之嫌。相比之下,我们倒是常常用这种句型,因为在我们自己的文化里,其实从来就没有这样高的要求。我们习惯于"区别对待"。我们还曾经习惯过这样的逻辑:假如城里的年轻人,跑到乡下去住的话,这就叫作"革命"的行为。假如一个乡下的年轻人,试图跑到城里来生活,这就是"盲流"了。没准还是"破坏革命"的行为。对这样的逻辑,我们从来没有想到这是落到了"歧视"的范畴里。

可是,一个概念上的禁止歧视的高要求,却偏偏又建立在这样一个"种族千差万别,文化天差地别,生活密切相连"的地方,怎样在事实上做到不"种族歧视"呢?美国人的思路你已经很熟悉了,那就是立法解决,也就是说,在制度上推进。《民权法》的意义就是把依据种族的区别对待,与侵犯一个人的公民权利相联系。涵盖所有政府机构和私人企业,不能有任何种族歧视的行为和语言侵犯。它的权威就如同美国所有的法律一样,是由法院的判例在那里支持的。假如房地产商只要发生看肤色交易的情况,就铁定会被惩罚,久而久之,抱侥幸心理而继续这样做的商人显然就会大大减少。

例如,最近发生的美国的大石油公司泰克萨柯,被它的黑人雇员联合告上法庭，告公司在升迁问题上不平等，有种族歧视。一开始公司一方矢口否认。但是，最后，一个高级管理人员向法庭交出他私自录下的录音，显示在这个公司的高级主管会议上，曾经讨论如何销毁黑人原告要求官司一方出示的文件。录音公布仅仅十一天，已经对这个官司抗拒了两年的石油公司立即宣布妥协。因为他们知道这个录音虽然不是什么"升迁不公平"的直接证据。但是，录音已经足以使他们在未来的官司中必输无疑。所以，他们主动要求庭外和解，赔出一亿九千六百万美元的罚款，以赔偿该公司一千四百名黑人雇员的损失。

这样一条界线在这里是非常清楚的，就是作为一个个人，你有种族偏见看法，是不犯法的，这是思想自由。你假如有泛泛而指的种族主义的言论，那也是不犯法的，因为这是言论自由。但是，假如你指着一个具体的人，特定地对他说种族侵犯的话，那是非法的。因为这是语言侵犯。假如你是一个政府机构或是一个私人企业，那么，你的语言、行为等等一切，凡是与种族问题相关的，都要谨而慎之，慎而又慎，因为这有可能违反《联邦民权法》。

这是一个法治国家。所以，《民权法》的通过和实施，在"种族歧视"的问题上，不可能不巨大地改变原来的现状。因为原来的道德问题，现在成了法律问题，原来一个不受法律管制以道德判断的行为，现在成了明确有法律惩治规定的违法行为，而且按照这里的规矩，违法必究。这样的一个状况，确实大大地约束了人的行为，尤其是具有种族侵犯性的语言和行为。社会面貌和人们的思维和习惯，也一起随之变化。

真正发生变化的是人的观念。后面几个《民权法》的通过，虽然也有大量争执，但是，相比 1964 年《民权法》所遇到的障碍，已经不可相提并论。如果你对于美国在种族问题上，有着民众基础的本质性进步仍然感到怀疑的话，那么，所谓的"平权法案"就是又一个例证。

"平权法案"在我几年前写信向你介绍"权利法案"的时候，就已经提到过的。所谓的"平权法案"，不是一个单独的法案，它的一部分是来自于 1964 年《联邦民权法》以后的一系列法案里，性质相同的一系列条款。此后，它又得到最高法院一系列判例的补充，因此，"平权法案"也包括一些被引为法律依据的判例。

严格地说，"平权法案"只是在美华人对这些法律内容的一种叫法。这个译文也有问题。我见过有学者翻成"肯定性行动"的，但是，多年下来，"平权法案"在这里的华人社会已成为一个固定叫法，我就先将错就错这么称呼下去吧。

你已经知道，美国联邦法案的通过都要经过美国联邦政府的立法分支，也就是国会的参众两院。这些议员们各个都是自己地区的百姓直接选上来的，没有一个人的议员身份不是经过过五关斩六将，拼命竞选才得到的。他们的唯一依据就是民意。所以美国国会有可能通过一些事后想想颇为不寻常的法案，正是因为民众在那个时候，就是这个认识。它不会通过一个没有民意基础的法案。正因为如此，"平权法案"对于美国人才是如此地具有不同寻常的含义。

这不是一个对今后美国社会的法律规范，它是对过去美国社会中弱势群体所受到伤害的矫枉过正式的补偿。也就是说，它不是要宣布从此以后大家都不得歧视，公平竞争，而是这个社会的强势群体自己同意，必须在将来切割出自己的一块利益，交给弱势群体。不仅是对他们的补偿,也是在激烈自由竞争的起跑线上,允许弱势群体在比赛开始之前,先跑上一段。

假如这里的强势群体不诚心诚意地愿意这样做的话,"平权法案"有足够的理由不被通过。第一,这个法案是"不平等"的。第二,它大幅度地干涉了一个自由经济国家的主体,即它的私人企业的一部分自由。这种干涉,与《民权法》的其他条款又不一样,因为那些条款是建立在平等原则基础上的干涉,就是你必须平等地对待你的每一个顾客和雇员。而"平权法案"是建立在不平等原则的基础上的干涉。它要求优先照顾弱势团体。

它几乎有一千条理由不被通过。既然这是一个以私营经济为主体的国家,企业家就有极大的发言权,用我们所习惯的话来说,就是这是一个资本主义社会,当道的资本家如何能够同意这样一种对他们的干涉。这当然是一条重要的理由。更为广泛的理由,是这条法案有可能影响到这个社会的强势群体的每一个家庭、每一个人的最基本利益。

因为,对于这里的普通民众来说,人生最基本的经历,影响一生幸福最重要的因素,就是两件大事,就学和就业。而"平权法案"涵盖了这一切。它规定公立大学在招生的时候,必须招收规定比例的少数族裔,由于高中以前是全民免费义务教育,所以这个规定从高等教育开始。它也规定,每个政府机构和一定规模的私营企业,必须雇佣一定比例的少数族裔。也就是说,任何一个白人的孩子,都可能在考试分数在高于一个黑人孩子的时候,遭到拒绝。而那个考分相对较低的黑人孩子,反倒可能被录取。

就业的情况也是一样。美国是一个始终有失业率的国家。不论是哪一个层次的工作,都存在激烈的竞争。在"平权法案"之下,不仅能力相同时可能是黑人优先,就是白人能力高于黑人,依然可能是黑人取得工作而白人败下阵来。"平权法案"还包括了政府机构发包的工程和采购。例如在一些公共设施工程的招标中,少数族裔承包商会得到优先照顾。

在美国疲于应付的大量种族矛盾中,少数族裔几乎始终是不满意的,也很少有人看到美国社会所做出的这种努力,因为,旧的问题尚未完全解决,新的种族问题还在层出不穷。

最近,终于有一个叫作凯斯·李奇堡的美国黑人记者,写了一本名为"走出美国"的书。谈了他的很不寻常的感想。

凯斯·李奇堡是《华盛顿邮报》的非洲分部主任。他走遍了非洲,亲历了非洲的同肤色但是不同种族的黑人之间的种族歧视和种族灭绝性的杀戮。例如胡图族对于图西族的屠杀,仅在三个月不到的时间里,就杀了一百万。比在三年半里屠杀了一百万人的红色高棉统治下的柬埔寨,远为恐怖。他也因此发现美国今天的黑人民权组织的一些领袖的局限。他们似乎也是只认肤色。因为这些美国黑人领袖在访问非洲的时候,和当地的黑人独裁者握手言欢,共同指责当时的南非白人统治。可是,根据他的实地考察,就人权状况而言,大多数黑人统治的非洲国家,状况要比当时白人统治的南非糟糕得多。当他再回到美国,看到美国黑人关注点,是在争取更多的优先上大学的名额,只觉得恍如隔世。经过一个"走出美国"之后的对照,他才对美国在种族问题上的推进,有了深切的理解。

美国的少数族裔,也是一个远比其他国家复杂的问题。一方面,它的少数族裔的比例特别高。从每一个大分类计,如黑人、拉丁裔、亚裔等,每一个少数族裔的比例看上去并不高,可是,假如把几个大分类少数族裔加在一起的话，比例就相当可观。在前三年的统计中，这三大类少数族裔的总和，在人口比例中达到近四分之一。这可是一个相当大的"少数"。

美国还有它特殊的移民问题。移民问题经常和少数族裔问题搅在一起的原因，是移民进入美国的有色人种的比例大大高于白人。你千万不要看到一个黑人就以为他是当年的奴隶后代，我有几个黑人朋友，都是在深谈了以后，才知道他们来的时间和我差不多，只是来自当年的非洲英属殖民地，在语言上占了不少便宜。这么一来，就是在照顾少数族裔的"平权法案"里，也涵盖了每年以百万计的来自外国的新移民。而世世代代在这里已经生活很久，以他们的税金积累了公共财富的一部分"主体美国人"，却要在就学、就业这样重大的问题上，承受一个不平等的待遇。

就像我在前面所提到的。问题不在于应不应该有这样的法案，问题在于只要这个社会的大多数人对人道主义、对自己的心灵是否变得美好是不在乎的，那么，他们有一千条理由不这样做。在这个国家，他们习惯了自己做主。如果他们拒绝去做，谁也没有办法。但是，这个称之为"平权法案"的，一系列对弱势族裔的赔偿性优待条款，就这样逐渐被一个白人为主体的国家通过了。至今已经实行了三十年。许许多多像我们一样的新移民，都因此受惠。在"平权法案"后来通过的一些条款里，优先照顾的对象还包含了残疾人、妇女、病患者等等一系列社会弱势群体。使得"平权法案"有了更高一层次的意义。

我想，"平权法案"的确立，在美国几乎是必然的。假如你还记得的话，在美国建国时期，它的思想主流，已经在寻求自己的自由平

纽约皇后区的中国城

等地位的时候,在为黑人奴隶这样一个当时毫无还手能力的弱势团体寻求公道。已经由奴隶主以及在当时有合法蓄奴权的白人社会,自行提出废奴,并且在相当广泛的地区,放弃自身利益完成这样一个从非人道到人道的转变,"平权法案"只是这种精神二百年来逐渐在民众中的扩散和传播的一个结果而已。

可是,我仍然要重申,基于美国的特殊状态,它今天依然存在着极为复杂的种族问题。你想,仅仅在纽约市的皇后区中,总人口为八万八千多的艾姆赫斯特小区,在过去五年,就迁入了一万三千名来自一百二十三个国家的新移民。这是任何一个没有同样情况的国家,都难以想象的"美国常态"。而"种族歧视"也是任何种族的人在美国生活中最可能发出的抱怨之一。所以,美国社会迄今以来能够做的,就是以最大的努力,以立法的形式,保护每一个人的公民权不受侵犯,给弱势团体以帮助。

尽管在可以看到的相当长的时期里,它确实还没有能力解决如此缤纷杂陈、千奇百怪的人种与文化,由于事实差异而带来的种族问题。

但是，相比在美国历史上曾经出现过的一些具有对少数族裔歧视的法案，不仅对于美国本身，一个个进步的脚印十分清晰，而且对于少数族裔来说，今天所受到的帮助和支撑也是实质性的。只能说，种族问题在美国是层出不穷的，种族歧视的抱怨是不绝于耳的，但发生的种族问题进入侵犯民权的范围，法律的干预也是行之有效的。

在美国，一方面，在观念的逐步进步过程中，自然还有不少人，是没有接受多元文化的概念，是歧视异族的。这种情况就是我们自己也会碰到。另一方面，少数族裔也是敏感的，很难摆脱"种族歧视"情结，因为他们是弱者。有时候，就是单纯的"歧视"的问题也不单纯。

我记得我们自己在刚来这里不久的时候，就遇上了这么一件事。我们当时想"看看美国"，就开始自己开车"横跨"，在东西海岸之间依两条不同路线，打了个来回。就在游到大峡谷的时候，已是日落时分。于是，就在旅游区内找店住下。第二天一早，我们就在这个旅馆的餐厅吃早饭。当我拿着信用卡去付账，并且提到小费的时候，账台上的服务员告诉我，小费已经由他们事先开在账单上了。我这时才发现，账单上有百分之十五的"服务费"。

当时，我们在美国的时间还不久，好像觉得什么地方有点不对，可还是稀里糊涂地就接下收据离开了。出门之前我还扫了一眼别人的餐桌，看到一对白人夫妇的桌子上，明明白白放着一些显然是小费的现金。直到离开大峡谷已经很远，在单调的长途行车路上，这件事情才渐渐又冒了出来。我突然意识到，不对！这家伙是怕我不付小费，给预扣了！

在美国，上餐厅一般都给百分之十五小费，也有给得高一些的。

可是，原则上来说，小费是自愿的，给多少更是根据服务的质量来的。因此，预扣小费在美国是非常不礼貌的做法。想到别人并没有被预扣，"区别对待"就是"歧视"的新学概念顿时涌上心头。显然这不仅是歧视，而且还是"种族歧视"。这使我们相当不舒服。回家以后，我把这件事告诉我们的好朋友迈克。他听了以后十分生气。说这确实是对你们很大的冒犯。事情就这样过去了。

隔了一段时间，有一次，去一家中餐馆吃饭。在结账时，看到一个拉丁裔的顾客正在质问账台，为什么在他的账单上预扣小费。我们看着这个愤怒的拉丁裔顾客，想想自己的遭遇，觉得这真是一个"循环歧视"，令人啼笑皆非。

可是，再静心想想，两个餐厅的"歧视"性做法，都不是出于"知道你肯定会付小费，而存心做出一个歧视的姿态侮辱你"。而是他就是担心：不预扣的话就根本拿不到小费。在这里，小费是餐厅服务员的主要收入，他不愿意损失这笔钱。那么，他为什么"种族歧视"，以"种族"为依据这样做呢？事实他是依据经验来的。

大峡谷是接近西海岸的著名旅游区，来访的国外游客很多。大量来自亚洲的旅客在自己国内根本没有付小费的规矩，如果没有人关照，当然就想不到要付。这样不付小费的亚洲旅客一多，"区别对待"，也就是"歧视"自然就出来了。

那个中餐馆的情况也是这样。在那个大城市，大量拉丁裔的非法移民，生活处于很不稳定的状态，他们之中有一些人，吃完一看账单嫌贵，就免了小费了。只要遇上几个都是拉丁裔的，"区别对待"自然就出来了。

虽说，站在哪一面，都是有一定的道理。餐厅也许有它形成自己看法的道理，可是，事实上的"种族偏见"因此形成，而且很难再改变。此后导致的"种族歧视"、"区别对待"的行为，又事实上伤害了一个无辜的少数族裔顾客的感情。受人"歧视"的滋味是很不好的。几次这样的经历之后，又形成了这个少数族裔对外界的"种族偏见"。例如，这名拉丁裔顾客假如在中餐馆屡屡被预收小费之后，就会有"中国人有种族歧视"的结论。因为他不能理解中餐馆的理由，作为这名顾客本人，也许他和我们一样，从来都不在小费上赖账，他只觉得是"无缘无故"地受到了不公平的待遇。

刨去"真实的歧视"，少数族裔所感受到的"歧视"也可能会多于事实发生的"歧视"。因为少数族裔既然是少数，当然相对处于弱势，而弱者的心态往往是敏感的、脆弱的。

例如一个升迁问题，其实原因非常复杂。有纯粹由于上司是种族主义者的，有移民雇员本身在语言和其他方面，还不像其技术性业务那么杰出的，也有白人上司与某一个移民雇员就是性格上合不来、格格不入的。就像同种族的上司和雇员之间，也会由于万千种原因，影响上司对于雇员的升迁考虑。在不同族裔之间，只是又增加了一个种族因素而已。但是，在美国，只要上司和雇员不属于同一个族裔，而雇员又对升迁不满的话，雇员几乎立即就会把原因落实到"种族歧视"上。

由于现代种族问题的起因是差异，因此，确实难以避免问题不断发生。因为差异事实存在。这样，"不歧视"就是要求大家"同等对待"一个"不同的"（有差异的）对象。难度可想而知。

更何况，在现代意义的种族问题中的少数族裔，面貌实际上早已不是被压迫的"小媳妇"的形象。即使人数只占美国总人口百分之三点一的亚裔，在自己的报纸上经常讨论的一个重大主题之一，也是研究要如何"打入"美国主流社会。这是极为正常的。因为，尽管在自己的文化里，看到"老外"，只有"外宾"的联想。即使一些在中国生活了将近一辈子，几乎把自己的整个生命都献给中国人的事业的外国人，在我们的眼睛里，依然难脱"宾客"的外衣，难以当作"自家人"。但是，今天我们来到美国，当家做主的文化几乎是在一夜之间就接受下来。而且，考虑的不是融入这个平常社会，而是理所当然地就要"打入"其主流。不仅要"打入"主流社会，还要"打入"政治决策，"打入"白宫。甚至有的同胞在试图"打入"的时候用了一些非法手段，大家都比较容易抱以谅解的态度。好像既然尔等势单力薄，不"略施小计"，又何以"打得进去"。

　　移民对本土美国居民，或者说，有色人种对白人的恶性刑事案件，几乎可以说天天都有。美国人最喜爱的黑人大明星考斯比的独子，就被一个来美国不久的乌克兰移民抢劫杀害。因此震动全美。我告诉过你，亚裔犯罪集团也已经升格为联邦调查局的第二大打击对象，也是罪行累累。可是今天美国社会的基本民众，已经完全习惯把罪犯和他所属的族裔彻底分开。这固然和美国文化中的强调个人，也强调每个人对自己的行为负责有关。同时，这和二百年来美国民众在种族问题认识上的实质进步，也是密不可分的。

　　这种进步也从这样一个侧面反映出来。成千上万的美国儿童是从动画片中接受最初的教育的。迪斯尼公司每年推出的一个动画巨片，更是具有难以估量的影响。从我们来到美国以后，看到的几乎全部是热情赞扬世界上各种文化的动画大片。《狮子王》那充满原始生命力的、色彩浓烈的非洲文化,不仅在动画里大放异彩,而且在此后改编的、获得六项东尼奖的音乐剧中,被推到极致。不仅《风中奇缘》中的印第安女孩披着一头黑色的长发成为孩子们喜爱的主角,就连古老的中国传说中刚柔兼备的花木兰,也成了美国孩子最心爱的动画人物之一。新一代的美国人就在这样的基本教育下,习惯了一个多元文化

《狮子王》

《花木兰》

的环境。

从娱乐业的影响来说，与此相对应的，就是美国南方历史上的大量种族迫害的真实案例被拍成电影。从这些电影里，今天南方的孩子可以真切地了解，在他们生活的土地上，曾经发生过一些什么。这些电影的主题都是呼唤人性。在这些电影的结尾，都有一些字幕，介绍电影故事后面的历史事实。提醒人们这一切并非虚构。

这是一个历史非常短的年轻国家。这也是一个具有反省功能的国家。这里的历史不是过眼烟云。这也是这个国家最根本的活力来源之一，因为毕竟反省是进步的前提。

要聊的话实在太多，得留到下一封信再写了。

祝好！

林　达

大同世界之梦

卢兄：你好！

今天，我想我可以把种族问题这个话题讲完了。

三十年以后，调整或是撤销"平权法案"的某些条款的呼声日益高涨。这并不是说，美国在倒退到三十年前。相反，是三十年下来，今天的黑人也好，其他少数族裔也好，他们都比三十年前强壮得多了。这种强壮，不是指的一个黑人，或一个少数族裔居民，在社会上奋斗三十年之后，变得地位更稳固了。而是整个弱势团体在这个社会上变得强壮了。即使你是一个新移民，今天才踏上这块土地，由于这个国家多年来在制度上的推进，使你在进入这个国家的第一天起，你的权利就是清楚的。你就是在《民权法》的保护之下的。

正是弱势团体的这种逐步强壮，导致了对"平权法案"继续存在的质疑。你已经知道，"平权法案"是建立在"不平等"的，"赔偿"或"补偿"的基础上的。因此，不论是多数还是少数族裔，没有人认为这个"平权法案"是一个永久性措施。因为,"赔偿"总是有限的,"不平等"也不可能是永久的。

"平权法案"是美国社会的主流精神倾向。人们已经在三十年里广泛地接受了它。这的确不容易。因为这牵涉到每一个具体的个人。当一个个人与"平权法案"发生冲突的时候,确实很难完全心平气和。道理很简单,假如你的小田田,好不容易考上一个好大学,却"合法"地被一个分数不及她的非洲移民"顶"出来,你会怎么反应?更何况,"赔偿"的概念是相对于整个社会来说的。作为一个个人,一个申请大学的孩子,他并没有亏欠过什么。所以,我每当想到这三十年中,牵涉进去的无数"多数族裔"的个人,总是觉得很难想象。若不是有一种整体的良知和理性精神的存在,若不是有对于公众契约的习惯尊重,不是早就推翻了,还用等到今天?别忘了,他们可是"多数"。

"平权法案"终将寿终正寝,是一个共识。没有人对此质疑。人们的分歧是,什么时候废除,先废除哪一些条款。首先提上议案的是加州大学,并且在1995年正式停止实施在招生中优惠少数族裔和妇女。这次措施的讨论过程就极为激烈,一经提起,争论至今。

以克林顿为首的美国联邦政府的行政分支,是坚决不主张现在就开始考虑废除"平权法案"的。克林顿总统提到,在"平权法案"实施之后,在高等教育中,最为明显的效果就是法学院招收了大量黑人学生。而且,据统计,在入学的时候,尽管这些被优待进来的黑人学生,成绩显著低于其他学生,但是,在毕业的时候,他们与其他学生的成绩相差并不很大。这个措施确实有效地培养了一大批黑人法官和黑人律师,他们的出现,使得黑人社群可以得到的法律帮助大大增强。

这一点,你也一定在辛普森案中有所感觉。当时的检察官和被告律师,都有黑人,而且都表现极为出色。克林顿总统当时警告,假如过早地撤销"平权法案"的话,将会使黑人在未来的法律事务上获得的帮助大打折扣,影响这个社会群体所能得到的社会公平。在加州大学中止实行招生中对少数族裔的照顾之后,法学院的黑人学生确实锐减。但是,争执却并不因此而画上句号。

我们注意到一个非常耐人寻味的现象,就是辩论的双方往往都有黑人或少数族裔。在黑人中间,当然有大量的人是支持把"平权法案"继续下去的。在名人中,有前美国参谋长联席会议主席,也就是美国军队的实际最高指挥者鲍威尔将军。他说,假如没有"平权法案",像他这样一个牙买加移民的孩子,是根本不可能站上美国军队的顶端的。

但是,也有大量的黑人专家和黑人团体,是反对继续"平权法案"的。他们认为,"平权法案"已经实行了三十年。它在这一时期中所起的作用无疑是正面的。可是,三十年过去,几乎是一代人过去了。在这段漫长的岁月里,它的历史使命已经完成。假如在接受了这么长时期的优待之后,黑人还是要靠优待来进大学的话,这说明有什么其他的问题存在。他们认为,长期的优待也会导致一个民族的青年过于依赖这种状态,反而销蚀了他们的发奋精神。

加州大学的决定,又引起了一系列的司法挑战,也走向最高法院。但是,在该校停止在招生中优待少数族裔之后,招生结果却也反映了美国少数民族状况的复杂性。因为这个学校因此首次出现了亚裔学生超过白人学生的情况。

《文明的冲突》作者、哈佛大学教授亨廷顿

在全国各地,也有投票表决对"平权法案"的态度的。投票结果有些地方是继续支持的,有些地方却是同意暂停实施部分条款。争论更是方兴未艾。态度最坚决地呼吁全国人民继续支持"平权法案"的,大概就是克林顿总统了。

对于"平权法案"是否停止实施,这样一个问题的引出,还有一些人有这样的看法:他们认为这里有一股极端保守的势力在作祟。例如,哈佛大学教授亨廷顿由于一篇《文明的冲突》,因而在中国如今也变得赫赫有名起来。我对他的"冲突论"没有研究,但是,他的文章列举到的一些美国国内的事实,却是我们今天理解美国种族问题复杂性的钥匙之一。

亨廷顿提到,据美国国情局的估计,到 2050 年,也就是半个世纪以后,美国人口的族裔比例为:百分之二十三的拉丁裔,百分之十六的黑人,百分之十的亚裔。白人将低于半数而进入少数民族的行列。亨廷顿担心，在这种情况下，假如，新移民并不是融入至今为止还是主流的美国文化（这个美国文化是指源于欧洲传统的主体部分），假如一味强调的是多元，是各族裔自己的文化，那么，结果似乎很明显，就是随着人口的"非欧化"，它的文化是否也就会随之而"非美国化"。换句大白话，美国是因为源于欧洲的主流文化形成了它的强烈特色，才叫美国。假如它的主流文化被各种少数族裔的文化一口一口地啃小啃弱了，各种文化势均力敌，原来的主流文化的特色被大大削弱，无所谓主流，那么，美国也就不成其为美国了。

这样的担忧，很容易被少数族裔指责为"反多元文化"，"反移民"，等等。然而，我觉得，一个新的概念（如多元文化）的产生，哪怕相比原来的流行观点，有非常明显的进步意义，它也会在改变这个世界的同时，带来许多新的问题。既然如此，对于这些问题的发掘和讨论，就总是有益的。就像在第一个蒸汽机开始轰响，当第一个电灯泡给点亮的时候，假如就有人对工业文明可能给人类带来的负面影响，如环境问题等等，提出一系列警告，并且这些忠告被人们所注意、所重视的话，那么，从今天来看，当时的警告无论怎样过分，都是不为过的。不必把它当作反文明的"逆流"来围剿。而实际情况反而常常是无人警告和警告来得太迟，或者说一个不合潮流的警告被只顾推波助澜的人们给围剿掉了。例如马寅初这样的不识时务者。

实际上，亨廷顿所提出的忧虑，是像美国这样一个多元社会必然要遭遇的问题。甚至在民间这也是一个极为普遍的使人感到困惑的问题。有关究竟应该"种族分离"还是应该"种族融合"的疑问，假如撇去某一种族的优越感和对异族的种族低劣论之类的不平等成分，从对特定文化的保存和发展等视角去看，这也并不是一个已经被彻底解

亚特兰大石头山成为现代 kkk 的聚会处

决的历史话题。

我们认识一个黑人画家布兰特·琼斯。他的画风带有现代画的意味，肯定不是某一个黑人谱系的传统继承。可是，他的作品又有着明显的黑人艺术的味道，而且水平很高。那天，我们一起坐在佐治亚州的石头山山脚下的一个小镇里。亚特兰大的石头山是一块少有的巨石，因此也是著名的风景旅游点。你也许还记得，我曾经告诉过你，二十世纪初美国 KKK 的再度兴起，就是在这座石头山。因此，直至前几年，已经不成气候的新一代 KKK，还要每年在山顶上举行一次集会，参与的人虽不多，可是来自全美国。今天这个坐落在石头山下，叫作石山村的小镇，却是一个虽然保守，但各族裔相处相当融洽的地方。

小镇的镇长是一个黑人。由于石头山的缘故，小镇也在发展旅游事业上大做文章。干干净净的小街上，小巧精致的旅游商店鳞次枇比，十分兴旺。这些商店的主人有黑人也有白人，看来都经营得不错。由于这是一个较为保守的南方小镇，所以黑人们都穿得相当整洁，一点没有"嬉皮相"。我们经过小镇的一个公共建筑，是一座中型的传统南方私宅，建筑很漂亮。那天正巧有一对亚裔和白人的新婚夫妇，在里面举行婚礼。当然，也就有很多的白人和亚裔亲友出席，特别吸引我们注意的，是前来贺喜的朋友中，有相当多的黑人。喜气洋洋的气氛中，这样一幅不同族裔和睦相处的图画，确实令我们很感动。尤其当我们联想到石头山与KKK的关系，更感到这样一幅南方图景的来之不易。

所以，当我们和布兰特一起，在一个非常炎热的下午，坐在可以看到石头山的一棵大树下的时候，我们以为，他作为一个从小在亚拉巴马州长大的黑人，一定也对这个小镇的黑人看上去愉快轻松的生活感到满意。可是，令我们十分意外，他非常激烈地抨击这里黑人的状态。为什么呢？

他说，你看这里的黑人，他们整个地在向白人的文化靠拢。他们

kkk以石头山为背景的宣传广告

的服装、他们的行为举止、他们的思想方式等。他们的内心正在"变成白人"。在这个过程中,他们自己就消失了。他们肤色仍然是黑色的,可是他们已经丢失了他们的黑人灵魂。

然后,这个来自马丁·路德·金当年领导黑人民权运动的起点——亚拉巴马州的黑人艺术家告诉我们,他尊重马丁·路德·金和他为黑人所做的贡献,可是,作为个人来说,却并不喜欢他。他觉得自己更喜欢马康姆·X,尽管他曾经有过许多鼓吹暴力的语言。马康姆·X你已经相当熟悉了,就是在民权运动时期,被同是黑人组织"伊斯兰国"的成员暗杀的那个著名的黑人领袖。这个组织至今还是美国最大的黑人组织之一。同时,布兰特也喜欢法拉肯,他是"伊斯兰国"今天的领袖,已经几十年当下来了。我在几年前向你介绍过他组织的"百万黑人大游行"。法拉肯的言论也常常是偏激的。

当他回答我所问的"为什么你喜欢'伊斯兰国'这个组织"的时候,他用了一个字眼"战斗性"。一开始,我以为他没准是一个激进分子,甚至有用暴力解决问题的倾向。可是,再深入聊下去,我发现并不如此。他所指的"战斗性",只是"有自己的强烈特色"的意思。而这个特色主要指的是族裔文化的特色。

伊斯兰教并不是美国黑人文化中原来就有的。尽管美国的黑人组织"伊斯兰国"宣称他们信伊斯兰教,但是,他们实际上与外面真正作为宗教意义上的伊斯兰,还是有相当大的差别,就连这里的一般黑人也不认为他们是一个宗教组织,只当他们是一个黑人的民众团体。但是,他们无疑是有"特色"的。即使在感觉上,他们都和这里的白人文化有显著距离。就单凭"美国黑人加上伊斯兰"这一条,就够

"特色"的了。

不管怎么说,我的黑人朋友对于一个各族裔融合生活、和睦相处的小镇,居然有那么强烈的负面评价,确实使我们感到很吃惊。也就是说,随着黑人地位的提高,他们中的一部分人,已经不再满足仅仅是生活上的平等,他们在精神、文化各方面,都有了相当高的要求。我们这个黑人朋友,可是来自三十年前黑人民权运动时,最极端的白人种族主义堡垒地区,而且是来自一个小镇。从他身上,我们确实看到了三十年来美国南方的巨大变化。

他所提到的保持族裔文化特色的问题,应该说不是什么太新的问题。问题是在一个美国这样"丰富多彩"的国家,如何做到这一点。结果,"分离"二字很早就作为一个解决方案被提出来。其实,美国黑人组织"伊斯兰国"的这个"国",就是建立在他们对于"种族分离"的诉求上的。迄今为止,"伊斯兰国"的领袖法拉肯的最著名政治诉求,还是要求美国联邦政府代表北美四百年来(包括前三百年美国尚未建立前的英属殖民地)的奴隶主,划出一块土地,以土地赔偿使黑人能够建立自己分离于白人的国土,同时在此后的至少二十五年内分期赔款,供养这个新的黑人国家,直至他们能够经济自足为止。

黑人组织"伊斯兰国"是发源在美国北方的。自从美国建国后,北方逐步逐步自行废奴,黑人虽然有贫困的问题,但是他们是自由的,从未经历过被迫的种族隔离。因此,他们中的一部分人,很早就产生了源于自身要求的"隔离"主张。"伊斯兰国"的状况也典型地反映了美国北方的黑人社团与南方的差别。他们早就有条件积累了自己的经济实力。在1975年,这个组织已经拥有了每年三百万美元利润的报纸,一百七十万美元销售额的超级市场,在芝加哥地区有超过四十处出租的房地产,还控制了某银行的相当一部分利润。

由于我一直在向你解剖美国极端南方种族隔离这只特别的麻雀,所以,就暂时放下了有关北方"种族隔离"主张的介绍,免得搅了浑水。实际上,正由于北方有长期的种族融合的生活经历,所以,更早地有了多种族混合相处所产生的问题,也更早面对到底是哪一种文化被其他文化"勾走了魂"或"化了去"的问题。"隔离"也就从来是一个重要话题。在北方,有白人的种族隔离主张者,也有黑人的种族隔离主张者。有时还相当的激烈。这里面极为复杂,有持种族优越论的隔离主张,黑人、白人都有;也有仅仅是出于对本民族文化保存的忧虑的;也有号称是"民族文化保存",实质却是掩盖了种族优越论的内核的。

记得几年前,我和好朋友劳拉经常讨论各种问题。在她搬离的时候,她因为知道我正在对马康姆·X这个黑人领袖发生兴趣,就把一本有关他的纪念画册送给我,作为我们分别的礼物。这是一本编辑非常考究的历史照片集。在我翻阅的时候,一张照片让我几乎不相信自己的眼睛。这是一批身佩醒目的纳粹符号的美国白人新纳粹党的成员,在参加黑人"伊斯兰国"的大会!

美国有纳粹党是不稀奇的。这里既然思想、言论、结社都自由,只要不真的去犯法侵犯他人,什么党都可以存在。可是我想,真见了鬼,这是什么东西把这两个肤色中最水火不相容的最激进的组织扯到一起的呢?居然是"种族隔离"。他们都主张分离地生活,不要混在一起,不要融合。他们聚在一起,居然是在"共商如何达到种族分离"的大计。当南方的马丁·路德·金正在领导一场如火如荼的反种族隔离的黑人民权运动的时候,早已在一百多年前就实现种族融合的北方,另一种"种族分离"却正在黑白双方成为思潮之一,在自由地展开讨论。

这种状况实际上持续至今。在几年前,位于华盛顿的著名浩劫博物馆开幕的那天,在馆外举行了隆重的开幕仪式。你知道,这个博物馆是犹太人集资兴建的,旨在纪念第二次世界大战中在种族灭绝里被屠杀的犹太人,也同时使这个世界对人类自身发生的野蛮兽性有所警觉。在那一天的开幕式的会场旁,其实还有一个抗议区,因为有三个民众团体申请抗议行动,他们如期而至。这是些什么人呢?你一定没有想到,一群是KKK的白人种族分离主义的宣扬者,一群是黑人的种族分离主义的宣扬者,最后是一个青年犹太人的组织,他们的出现,只是为了对前两个团体的抗议,表示抗议。

种族分离的观念是非常容易和种族优越的情绪缠绵在一起的。一般来说,只要是白人提分离,无论怎么辩解自己是出于"文化特点保存",也很难洗清自己,百口莫辩,因为奴隶制和南方种族隔离的历史对整个美国的刺激太大了。那么,你也许要问,黑人难道也有在种族优越论的情绪下要求的隔离吗?确实如此。记得有一个电视台办过一个节目,是由民众来讨论黑白通婚的问题。先由一对对的黑白配偶谈他们所受到的亲属阻力,然后由这些亲属出来谈他们反对的原因。那一天,出来反对的都是黑人。他们的理由都带有黑人种族优越的情绪。例如说,黑人的人种是格外强壮的,黑白通婚将会毁了黑人这个人种,等等。听下来几乎没有一个原因是涉及婚姻的、个人的,都是基于一个种族原因。我当时想,若是个白人在我面前说这番话,我肯定认为他就是 KKK 了。

美国现在依然有 KKK，但是已经和历史上的 KKK 有了区别。一是数量少，比较分散。这种分散不仅是指人员的分散，还指的是在观点上的分散。他们不是一个统一的组织。大多是一些分散的小组织，名称宗旨各异。他们有明确以自己的种族优越为旗号的，例如最出名的那个叫丢克的，就是受过教育、西装革履，一改当年人们对于 KKK 是"南方乡巴佬"的印象。一本正经地宣称他对黑人的歧视，是有人种方面的科学根据的。但是，大多数美国人还是把他当作头脑不正常看待。不过，也有相当数量的 KKK 宣称自己是不歧视黑人，只是对自己的族裔感到"更自豪"，因此而要求分离而已。

KKK 在今天的美国的地位，与历史上最明显不同的，就是普遍的恶名昭著。以至于他们今天最出名的首领丢克，也终于把他的组织改了一个不带"K"字的名称。虽然大家还是根据他的观点，把他依然归在 KKK 里面。

今天，美国依然存在的 KKK 和新纳粹这样的激进分子，人们普遍认为他们属于"疯子"一类，当他们偶尔举行游行的时候，很少对他们正眼相看。例如在一次 KKK 举着"白色至上"的牌子出来游行时，两个白人就把自己涂成绿色，然后笑嘻嘻地举着一块"绿色至上"的牌子，使得 KKK 显得无趣并且荒唐。

最近我看了一本很有意思的书。这本书确实对我们了解新的现代美国 KKK 有了更切实的意义。因为书的作者是一个黑人，而且是一位成功的黑人音乐家，他叫戴尔·戴维斯。

戴尔·戴维斯有一个不同寻常的童年。由于他生活在北方，因此，在南方黑人还没有摆脱种族隔离状态的时候，他的父母已经不但有了一个安定的生活，而且正常地有了自己的事业。他的父亲在他还很小的时候，就成为美国联邦政府派往一个非洲国家的外交官。他是美国人，却在非洲长大，也随同自己的父母周游过世界的许多国家。由于他父亲的工作关系，他还见过许多国家高层领导，可以说从小见多识广。在他的少年时代，他们一家迁回了美国。当时正是黑人民权运动风起云涌的六十年代。他在自己的一生中，第一次接触了一个多种族混杂，而且矛盾重重的国家。

正由于他从小并不生长在这样的环境中，又由于他是一个黑人，他对这突然遭遇的情况特别敏感和不解。因此，他在开始自己的音乐生涯的同时，下决心在业余时间里，找出持最极端态度的KKK对黑人歧视甚至仇视的原因。此后，他尽一切可能采访了大量KKK的成员和头目，和其中相当数量的人成了好朋友。

在他出版的书中，记录了大量他和KKK的领导人就种族问题的讨论。使得外界第一次比较深入地了解KKK这个一向使圈外人感到神秘可怖的组织。使外界了解到他们也是由各种各样的人组成，这些人有他们对种族偏见形成的种种原因。他以自己的经历，第一次使得人们感觉到，偏见和矛盾有时需要双方的努力去消除，与其在恶性循环的仇视中使双方的心灵都受到毒化，还不如每一个人都尽自己的一份努力，化解这个仇恨的怪圈。在他的书里，我们看到许多现代KKK的情况，是我们以前所不知道的。在此以前更不会相信，一个黑人有可能和KKK成为朋友，更不相信KKK的成员会接受这种友谊。有一个KKK组织的头头甚至请他做自己的女儿的教父，要不是当事人亲自白纸黑字写下来，没有人敢相信有这样的事。

我们从戴尔·戴维斯的书中,可以看到,今天的 KKK 的观点并不仅仅是一个种族问题,可以说,他们实际上是非常吃力地无法适应这个飞速变化的美国现代社会。而这个变化的开端是与六十年代的黑人民权运动,与此后的多元文化概念的产生,密切相连的。这也加深了他们对于种族问题的敏感,或者说,对于异族文化"入侵"的愤怒。

在他们的"种族分离社会"的理想中,与其说是单纯的白人世界,还不如说是一个"过去的好时光"。在那里,没有"多元文化"和"社会宽容"这两把钥匙所打开的那个"潘多拉的盒子"。那是宁静的没有摇滚乐的世界,乡村音乐和古典音乐缭绕着平稳的、没有那么多婚变的传统家庭,儿孙绕膝。家里挂着笔法细腻、栩栩如生的静物画或风景画,没有那些张牙舞爪的现代派、后现代派、后后现代派的艺术。当然,更没有同性恋,没有全世界各个角落的族裔所带来的千奇百怪的"文化"和习惯,没有那么多的少数族裔犯罪,生活也不是一天一个新花样。而现在,所有这些光怪陆离,居然咄咄逼人,逼退了想好好过点正常日子的白人文化。就连混血儿都多到了令人难以忍受的地步。以后,岂止是传统的白人文化堪忧,就连纯种的一个盎格鲁—萨克逊的白人民族本身,都要逐渐消失。

在这一点上,他们倒是和当年的德国纳粹是有区别的,就是他们虽说同样认为自己的民族优越,但是,当年的德国雅利安式的优越,是一种非常强势的优越,是在自己并没有受到任何危机的情况下,要灭掉所有"非优越"的其他族裔。而今天的美国现代 KKK 确实是在面对本族裔文化的重重危机,面对他们历来自豪的文化有可能走向弱势。即使在这种情况下,他们大多数人提出的要求也只是

"分离"。

因此，在戴尔·戴维斯的书中你可以看到，他们对于吸毒、对于同性恋以及异族通婚现象等等的愤怒，要远远超出他们对于黑人的愤怒。加入这个愤怒行列的居然也有一些印第安人，戴尔·戴维斯说，若不是亲眼看到，他说什么也不会相信今天的美国 KKK 也有印第安人的成员。

应该说，同样的不满和忧虑许多人都有，KKK 只是他们中的极端分子而已。或者说，别人的不满也许导致了惶惑，而现代美国 KKK 成员的不满则走向愤怒。于是，他们采用了美国历史中在种族问题上最为极端、最为恶形恶状的一个组织的名称，来作为他们的标志，以向社会证明，他们的愤怒已经到了何等地步。这也使得他们的一些原本可以引起社会正常讨论的情绪、意见等等，也不再有人要听。而戴尔·戴维斯的最大意义，就是他作为一个黑人，一个 KKK 的敌视对象，不轻易地使自己被愤怒导致的仇恨所控制，不轻易进入这样一个看上去几乎没有希望的恶性循环。他不打算和 KKK 一起，向着同一个方向推动这只加速的仇恨之轮。而是先转过身来，向他们有尊严地伸出手去，寻求相互了解，寻找这种仇恨的源头，然后，寻求社会对现代 KKK 的了解和消解仇恨的方式。正因为他是一个黑人，他的努力才事半功倍。

例如，在和一名 KKK 头头聊天的时候，戴尔·戴维斯发现，至少在一些问题上他们持有共同的看法，例如他们都希望禁毒。于是，他提出，既然在这一点上，KKK 和黑人民众团体有共同的观点，为什么不一起仅仅就这个禁毒的问题，来一个合作呢？没想到，这个 KKK 告诉他，他们确实向全国有色人种进步协会的当地一个分支，发出过一起举行一次反毒品游行的建议。可是，对方断然拒绝。鉴于当地黑人的毒品问题严重,这名KKK的地方领导人还约谈了一个有色人种进步协会的地方领导人,希望能够携手合作解决该地区低收入区域的毒品问题。但是他得到的回答是,我们不想和KKK沾一点边。

后来,戴尔·戴维斯了解到,全国有色人种进步协会还由于它的一个职业为律师的成员,曾经为一名KKK成员做法律辩护,而取消了他的成员资格。在这方面,戴尔·戴维斯认为,美国公民自由联盟就要做得好得多,他们在接受公民对于法律援助的申请时,考虑的只是申请者是否公民权受到侵犯,而并不考虑他的其他背景。因此,你一定得记得几年前我讲过的那个故事,就是KKK的一个地方组织在美国公民自由联盟的帮助下,打赢了自己的官司。

在他和这名KKK交谈多次,并且成为朋友之后,戴尔·戴维斯觉得现代美国KKK的愤怒中,也有许多通过双方努力可以消除的因素。他希望更多的人能够开始和他一样的尝试,就是消除仇恨。他相信,相互了解是第一步,是一个最重要的开端。于是,当他得知在首都华盛顿的霍华德大学,将举行一场有关种族问题的电视讨论的时候,他希望他的KKK朋友的一些想法也能在这场讨论中被人家了解。尽管他知道这是一场由黑人发起的讨论,也知道今天的黑人领袖杰西·杰克逊也要出席。戴尔·戴维斯的想法是很自然的,既然是讨论种族问题,那么,当然应该有两方面的意见。他先征求了他的KKK朋友的意见,对方表示并不想在这个场合发表意见,但是,他很有兴趣参与旁听。他们住在马里兰州,在预约了旁听之后,他们路途迢迢地开车前往。

结果,就在临近讨论开始的时候,以黑人为主的讨论主持者非常生硬地取消了那个KKK成员的旁听资格,并且叫了警察把他请了出去。戴尔·戴维斯自己曾经有过一次被白人警察借故找茬的经历,而且因此导致他的白人女友与他分手。这也是促使他下决心开始对KKK进行研究的原因之一。现在,他惊异地发现,在一个黑人的环境里,他的白人朋友居然也受到性质相同的歧视待遇。他感到,除了自己几乎没人会出来仗义执言。于是他为这名KKK朋友的平等旁听权据理力争。但是毫无效果。

戴尔·戴维斯的这番经历,使我们看到,现代意义上的种族问题,它的背景是美国各族裔在法律上有了完全平等的地位和权利,种族隔离已经废除但种族差异依然存在。因此,实际上种族歧视已经不是某一个族裔的专利。假如没有足够的良知、道德追求和理性思维,歧视可能发生在任何种族之间。也许,由于现在的美国白人还是人口统计意义上的多数,他们依然持有历史上遗留下来的社会地位上的优势,因此人们把更多的注意放在他们身上。可是,随着少数族裔在美国的迅速成长,如果人们放弃理性的坚持和道德追求,那么没准到了哪一天,就会出现"混战一场"的"种族歧视"。

例如,在黑人民权运动中,最著名的发生公共汽车罢乘运动的蒙哥马利市,最近一个黑人社区正在持续进行一场抗议,主题虽然仍与"种族"有关,内容已经是今非昔比了。他们的目标是一家越南裔的美容店。因为这家美容店打算在这个黑人社区开张,那里的黑人正以种族议题为诉求,要把它排斥出去。这场争执的真正背景,还是该社区的黑人业主不愿被人抢了生意。

在戴尔·戴维斯的研究中,我们看到,现在美国的KKK成员固然主要还是属于低教育的蓝领劳动阶层,他们的毛病还是狭窄。但是,也有相当一部分来自从小黑白混居的居民区,他们习惯从小和黑孩子一起玩大,甚至今天还是有黑人朋友。他们对于黑人的偏见也有一些是少数族裔本身的问题引起的。

在一次戴尔·戴维斯与KKK地方领导人瓦特的谈话中,他们谈到了偏见的形成。他们谈到了在今年一开始我们提到的洛杉矶暴乱。当时我正在看有关这一事件的资料,所以对他们的这场谈话的内容印象很深。

这名KKK领导人说,他也看了那段著名的录像,他虽然不知道警察对于罗德尼·金的这场殴打的起因是什么,前面发生的情况究竟如何。但是单就这段录像来说,是糟糕的。他们要做的事情应该是把他铐上带走,而不是进行一场殴打。对此,他也感到非常愤怒。他认为不论罗德尼·金前面犯了多大的事,警察也不应该这样打他。

然而,瓦特认为,这并不因此就可以成为黑人暴乱的借口。尤其是在暴乱中他们伤害了那么多无辜的生命。暴乱的黑人攻击一些无辜的白人,难道他们仅仅因为恰巧投胎在一个白人家里,就该遭受这些吗?戴尔·戴维斯试图让他理解,这是因为陪审团的判决使得黑人感到意外和愤怒,才导致这场混乱。

这名KKK领导人却说,戴尔,你的祖先是戴着奴隶的锁链的。可是他们是如何挣脱这个锁链的呢?并不是依靠暴力。而今天的人们应该远比过去更有智慧。一场暴乱只意味着分裂一个城市。暴乱的人们起劲地去偷一些自己需要的东西,例如彩电、十速自行车、百货、珠宝等等。正因为罗德尼·金是在洛杉矶被打,所以就给这个城市的人有了一个偷窃抢劫的借口。问题在于这些偷窃抢劫的暴乱者中，至少有一半人是根本不在乎警察把罗德尼·金怎么样的，因为他们自己每天在大街上自相残杀。瓦特是在指出美国的一个事实，就是高犯罪率的黑人，其受害者绝大多数都是黑人自己。他说，暴乱对于他们只是抢得一台新彩电的借口罢了。

黑人民权运动的时候，南方黑人一直是克制地坚持非暴力，但是，从未经历种族隔离的大多数美国大都市黑人却有过数次暴乱。这名KKK领导人经历过1968年的城市黑人暴乱，他告诉戴尔，他当时是一名警察。瓦特说，当他们抢劫的时候，总是说是因为饥饿所致。可是他说，我亲眼看到他们在街上把一辆十速自行车拖回家，谁也吃不下一辆十速自行车去。

戴尔·戴维斯毕竟是一个黑人，他也许还是第一次面对这样尖锐直接的对于黑人社区本身所存在的问题的批评。他只能问，那你说该怎么办？这名KKK领导人说，任何一个案子都有上诉的机会。这里不仅有上诉法庭，也有社区关系委员会。暴力肯定不是解决问题的答案。戴尔争辩说，他们在第一个法庭就这样碰了壁，对再去一个法庭上诉就没什么信心了。瓦特摇摇头说，他们根本不需要下一个法庭，那样的话他们就没有借口去抢彩电和十速自行车了。他说，历史证明，只要一件对黑人不公正的事情发生，大都市的黑人就会乘机放火和抢劫。他随之举了几次美国历史上著名的类似洛杉矶暴乱的事件。

戴尔再次试图争辩，指出KKK也有过多次暴力行为。可是在对方的追问下，他不得不承认，在他所指出的这些KKK暴力里，从来没有发生KKK对普通的民众进行抢劫。所以，那名KKK领导人说，他认为，KKK的这些暴力行为只要不是侵犯到公众的，就不是"暴乱"。

那是一个特定群体对另一个特定群体发起暴力攻击,有点类似帮派战的意思。但是,在这一点上,这名KKK首领肯定是偷换了概念。因为在南方历史上黑人受到KKK暴力攻击的年代,几乎毫无抵抗能力,根本与帮派战的概念沾不上边。但是KKK暴乱不演变成对平民的抢劫,也是事实。

在谈到黑人民众团体的领导人时,这名KKK的领导人说,他认为有一半的黑人政治领袖和社区的领袖是善良的。但是,另一半则不仅不善而且是种族主义者。他当场向戴尔·戴维斯念了一段某黑人领袖的讲话:"要是你非得出去偷一个钱包,你就出去偷一个白人女士的钱包,而不要去偷一个黑人女士的钱包。要是你非得出去抢劫和枪杀什么人,那你就去抢劫和枪杀一个白人,不要去抢劫和枪杀一个黑人。"他对戴尔说,这些黑人领袖在鼓励黑人出去袭击"白魔",他们在把这些灌输到黑人的脑袋里去。

确实,任何在美国生活的人,都知道黑人的犯罪率远高于白人这个事实。就像瓦特所指出的,美国监狱百分之九十的在押犯是黑人。问题在于,黑人犯罪的受害者,多数也是黑人。

在这个问题上,最具象征意义的悲剧,就是今年发生的一个案件了。我数次向你提到过六十年代的著名黑人领袖马康姆·X。他被自己的黑人兄弟暗杀以后,他的夫人辛苦抚养孩子,自力并且自强,坚持读出了博士学位,在美国普遍受到人们的敬重。可是,她却在今年被自己的一个外孙放火烧死。她的这个外孙,就是大量的黑人"问题青少年"之一。

戴尔·戴维斯书中的记录非常诚实。他并不怀着偏见去刻意丑化他的KKK谈话对象,也不掩饰他自己有时感到的"难以应对"的局面。

我们在滤去作为 KKK 领导人的瓦特，在谈话中很可能存在的种族偏见的成分之后，依然可以发现，他讲出了许多事实。你会因此看到，在评论和研究洛杉矶暴乱的大量文章中，都把注意力更多地集中到美国的种族矛盾上，但是，实际上，这场暴乱甚至可能更多地反映了美国少数族裔的犯罪问题以及存在的其他种种问题。而假如这个问题不解决，种族偏见、种族歧视甚至种族仇恨的结扣都很难打开。而且，就像我前面提起的，这不是一方的问题，偏见、歧视和仇恨都会形成一种循环。

有时我想，美国可真是一个困难重重的社会。在六十年代以后，这里的人们在尽最大的努力鼓励多元文化，提倡宽容和对弱势团体的尊重。以至于我们这样的新移民，在和这个社会产生交流的时候，都逐步感到一种语言压力，凡是在涉及一个少数族裔话题的时候，会更小心地选择遣词用句，以免冒犯和不尊重。在这样的整体气氛下，使得正常的对于少数族裔中存在问题的讨论，被基本中止了。

作为多数族裔的白人，大多数不愿意为了触及这个话题，而冒被指责为"种族主义"的风险。结果，不怕冒这个"风险"，反倒就只有 KKK 和一些"愤怒"的人们了。可是，他们的组成是如此复杂，在触及这个话题的时候，多数情况下非常情绪化，顾不上掌握什么分寸。这样，更使得一般的美国白人不愿意加入这个讨论的行列。而少数族裔本身，更是对"歧视"二字格外敏感。他们通常不愿意去触动自己的"疮疤"。例如在对待美国黑人在监狱在押犯中异乎寻常的高比例的问题上，黑人社团一般都希望把问题引向警察与司法对黑人的偏见，而很少愿意正面对待这个问题。

但是,这种状况在美国持续多年之后,终于开始有明显的改变的迹象。例如我曾经向你介绍过的百万黑人大游行的主题,开始第一次大规模地明确地不是把重点放在"反种族歧视"上,而是放在面对黑人自身的问题上。戴尔·戴维斯这本书的出版,更是在黑人和KKK这样的白人极端组织之间,建立起讨论种族问题的可能性。

在整个形势出现一些松动的情况下,克林顿总统曾经试图为这种讨论的气氛作出推动,因为问题的一味回避永远无助于问题的解决。于是,在今年,克林顿总统终于利用在一个高中出席讨论会的时候,公开呼吁对于种族问题的讨论,鼓励大家把自己的想法讲出来。但是,看来人们还是很有顾虑。总统的鼓励并没有引起当场人们对于少数族裔犯罪问题及其他问题的一发不可收拾的抱怨。我惊讶地发现人们非常谨慎地对待这样的尝试。在总统谈了他自己的看法的同时,最"大胆"谈出自己想法的一个白人男学生,只是谈到,其实,他若是在街上单独一个人遇上一帮子服装不整的黑人青年的话,他会感到紧张。克林顿总统就鼓励他说,你感到紧张,可以说出来,大家也可以讨论为什么会产生这种紧张。

总的来说,大家赞同这种尝试。可是,多数人还是持谨慎缓步的态度。在克林顿总统的这番鼓励社会讨论种族问题的讲话后不久,《时代》周刊就有一篇对于总统讲话的反应,表达了一种顾虑。那篇文章是一个有长久经验的心理医生写的。文章谈道,切不要以为鼓励大家讲出心理深处埋藏的念头,是一件简单的事情。根据他作为心理医生的经验,他认为轻率地讲出来,有时候是非常危险的。他不反对讨论,但是他认为必须强调谨慎地和善意地进行讨论,尤其在不同的族裔试图做这样主题的探讨的时候,更是如此。这篇文章所强调的谨慎和善意,的确是非常重要的。

但是,不管怎么说,美国社会在短短的二百年,从奴隶制所代表的种族压迫,走向解放奴隶,再走向黑人民权运动,走向整个社会相当自觉的对于弱势团体地位的逐步重视,直至今天,社会能以谨慎的态度对待新时代的种族问题,我觉得,在这个过程中,最令我印象深刻的,就是这个社会自身的反省功能,以及和平的不具有社会破坏性的渐进改良和完善的功能。他们也走过弯路,他们也打过内战,可是,他们有能力吸取教训,化解他们内部的仇恨,再也没有人打算重蹈覆辙。历史上犯过的每一个错误,他们念念不忘,三天两头在电视和出版物等大众传媒中检讨剖析,至今方兴未艾。

我们谈论美国现代意义上的种族问题,不知你是否注意到,其中蕴含着一个悖论。多元文化的概念在美国是与各族裔融合的社会形式一起共存的。"融合"而不是"分离"还成为法律被确定下来。事实上,美国的族裔复杂性,也已经到了根本分不清楚的地步。但是,实际上"融合"与"多元文化"是有冲突的。当然,在融合中,各族裔有相互取长补短,滋生刺激出新的文化的正面作用,但是,也几乎所有的文化,都面临在融合中逐渐消失自己部分甚至全部特色的危机。因此,处于如此强大的融合力量之中的任何一个族裔,不论它现在是多数还是少数,对此都有充分的忧虑的理由。如何又要"融合",又要"多元",是美国所有的族裔文化的难题。

因此,提出"分离"的,也不必立即就给他们戴上"种族主义"

的帽子，因为问题是复杂的。历史上以"分离"方式去达到保存一种独特文化的做法，也并不是都是负面的，例如，以色列。我们不对以色列的其他问题进行评论，单就他们所做的：将来自全世界的犹太人都聚集在一起，保存甚至发掘（例如恢复希伯来语）一种他们共同的独特文化，在这一点上，他们无疑是创造了一个奇迹。

这并不是说，我主张族裔的"分离"，何况美国的情况事实上是想分也已经分不开了。我只是想让你知道，现代意义上的种族问题没有一个简单唯一的理论可以套用。表现得矛盾重重的美国，只是在现代世界各族裔不可避免的交流交往中，先行了一步而已。

同时，"多元"与"融合"又在另一个意义上形成悖论式的冲突。那就是"多元"的意义在于保持各族裔之间的差异，而文化差异正是形成"融合"的最大障碍。现代意义上的种族矛盾在很大意义上，就是由差异本身引起的。因此，人们在提倡多元文化的时候，必须再三强调宽容的概念，这里包括宗教宽容、文化宽容、社会宽容等等。至今为止，我们仍然不知道，不同的族裔，如此紧密地生活在一起，他们的宽容度是否足以消除巨大的文化差异所带来的冲突。

我又想起了马丁·路德·金最著名的演讲《我有一个梦想》。在这个"梦"里，他描绘了种族融合生活的美好图景。应该说，这个梦想的大部分都已经在今天实现。只是，这个梦实现的还远非完美。因为，在种族融合的生活中，当年马丁·路德·金遇到的问题解决了，又产生了今天我们可以看到的矛盾和危机，将来还可能产生新的矛盾和危机。甚至随着少数族裔的强大，各族裔势均力敌状态的出现，如果人们没有足够的智慧去妥善处理，这种危机也完全有可能加深加剧。

迄今为止，我们能够感到欣慰的是，在美国有关"白人将在半个世纪之后变为少数族裔"的人口统计资料和一系列讨论及前景预测，并没有引起非常强烈的反弹。其实，同时公布的研究资料还有一些照理说是相当刺激的消息。例如，到2050年，美国将有百分之二十一的人口是混血儿。

在民意测验中，显示了白人对于美国人口结构的改变，有着"无可奈何的容忍"，大多数人只希望移民趋势能够缓和一些，以使得"改变的速度放慢"。这已经是非常大的社会宽容度了。它的存在正是二百年来美国人道德追求和人性思考的结果，也是这个社会自我反省功能不断加强的结果。

在美国的种族融合的努力中，克林顿总统当任的美国行政分支还是相当注意协调矛盾的，并且在这方面做了许多努力。在这份对于美国人有着重大意义的人口结构研究报告在二十世纪末公布的时候，克林顿总统向美国人发表了他的看法。他说，对于美国在人口结构上的这样一个趋势，他乐观其成。他不仅认为这是美国的大势所趋，而且是一件好事情。因为多元文化是好的。它表现出美国的理念和机会不受血脉和肤色的限制。他甚至说："如果我们能够证明，在欧洲文化不再成为美国的主流之后，我们仍然能够和睦相处，那么，我们就完成了自开国和解放奴隶之后的第三次革命。"

我们可以说，这是在人类进入二十一世纪之前，今天的美国总统的一个梦。

但是梦想只是信念，假如人们不是仅仅沉溺于自己的梦想，而是对于类似亨廷顿所警告的文化冲突，能够时时有所警觉，主动进行化解的话，也许将更有利于梦想的实现。

在人类漫长的历史上，各个种族是靠高山大川和沙漠海洋把他们阻隔分离开来的。当他们开始有能力越过这些自然屏障之后，人类的历史就充斥了无穷无尽的种族奴役和种族战争的故事，至今未能绝迹。有了远洋货轮、喷气飞机、洲际导弹、全球互联网以后，高山大川和沙漠海洋已经不再成为障碍。各个族裔和文化之间将会走得很近。人类已经无可回避。他们将会以前所未有的规模展开交往、交流、接触和碰撞。这个未来的世界能否经历这样一个考验，而走向一个融洽并且多元、宽容并且相互了解的世界呢？

面对矛盾重重的今天，我们只能说，这还只是变得越来越小的这个地球上的一部分人的信念。在这个信念里，包含了他们对人类最终都会完成"从猿到人"这个过程的信念，包含了他们对人类的良知、道德和智慧的信念，也包含了他们对于人道主义和人性必胜的信念。信念就是梦想，不管怎么说，这是一个美好的梦想。持有这个信念的人，今天都可以说，我也有一个梦。

尽管在美国国内确有一部分人对未来美国可能不成其为美国而忧心忡忡，主张更严格地限制移民、主张更多地恢复传统价值，虽然在美国今天还有 KKK 这样的种族激进分子，甚至个别因种族仇恨而导致谋杀的极端分子。但是我们从美国二百年的进步史可以看到，美国人民"人人生而平等"的理念并没有动摇，对人类向善的信心并没有降低，对自然法的敬畏、对有一个高于人类的欲念的上帝的敬畏，从来没有消失。

其根本原因就是，对于他们来说，追求人人生而平等的理想，追求一个人人都能享有的自由生活，是比维持一个强大的国家，比维护这个国家在国际上的地位，比其他任何比输比赢的政治游戏更重要得多的永远的梦。为此，他们不惜付出任何代价。

在人类步入二十一世纪的时候，我们看到的是，民族矛盾、种族差异、地区分离、文化对抗在全世界各个角落里顽固地存在着。大大小小的国家，几乎没有人能够摆脱这个问题的困扰。怎样对待人类本身与生俱来的差别，怎样面对人与人之间、地区与地区之间、民族与民族之间的肤色、宗教信仰、文化遗产、政治理念乃至风俗习惯的差别和矛盾，怎样协调他们之间的利益冲突，将成为二十一世纪每个个人、团体、地区、国家乃至全人类所不得不面对的最大挑战。没有人能够回避。

美国人民被迫先走了一步，最先正面面对了这个挑战，先于这个世界开始了实现这个梦想的试验，他们想让五色人种生活在一起，并且和睦相处。

不同种族和国家和睦相处的梦

让我们为这个人类和睦相处的试验祈祷吧，因为，假如这个试验成功了，如今生活在世界各地的各色人们，他们在这个地球上和睦相处的"大同世界之梦"，就更有可能美梦成真了。

祝好！

林　达